Gunkel

Effiziente Gestaltung des Risikomanagements
in deutschen Nicht-Finanzunternehmen

Effiziente Gestaltung des Risikomanagements in deutschen Nicht-Finanzunternehmen

Eine empirische Untersuchung

Von

Dipl.-Kfm. Marcus A. Gunkel

Bibliografische Information der Deutschen Nationalbibliothek

Die Deutsche Nationalbibliothek verzeichnet diese Publikation in
der Deutschen Nationalbibliografie; detaillierte bibliografische Daten
sind im Internet über http://dnb.d-nb.de abrufbar.

**Dissertation, Heinrich-Heine-Universität Düsseldorf,
Wirtschaftswissenschaftliche Fakultät, 2010, u. d. T.:**
Effiziente Gestaltung des Risikomanagements in deutschen Nicht-Finanzunternehmen
Eine empirische Untersuchung

D61 (2010)

Erstgutachter:
Prof. Dr. Christoph J. Börner
Zweitgutachter:
Prof. Dr. Klaus-Peter Franz

Tag der Disputation: 02. Juni 2010

ISBN 978-3-83918-639-8
1. Auflage 2010

Herstellung und Verlag:
Books on Demand GmbH, Norderstedt

Vorwort

Dieses Buch behandelt auf der Grundlage einer situationstheoretisch ausgerichteten Konzeption die mit der Gestaltung des Risikomanagements in deutschen Nicht-Finanzunternehmen verbundenen Probleme. Es gibt dem Leser einen Überblick über die Gestaltungsmöglichkeiten des Risikomanagements und die Faktoren, welche die Gestaltung des Risikomanagements beeinflussen. Ebenso beschäftigt es sich mit der Problematik der Effizienzbeurteilung unterschiedlicher Gestaltungsweisen des Risikomanagements. Darüber hinaus enthält es die Ergebnisse einer empirischen Studie, welche die in der Unternehmenspraxis vorkommenden Gestaltungsweisen des Risikomanagements unter dem Gesichtspunkt der Effizienz untersucht.

Eine solch umfassende Auseinandersetzung mit der Gestaltung des Risikomanagements in deutschen Nicht-Finanzunternehmen hätte sich nicht verwirklichen lassen, wenn ich nicht Rat und Unterstützung in vielfältiger Form erfahren hätte. Mein besonderer Dank gilt meinem Doktorvater Herrn Prof. Dr. Christoph J. Börner für seine kontinuierliche Unterstützung, seine kritischen Anmerkungen und seine konstruktiven Ratschläge. Herrn Prof. Dr. Klaus-Peter Franz danke ich für das schnelle Erstellen des profunden Zweitgutachtens.

Meinem Freund und Kommilitonen Herrn Dr. Gernot Jehn gebührt ebenfalls besonderer Dank für seine zahlreichen wertvollen Ratschläge und Literaturempfehlungen. Für seine beratende Unterstützung bei der Konzeption des Fragebogens danke ich Herrn Dr. Richard Verhoeven. Außerdem bedanke ich mich bei meinen Arbeitskollegen, den Herren Oliver Olschewski und Frank Zirkelbach, für das Lektorieren der Arbeit. Den Teilnehmern der Untersuchung möchte ich herzlich für die Beantwortung des Fragebogens und die damit verbundene Mühe danken. Ihre Mitwirkung war Voraussetzung für das Gelingen der Arbeit.

Selbstverständlich auch vielen Dank an alle Personen, die mich während dieser Zeit immer wieder motiviert und moralisch unterstützt haben, allen voran mein guter Freund Johnny Steel. Ganz besonders danke ich auch meiner Freundin Sasithorn für ihren unersetzbaren Rückhalt. Zuletzt, aber umso mehr danke ich meinem Vater für seine uneingeschränkte Unterstützung, meine persönlichen Ziele jederzeit verfolgen zu können.

Düsseldorf, Juni 2010   Marcus Gunkel

Nichts geschieht ohne Risiko,

aber ohne Risiko geschieht auch nichts!

(Walter Scheel)

Inhaltsübersicht

Inhaltsverzeichnis

Abkürzungsverzeichnis

Abtlg.	Abteilung
AktG	Aktiengesetz
Angest.	Angestellter
ausf.	ausführend
BMJ	Bundesministerium der Justiz
BSC	Balanced Scorecard
bspw.	beispielsweise
CVA	Cash Value Added
df	degrees of freedom
Diss.	Dissertation
Div.	Diversifikation
DRS	Deutscher Rechnungslegungs Standard
dt.	deutsch
EDV	Elektronische Datenverarbeitung
Effiz.	Effizienz
Effizienzbeurtlg.	Effizienzbeurteilung
EK	Eigenkapital
EVA	Economic Value Added
evtl.	eventuell
Früherk.	Früherkennung
ggf.	gegebenenfalls
GuV	Gewinn- und Verlustrechnung
hins.	hinsichtlich
Hrsg.	Herausgeber
i. d. R.	in der Regel
IDW	Institut der Wirtschaftsprüfer
i. e. S.	im engeren Sinne
i. H. v.	in Höhe von
insg.	insgesamt

i. w. S.	im weiteren Sinne
Informationssyst.	Informationssystem
Instr.	Instrument
Integr.	Integration
KapCoRiLiG	Kapitalgesellschaften- und Co. Richtlinie-Gesetz
KMU	Kleine und mittlere Unternehmen
Konkurrenzint.	Konkurrenzintensität
KonTraG	Gesetz zur Kontrolle und Transparenz im Unternehmensbereich
lat.	lateinisch
ltd.	leitend
MA	Mitarbeiter
MaRisk	Mindestanforderungen an das Risikomanagement
Mio.	Million
NACE	Nomenclature statistique des Activités économiques dans la Communauté Européenne
o.	oder
o. a.	oben angeführt
Org.	Organisation
PDF	Portable Document Format
PS	Prüfungsstandard
RAROC	Risk Adjusted Return On Capital
RC	Risiko-Controlling
Risikoüberw.	Risikoüberwachung
RM	Risikomanagement
RMS	Risikomanagementsystem
RORAC	Return On Risk Adjusted Capital
Sig.	Signifikanz
s. o.	siehe oben
sog.	sogenannt

Sp.	Spalte
Spearm.	Spearman
Standardabw.	Standardabweichung
subj.	subjektiv
SVA	Shareholder Value Added
SzU	Schriften zur Unternehmensführung
u. a.	unter anderem
u. ä.	und ähnlich
unterschiedl.	Unterschiedlich
Verh.	Verhältnis
vgl.	vergleiche
vs.	versus
zentr.	zentral
ZfB	Zeitschrift für Betriebswirtschaft
ZfbF	Schmalenbachs Zeitschrift für betriebswirtschaftliche Forschung
ZfO	Zeitschrift für Organisation
ZRFG	Zeitschrift Risk, Fraud & Governance
zust.	zuständig

Tabellenverzeichnis

Abbildungsverzeichnis

1 Einleitung

1.1 Problemstellung

Das unternehmerische Risikomanagement, welches seit langem eine zentrale Führungs- und Managementaufgabe in Banken und Versicherungsunternehmen ist,[1] hat in jüngerer Zeit auch in vielen deutschen Nicht-Finanzunternehmen einen höheren Stellenwert erlangt. Als ursächliche Faktoren des Bedeutungszuwachses des Risikomanagements sind vor allem die folgenden vier zu nennen:[2]

1. Die Globalisierung und die damit verbundene verstärkte Betätigung von Unternehmen auf Auslandsmärkten, welche neben vielfältigen Chancen auch eine erhebliche Zunahme an Risiken mit sich brachte.

2. Die allgemein erhöhte Dynamik an Güter- und Finanzmärkten, welche zu wachsender Komplexität und abnehmender Reaktionszeit unternehmerischer Vorgänge und Entscheidungen geführt hat. Unternehmen müssen relevante Änderungen der Umwelt immer frühzeitiger erkennen, um Chancen wahrnehmen und Bedrohungen noch rechtzeitig abwenden zu können.

3. Das In-Kraft-Treten des Gesetzes zur Kontrolle und Transparenz im Unternehmensbereich (KonTraG) am 1. Mai 1998, welches u. a. den Vorstand einer Aktiengesellschaft dazu verpflichtet, „ein Überwachungssystem einzurichten, damit den Fortbestand der Gesellschaft gefährdende Entwicklungen früh erkannt werden" (§ 91 Abs. 2 AktG).

4. Die Entwicklung neuer betriebswirtschaftlicher Methoden und Instrumente des Risikomanagements und die Herausbildung einer eigenständigen betriebswirtschaftlichen Teildisziplin „Risikomanagement", welche sich um die Weiterentwicklung des Risikomanagement-Instrumentariums bemüht.

Der entscheidende Impuls für die Einführung eines Risikomanagementsystems war für viele Unternehmen sicherlich die mit dem KonTraG im Aktiengesetz konkretisierte diesbezügliche Verpflichtung. Die Häufung Aufsehen erregender Unternehmenskrisen und Zusammenbrüche - z. B. bei Metallgesellschaft, Balsam/Procedo oder Baring's Bank - führte in den 1990er Jahren weltweit zu einer Intensivierung der aufkeimenden Diskussion über gute Corporate Governance im Sinne guter Unternehmensführung

---

[1] Vgl. Martin (2000), S. 671; Rolfes; Kirmße (2000), S. 625.
[2] Vgl. Glaum; PwC Deutsche Revision (2000), S. 9 f.

1

und Überwachung. Im Mittelpunkt der Diskussion stand vordringlich der sorgfältige Umgang mit Risiken auf der Führungsebene.[3] Nachdem im angelsächsischen Rechtskreis bereits zu Beginn der 1990er Jahre Aspekte der Unternehmensüberwachung in der Form interner Überwachungssysteme („internal control") in den Pflichtenrahmen für die Unternehmensgestaltung und -berichterstattung aufgenommen worden waren,[4] sah sich 1998 auch der deutsche Gesetzgeber veranlasst, auf die veränderten Anforderungen zu reagieren: Mit dem KonTraG wurde der Vorstand einer Aktiengesellschaft dazu verpflichtet, ein Überwachungssystem (Risikofrüherkennungssystem, Risikomanagementsystem) zur frühzeitigen Erkennung von existenzgefährdenden Fehlentwicklungen einzurichten.

Doch auch Unternehmen in der Rechtsform der GmbH sind vom KonTraG betroffen. In der Begründung zum Regierungsentwurf heißt es: "Es ist davon auszugehen, daß für Gesellschaften mit beschränkter Haftung je nach ihrer Größe, Komplexität ihrer Struktur usw. nichts anderes gilt und die Neuregelung Ausstrahlungswirkung auf den Pflichtenrahmen der Geschäftsführer auch anderer Gesellschaftsformen hat."[5] Mit dem Kapitalgesellschaften- und Co. Richtlinie-Gesetz (KapCoRiLiG) vom 24. Februar 2000 wurden Offene Handelsgesellschaften (OHG) und Kommanditgesellschaften (KG) den Kapitalgesellschaften hinsichtlich der Vorschriften zur Rechnungslegung, Prüfung und Offenlegung gleichgestellt. Auch diese Gesellschaftsformen mussten bzw. müssen sich eventuell mit der Einführung eines Risikofrüherkennungssystems befassen.

Jedes Unternehmen, welches ein Risikomanagementsystem einführt, muss das Problem der Integration des Risikomanagementsystems in die bestehende Organisation und die damit verbundenen Fragen der Gestaltung der Aufbau- und Ablauforganisation des Risikomanagements lösen. Doch welche Gestaltungsmöglichkeiten gibt es überhaupt und welche Art und Weise der Gestaltung ist die für ein bestimmtes Unternehmen geeignetste? Ausgehend von dieser Fragestellung konnten folgende zentrale Forschungsfragen abgeleitet werden:

- Welches sind die Gestaltungsparameter eines Risikomanagementsystems und welche Ausprägungen dieser Parameter existieren in der Unternehmenspraxis?

---

[3] Vgl. Hommelhoff; Mattheus (2000), S. 7.
[4] 1992 im US-amerikanischen Report des Committee of Sponsoring Organizations of the Treadway Commission (COSO Report) und ebenfalls 1992 in den Verlautbarungen des Cadbury Committee aus Großbritannien.
[5] Deutscher Bundestag (1998), S. 15.

- Wie lässt sich die Effizienz unterschiedlicher organisatorischer Gestaltungswei- sen des Risikomanagements beurteilen?

- Inwieweit unterscheiden sich unterschiedliche organisatorische Gestaltungswei- sen des Risikomanagements hinsichtlich ihrer Effizienz und von welchen weite- ren Faktoren hängt die Effizienz dieser Gestaltungsweisen auf welche Art und Weise ab?

Zur Beantwortung dieser Fragestellungen werden in der vorliegenden Arbeit zunächst Kontextfaktoren, welche Einfluss auf Gestaltung und Effizienz des Risikomanage- ments ausüben könnten, identifiziert. Der Risikomanagementprozess wird erläutert, Parameter der Gestaltung des Risikomanagements (sog. Gestaltungsfaktoren) werden herausgearbeitet und unterschiedliche Möglichkeiten der organisatorischen Gestaltung eines Risikomanagementsystems werden aufgezeigt. Ein Konzept zur Effizienzbeurtei- lung von Risikomanagement-Gestaltungsweisen wird entwickelt. Hypothesen über Zusammenhänge zwischen Kontext, Gestaltung und Effizienz des Risikomanagements werden generiert. Anhand empirisch gewonnener Daten wird schließlich untersucht, welche Gestaltungsweisen in der Praxis anzutreffen sind und von welchen Faktoren die Effizienz unterschiedlicher Gestaltungsweisen des Risikomanagements abhängt.

1.2 Aufbau der Arbeit

Die Arbeit gliedert sich in fünf Kapitel. Im ersten Kapitel werden terminologische Ab- grenzungen getroffen, die wissenschaftstheoretische Grundposition, die forschungslei- tenden Ansätze und der Stand der Forschung dargelegt sowie die Forschungskonzepti- on erläutert. Ein konzeptioneller Ausgangsbezugsrahmen wird entwickelt.

Im zweiten Kapitel wird der konzeptionelle Ausgangsbezugsrahmen inhaltlich präzi- siert. Der situative Kontext des Risikomanagements wird analysiert und die für das Risikomanagementsystem relevanten Kontextfaktoren werden herausgearbeitet. An- schließend wird die Gestaltung von Risikomanagementsystemen betrachtet. Unter- schiedliche Möglichkeiten der organisatorischen Gestaltung eines Risikomanagement- systems hinsichtlich Aufbau- und Ablauforganisation werden dargestellt und erläutert, wobei auch auf Instrumente und Methoden des Risikomanagements eingegangen wird. Sodann werden die für die Untersuchung als relevant erachteten Gestaltungsfaktoren identifiziert. Schließlich wird die Effizienz von Risikomanagementsystemen diskutiert. Ein Effizienzkonstrukt für die Untersuchung wird entwickelt.

Im dritten Kapitel findet die Generierung der Hypothesen der Untersuchung statt. Das vierte Kapitel enthält die Ergebnisse der empirischen Untersuchung. Nach einer deskriptiven Analyse der Untersuchungsergebnisse werden bivariate Zusammenhänge untersucht bzw. die Hypothesen überprüft. Sodann wird der Versuch der Entwicklung einer Kontext- und einer Gestaltungstypologie des Risikomanagements unternommen. Schließlich folgt eine Effizienzbewertung der einzelnen Gestaltungstypen im Hinblick auf den Kontext bzw. die Unternehmenssituation. Mit dem fünften Kapitel folgt eine Zusammenfassung und kritische Würdigung der Befunde.

1.3 Terminologische Abgrenzungen

Für die vorliegende Arbeit sind die Begriffe: „Risiko" und „Risikomanagement" von zentraler Bedeutung. Daher sollen diese Begriffe im Folgenden näher erläutert und die dieser Arbeit zugrunde liegenden Definitionen dargelegt werden.

1.3.1 Der Begriff „Risiko"

Die sprachliche Herkunft des Begriffs „Risiko" ist umstritten, das Wort leitet sich aber wahrscheinlich vom frühitalienischen „risicare" ab, was in der Übersetzung „wagen" im Sinne eines Abwägens oder einer Wahlentscheidung bedeutet.[6] In der betriebswirtschaftlichen Literatur wird der Begriff des Risikos einerseits von der Ursache und andererseits von der ökonomischen Wirkung her definiert.[7]

Die Wirkung des Risikos wird dabei gewöhnlich in der Verfehlung unternehmerischer Ziele gesehen. Beispielsweise definiert *Lück* Risiko als „Möglichkeit, dass das tatsächliche Ergebnis einer unternehmerischen Aktivität von dem erwarteten Ergebnis abweicht. Risiko ist alles, was ein Unternehmen an der Erreichung seiner Ziele hindern kann."[8]

Die Ursache des Risikos wird im Informationsstand des Entscheidungsträgers gesehen. In der Entscheidungstheorie wird ein Entscheidungsfeld dadurch charakterisiert, dass Entscheidungen bzw. Handlungen eines Entscheidungsträgers unter verschiedenen möglichen Umweltzuständen zu entsprechenden Ergebnissen führen. In der sogenannten *Sicherheitssituation* ist der nach der Handlung eintretende Umweltzustand und damit auch das Ergebnis der jeweiligen Handlung sicher bekannt. In realen Unterneh-

---

[6] Vgl. Bitz (2000), S. 13.
[7] Vgl. hierzu Braun (1984), S. 21 ff.
[8] Lück (2000), S. 315.

menssituationen ist diese Situation kaum vorstellbar. Ein Entscheidungsmodell unter *Unsicherheit* liegt vor, wenn mehrere mögliche Umweltzustände eintreten können und somit bei mindestens einer Handlung mehrere mögliche Ergebnisse eintreten können. Eine *Risikosituation* liegt dann vor, wenn im Falle der Unsicherheit Wahrscheinlichkeiten über das Eintreten der Umweltzustände vorliegen. Liegen diese Wahrscheinlichkeiten nicht vor, spricht man in der Entscheidungstheorie von *Ungewissheit*.[9] Die Entscheidungstheorie entwickelt Regeln zur Handhabung von Risiken - die Grenzen dieser Regeln liegen dabei in den Modellprämissen der Entscheidungstheorie, welche in der Unternehmensrealität regelmäßig nicht vorliegen.[10] Abbildung 1 verdeutlicht das entscheidungstheoretische Risikoverständnis.

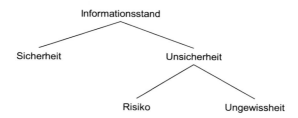

Abbildung 1: Risikobegriff in der Entscheidungstheorie[11]

Im Rahmen von Risikomanagement-Konzeptionen wird häufig unter inhaltlichen Gesichtspunkten zwischen reinen und spekulativen Risiken unterschieden.[12] *Reine Risiken* beinhalten dabei Schadengefahren, bei denen ein eintretendes Ereignis das Vermögen des Unternehmens unmittelbar mindert. Das reine Risiko umfasst somit nur die Gefahr des Vermögensverlustes.

Spekulative Risiken umfassen im Gegensatz zu den reinen Risiken solche unsichere Ereignisse, die sich durch unternehmerisches Handeln vermögensmindernd oder vermögensmehrend auswirken. Vermögensmindernde Ereignisse werden dabei als *Risiko im engeren Sinne* oder als Verlustgefahr bezeichnet; während vermögensmehrende Ereignisse als *Chance* bezeichnet werden. Der spekulative Risikobegriff umfasst also auch den Chancenaspekt. Abbildung 2 verdeutlicht die Systematisierung des Risikobegriffs.

---

[9] Vgl. Saliger (2003), S. 16 f.
[10] Vgl. Burger (2002), S. 2.
[11] Vgl. Saliger (2003), S. 16.
[12] Vgl. Kless (1998); S. 93; Martin; Bär (2002), S. 71 ff.; Lück (2000), S. 315 f.

Welches Risikoverständnis dem KonTraG zugrunde liegt, wird weder im Gesetz noch in der Gesetzesbegründung explizit genannt. Wortlaut als auch Sinnzusammenhang deuten jedoch darauf hin, dass der Gesetzgeber auf den Risikobegriff im engeren Sinne abzielt.[13] Dem Risikoverständnis dieser Arbeit liegt hingegen der spekulative Risikobegriff zugrunde, welcher auch das Risiko im Sinne von Chance beinhaltet. In den folgenden Erläuterungen zum Begriff des Risikomanagements wird auf die Einbeziehung des Chancenaspektes noch näher eingegangen.

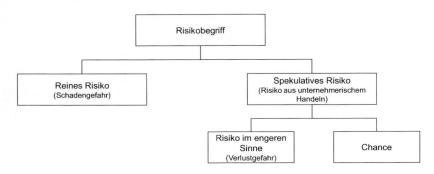

Abbildung 2: Systematisierung des Risikobegriffs[14]

1.3.2 Der Begriff „Risikomanagement"

Seinen Ursprung hat der Begriff Risikomanagement im Amerika der 50er Jahre. Unter „Risk-Management" verstand man in dieser Zeit das Management versicherbarer Risiken mit der Zielsetzung, Versicherungen möglichst günstig abzuschließen und wenn möglich ganz einzusparen. Mit dieser Aufgabe wurden sogenannte „Risk-Manager" betraut. Dieses ursprüngliche Risikomanagement wird heute auch als *Insurance-Management* oder *spezielles Risikomanagement* bezeichnet.[15]

Neben versicherbaren Risiken wie Diebstahl- oder Brandrisiken gibt es jedoch auch eine Vielzahl an Risiken, welche als nicht versicherbar gelten, z. B. Image- oder Absatzmarktrisiken. In der heutigen Zeit wird der Begriff des Risikomanagements zumeist auf diese Risiken erweitert, so dass unter Risikomanagement dann der Umgang

---

[13] Martin; Bär (2002), S. 72.
[14] Vgl. Kless (1998), S. 93.
[15] Vgl. Fiege (2006), S. 51.

mit allen Risiken eines Unternehmens verstanden wird.[16] Risikomanagement soll dabei nicht nur auf die Beseitigung von Risiken abzielen, sondern auch dem zweckmäßigen Eingehen von Risiken und der damit verbundenen Nutzung von Chancen dienen.[17] Daher sollen durch das Risikomanagement neben Risiken auch Chancen erfasst werden. Das Risikomanagement als Element des Managementsystems steht dabei auf einer Ebene mit anderen Querschnittsfunktionen wie z. B. Kosten-, Qualitäts- oder Logistikmanagement.[18] In der Literatur wird ein solches Risikomanagement, welches das unternehmerische Gesamtrisiko unter Einbeziehung von Chancen betrachtet, auch als *allgemeines* oder *generelles Risikomanagement* bezeichnet.[19] Ein solches generelles Risikomanagement soll sämtliche betriebliche Aktivitäten auf ihr Risikopotenzial hin untersuchen und die gewonnenen Erkenntnisse in die Führung einbinden.[20] Ein erfolgreiches Risikomanagement äußert sich in nachhaltiger Existenzsicherung des Unternehmens durch die Bewältigung bzw. die Reduzierung des Risikos und gleichzeitige Chancenausnutzung.[21]

Romeike nennt als primäre *Ziele* des (generellen) Risikomanagements:[22]

- die nachhaltige Erhöhung des Unternehmenswertes,

- die Sicherung der Unternehmensziele,

- die Sicherung des künftigen Erfolges des Unternehmens,

- die Optimierung der Risikokosten und

- soziale Ziele aus der gesellschaftlichen Verantwortung des Unternehmens.

Das oben beschriebene allgemeine bzw. generelle Risikomanagement stellt ein betriebswirtschaftliches Verständnis des Risikomanagements dar. Der Gesetzgeber hat bezüglich seines Verständnisses des Risikomanagements im Rahmen des KonTraG hingegen große Interpretationsspielräume gelassen. Die Anforderungen des Gesetzgebers an ein Risikomanagementsystem haben nach Auffassung Claassens eher „formalen, quantitativ und vergangenheitsorientiert ausgerichteten Charakter"[23], wohingegen ein Risikomanagementsystem zusätzlich immer auch vorausschauend und antizipie-

---

[16] Vgl. Hahn (1987), S. 138.
[17] Vgl. Haller (1986), S. 8.
[18] Vgl. Franz (2000), S. 51.
[19] Vgl. Strohmeier (2007), S. 45; Fiege (2006), S. 52.
[20] Vgl. Fiege (2006), S. 52.
[21] Vgl. Braun (1984), S. 45.
[22] Vgl. Romeike (2003), S. 150.
[23] Vgl. Claassen (1999), S. 2.

rend gestaltet werden solle. Der Verfasser erachtet es daher als sinnvoll, in Anlehnung an *Franz (2000)* zwischen Risikomanagement im betriebswirtschaftlichen Sinn und Risikomanagement im Sinne des KonTraG zu unterscheiden.[24]

So kann aus dem Wortlaut des § 91 Abs. 2 AktG lediglich geschlossen werden,

- dass geeignete Maßnahmen zu treffen sind,
- und insbesondere ein Überwachungssystem eingerichtet werden soll,
- um bestandsgefährdende Entwicklungen früh zu erkennen.

Welche Maßnahmen geeignet sind oder wie das Überwachungssystem zu gestalten ist, wird im Gesetz nicht weiter konkretisiert. In der Gesetzesbegründung wird jedoch die „Verpflichtung des Vorstands, für ein angemessenes Risikomanagement und für eine angemessene interne Revision zu sorgen,"[25] verdeutlicht.

Das Institut der Wirtschaftsprüfer interpretiert die Absichten des Gesetzgebers im IDW Prüfungsstandard 340, indem es Risikomanagement als

„Gesamtheit aller organisatorischen Regelungen und Maßnahmen zur Risikoerkennung und zum Umgang mit den Risiken unternehmerischer Betätigung"[26]

definiert. Des Weiteren habe das Risikomanagementsystem sicherzustellen, dass „bestehende Risiken erfasst, analysiert und bewertet sowie risikobezogene Informationen in systematisch geordneter Weise an die zuständigen Entscheidungsträger weitergeleitet werden."[27] Das „Überwachungssystem" des § 91 Abs. 2 AktG wird im PS 340 konkret als „Risikofrüherkennungssystem" bezeichnet, welches wiederum als Bestandteil des Risikomanagements gesehen wird.[28]

Im Gegensatz zum betriebswirtschaftlichen Verständnis eines generellen Risikomanagements bezieht sich die gesetzliche Pflicht zur Einrichtung eines Risikomanagementsystems dem Wortlaut des Gesetzes nach nicht auf alle Risiken, sondern nur auf die wesentlichen bzw. bestandsgefährdenden.[29] Auch eine Einbeziehung von Chancen in das Risikomanagementsystem wird vom Gesetzgeber nicht ausdrücklich verlangt.

---

[24] Vgl. hierzu und zu den folgenden Ausführungen zur begrifflichen Unterscheidung des Risikomanagements Franz (2000), S. 51-57.
[25] Vgl. Deutscher Bundestag (1998), S. 15.
[26] IDW PS 340, S. 2.
[27] IDW PS 340, S. 2.
[28] IDW PS 340, S. 2.
[29] Vgl. Franz (2000), S. 56.

8

Eine frühzeitige Erkennung bestandsgefährdender Risiken setzt voraus, dass zunächst *alle* Risiken identifiziert, analysiert und bewertet werden, um aus der Menge aller Risiken die bestandsgefährdenden herauszufiltern. Des Weiteren ist eine Erkennung sämtlicher bestandsgefährdender Entwicklungen nur dann möglich, wenn erkannte Risiken im Zeitablauf überwacht und ggf. neu bewertet werden. Das Risikomanagementsystem nach KonTraG erfordert also für sämtliche Risiken den Prozess der *Risikoidentifikation,* den Prozess der *Risikoanalyse und -bewertung* sowie den Prozess der *Risikoüberwachung.* Während sich ein generelles Risikomanagement im betriebswirtschaftlichen Sinne darüber hinaus auch mit der *Bewältigung von Risiken* befassen muss, hat der Gesetzgeber diesbezüglich keinerlei Vorgaben erlassen. Der Gesetzgeber fordert zwar die frühzeitige Erkennung bestandsgefährdender Risiken - ob und welche Maßnahmen bezüglich der erkannten Risiken unternommen werden sollen, liegt jedoch im Ermessen des Vorstands.[30]

Der Vorstand muss darüber hinaus im Rahmen seiner allgemeinen Verantwortung entsprechend § 76 AktG sicherstellen, dass das Risikomanagementsystem seine Aufgabe korrekt erfüllt. Die *Prüfung der Effektivität und Effizienz des Risikomanagementsystems* ist auch aus betriebswirtschaftlicher Sicht notwendig. In der Gesetzesbegründung des § 91 Abs. 2 AktG wird zwar die interne Revision erwähnt - da die Gesetzesbegründung die Begriffe Risikomanagement und interne Revision jedoch nur nebeneinander stellt, ihre Beziehung zueinander allerdings nicht expressis verbis formuliert, kann daraus nicht geschlossen werden, dass grundsätzlich die interne Revision das Risikomanagementsystem prüfen muss. Vielmehr bleibt es dem Vorstand überlassen, auf welche Art und Weise er die Funktionsfähigkeit des Risikomanagements sicherstellt.[31] Insofern unterscheidet sich hinsichtlich der Prüfung der Effektivität und Effizienz des Risikomanagementsystems das Risikomanagement im Sinne des KonTraG nicht vom Risikomanagement im betriebswirtschaftlichen Sinne.

Adressaten der *Risikoberichterstattung* sind zum einen interne Adressaten, allen voran der Vorstand. Ein Risikomanagement im Sinne des Gesetzgebers erfordert über die Erfordernisse eines Risikomanagements im betriebswirtschaftlichen Sinne hinaus eine Darstellung der Risikolage gegenüber externen Adressaten im Lagebericht (§§ 289 Abs. 1 und 317 Abs. 2 HGB).

---

[30] Vgl. Fiege (2006), S. 58.
[31] Vgl. Deutsches Institut für Interne Revision (2009), Punkt 4.

Wie bereits erwähnt stellt der Gesetzgeber nur auf die negative Ausprägung des Risikobegriffs ab. Es sollen jedoch über die versicherbaren Risiken hinaus im Rahmen des Risikomanagements auch die Risiken unternehmerischer Entscheidungen betrachtet werden, da auch diese bestandsgefährdend sein können. Unternehmerischen Entscheidungen werden in der Regel getroffen, um Chancen wahrzunehmen, wobei dann Risiken eingegangen werden.[32] Insofern kann auch ein Risikomanagementsystem im Sinne des KonTraG den Chancenaspekt nicht völlig ausblenden, wenn auch die Einbeziehung von Chancen in das Risikomanagementsystem vom Gesetzgeber nicht ausdrücklich verlangt wird.

In der *Risikopolitik* konkretisiert der Vorstand das angestrebte Chancen-/Risikoprofil des Unternehmens und gibt die Grundsätze hinsichtlich des Umgangs mit Risiken vor.[33] Hinsichtlich der Entwicklung einer Risikopolitik existieren keine expliziten Vorgaben des Gesetzgebers, so dass diese nur einen Bestandteil des Risikomanagements im betriebswirtschaftlichen Sinne und nicht des Risikomanagements nach KonTraG darstellt. Abbildung 3 stellt die herausgearbeiteten Gemeinsamkeiten und Unterschiede der beiden Risikomanagement-Auffassungen dar.

Abbildung 3: Risikomanagement im betriebswirtschaftlichen Sinne und im Sinne des KonTraG[34]

---

[32] Vgl. Fiege (2006), S. 59.
[33] Vgl. Fiege (2006), S. 97.
[34] In Anlehnung an Wall (2002), S. 14 und Fiege (2006), S. 60.

Diese Arbeit folgt dem betriebswirtschaftlichen Risikomanagement-Verständnis. Daher wird die Risikoberichterstattung im Lagebericht nicht weiter thematisiert. Ferner gilt, dass der Chancenaspekt bei der Verwendung des Terminus „Risikomanagement" implizit mitberücksichtigt wird, auch wenn er nur an einigen Stellen in der Arbeit explizit hervorgehoben wird.

1.4 Wissenschaftstheoretische Grundposition

Im Rahmen einer jeden wissenschaftlichen Arbeit sind Entscheidungen über die hinsichtlich der Problemstellung adäquate Forschungsstrategie und –methode und über die verfolgten Wissenschaftsziele zu treffen. Für die Wirtschaftswissenschaften sind drei verschiedene Forschungsstrategien zur Problemlösung relevant:[35]

- die sachlich-analytische Forschungsstrategie (basierend auf logischen Plausibilitätsüberlegungen),

- die formal-analytische Forschungsstrategie (basierend auf Modellbildung und -analyse) und

- die empirische Forschungsstrategie (verfolgt das Ziel der Bestätigung theoretischer Aussagen an der Realität).

Die vorliegende Arbeit bedient sich empirischer Daten zur Erreichung der von ihr verfolgten Ziele, da einerseits neues Erfahrungswissen zum Forschungsobjekt „Gestaltung des Risikomanagements" gewonnen werden soll und andererseits auch Annahmen über Zusammenhänge anhand der Realität überprüft werden sollen. Es wurde damit die empirische Forschungsstrategie gewählt.

Die Beziehungen zwischen Unternehmenssituation, Gestaltung und Effizienz des Risikomanagements sind bislang kaum wissenschaftlich untersucht worden. Ohne den nachfolgenden Ausführungen zum Stand der Forschung vorweggreifen zu wollen, kann der Erkenntnisstand hinsichtlich dieses Hauptuntersuchungsgegenstandes der vorliegenden Arbeit als gering eingestuft werden. Die vorliegende Arbeit verfolgt daher einerseits ein theoretisches Wissenschaftsziel: Die Beziehungen zwischen der Unternehmenssituation, der Gestaltung und der Effizienz des Risikomanagements sollen beschrieben werden (Deskriptionsfunktion). Die Arbeit verfolgt aber auch ein praxeologisches Wissenschaftsziel: Regeln zur effizienten Gestaltung des Risikomanagements, ausgehend von der jeweiligen Unternehmenssituation, sollen gefunden werden,

---

[35] Vgl. Grochla (1978), S. 67 f.

welche dann als Anleitung oder Vergleichsmaß für die Praxis dienen können (Gestaltungsfunktion).

Der Kritische Rationalismus ist das gegenwärtig weitverbreitetste wissenschaftstheoretische Programm der Wirtschaftswissenschaften. Ein wesentlicher Kritikpunkt am kritischen Rationalismus ist jedoch die Tatsache, dass die Überprüfung von Hypothesen im Mittelpunkt des Interesses steht, während die Problematik der *Hypothesengewinnung* kaum thematisiert wird.[36] So würden „die meisten Forscher den Objektbereich, den sie behandeln wollen, gegenwärtig noch viel zu wenig kennen, um sinnvolle und realistische Hypothesen aufstellen zu können"[37], was *Kubicek* als sog. *Ignoranzproblem* bezeichnet. Aus der Kritik an einer Forschungspraxis, welche durch „Überbetonung der Hypothesenprüfung" und „Strukturlosigkeit des Entdeckungszusammenhangs"[38] gekennzeichnet ist heraus, haben *Grochla* und Mitarbeiter ein als „Konstruktionsstrategie empirischer Forschung", „Explorationsstrategie" oder „aufgeklärter konstruktiver Empirismus" bezeichnetes methodologisches Konzept erarbeitet.[39]

Das charakteristische Merkmal dieses Konzepts ist, dass - unter Beibehaltung der grundsätzlichen wissenschaftstheoretischen Position des Kritischen Rationalismus - anstatt der Prüfung tendenziell beliebiger Hypothesen nun theoretisch geleitete Fragen an die Realität zum Medium wissenschaftlichen Fortschritts erklärt werden. Der empirischen Forschung fällt dabei die Aufgabe zu, neues Erfahrungswissen zu generieren, dessen theoretische Verarbeitung dem Forscher in einem als „iterative Heuristik" bezeichneten Prozess ermöglicht, zu weiteren Fragen vorzustoßen und somit Verständnis und Beherrschung komplexer Probleme unter den Bedingungen eines geringen Erkenntnisstandes zu verbessern.[40] Anstelle von Hypothesen werden zunächst bescheidenere Annahmen getroffen und empirisch überprüft, um schrittweise zu gehaltvolleren Hypothesen zu gelangen - die aus forschungspraktischer Sicht ohnehin künstliche Trennung von Entdeckungs- und Begründungszusammenhang wird dabei aufgehoben.

Kubicek (1977) gliedert den Forschungsprozess im Rahmen der Konstruktionsstrategie empirischer Forschung in drei Schritte: [41]

1. Ausgangspunkt und erster Schritt ist die Erarbeitung eines sog. *heuristischen Bezugsrahmens*. Dieser bildet das Erfassungsmodell für die Realität; durch ihn

---

[36] Vgl. hierzu ausführlich Kubicek (1977), S. 5-12, oder Wollnik (1977), S. 40.
[37] Kubicek (1977), S. 10.
[38] Wollnik (1977), S. 40.
[39] Vgl. hierzu ausführlich Grochla (1978), Kubicek (1977), und Wollnik (1977).
[40] Vgl. Kubicek (1977), S. 14.
[41] Vgl. zur dreistufigen Struktur des Forschungsprozesses Kubicek (1977), S. 16.

wird das Vorverständnis des Forschers expliziert, indem eine Perspektive eines als generell angesehenen Problems in Form von Annahmen, Fragen und Interpretationsmustern formuliert wird. Formal kann ein Bezugsrahmen als Diagramm aus Kästchen und Pfeilen dargestellt werden, wobei die Kästchen dabei die als relevant erachteten Kategorien oder Analyseeinheiten und ihre Dimensionen repräsentieren, welche die Elemente der Problembeschreibung bilden.[42] Im Zuge der Problemdefinition werden Verbundenheitsannahmen (z. B. Ursache-Wirkungs-Beziehungen, wechselseitige Beeinflussungsbeziehungen, zeitlich-sequentielle Beziehungen oder funktionale Beziehungen) zwischen verschiedenen Dimensionen derselben Kategorie und zwischen Dimensionen verschiedener Kategorien formuliert, welche grafisch als Pfeile zwischen den Diagrammkästchen dargestellt werden können.

2. Die Gewinnung von Erfahrungswissen als zweiter Schritt vollzieht sich in einem *heuristischen Forschungsdesign*. Dabei sollen Daten und Eindrücke gewonnen werden, welche eine Beantwortung der verfolgten Fragen erlauben und gleichzeitig zur Identifizierung neuer Fragen führen.

3. In einem dritten Schritt wird das gewonnene Erfahrungswissen *exploriert* (ausgeschöpft), indem im Rahmen späterer Analysen neue Annahmen, Fragen und Interpretationsmuster entdeckt werden, welche den Ausgangsbezugsrahmen *transzendieren* und in einen Theorieentwurf münden können.

Es wird deutlich, dass die Konstruktionsstrategie empirischer Forschung keinen Gegenpol zum Kritischen Rationalismus bilden, sondern diesen ergänzen, die Bildung von Hypothesen anleiten und fördern und den Entdeckungszusammenhang stärker unter methodische Regeln fassen will.

Aufgrund der Tatsache, dass die o. a. Beziehungen zwischen Unternehmenssituation, Gestaltung und Effizienz des Risikomanagements im Rahmen dieser Arbeit erstmals genauer ergründet werden sollen, steht die empirisch-qualitative Exploration im Vordergrund. So stehen am Anfang des Forschungsprozesses weniger gehaltvolle, prüfbare Hypothesen, sondern eher einfache Vermutungen und Annahmen. Dennoch sollen soweit möglich auch konkrete Hypothesen formuliert und anhand des durch die Untersuchung vorliegenden Datenmaterials überprüft werden. Daher wird als Forschungsmethode eine Mischform aus bezugsrahmengestützter empirischer Forschung im Rahmen der Konstruktionsstrategie und Prüfstrategie gewählt. Damit stehen sowohl

---

[42] Vgl. zu den Merkmalen heuristischer Bezugsrahmen Kubicek (1977), S. 18 ff.

Entdeckungszusammenhang und Erkenntnisgewinnung als auch Begründungszusammenhang im Fokus einer Arbeit, welche durch ein pragmatisches und anwendungsorientiertes Wissenschaftsverständnis gekennzeichnet ist.

Ausgehend von der in diesem Abschnitt dargelegten wissenschaftstheoretischen Grundposition können nun forschungsleitende theoretische Ansätze bestimmt, der aktuelle Stand der Forschung analysiert, das Forschungsdesign festgelegt und ein heuristischer Ausgangsbezugsrahmen entwickelt werden.

1.5 Forschungsleitende theoretische Ansätze

1.5.1 Die perspektivische Analyse als Vorstufe des konzeptionellen Ausgangsbezugsrahmens

Eine perspektivische Analyse, d. h. die Betrachtung des Forschungsgegenstandes vor dem Hintergrund verschiedener Theorien, Ansätze und Konzepte, ermöglicht zunächst die Entwicklung einer Grundvorstellung über den Gegenstandsbereich. Des Weiteren ist sie sowohl ein wichtiges Hilfsmittel bei der Entwicklung der Kategorien, welche den heuristischen Ausgangsbezugsrahmen konstituieren, als auch beim Eruieren der zwischen diesen bestehenden Beziehungen. Diese beiden Analyseschritte bilden gemeinsam die Vorstufe der Entwicklung des Ausgangsbezugsrahmens und dienen als dessen Erkenntnisgrundlage.[43]

Auf eine deskriptive Darstellung der bedeutsamsten Organisationstheorien wird hier verzichtet und stattdessen auf *Wolf (2003)* verwiesen.[44] Nach perspektivischer Analyse des Forschungsgegenstandes „Organisation des Risikomanagements", wurden einige Ansätze als forschungsleitend ausgewählt, welche nun vorgestellt werden. Dabei wird auch der potentielle Erkenntnisbeitrag des jeweiligen Ansatzes hinsichtlich des Forschungsgegenstandes erläutert.

1.5.2 Situationstheorie

Die Situationstheorie ist fraglos die am weitesten verbreitete Organisations-, Management- und Unternehmensführungstheorie. Sie gründet auf der Prämisse, dass „bei der Gestaltung der in Unternehmen genutzten bzw. ablaufenden Strukturen, Instrumente,

---

[43] Vgl. Amshoff (1993), S. 52.
[44] Für eine umfassende Darstellung vgl. Wolf (2003).

Prozesse etc. der aus internen und externen Gegebenheiten bestehende Kontext (bisweilen wird auch von der Situation, der Umwelt, den Umfeldmerkmalen, der Lage, den Rahmenbedingungen oder schlicht von der Atmosphäre gesprochen) des Unternehmens zu berücksichtigen ist und dass je nach Ausprägung dieses Kontexts unterschiedliche Verhaltensweisen bzw. Gestaltungsformen auftreten bzw. empfehlenswert sind."[45]

Die Vertreter der Situationstheorie gehen davon aus, dass die Gestaltung der Organisationsstruktur zwar großen Einfluss auf die Effizienz einer Organisation ausübt. Es kann jedoch nicht generell angenommen werden, dass Gestaltungsformen existieren, die in allen situativen Umständen hohen Erfolg stiften. Folglich muss eine Organisation ihre Strukturen immer an die jeweilige Situation anpassen um effizient zu sein.[46] Die zentralen Forschungsfragen dieses Ansatzes sind die folgenden:[47]

- Wie können die Situation und die Gestaltungsformen von Organisationen operationalisiert werden?

- Welche Zusammenhänge bestehen zwischen unterschiedliche Kontextfaktoren und den unterschiedlichen Gestaltungsformen von Organisationen? Welche Kontextfaktoren helfen, die Existenz unterschiedlicher Gestaltungsformen zu erklären?

- Wie wirken sich unterschiedliche Gestaltungsformen auf den Erfolg von Organisationen aus und inwieweit unterscheiden sich unterschiedliche Situations-Gestaltungs-Konstellationen hinsichtlich ihres Erfolges?

Der potentielle Erkenntnisbeitrag der Situationstheorie hinsichtlich des vorliegenden Forschungsgegenstandes liegt in der Entwicklung bzw. der Identifikation und Deskription von Risikomanagement-Gestaltungen, welche situationsspezifisch unter Effizienzgesichtspunkten beurteilt werden können. Dabei liegt die Vermutung zu Grunde, dass unterschiedliche Ausprägungen der Kontextfaktoren unterschiedliche Gestaltungsmuster der Organisation des Risikomanagements erfordern. Es sollen also letztlich alternative Gestaltungsstrukturen entworfen und in ein Entscheidungsmodell eingebracht werden, welches zur Auswahl der in Abhängigkeit von der jeweiligen Situation erfolgreicheren Alternative führt.

---

[45] Wolf (2003), S. 153.
[46] Vgl. Kieser (1993), S. 161.
[47] Vgl. Wolf (2003), S. 155 oder Kieser (1993), S. 163 f.

Der Annahme, dass keine generell überlegenen Gestaltungsformen existieren, die in allen Situationen Erfolg stiften, soll jedoch nicht blind gefolgt werden. Der Verfasser vertritt die Auffassung, dass die Gestaltung einer Organisation zwar stets an die jeweilige Situation angepasst sein muss, um effizient zu sein. Es ist jedoch nicht ausgeschlossen, dass bestimmte Ausprägungen einzelner Gestaltungsvariablen durchaus auch einmal in allen Situationen effizienter sein können als andere - man könnte in diesem Zusammenhang von „dominanten" Faktoren sprechen. Daher macht es Sinn, einzelne Gestaltungsvariablen auch auf generelle Zusammenhänge mit Variablen der Organisationseffizienz hin zu untersuchen.

1.5.3 Gestaltansatz

Der Gestaltansatz bzw. das betriebswirtschaftliche Gestaltdenken kam aufgrund der Mangelhaftigkeit vieler situationstheoretischer Arbeiten auf. Insbesondere wurde häufig kritisiert, dass die meisten situationstheoretischen Arbeiten mono- bzw. bivariat angelegt sind. Durch dieses monokausale ceteris-paribus-Denken würde jedoch die Durchdringung komplexer Phänomene erschwert oder verhindert. Es wäre immer möglich und wahrscheinlich, dass die betrachteten Zusammenhänge durch dritte, nicht berücksichtigte Faktoren beeinflusst würden. Ein weiterer Kritikpunkt bestand in der zu geringen Verfügbarkeit zeitraumbezogener Studien. Längsschnittstudien ermöglichten eine präzisere Identifikation von Kausalitätsstrukturen als Querschnittstudien.[48]

Diese Mängel sollen vom bisweilen auch als Konfigurationsansatz bezeichneten Gestaltansatz überwunden werden. Die Vertreter dieses Ansatzes (insbesondere Miller/Friesen[49]) betrachten in Fortführung des Systemdenkens Unternehmen als komplexe Ganzheiten (Entitäten). Innerhalb der Unternehmen besteht eine Multidimensionalität von Ursache-Wirkungs-Strukturen aus zahlreichen Kontextfaktoren, Gestaltungsformen und Wirkungen. Daher ist es nicht ausreichend, nur einzelne oder wenige Variablen zur Analyse herauszugreifen - dies sei komplexitätsverkürzend und erkenntnisverfälschend. Daher solle versucht werden, eine Vielzahl von Variablen in die Untersuchung mit einzubeziehen, die gemeinsam im strukturellen Gefüge ihrer Ausprägungen die Organisation und ihre Handlungssituation beschreiben.

Auf der Basis dieses Spektrums an Variablen lassen sich dann entweder auf theoriegeleitetem-intellektualistischem (typologischem) oder auf empirischem (taxonomischem)

---

[48] Vgl. Wolf (2003), S. 338 ff.
[49] Vgl. Miller; Friesen (1984).

Wege als „Konfigurationen" bezeichnete Ausprägungsmuster identifizieren. Konfigurationen, welche inhaltlich stimmig sind, werden als „Gestalten" oder „Archetypen" bezeichnet. Ein primäres Erkenntnisziel des Gestaltansatzes besteht also darin, typische in der Realität anzutreffende Variablenkonfigurationen zu identifizieren und inhaltlich zu charakterisieren.[50] Auf dieser Basis sollen letztlich erfolgsstiftende Variablenkonfigurationen bestimmt werden.

Neben der Einbeziehung eines größeren Variablenspektrums sowie der Identifikation von komplexen Variablenkonfigurationen anstatt einfacherer Variablenzusammenhänge unterscheidet sich die gestaltorientierte Forschung noch durch andere Besonderheiten von der herkömmlichen situationstheoretischen Forschung. So plädiert der Gestaltansatz für die längsschnittorientierte Betrachtung organisationsbezogener Variablenkonfigurationen, um deren Entwicklung über die Zeit hinweg zu untersuchen. Die Weiterentwicklung von Konfigurationen bzw. Gestalten findet nach dem Gestaltansatz nicht stetig statt, sondern ist als alternierende Folge von Ruhe- und Übergangsphasen zu begreifen. Während der Ruhephasen verharren die Konfigurationen bzw. Gestalten im Wesentlichen in ihrer Form. Übergangsphasen werden als „Quantensprünge" aufgefasst und zeichnen sich durch tiefgreifende Veränderungen der bestehenden Konfigurationen bzw. Gestalten aus.[51]

Der Gestaltansatz kann hinsichtlich des vorliegenden Forschungsgegenstandes insofern einen möglichen Erkenntnisbeitrag liefern, als dass die multikausale Betrachtungsweise und das Gestaltdenken in die eigene Untersuchung einfließen können. Es sollen einerseits wie in vielen herkömmlichen situationstheoretischen Arbeiten zunächst Zusammenhänge zwischen Kontext- und Gestaltungsvariablen des Risikomanagements isoliert betrachtet werden, und andererseits nach dem Vorbild des Gestaltansatzes Konfigurationen bzw. Gestalten durch Analyse eines breiten Variablenspektrums identifiziert werden. Des Weiteren können dann Kontext-Gestaltungs-Erfolgsmuster identifiziert werden, welche den in der Realität existierenden ganzheitlichen Handlungssituationen eher gerecht werden als bei einem rein sequentiellen Vorgehen.

---

[50] Vgl. Macharzina; Wolf (2008), S. 80.
[51] Vgl. Wolf (2003), S. 343.

1.6 Stand der Forschung

Die empirische Forschung zum Themenkomplex des Risikomanagements bei Nicht-Finanzunternehmen steckt noch in den Anfängen. Erst in den 1980er Jahren fanden Bemühungen statt, unterschiedliche Maßnahmen zum Umgang mit Risiken zu einem Gesamtkonzept des betriebswirtschaftlichen Risikomanagements zu integrieren.[52] Nach dem In-Kraft-Treten des KonTraG Ende der 1990er Jahre begann die Forschung intensiver, die Ausgestaltung von Risikomanagementsystemen in der Praxis zu untersuchen.

Rautenstrauch/Wurm (2008) liefern eine umfassende Auflistung der empirischen Studien zum Stand des Risikomanagements bei Nicht-Finanzunternehmen seit In-Kraft-Treten des KonTraG bis zum Jahr 2007. Die Aufstellung wurde um Studien aus den Jahren 2003 und 2008 ergänzt und in Tabelle 1 dargestellt.

Autoren und Jahr	Titel	Aussagen zum Stand des Risikomanagements / der Risikomanagementsysteme	Untersuchungs-form/ Stichprobe / Rücklaufquote
Deutsches Aktieninstitut/ KPMG, 2000	Einführung und Ausgestaltung von Risikomanagement-systemen	76 % der befragten Unternehmen wollten die Einrichtung eines RMS bis Ende 1999 abschließen. Mit steigender Unternehmensgröße sind auch die RMS weiter entwickelt und formalisiert.	Fragebogen / 700 börsennotierte AG / 203 auswertbare Fragebögen (29 %)
Glaum/PwC Deutsche Revision, 2000	Finanzwirtschaftliches Risikomanagement deutscher Industrie- und Handelsunternehmen	Am weitesten verbreitet ist die Erfassung und Steuerung von finanzwirtschaftlichen Risiken. Anfang 1999 gab nur eine Minderheit von 14 % an, über ein voll ausgebautes RM nach KonTraG zu verfügen. Bei der Mehrheit der Unternehmen ist dies noch im Aufbau.	Fragebogen / 154 große AG / 74 auswertbare Fragebögen (48 %)
Institut der Niedersächsischen Wirtschaft/ PwC Deutsche Revision, 2000	Entwicklungstrends des Risikomanagements von Aktiengesellschaften in Deutschland	Die Mehrheit der Unternehmen hat Maßnahmen getroffen, um ein RMS aufzubauen. Jedoch scheint bei vielen Unternehmen die Erfüllung der gesetzlichen Anforderungen im Vordergrund gestanden zu haben.	Umfrage / 85 AG / alle Unternehmen haben teilgenommen
Wolz, 2001	Zum Stand der Umsetzung von Risikomanagementsystemen aus Sicht börsennotierter Aktiengesellschaften und ihrer Prüfer	Die Installation eines wirksamen RM nach Forderung des KonTraG ist bei weiten Teilen der befragten AG noch lange nicht abgeschlossen. Es fällt auf, dass sich die Selbsteinschätzung der befragten AG in Bezug auf die Qualität des vorhandenen Systems nicht unbedingt mit den Erfahrungen der befragten Wirtschaftsprüfer deckt.	Umfrage / 250 börsennotierte AG und 250 Wirtschaftsprüfer / alle Beteiligten haben teilgenommen
Bungartz, 2001 (veröffentlicht 2003)	Risk Reporting - Anspruch, Wirklichkeit und Systematik einer umfassenden Risikoberichterstattung deutscher Unternehmen	Die empirischen Ergebnisse belegen, dass Anspruch und Wirklichkeit der Risikoberichterstattung deutscher Unternehmen noch sehr weit auseinander liegen.	Fragebogen / 117 börsennotierte AG / 51 auswertbare Fragebögen (44 %)

Fortsetzung…

---

[52] Vgl. Braun (1984); Haller (1986).

Autoren und Jahr	Titel	Aussagen zum Stand des Risikomanagements / der Risikomanagementsysteme	Untersuchungs-form/ Stichprobe / Rücklaufquote
Tritschler (in Zusammenarbeit mit dem Controller Verein e.V.), 2001	Risikomanagementsysteme - Eine empirische Studie zum aktuellen Stand der Integration in deutschen und internationalen Unternehmen	Die Studie zeigt, dass trotz der gegenwärtigen Fortschritte bei einer großen Anzahl von untersuchten Unternehmen (besonders in mittelständischen Unternehmen) der vom Gesetzgeber angestrebte Stand der Integration noch nicht erreicht wurde.	Online-Befragung / 940 Unternehmen / 150 auswertbare Fragebögen (16 %)
Winkeljohann / Hölscher, 2001	Rating im Mittelstand	Die untersuchten Unternehmen sind noch nicht ausreichend auf die Anforderungen eines Ratings nach Basel II vorbereitet (z. B. leistungsfähige Controlling-Instrumente als wichtige Voraussetzung für eine Risikofrüherkennung).	Umfrage / 135 mittelständische Unternehmen / alle Unternehmen haben teilgenommen
Marsh Studie, 2002a	Risikomanagement in Europa 2002 - Eine Untersuchung mittelständischer Unternehmen	Die Mehrzahl der Unternehmen verfügt über ein hohes Risikobewusstsein, strategische und operative Risiken dominieren in Europa. Die aktuellen Verfahren zur Kontrolle, Überwachung und Effektivitätsmessung des RM sind unzureichend, es fehlt oft auch eine Risikostrategie.	Interviews / 600 mittelständische Unternehmen aus sechs europäischen Ländern / alle Unternehmen
Marsh Studie, 2002b	Risikomanagement mittelständischer Unternehmen in Deutschland	Der professionelle Umgang mit Risiken sowie das Absicherungsniveau im deutschen Mittelstand ist als nur mittelmäßig zu bewerten.	siehe vorherige Studie
Diederichs / Reichmann, 2003	Risikomanagement und Risiko-Controlling in der Praxis	Auch Jahre nach dem Erlass des KonTraG können das RM und das RC noch in keiner Weise als abgeschlossen bzw. als komplett umgesetzt angesehen werden.	Fragebogen / 253 börsennotierte AG / 56 auswertbare Fragebögen (22 %)
Henschel, 2003	Empirische Untersuchung zum Risikomanagement im Mittelstand	In KMU wird RM vorwiegend der Geschäftsleitung zugeordnet. Grundsätzlich befassen sich viele KMU mit RM, dieses ist aber noch nicht sehr systematisch aufgebaut und in drei Viertel der Unternehmen fehlt zusätzlich die direkte Verbindung zur Unternehmensplanung.	Fragebogen / 1.692 KMU / 266 auswertbare Fragebögen (16 %)
Kajüter/Winkler, 2003	Die Risikoberichterstattung der DAX100-Unternehmen im Zeitvergleich	Der Umfang der Risikoberichte sowie die Anzahl der berichteten Risiken haben sich im Zeitraum 1999 bis 2001 stetig erhöht. Defizite bestehen vor allem bei der Erläuterung der Risiken. Die Risikopublizität der DAX30-Unternehmen ist im Durchschnitt umfangreicher als die der MDAX-Unternehmen.	Dokumentenanalyse / 83 Nicht-Finanzunternehmen des DAX100 / alle Unternehmen
Marsh Studie, 2004	Risikostudie 2004 - Der Wert des strategischen Risikomanagements	Es besteht gegenüber 2002 eine stärker ausgeprägte Tendenz zu mehr RM im deutschen Mittelstand. 60 % der Unternehmen gaben an, besser abgesichert zu sein als noch vor zwei Jahren. Gegenüber anderen europäischen Unternehmen zeigten sich die Deutschen besonders risikobewusst und verwiesen oft auf die strategischen Vorteile des RM.	Interviews / 950 mittelständische Unternehmen aus elf europäischen Ländern / alle Unternehmen haben teilgenommen
Flacke/Siemes, 2005	Veränderte Finanzierungsrahmenbedingungen für den Mittelstand und dessen Unternehmenscontrolling	80 % aller antwortenden Unternehmen haben kein systematisches RM. Je größer aber das Unternehmen, desto häufiger ist ein systematisches RM vorzufinden.	Fragebogen / 3500 mittelständische Unternehmen / 525 auswertbare Fragebögen (15 %)

Fortsetzung…

Autoren und Jahr	Titel	Aussagen zum Stand des Risikomanagements / der Risikomanagementsysteme	Untersuchungsform/ Stichprobe / Rück-laufquote
Wildemann, 2005	Handlungsempfeh-lungen zur Verbesse-rung der Risikoposi-tion von KMU beim Rating unter beson-derer Berücksichti-gung leistungswirt-schaftlicher Risiken	Aus der empirischen Untersuchung geht hervor, dass RM nur in wenigen KMU praktiziert wird. Der Hauptgrund liegt für das Management in den ho-hen Personal- und Softwarekosten sowie der Kom-plexität bestehender Anwendungen.	Befragung / 49 mittel-ständische Unterneh-men und 39 Kreditinsti-tute / alle Beteiligten haben teilgenommen
Bundesverband Deutscher Unter-nehmensberater (BDU) e.V., 2005	Frühwarnindikatoren für den Mittelstand	Dem gezielten und auf die individuellen Bedürfnis-se der Unternehmen abgestimmten Aufbau eines Frühwarnsystems wird gerade von den KMU noch zu wenig Bedeutung beigemessen.	Online-Befragung / 8.000 KMU / 408 aus-wertbare Fragebögen (5,1 %)
Ernst & Young Wirtschaftsprü-fungsgesellschaft, 2005	Ernst & Young Best Practice Survey „Risikomanagement 2005"	Die Ergebnisse zeigen, dass in vielen Bereichen der Ausgestaltung von RMS noch Nachhol- und Opti-mierungsbedarf besteht. Die Ausprägungen der RMS reichen von der reinen Erfüllung gesetzlicher Anforderungen bis zur Etablierung eines integrier-ten, wertorientierten Steuerungsinstruments.	Befragung / 500 bör-sennotierte und nicht börsennotierte Großun-ternehmen / keine Angabe
Hoitsch/Winter/ Baumann, 2006	Risikocontrolling (RC) bei deutschen Kapi-talgesellschaften	Die RC-Forschung befindet sich noch in einem frühen Stadium. Das RC hat sich in funktionaler und institutionaler Hinsicht schon in einem gewissen Umfang in der Unternehmenspraxis etabliert. Jedoch sind auch hier unklare Begriffsauffassungen und uneinheitliche funktionale und institutionale Ausgestaltungen zu konstatieren.	Fragebogen / 246 AG und 219 GmbH / Rück-lauf: 72 AG (29,3 %) 39 GmbH (17,8 %)
Hölscher/Giebel/ Karrenbauer, 2006/2007	Stand und Entwick-lungstendenzen des industriellen Risiko-managements (Teil 1 und Teil 2)	Die Untersuchung des RM in unterschiedlichen Branchen der Industrie zeigt, dass obwohl der überwiegende Teil der Unternehmen RM als einen wesentlichen Bestandteil des Managements an-sieht, große Defizite bei der Einbindung des RM in die Unternehmensprozesse vorhanden sind. Es lässt sich daraus ableiten, dass in vielen Unterneh-men das Konzept des RM nicht ganzheitlich mit allen Bestandteilen umgesetzt wird, sondern oft-mals nur Teilaspekte berücksichtigt werden.	Online-Fragebogen / 2.000 Industrieunter-nehmen unterschiedli-cher Branchen / 116 Großunternehmen / 22 kleine/mittlere Unter-nehmen / Rücklauf gesamt: 138 Unterneh-men (7 %)
Nevries/Strauß, 2008	Aufgaben des Con-trollings im Rahmen des Risikomanage-mentprozesses	Das Controlling übernimmt in allen Phasen des Risikomanagementprozesses eine wesentliche Rolle. Das Risikomanagement berücksichtigt in den meisten Unternehmen nicht den Chancenaspekt.	Interviews / Elf deut-sche Großkonzerne / alle Beteiligten haben teilgenommen
Henschel, 2008	Risikomanagement-Praktiken bei deut-schen KMU	In Unternehmen mit einer Controlling-Funktionseinheit (hauptsächlich mittlere und grö-ßere Unternehmen) sind der Risikomanagement-Prozess und die Methoden der Risikoerfassung wesentlich besser etabliert als in Unternehmen ohne eine solche Einheit.	Fragebogen / 1.801 Unternehmen mit Mit-arbeiterzahl bis 250 und Jahresumsatz bis 50 Millionen Euro / 314 auswertbare Fragebö-gen (17,4 %)

Tabelle 1: Empirische Untersuchungen zum Stand des RM in dt. Nicht-Finanzunternehmen[53]

---

[53] Vgl. Rautenstrauch; Wurm (2008), S. 108 f.: Die dortige Übersicht wurde um Studien aus den Jah-ren 2003 und 2008 erweitert.

Die dargestellten Studien haben zumeist einen oder beide der folgenden Untersuchungsbereiche zum Inhalt:

- Die Feststellung des allgemeinen Entwicklungsstands des Risikomanagements und des Grades der Erfüllung der gesetzlichen Anforderungen aus dem KonTraG und

  - die organisatorische Anbindung des Risikomanagements, insbes. die Rolle des Controllings beim Risikomanagement bzw. des sog. Risiko-Controllings (RC).

Die Untersuchungen konzentrieren sich größtenteils *entweder* auf börsennotierte[54] bzw. große[55] Aktiengesellschaften *oder* auf kleine und mittlere Unternehmen (KMU).[56] Meistens handelt es sich um branchenübergreifende Querschnittanalysen. Eine Bewertung erfolgte i. d. R. nur hinsichtlich des Entwicklungsstandes des Risikomanagements, wobei mehrheitlich in vielen untersuchten Teilbereichen Defizite bzw. Entwicklungsbedarf festgestellt wurden. Bei *Hoitsch; Winter; Baumann (2006)* erfolgte eine subjektive Bewertung des Nutzens des Risikomanagementsystems durch die befragten Unternehmen, jedoch wurde diese nicht mit der Gestaltung des Risikomanagements in Verbindung gebracht. Einzig *Henschel (2008)* unternimmt den Versuch der Bildung einer Risikomanagement-Typologie in Anlehnung an die von *Miles; Snow (1978)* eingeführten Unternehmenstypen (Reactor, Defender, Prospector und Analyser) in Verbindung mit einer Effizienzbeurteilung. *Henschel* bildet die einzelnen Risikomanagement-Typen jedoch auf Basis der Gütebeurteilung der einzelnen Aspekte des Risikomanagements und nicht anhand unterschiedlicher organisatorischer Gestaltungsweisen.[57]

Die Bildung einer eigenständigen Risikomanagement-Gestaltungstypologie in Verbindung mit einer risikomanagement-spezifischen Kontexttypologie und einer situationsabhängigen Effizienzbewertung der Risikomanagement-Typen wurde in keiner der dem Verfasser bekannten Studien vorgenommen. Insofern soll im Rahmen der eigenen Untersuchung der Versuch einer solchen Vorgehensweise unternommen werden.

---

[54] Vgl. Deutsches Aktieninstitut; KPMG (2000); Wolz (2001); Bungartz (2003); Diederichs; Reichmann (2003); Kajüter; Winkler (2003); Nevries; Strauß (2008).
[55] Vgl. Glaum; PwC Deutsche Revision (2000).
[56] Vgl. Vgl. Winkeljohann; Hölscher (2001); Marsh (2002a); Marsh (2002b); Henschel (2003); Marsh (2004); Flacke; Siemes (2005); Wildemann (2005); Bundesverband Deutscher Unternehmensberater e. V. (2005); Henschel (2008).
[57] Vgl. Henschel (2008), S. 84 f.

1.7 Forschungskonzeption

In den folgenden Ausführungen zur Forschungskonzeption wird zunächst der heuristische Ausgangsbezugsrahmen entwickelt (Abschnitt 1.7.1) und anschließend das Forschungsdesign festgelegt (Abschnitt 1.7.2).

1.7.1 Entwicklung eines heuristischen Ausgangsbezugsrahmens

Ausgangspunkt für die Entwicklung des heuristischen Ausgangsbezugsrahmens ist die o. a. Kernproblemstellung der Arbeit mit ihren drei wesentlichen Elementen, welche zueinander in Beziehung gesetzt werden und gleichzeitig die Hauptkategorien des Bezugsrahmens bilden: Die theoretischen Konstrukte „Unternehmenssituation", „Gestaltung des Risikomanagements" und „Effizienz des Risikomanagements."

Zur Reduzierung des Abstraktionsniveaus sind Dimensionen festzulegen, welche dazu dienen, die Konstrukte detaillierter zu beschreiben. Als Beschreibungsdimensionen kommen für das Konstrukt „Unternehmenssituation" solche in Frage, welche für das mit ihm in Beziehung gesetzte Konstrukt „Gestaltung des Risikomanagements" als relevant erachtet werden. Sie werden im Folgenden als Kontextfaktoren des Risikomanagements bezeichnet. Dabei sollen sowohl unternehmensinterne als auch unternehmensexterne Faktoren betrachtet werden. Zu den unternehmensinternen Faktoren zählen beispielsweise die Unternehmensgröße oder der Grad an Unternehmensdiversifikation. Externe Faktoren sind solche, die sich „außerhalb" der Unternehmung befinden - beispielsweise die Konkurrenzintensität oder das rechtliche Umfeld. Sie sind im Gegensatz zu den internen Einflussgrößen von den Organisationen nur begrenzt beeinflussbar.[58] Häufig werden in diesem Zusammenhang auch die Begriffe „interne Situation"[59] und „Unternehmensumwelt"[60] verwendet.

Die Beschreibungsdimensionen des Konstrukts „Gestaltung des Risikomanagements" sind die Gestaltungsfaktoren des Risikomanagements. Sie beziehen sich im Wesentlichen auf die Organisation des Risikomanagements. Diese stellt den im Mittelpunkt der Untersuchung stehenden Aspekt der Gestaltung des Risikomanagements dar. Daneben sollen aber auch im Rahmen des Risikomanagements eingesetzte Instrumente und Methoden betrachtet werden.

---

[58] Vgl. Roters (1989), S. 16.
[59] Vgl. Kieser; Kubicek (1992), S. 208 f.; Pettigrew (1987), S. 657 f.
[60] Vgl. Kieser (1974), S. 302 f.; ausführlich: Kubicek; Thom (1976).

Zur Beschreibung des Konstrukts der „Effizienz des Risikomanagements" müssen Dimensionen bzw. Kriterien abgeleitet werden. Dabei sind einerseits ergebnisbezogene Effizienzkriterien von Interesse, die das Ergebnis des Risikomanagementprozesses messen und anhand von Bezugsgrößen beurteilen, und andererseits strukturbezogene Effizienzkriterien, welche versuchen, die Effizienz der Organisationsstruktur des Risikomanagements zu messen. Die erste Konkretisierungsstufe des heuristischen Bezugsrahmens wird in Abbildung 4 dargestellt.

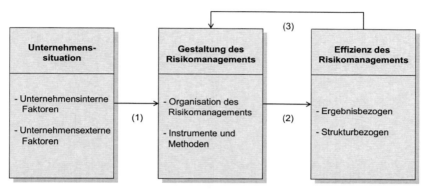

Abbildung 4: Erste Konkretisierungsstufe des Ausgangsbezugsrahmens

Pfeil (1) in Abbildung 4 symbolisiert die bereits erläuterte *Kontingenzannahme*: Es wird die Abhängigkeit der Gestaltung des Risikomanagements von der Unternehmenssituation vermutet.

Pfeil (2) stellt die *Effizienzannahme* dar. Es wird vermutet, dass die Effizienz des Risikomanagements von dessen Gestaltung abhängt. Dabei werden zum einen direkte Beziehungen zwischen Gestaltung und Effizienz untersucht. Zum andern wird vermutet, dass die Effizienz von der jeweiligen Situations-Gestaltungs-Kombination abhängt. Dies mag scheinbar einen Widerspruch darstellen. Es ist aber durchaus vorstellbar, dass einige Gestaltungsfaktoren unabhängig von der Situation eine direkte Wirkung auf die Effizienz ausüben, während bei anderen Gestaltungsfaktoren die Wirkung auf die Effizienz in Abhängigkeit von der Unternehmenssituation variiert.

Pfeil (3) verdeutlicht eine Rückkopplungsannahme in dem Sinne, dass unerwünschte Effizienzwirkungen des Risikomanagements dazu führen, dass dessen Gestaltung vom Management überdacht und angepasst wird. Da eine solche Rückkopplungs-Beziehung jedoch nur in Längsschnitt-Studien untersucht werden kann und hier auch nicht im Zentrum des Interesses steht, wird sie auch nicht weiter verfolgt. Diese Annahme wurde nur der Vollständigkeit halber mit in den Bezugsrahmen aufgenommen.

Zur weiteren Präzisierung des Bezugsrahmens sind die Kontext- und Gestaltungsfaktoren sowie die Effizienzkriterien zu spezifizieren. Diese können dann im empirischen Teil der Arbeit als strukturiertes Erhebungsraster dienen, mit dessen Hilfe die Realität erfasst und gleichzeitig ein hohes Maß an intersubjektiver Vergleichbarkeit bei der Beschreibung der realen Erscheinungsformen erreicht werden kann. Zudem sind neben diesen Merkmalen auch der Variations- und Abstufungsbereich der einzelnen Merkmalsausprägungen festzulegen, wodurch - je nach Anzahl der für eine Variable vorgesehenen Werte - ein mehr oder weniger feines Netz für die einzelnen Variablen vorgegeben wird.[61]

1.7.2 Bestimmung des Forschungsdesigns

Bei der Bestimmung des Forschungsdesigns wird festgelegt „welche Größen, wie, wo und in welchem Zeitraum erfasst werden sollen"[62]. Man unterscheidet zwischen der Bestimmung des globalen Forschungsdesigns und der Bestimmung der Auswahl- und Erhebungsverfahren (spezielles Forschungsdesign).

1.7.2.1 Bestimmung des globalen Forschungsdesigns

Zur Auswahl für das globale Forschungsdesign stehen die Vorgehensweisen Einzelfallstudie, Feldstudie sowie verschiedene Formen des Experiments.

Die Methode des Experiments schied für die durchzuführende Untersuchung aus, da die untersuchte Thematik zu komplex ist, um in einem Laborexperiment dazu Simulationen durchzuführen. Auch bestand für den Verfasser nicht die Möglichkeit, in einer realen Unternehmung im Rahmen eines Feldexperiments versuchsweise die Risikomanagement-Organisation zu ändern und die daraus resultierende Effizienzveränderung zu messen.

In Frage kamen die Methoden Fallstudie und Feldstudie. Die vorliegende Untersuchung erforderte eine möglichst große Zahl von Erhebungseinheiten, da eine Verallgemeinerung der zu gewinnenden Erkenntnisse über Zusammenhänge zwischen Kontext, Gestaltung und Effizienz des Risikomanagements angestrebt wurde. Ferner reich-

---

[61] Vgl. Kubicek (1975), S. 90.
[62] Kubicek (1975), S. 35.

te eine einmalige Datenerhebung zu einem bestimmten Zeitpunkt zur Gewinnung der gewünschten Informationen aus. Deshalb wurde die Feldstudie in der Form der Querschnittsanalyse als globales Forschungsdesign für die beabsichtigte Untersuchung gewählt.

1.7.2.2 Bestimmung des speziellen Forschungsdesigns

1.7.2.2.1 Wahl der Erhebungsmethode

Die zur Verfügung stehenden Methoden der empirischen Erhebung von Daten sind:[63]

- Schriftliche oder mündliche Befragung

- Teilnehmende und nicht-teilnehmende Beobachtung

- Dokumentenanalyse.

Die *Dokumentenanalyse* erscheint hinsichtlich der zu untersuchenden Problematik als ungeeignet. Aus Dokumenten wie beispielsweise Geschäftsberichten oder Zeitungsartikeln können die benötigten Informationen zur unterschiedlichen Gestaltung und Effizienz des Risikomanagements nicht in ausreichender Tiefe gewonnen werden.

Die *Beobachtung* scheidet hauptsächlich aus forschungsökonomischen Gründen aus. Der Zeitaufwand, bei einer großen Zahl von Unternehmen die Unternehmenssituation sowie Gestaltung und Effizienz des Risikomanagements in einer Beobachtungssituation zu erfassen, wäre unangemessen hoch.

Damit verbleibt noch die Möglichkeit einer mündlichen oder schriftlichen *Befragung*. Aufgrund der Komplexität und des Umfangs der zu erhebenden Daten wurde auf eine mündliche Befragung verzichtet. Aufgrund der Komplexität der Thematik war anzunehmen, das nicht immer sämtliche der zu erhebenden Daten umgehend von einer einzelnen Person hätten geliefert werden können. Dies hätte dazu geführt, das viele Fragen im ersten Gespräch unbeantwortet geblieben wären und Folgegespräche erfordert. Der damit verbundene Zeitaufwand wurde als zu hoch erachtet.

Die schriftliche Befragung wurde letztlich ausgewählt, da sie als einzige Erhebungsform die Möglichkeit bot, eine große Anzahl von Unternehmen mit akzeptablem zeitlichem und finanziellem Aufwand zu erreichen. Ein wichtiger Vorteil dieser Erhe-

---

[63] Vgl. dazu Kromrey (1994), S. 231 ff.; Atteslander 1993, S. 93 ff.; Atteslander/Kopp (1984), S. 150 ff.; Friedrichs (1985), S. 189 ff. oder Huber (1984), S. 124.

bungsform ist, dass die Respondenten bei der Beantwortung der Fragen keinen Zeitdruck verspüren und so auch Informationen zu komplexen Sachverhalten erfragt werden können. Des Weiteren können Fragebögen zwischen verschiedenen Personen weitergereicht werden, so dass auf unkompliziertem Wege mehrere Personen innerhalb eines Unternehmens befragt werden können.

Nachteile der schriftlichen Befragung sind:[64]

- geringe Rücklaufquoten,

- Unkontrollierbarkeit der Erhebungssituation (z. B. hinsichtlich der ausfüllenden Person oder einer Beeinflussung der Beantwortung durch Dritte),

- mögliche Verständnisprobleme bzw. fehlende Möglichkeit der Rückfrage,

- starres, unflexibles Erhebungsraster, welches keine Vertiefung interessanter Fragestellungen erlaubt.

Insbesondere den beiden letztgenannten Nachteilen wurde durch eine entsprechende Gestaltung des Fragebogens, auf welche nun genauer eingegangen werden soll, entgegengewirkt.

1.7.2.2.2 Gestaltung des Fragebogens

Bei der Gestaltung des Fragebogens wurde insbesondere Wert auf eine übersichtliche, zugängliche Struktur gelegt. Um dem Stand der Technik sowie der starken Verbreitung elektronischer Datenverarbeitung und internetbasierter Kommunikation im heutigen Büroalltag Rechnung zu tragen, wurde der Fragebogen als interaktiv bearbeitbares elektronisches Dokument im Portable Document Format (PDF) erstellt. Das Dokument wurde so konstruiert, dass alle Formularfelder am Bildschirm ausgefüllt werden konnten. Dabei konnte das Dokument jederzeit abgespeichert und die Bearbeitung zu einem späteren Zeitpunkt fortgesetzt werden. Das Dokument konnte ferner auf elektronischem Wege an weitere Personen zur Bearbeitung verschickt werden und natürlich auch nach erfolgter Bearbeitung vom Respondenten per Email wieder zurück gesendet werden. Daneben bestand natürlich die Möglichkeit, das Dokument auszudrucken und konventionell auszufüllen. Optional wurden Übermittlung und Rücksendung des Fragebogens per Fax angeboten.

---

[64] Vgl. Hafermalz (1976), S. 22 f.

Dem Fragebogen wurde zunächst ein Deckblatt mit Anschreiben vorangestellt. Dieses enthielt neben Hinweisen zum Ausfüllen des Fragebogens die Zusicherung einer vertraulichen Behandlung der Daten im Rahmen einer anonymen Auswertung. Für die Rücklaufkontrolle und evtl. Rückfragen wurden die Kontaktdaten des Respondenten erfasst.

Der eigentliche Fragebogen ist in drei Teile gegliedert, welche sich jeweils auf thematisch zusammenhängende Aspekte der Problemstellung beziehen (vgl. dazu den Originalfragebogen im Anhang):

- Teil 1: Fragen zum Kontext des Risikomanagements

- Teil 2: Fragen zur Gestaltung des Risikomanagements

- Teil 3: Fragen zur Effizienz des Risikomanagements.

Die drei Teile des Fragebogens beziehen sich jeweils auf eines der drei theoretischen Konstrukte des heuristischen Ausgangsbezugsrahmens. In Teil 1 des Fragebogens wurde die Unternehmenssituation anhand der zuvor ausgearbeiteten Kontextfaktoren erfasst, während in Teil 2 die Gestaltung des Risikomanagements anhand der ausgewählten Gestaltungsfaktoren festgestellt wurde. Teil 3 diente dazu, die Effizienz des Risikomanagements der Untersuchungseinheiten mithilfe der zuvor definierten Effizienzkriterien zu messen.

Die Fragen des Fragebogens wurden mehrheitlich als geschlossene Fragen konzipiert, wobei nach Kategorien geordnete Antworten vorgegeben wurden. Zumeist handelt es sich um Fragen vom Selektionstyp, wobei entweder eine Mehrfachauswahl vorzunehmen war, oder zu vorgegebenen Sachverhalten um Einschätzungen, z. B. durch die Angabe von Rangfolgen oder Ankreuzen eines Kästchens auf einer bipolaren Ratingskala, gebeten wurde. Diese Art von Fragen wurde gewählt, um Hilfestellung bei der Beantwortung der Fragen zu geben, die Beantwortung möglichst wenig zeitaufwändig zu gestalten und vergleichbare Ergebnisse zu erhalten. In einigen Fällen wurden auch offene Fragen formuliert oder Kombinationen von geschlossenen und offenen Fragen erstellt. Dies geschah in den Fällen, in denen ein Sachverhalt nicht vollständig durch theoretisch erarbeitete Antwortkategorien abgedeckt werden konnte.

Nach einer primär inhaltlichen Prüfung des Fragebogens im Rahmen von Pretests wurde der Fragebogen mehrfach überarbeitet. Dabei wurden einige Sachverhalte klarer formuliert sowie Antwortkategorien und teilweise offene Antwortmöglichkeiten ergänzt. Da der zum Ausfüllen des Fragebogens benötigte Zeitaufwand häufig als zu hoch bewertet wurde, wurde der Umfang des Fragebogens durch Reduktion der Anzahl an Variablen und Indikatoren auf fünf Seiten reduziert.

Im folgenden Kapitel wird nun die Präzisierung der theoretischen Konstrukte des heuristischen Ausgangsbezugsrahmens vollzogen, indem Kontext- und Gestaltungsfaktoren sowie Effizienzkriterien abgeleitet werden.

2 Präzisierung der theoretischen Konstrukte des Bezugsrahmens

2.1 Situativer Kontext

2.1.1 Vorüberlegungen

Die Situation wird regelmäßig als Sammelbegriff für Faktoren verstanden, die der Erklärung struktureller Unterschiede von Organisationen dienen - den sogenannten Kontextfaktoren.[65] Für die weitere empirische Untersuchung ist eine Identifikation und Beschreibung dieser Faktoren erforderlich. Aufgrund der Heterogenität der Faktoren macht eine konzeptionelle Ordnung der Situationskomponenten Sinn.

Die hier betrachteten Kontextfaktoren werden in unternehmensinterne und -externe Faktoren unterteilt (vgl. Kapitel 1.7.1). Dabei beziehen sich unternehmensexterne Faktoren auf die Unternehmensumwelt. Unternehmensinterne Faktoren sind teilweise als Folge unternehmensexterner Faktoren zu betrachten und teilweise auch als unternehmensinterne Festlegungen zu verstehen.

Voraussetzung einer solchen Unterteilung in unternehmensinterne und -externe Faktoren ist die Abgrenzung von Unternehmen und Umwelt hinsichtlich der betrachteten Problemstellung. Denn für unterschiedliche Fragestellungen ist diesbezüglich eine unterschiedlich enge oder weite Begriffsfassung und unter Umständen auch der Verzicht auf die Vorstellung von einem abgegrenzten Unternehmen in einem definierbaren Umsystem sinnvoll.[66] In diesem Zusammenhang ist zunächst eine auf die Fragestellung zugeschnittene Grenzziehung zwischen dem System Unternehmen und seiner Umwelt vorzunehmen (Grenzproblem). Da nicht jedes Element der so definierten Umwelt für die untersuchte Fragestellung von Bedeutung ist, muss in einem weiteren Schritt die relevante Umwelt als Teilmenge bestimmt werden (Relevanzproblem).[67]

Eine präzise Abgrenzung von Unternehmen und Umwelt gestaltet sich in der Regel schwierig; *Starbuck* vergleicht diesbezüglich das Unternehmen mit einer Wolke, deren Konturen aus größerer Entfernung recht klar erkennbar sind, deren Grenzen sich jedoch um so mehr auflösen, je mehr man sich ihr nähert.[68] Die im folgenden Abschnitt 2.1.2 angeführten Faktoren sind relativ eindeutig als unternehmensinternen

---

[65] Vgl. Hoffmann; Kreder (1985), S. 461.
[66] Vgl. Kubicek; Thom (1976), Sp. 3981.
[67] Vgl. Kubicek; Thom (1976), Sp. 3983.; Roters (1989), S. 14.
[68] Vgl. Starbuck (1976), S. 1070 f.

Faktoren klassifizierbar. Die in Abschnitt 2.1.3 dargestellten unternehmensexternen Faktoren lassen sich hingegen nicht immer vollkommen trennscharf der Unternehmensumwelt zuordnen, was sich jedoch auf das weitere Vorgehen nicht negativ auswirkt.

Die in dieser Arbeit relevanten Faktoren sind aus der Vielzahl in Frage kommender Faktoren vor dem Hintergrund zu selektieren, dass nicht die Gestaltung der gesamten Organisation, sondern nur die Gestaltung des Risikomanagements den zentralen Betrachtungsgegenstand darstellt. In diesem Zusammenhang sei erwähnt, dass das Risikomanagement vor dem Hintergrund der betriebswirtschaftlichen Systemtheorie als *Subsystem* der Unternehmensführung mit Querschnittsfunktion aufgefasst wird.[69] Somit wird die generelle Gestaltung des organisatorischen Gesamtsystems selbst zum Kontextfaktor für die Gestaltung des Risikomanagements. Daher finden sich unter den unternehmensinternen Gestaltungsfaktoren auch Faktoren der organisatorischen Gestaltung des Gesamtunternehmens, welche differenziert von den jeweiligen Gestaltungsfaktoren der Organisation des Risikomanagements zu betrachten sind.

Empirische Untersuchungen, welche die Relevanz bestimmter Kontextfaktoren für die Gestaltung des Risikomanagements belegen, sind dem Verfasser nur sehr wenige bekannt. Vereinzelt finden sich diesbezügliche Erkenntnisse als „Nebenprodukte" von Arbeiten, deren Forschungsschwerpunkt thematisch ein anderer ist. Insofern handelt es sich bei der vorliegenden Untersuchung um „Pionierarbeit." Es wurden jedoch theoretische Überlegungen verschiedener Art zur Thematik angestellt. Eine Aufstellung verschiedener Kontextfaktoren für das Risikomanagement findet sich bei *Horvath/Gleich (2000).*[70]

Im Folgenden werden nicht alle möglichen in Frage kommenden Kontextfaktoren beschrieben, sondern nur diejenigen, bei denen eine Relevanz für die Gestaltung des Risikomanagements als wahrscheinlich erachtet wird.

---

[69] Vgl. Braun (1984), S. 43.
[70] Vgl. Horvath; Gleich (2000), S. 107 f.

2.1.2 Unternehmensinterne Faktoren

2.1.2.1 Unternehmensgröße

Die Unternehmensgröße wird gewöhnlich anhand der Zahl der Mitarbeiter, dem Jahresumsatz und/oder anhand der Bilanzsumme ermittelt.[71] Bereits die Aston Gruppe hat zahlreiche Zusammenhänge zwischen der Unternehmensgröße und Variablen der organisatorischen Gestaltung festgestellt, welche größtenteils in Folgestudien bestätigt wurden.[72]

Mit zunehmendem Wachstum kann eine Organisation mehr und mehr von Spezialisierungsvorteilen profitieren, wodurch sie differenzierter und komplexer wird. Die gestiegene Anzahl an Untereinheiten steigert die koordinativen Anforderungen, was zu einer Anpassung von Koordinationsmechanismen, Regeln und formalen Prozeduren führt. Dies geht häufig mit einer Erhöhung des Ausmaßes an Entscheidungsdelegation einher.[73]

Es ist davon auszugehen, dass auch die Gestaltung des Risikomanagements wesentlich von der Unternehmensgröße beeinflusst wird. *Wiemann/Mellewigt* zeigen beispielsweise, dass kleinere Unternehmen höheren Risiken ausgesetzt sind als große,[74] was zu höheren Anforderungen an das Risikomanagementsystem führt. An anderer Stelle wird argumentiert, dass mit zunehmender Unternehmensgröße die Notwendigkeit zur Institutionalisierung des Risikomanagements steigt.[75] Es ist ferner anzunehmen, dass größere Unternehmen häufig mit einer höheren Anzahl heterogener Risiken konfrontiert werden als kleinere Unternehmen, woraus wiederum andere Anforderungen an die Gestaltung des Risikomanagement entstehen usw.

Festzuhalten bleibt, dass die Unternehmensgröße vermutlich einen wesentlichen Einflussfaktor auf die Gestaltung des Risikomanagement darstellt und Eingang in die empirische Untersuchung finden muss.

---

[71] Vgl. Gleich (2001), S. 271.
[72] Vgl. Pugh; Hickson; Hinings; Turner (1968); Child (1972a); Blau; Schoenherr (1971).
[73] Vgl. Miller; Dröge (1986), S. 543.
[74] Vgl. Wiemann; Mellewigt (1998), S. 566 f.
[75] Vgl. Horvath; Gleich (2000), S. 107.

2.1.2.2 Unternehmensdiversifikation

Wissenschaftlich ist der Begriff der Diversifikation nicht eindeutig bestimmt. Allgemein kann der Tatbestand der Heterogenität von Geschäftsaktivitäten mit dem Begriff der Unternehmensdiversifikation bezeichnet werden. Eine definitorische Konvergenz des Diversifikationsbegriffes steht aus. Allerdings hat sich als Kern aller Abgrenzungen die Ausdehnung der Unternehmensaktivitäten auf neue Produkte und neue Märkte herauskristallisiert.[76] Im Folgenden soll die Abgrenzung von *Ansoff* dargestellt werden, dem gewöhnlich das Verdienst einer ersten detaillierten Konzeptionalisierung der Diversifikation zugesprochen wird.[77]

Ansoff versteht Diversifikation zunächst als dynamischen Vorgang der Erschließung neuer Märkte mit neuen Produkten.[78] In einer differenzierten und erweiterten Begriffsfassung unterscheidet er dann vier Arten von Diversifikationsstrategien, die sich jeweils auf neue Märkte und neue Produkte beziehen. Produkte werden dabei durch ihre unterschiedlichen physischen Charakteristika und Leistungsmerkmale voneinander abgegrenzt; Märkte anhand des durch das Produkt befriedigten Kundennutzens.

Als *horizontale Diversifikation* wird die Versorgung gleichartiger Abnehmer durch neue Produkte, welche auf der Basis der durch die Produktion des bisherigen Produktionsprogramms erworbenen Fähigkeiten und mit bekannten Technologien hergestellt werden und somit eine gewisse Verbundenheit zum bisherigen Produktionsprogramm aufweisen, verstanden. Dabei wird die Erzielung funktionaler Synergien durch die gemeinsame Nutzung von Ressourcen sowie die Realisation von Management-Synergien angestrebt.[79]

Im Rahmen der *vertikalen Diversifikation* werden neue Produkte aus vor- oder nachgelagerten Stufen des Wertschöpfungsprozesses integriert. Ziel der vertikalen Integration ist vor allem eine Reduktion des auf die Leistung der Zulieferer bzw. Abnehmer bezogenen Risikos.

Laterale Diversifikation liegt vor, wenn ein Unternehmen neuartige Produkte in einem bisher nicht bearbeiteten Markt anbietet. Hierzu werden neuartige Kenntnisse, Produktionstechnologien und Erfahrungen in Anspruch genommen und ein bisher unbekann-

---

[76] Vgl. Ganz (1992), S. 12; Schüle (1992), S. 8.
[77] Vgl. Jansen (2006), S. 7.
[78] Vgl. Ansoff (1957).
[79] Vgl. Bühner (1992), S. 148.

ter Kundennutzen zu befriedigen versucht. Mit dieser Strategie sollen vor allem finanzielle Synergien und eine Risikominderung erreicht werden.[80]

Abbildung 5 zeigt die sogenannte Produkt-Markt-Matrix nach *Ansoff*. 1965 fügte *Ansoff* in seiner prominenten Arbeit als weitere Dimension noch die geographische Expansion als zusätzliche mögliche Entwicklungsrichtung der Unternehmenstätigkeit neben der Befriedigung eines neuen Kundennutzens (neue Märkte) und des Anbietens neuer Produkte bzw. Dienstleistungen hinzu.[81]

Produkte / Märkte	Alte	Neue
Alte	Markt-durchdringung	Produkt-entwicklung
Neue	Marktentwicklung	Diversifikation

Abbildung 5: Produkt-Markt-Matrix nach Ansoff

Zahlreiche Studien belegen die Existenz von Zusammenhängen zwischen Diversifikationsgrad und Organisationsstruktur von Unternehmen; besonders hervorzuheben sind hierbei die Arbeiten von *Rumelt*[82] und *Wrigley*[83]. Ausgelöst wurden diese Arbeiten durch die These von *Chandler*[84], dass zwischen der Unternehmensstrategie und Organisationsstruktur, insbesondere zwischen Diversifikationsstrategie und der produktorientierten Spartenorganisation, enge Beziehungen bestünden.

Die Vermutung, dass ebenfalls Beziehungen zwischen Diversifikationsgrad und der Gestaltung des Risikomanagements bestehen, ist naheliegend. So ist einerseits anzunehmen, dass zum einen Beziehungen zwischen genereller Organisationsstruktur eines Unternehmens und der organisatorischen Gestaltung des Risikomanagements beste-

---

[80] Vgl. Bühner (1992), S. 148.
[81] Vgl. Ansoff (1965).
[82] Vgl. Rumelt (1986).
[83] Vgl. Wrigley (1970).
[84] Vgl. Chandler (1962).

hen. Die generelle Organisationsstruktur steht wiederum in Beziehung zum Diversifikationsgrad (s. o.).

Andererseits kommt bei vielen Diversifikationsstrategien dem strategischen Ziel der Senkung des Unternehmensrisikos eine hohe Bedeutung zu. So soll die Zusammenführung mehrerer Produkt-/Marktbereiche konjunkturelle, saisonale und strukturelle Nachfrage- und Erfolgsschwankungen ausgleichen. Die theoretische Grundlage hierfür liefert die Portfoliotheorie, deren Zielsetzung in der Bildung eines optimalen Wertpapierportfolios besteht, wobei durch Ausnutzung von Diversifikationseffekten das Risiko des Portfolios ohne eine Verringerung der zu erwartenden Rendite minimiert werden soll.[85] Um die Auswirkung der Diversifikation auf das Unternehmensrisiko messen und kontrollieren zu können, muss das Risikomanagement gewisse Anforderungen erfüllen. So müssen Methoden und Prozesse vorhanden sein, um Diversifikationseffekte zwischen den einzelnen Geschäftsfeldern zu messen und die Risiken der einzelnen Geschäftsbereiche zu einer Gesamtrisikoposition zu aggregieren.

Ferner führt die Existenz heterogener Geschäftsbereiche innerhalb eines Gesamtunternehmens dazu, dass das Risikomanagement sich mit einer Vielzahl heterogener Risiken beschäftigen muss, was wiederum Auswirkungen auf die Gestaltung des Risikomanagements mit sich bringt - so sind beispielsweise die Fragen der Spezialisierung und Dezentralisierung des Risikomanagements in diesem Zusammenhang tangiert, denen in der empirischen Untersuchung nachgegangen werden muss.

2.1.2.3 Organisationsstruktur

Da das Risikomanagement in die allgemeine Organisationsstruktur integriert ist, beeinflusst diese natürlich die organisatorische Gestaltung des Risikomanagements. Daher muss die allgemeine Organisationsstruktur als Kontextfaktor berücksichtigt und operationalisiert werden. Als Kriterien der Organisationsstruktur wurden die in der Literatur am häufigsten vertretenen ausgewählt: Spezialisierung, Zentralisierung, Formalisierung und Komplexität.[86] Auch die Organisationsform im Sinne des Organisationsprinzips bzw. aufbauorganisatorischen Idealtyps (z. B. Funktionale Organisation, Sparten- oder Matrixorganisation) übt sicherlich einen gewissen Einfluss auf die Organisation des Risikomanagements aus, denn bei der Integration des Risikomanagements bildet

---

[85] Vgl. hierzu Markowitz (1952).
[86] Vgl. Miller; Dröge (1986), S. 547.

die Organisationsform den aufbauorganisatorischen Rahmen. Daher stellt die Organisationsform ebenfalls ein zu berücksichtigendes Kriterium dar.

Im Folgenden werden die einzelnen Kriterien der Organisationsstruktur beschrieben und erläutert.

2.1.2.3.1 Spezialisierung

Spezialisierung kann allgemein als artmäßige Arbeitsteilung verstanden werden, bei der „Teilaufgaben unterschiedlicher Art mehr oder weniger ausschließlich von verschiedenen Organisationseinheiten (Stellen, Abteilungen, Kollegien u. ä.) wahrgenommen werden."[87] Eine hochgradige Spezialisierung liegt vor, wenn eine Gesamtaufgabe in sehr viele unterschiedliche Teilaufgaben zerlegt wird. Dabei ergibt sich die umfangsbezogene Spezialisierung durch die Zahl der Organisationseinheiten, die unterschiedliche Aufgaben erfüllen. Die Art der Spezialisierung hingegen kennzeichnet die inhaltlichen Merkmalsunterschiede der zu erfüllenden Aufgaben (z. B. funktionale vs. objektbezogene Spezialisierung).[88]

Spezialisierung führt zu Einsparungen von Zeit und Einsatzmengen von Produktionsfaktoren. Die Anforderungen an die Aktionsträger sinken. Da der Grad der Spezialisierung i. d. R. mit der Unternehmensgröße zunimmt, zählen Spezialisierungsvorteile zu den Erklärungsgründen für die sogenannten *economies of scale* (Kostendegression bei zunehmender Ausbringungsmenge).[89]

Ein zu hoher Grad an Spezialisierung bringt jedoch eine Reihe von Nachteilen mit sich:[90] So geht die Leistungsmotivation der betroffenen Organisationsmitglieder zurück und der zwischen diesen bestehende Informationsfluss ist vergleichsweise komplex. Der Koordinationsaufwand erhöht sich durch die mit der Spezialisierung verbundene Schnittstellenproblematik. Die wachsende Monotonie und Arbeitsunzufriedenheit der Aufgabenträger führt zu einer zunehmenden Entfremdung von der Arbeit. Die Flexibilität der Organisation nimmt ab. Diese Nachteile haben schließlich zu einem Umdenken in Richtung gemäßigter Arbeitsteilung und Verschlankung der Organisationsstruktur im sogenannten *Lean Management* geführt.

---

[87] Schierenbeck (1999), S. 100.
[88] Vgl. Schierenbeck (1999), S. 100 f.
[89] Vgl. Bea; Göbel (2006), S. 300.
[90] Vgl. Macharzina; Wolf (2008), S. 470.

2.1.2.3.2 Zentralisierung

Die Begriffe Zentralisierung bzw. Dezentralisierung (synonym: Zentralisation bzw. Dezentralisation) beziehen sich in der Betriebswirtschaftslehre auf die Verteilung von Entscheidungen und Aufgaben innerhalb einer Organisation. In der Literatur findet sich eine Vielzahl von Ansätzen zur Konkretisierung der Begriffe; die beiden für diese Arbeit relevanten Ansätze sollen hier kurz erläutert werden.

Beim ersten Ansatz werden die Begriffe Zentralisation und Dezentralisation als generelle Prinzipien der Aufgabenverteilung innerhalb einer Organisation verwendet. Der Ansatz versteht Zentralisation als die Zusammenfassung gleichartiger Aufgaben bei einer Organisationseinheit und unter Dezentralisation deren getrennte Verteilung auf mehrere Organisationseinheiten. Im Zusammenhang mit diesem Ansatz wird im weiteren Verlauf der Arbeit von „Zentralisation im Sinne von Zusammenfassung gleichartiger Aufgaben in zentralen Organisationseinheiten" gesprochen. Abbildung 6 verdeutlicht den Ansatz.

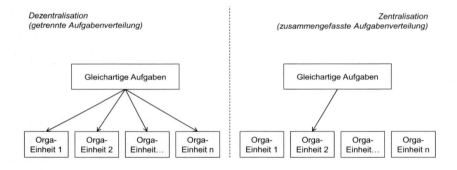

Abbildung 6: Zentralisation und Dezentralisation im Sinne der Zusammenfassung gleichartiger Aufgaben[91]

Der zweite Ansatz sieht die Begriffe Zentralisation und Dezentralisation im Zusammenhang mit der vertikalen Zuordnung von Entscheidungsaufgaben auf die verschiedenen hierarchisch über- und untergeordneten Führungsebenen von Unternehmen.[92] Zentralisation beschreibt dabei die Zusammenfassung von Entscheidungsaufgaben auf

---

[91] Vgl. Kagelmann (2001), S. 58.
[92] Vgl. Hungenberg (2008), S. 304; Kagelmann (2001), S. 58 f.

hohen Ebenen der Hierarchie, während unter Dezentralisation die Verteilung von Entscheidungsaufgaben auf nachgelagerte Organisationseinheiten verstanden wird.

Die Begriffe Zentralisation und Dezentralisation beschreiben dabei zum einen die Richtung der Entscheidungsverteilung und zum anderen auch deren Extrempunkte: So steht Zentralisation für die vollständige Bündelung von Entscheidungsaufgaben in der Unternehmensspitze und Dezentralisation für die vollständige Verteilung von Entscheidungsaufgaben auf nachgeordnete Einheiten.[93] Diese Extrempunkte sind jedoch in der Praxis wohl kaum realisierbar, so dass es bei der Verteilung von Entscheidungsaufgaben letztlich um die Bestimmung des (De-)Zentralisationsgrades von Unternehmen geht.

Im Zusammenhang mit dem zweiten Ansatz wird im weiteren Verlauf der Arbeit von „Entscheidungszentralisation" bzw. „Entscheidungsdezentralisation" gesprochen. Die Begriffe (De-)Zentralisation und (De-)Zentralisierung werden synonym verwendet. Abbildung 7 stellt den zweiten Ansatz graphisch dar.

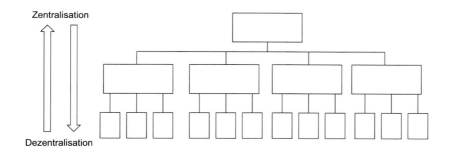

Abbildung 7: Entscheidungszentralisation und -dezentralisation[94]

2.1.2.3.3 Formalisierung

Der Begriff der Formalisierung beschreibt allgemein den Einsatz schriftlich und/oder graphisch fixierter organisatorischer Regeln, beispielsweise Organigramme, Stellenbeschreibungen und Richtlinien. Ein Hauptmotiv der Formalisierung ist die Koordinierung von Aktivitäten. Formalisierung ist ein ausgesprochen straffer Koordinationsme-

---

[93] Vgl. Hungenberg (2008), S. 304.
[94] Vgl. Kagelmann (2001), S. 59.

chanismus, welcher eingesetzt wird, wenn Arbeitsabläufe einer genauen, im Voraus festgelegten Koordinierung bedürfen.[95]

Entsprechend der Detailliertheit der Regelvorgaben wird die Menge vorhandener Handlungsalternativen durch Formalisierung reduziert.[96] Zudem wird durch die Festlegung organisatorischer Regelungen das Verhalten der Organisationsmitglieder in einem stärkeren Maße vorhersagbar, wodurch Unsicherheit abgebaut werden kann.[97]

Ein hohes Maß an Formalisierung geht häufig mit einem hohen Maß an Entscheidungszentralisierung und Spezialisierung einher, was sich in monotoner Arbeit und den oft diskutierten damit verbundenen physiologischen und psychologischen Problemen der Organisationsmitglieder äußert. Als Funktionsstörungen hochgradig formalisierter Organisationen werden folgende genannt: Starres, verknöchertes Verhalten mit automatischer Ablehnung aller innovativen Ideen, häufiges Fernbleiben von der Arbeit und hohe Fluktuation sowie gelegentlich subversives Verhalten im Hinblick auf organisatorische Abläufe und Vorgänge.[98]

2.1.2.3.4 Komplexität

In der Systemtheorie wird zur Beschreibung und Klassifikation von Systemen häufig auf das Konstrukt der „Komplexität" zurückgegriffen. *Bronner* versteht unter Komplexität im engeren Sinne die Anzahl an Elementen eines Systems und der zwischen diesen Elementen vorliegenden Wechselwirkungen: „Die Anzahl der Elemente und ihrer Relationen bestimmt die Komplexität eines Systems."[99]

Eine Bestimmung der Anzahl der Relationen zwischen allen Elementen einer Organisation ist sicherlich allenfalls im Rahmen einer Fallstudie mit einem vertretbaren Zeitaufwand zu bewältigen. Bei einer größeren Zahl im Rahmen einer Feldstudie untersuchter Organisationen, welche jeweils aus einer Vielzahl organisatorischer Einheiten bestehen, ist dieses Vorgehen jedoch mit einem unverhältnismäßig hohen Aufwand verbunden. Als Indikatoren für die Komplexität von Organisationsstrukturen wurden daher in ähnlichen Untersuchungen häufig die Anzahl der Hierarchieebenen (vertikale Spanne), die Anzahl der Betriebsstätten und gelegentlich auch die Größe der administrativen Komponente, beispielsweise in Form der Anzahl der leitenden Angestellten im

---

[95] Vgl. Mintzberg (1992), S. 57.
[96] Vgl. Child (1973), S. 169; Gebert (1978), S. 38.
[97] Vgl. Hall (1972), S. 174 ff.; Simon (1981), S. 132.
[98] Vgl. Mintzberg (1992), S. 60; Bouncken; Jones (2008), S. 276.
[99] Bronner (1992), Sp. 1122.

Verhältnis zur Anzahl der ausführenden Mitarbeiter, herangezogen. In Anlehnung an die Studie von *Miller/Dröge* soll die Komplexität der Organisationsstruktur ebenfalls durch diese Variablen gemessen werden.[100]

2.1.2.3.5 Organisationsform

Die Organisationsform ist das aufbauorganisatorische Ordnungsmuster der Spezialisierung, der Delegation und der Koordination.[101] In der Literatur werden diesbezüglich auch häufig die Begriffe Hierarchiemodell, Organisationsmodell, Organisationskonzept oder Organisationsprinzip verwendet. Organisationsformen lassen sich einerseits anhand des *Stellenstruktur-Prinzips* und andererseits anhand der *Art der Spezialisierung von Stellen* klassifizieren.[102]

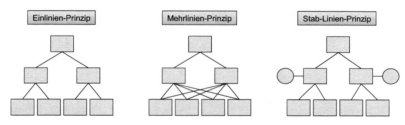

Abbildung 8: Stellenstruktur-Prinzipien[103]

Das *Stellenstruktur-Prinzip* bezeichnet die Art der Verknüpfung von Organisationseinheiten unter dem Aspekt der Weisungsbefugnis. Abbildung 8 zeigt drei Stellenstruktur-Prinzipien, welche die Grundmuster der Stellenstrukturen in den später dargestellten Organisationsformen bilden. Diese Prinzipien beschreiben einerseits die Über- bzw. Unterordnungsverhältnisse in der Hierarchie im Sinne von Weisungsbeziehungen und andererseits die Kommunikationsbeziehungen zwischen den Organisationseinheiten.[104]

Beim *Einlinien-Prinzip* erhält eine Stelle nur von einer übergeordneten Instanz Weisungen. Als Vorteile werden eine klare Regelung der Kompetenzen sowie eine trans-

---

[100] Vgl. Miller; Dröge (1986), S. 543.
[101] In Anlehnung an Bea; Haas (2001), S. 391.
[102] Vgl. Bokranz; Kasten (2003), S. 62.
[103] Vgl. Bokranz; Kasten (2003), S. 56.
[104] Vgl. Bokranz; Kasten (2003), S. 55 f.

parente Hierarchie, als Nachteile lange Informationswege und Koordinationsbelastung der Instanzen genannt.

Beim *Mehrlinien-Prinzip* kann eine Stelle Anordnungen von mehreren übergeordneten Instanzen erhalten. Der Vorgesetzte mit der jeweiligen Fachkompetenz entscheidet, damit kürzere Dienstwege sowie schnellere und bessere Entscheidungen herbeigeführt werden können. Nachteile sind die intransparente Hierarchie und ggf. Kompetenzüberschneidungen.

Beim *Stablinien-Prinzip* werden funktionalen Instanzen Stäbe zugeordnet, die ihnen zuarbeiten. Die Aufgaben der Stäbe umfassen Beratung der Instanzen, deren Unterstützung mit Spezialwissen sowie die Vorbereitung von Entscheidungen. Stäbe besitzen jedoch keine Entscheidungsgewalt, wodurch Konflikte mit der Linienorganisation entstehen können.

Die *Spezialisierung von Stellen* innerhalb der Organisationsform kann anhand zweier Gliederungsprinzipien erfolgen:

- Funktionalprinzip (verrichtungsorientiertes Prinzip), d. h. die Strukturierung nach Funktionen wie beispielsweise Verkauf, Einkauf, Buchhaltung etc.
- Divisionalprinzip (objektorientiertes Prinzip), d. h. die Strukturierung nach Objekten wie beispielsweise Regionen, Produkten oder Kundengruppen.

Organisationsformen ergeben sich nun durch Verwendung der Stellenstruktur-Prinzipien und der Gliederungsprinzipien zur Spezialisierung von Stellen.[105] Die in der Praxis häufig angewandten und etablierten klassischen Organisationsformen

- funktionale Organisation,
- Spartenorganisation und
- Matrixorganisation

sollen im Folgenden kurz dargestellt werden.

Bei der *funktionalen Organisation* ist die zweite Hierarchieebene meist nach dem Einlinien-Prinzip mit der obersten Hierarchieebene verbunden. Die Organisationseinheiten der zweiten Ebene sind anhand betrieblicher Grundfunktionen gegliedert, z. B. Einkauf, Verkauf, Produktion etc., wodurch das gesamte Gefüge funktional geprägt wird.

---

[105] Vgl. Bokranz; Kasten (2003), S. 62.

Die *Spartenorganisation,* auch divisionale Organisation genannt, ist auf der zweiten Hierarchieebene nach Objekten (z. B. Regionen, Produkte, Kundengruppen) in den sogenannten Sparten gegliedert. In den Sparten werden jeweils die Sachfunktionen, die für die Bearbeitung eines Objekts benötigt werden, zusammengefasst. Die Spartenleiter haben weitgehende Entscheidungsbefugnisse, so dass die einzelnen Sparten autonom agieren können, Eigenverantwortung für das Spartenergebnis übernehmen und wie ein Unternehmen im Unternehmen geführt werden. Neben den Sparten gibt es i. d. R. Zentralabteilungen (beispielsweise Personal, Recht, Controlling), welche die Unternehmensleitung bei der Koordination der Sparten unterstützen und spartenübergreifende Aufgaben wahrnehmen. Eine Weiterentwicklung der Spartenorganisation ist die *Management-Holding,* bei welcher die Geschäftsbereiche rechtlich selbständig sind und von einer Dachgesellschaft koordiniert werden.

Bei der *Matrixorganisation* werden Organisationseinheiten durch Anwendung von zwei Gliederungsprinzipien der Spezialisierung gebildet und nach dem Mehrlinien-Prinzip verknüpft. Die Nachteile des jeweils anderen Gliederungsprinzips sollen so ausgeglichen werden. Typischerweise wird auf der zweiten Hierarchieebene einerseits nach Funktionen (vertikal) und andererseits nach Objekten (horizontal) strukturiert, so dass eine Matrixform entsteht bei der eine Matrix-Stelle zwei Vorgesetzte hat. Die dadurch entstehenden (gewünschten) Kompetenzüberschneidungen sollen eine bessere Abstimmung und Entscheidungsqualität erzeugen, stellen zugleich aber auch das Kernproblem der Matrixorganisation dar.

Liegen bei der Matrixorganisation mehr als zwei Gliederungsprinzipien der Spezialisierung vor (beispielsweise Funktion, Produkt, Region), so spricht man von *Tensor-Organisation.* Häufig wird eine bestehende Matrixorganisation durch Segmentierung anhand von Regionen zu einer Tensor-Organisation ausgebaut.

2.1.2.4 Wettbewerbsstrategie

Eine Wettbewerbsstrategie ist ein Handlungsmuster zur Verwirklichung von Wettbewerbsvorteilen, um damit eine dauerhafte Stellung am Markt zu erlangen. Wettbewerbsstrategien können sich auf das ganze Unternehmen, aber auch auf einzelne Geschäftseinheiten beziehen.[106]

---

[106] Vgl. Pfaff (2004), S. 146.

In der Literatur des strategischen Managements existieren eine Reihe von Ansätzen hinsichtlich der Art und Weise, auf die ein Unternehmen Wettbewerbsvorteile erlangen kann. Der für diese Arbeit relevante Ansatz von *Porter* hat in der Diskussion von Strategieentwürfen eine dominierende Stellung erlangt.[107] Er soll im Folgenden kurz dargestellt werden.

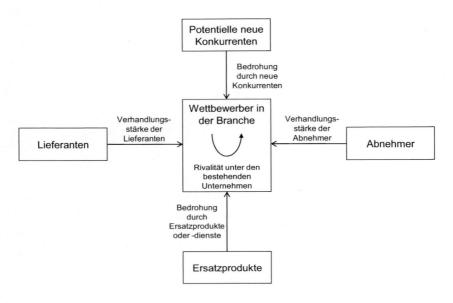

Abbildung 9: Die fünf Wettbewerbskräfte nach Porter[108]

Porter nennt zwei Grundtypen von Wettbewerbsvorteilen, über die ein Unternehmen verfügen kann: Niedrige Kosten oder Differenzierung.[109] Kostenvorteil und Differenzierung erwachsen aus einer gegebenen Branchenstruktur, welche durch fünf „Wettbewerbskräfte" genannte Einflussfaktoren determiniert wird (vgl. Abbildung 9). Ein Wettbewerbsvorteil ergibt sich dann, wenn ein Unternehmen besser als seine Rivalen imstande ist, mit den fünf Wettbewerbskräften fertig zu werden. Die Wettbewerbskräfte bestimmen die Attraktivität einer Branche, während die Wettbewerbsvorteile darauf

---

[107] Vgl. de Wit (1997), S. 12.
[108] Vgl. Porter (2000), S. 29.
[109] Vgl. Porter (2000), S. 37.

zielen, innerhalb der Branche eine überlegene Position zu erreichen, um diese Attraktivität abzuschöpfen.[110]

Neben den zwei Grundtypen von Wettbewerbsvorteilen betrachtet *Porter* auch die Größe des Marktfeldes, für den der Wettbewerbsvorteil erreicht werden soll. So ist es entweder möglich, den Wettbewerbsvorteil in einem weiten Bereich von Marktsegmenten oder aber nur in einem kleinen Segment anzustreben. Durch Kombination der zwei Grundtypen von Wettbewerbsvorteilen mit der Größe des Marktfeldes ergeben sich schließlich drei Strategietypen: *Kostenführerschaft, Differenzierung* und *Fokussierung*. Dabei hat die Strategie der Fokussierung zwei Varianten mit den Schwerpunkten Kosten (Strategie der selektiven Kostenführerschaft) und Differenzierung (Strategie der selektiven Differenzierung). Abbildung 10 zeigt die verschiedenen Strategietypen.

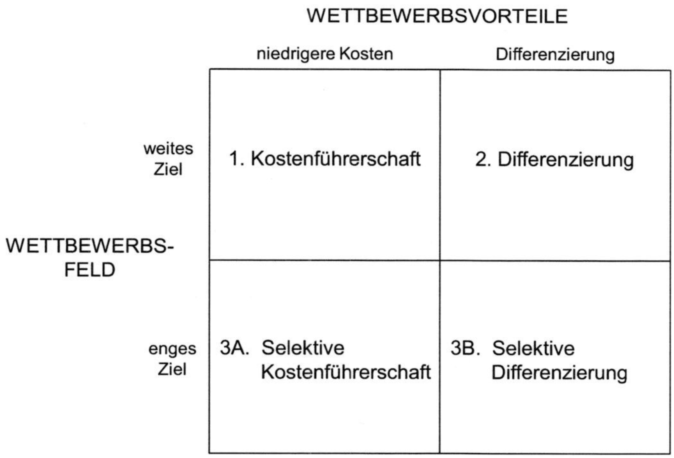

WETTBEWERBSVORTEILE

	niedrigere Kosten	Differenzierung
weites Ziel	1. Kostenführerschaft	2. Differenzierung
enges Ziel	3A. Selektive Kostenführerschaft	3B. Selektive Differenzierung

WETTBEWERBS-FELD

Abbildung 10: Drei Wettbewerbsstrategien nach Porter[111]

Wählt ein Unternehmen die Strategie der *Kostenführerschaft*, so verfolgt es das Ziel, der kostengünstigste Hersteller der Branche zu werden und auf diesem Wege überdurchschnittliche Ergebnisse zu erzielen. Dabei muss das Unternehmen darauf achten, dass sein Produkt zumindest als gleichsetzbar oder akzeptabel empfunden wird, da ansonsten die Vorteile der günstigen Kostenposition evtl. kompensiert werden. Kos-

---

[110] Vgl. Börner (2000), S. 52.
[111] Vgl. Porter (2000), S. 38.

tenführerschaft kann durch Größen- und Verbundvorteile, technologische Überlegenheit und/oder Lernkurveneffekte in Verbindung mit einem hohen Marktanteil erreicht werden.

Ein Unternehmen, welches die *Differenzierungsstrategie* wählt, versucht, ein aus Sicht der Kunden einzigartiges und unverwechselbares Angebot zu offerieren. Die Quelle dieser postulierten Einmaligkeit ist die Differenzierung gegenüber dem Wettbewerb, welche beispielsweise auf der Basis überlegener Produkte (z. B. durch Design, Markenname oder Technologie) oder auf der Basis besserer Kundenbeziehungen (z. B. durch Integration des Kunden in Forschung und Entwicklung) erfolgen kann. Dieser spezielle Nutzen wird von den Kunden dann durch die Bereitschaft, über dem Branchendurchschnitt liegende Preise zu zahlen, honoriert. Das Unternehmen wird dann in seiner Branche überdurchschnittliche Ergebnisse erzielen, wenn der durch die Differenzierung geschaffene Preisvorteil größer ist als die Zusatzkosten der Einmaligkeit.

Die Strategie der *Fokussierung* wird auch „Nischenstrategie" oder „Konzentration auf Schwerpunkte" genannt. Sie beruht auf der Wahl eines begrenzten Wettbewerbsfeldes bzw. eines Segments oder einer Gruppe von Segmenten innerhalb einer Branche. Innerhalb einer solchen Marktnische kann ein Unternehmen seine Abnehmer maßgeschneidert und unter Ausschluss anderer Konkurrenten bedienen. Das Unternehmen versucht, sich einen Wettbewerbsvorteil zu verschaffen, auch wenn es über keinen allgemeinen Wettbewerbsvorteil verfügt. Es existieren zwei Varianten der Strategie der Fokussierung: Bei der Variante der Strategie der selektiven Kostenführerschaft strebt das Unternehmen in seinem Zielsegment einen Kostenvorteil an, während es sich bei der Variante der Strategie der selektiven Differenzierung in seinem Zielsegment um Differenzierung bemüht. Die Fokussierungsstrategie hat nur Bestand, solange die jeweiligen Marktsegmente ihre Besonderheiten bewahren. Schwinden die Unterschiede zu den anderen Marktsegmenten bzw. zum Gesamtmarkt, so gehen die Fokussierungsvorteile verloren.

Den Zustand einer unklaren Positionierung hinsichtlich einer Wettbewerbsstrategie bezeichnet *Porter* als „zwischen den Stühlen." Ein Unternehmen welches „zwischen den Stühlen" sitzt, verfügt über keinen Wettbewerbsvorteil und wird laut *Porter* in aller Regel nur ein unterdurchschnittliches Ergebnis erzielen können.[112]

Die Wahl einer bestimmten Wettbewerbsstrategie hat Konsequenzen hinsichtlich der Risiken, denen das Unternehmen ausgesetzt ist: Je nach Strategie drohen unterschied-

---

[112] Vgl. Porter (2000), S.44.

liche Szenarien, die zum Verlust des Wettbewerbsvorteils führen können. Die Wahl der Wettbewerbsstrategie steht ferner in Zusammenhang mit dem Ausmaß an Wettbewerb, dem ein Unternehmen ausgesetzt ist und damit auch mit dem Absatzmarktrisiko: Ein kleiner Nischenanbieter muss in der Regel weniger um den Verlust seiner Vormachtstellung bangen als ein Kostenführer in einem umkämpften Markt. Die Gestaltung des Risikomanagements muss die spezifischen Risiken, die sich aus der gewählten Wettbewerbsstrategie und der daraus resultierenden Marktstellung ergeben, berücksichtigen. Die Wettbewerbsstrategie ist daher als Kontextfaktor des Risikomanagements in der Untersuchung zu berücksichtigen.

Nach der Herausarbeitung der unternehmensinternen Kontextfaktoren des Risikomanagements werden nun unternehmensexterne Kontextfaktoren behandelt.

2.1.3 Unternehmensexterne Faktoren

2.1.3.1 Konzepte zur Charakterisierung der Unternehmensumwelt

Unternehmensexterne Faktoren beziehen sich auf die Unternehmensumwelt. Um Entscheidungen hinsichtlich betrieblicher Problemstellungen auf die Unternehmensumwelt auszurichten, ist es nicht nur erforderlich, die einzelnen Komponenten der Umwelt zu identifizieren (beispielsweise Wettbewerber, Kunden, Banken, Aktionäre etc.), sondern auch Kenntnis hinsichtlich deren Eigenschaften und Verhaltensweisen zu erlangen. Ein detailliertes Bild jeder einzelnen Komponente zu erstellen, ist dabei jedoch wenig hilfreich, da bei den meisten betrieblichen Entscheidungen und auch bei der in dieser Arbeit behandelten Problemstellung mehrere Komponenten gleichzeitig betrachtet werden müssen. Dadurch ergibt sich die Schwierigkeit, die Komponenten auf einen Nenner zu bringen, um die Unternehmensumwelt in ihrer Gesamtheit zu beschreiben. Zur Lösung dieses Problems sind in der Literatur diverse formale Dimensionen herausgestellt worden, um alle Komponenten der Umwelt in der gleichen Weise zu beschreiben und so eine Charakterisierung der gesamten Unternehmensumwelt zu ermöglichen. Eine einheitliche Beschreibung der Komponenten wird dabei durch eine entsprechend höhere Abstraktion ermöglicht.[113]

---

[113] Vgl. Kubicek; Thom (1976), Sp. 3994 f.

Der gemeinsame Nenner, auf den sich diese Dimensionen beziehen, wird in der aus der Umwelt resultierenden *Unsicherheit* gesehen.[114] In der Literatur lassen sich zwei Hauptdimensionen identifizieren, welche die Unsicherheit erzeugenden Eigenschaften der Unternehmensumwelt erfassen sollen:[115]

- Die *Komplexität* der Umwelt als strukturelle Dimension und

- die *Dynamik* der Umwelt als zeitliche Dimension.

Die *Komplexität* der Umwelt ergibt sich aus der Zahl der externen Faktoren, die hinsichtlich der Problemstellung berücksichtigt werden müssen, aus der Verschiedenheit dieser Faktoren und aus ihrer Verteilung in den verschiedenen Umweltsegmenten.[116]

Die *Dynamik* der Umwelt resultiert aus der Häufigkeit von Änderungen in relevanten Umweltsegmenten, aus der Stärke dieser Änderungen und aus der Regelmäßigkeit, mit der diese Änderungen anfallen.[117]

Dynamik und Komplexität führen also zu Unsicherheit bei der Entscheidungsfindung in Organisationen.[118] Es existieren verschiedene Konzepte der Messung von Umweltdynamik und -komplexität.[119] Häufig wird die Umwelt dabei in verschiedene Segmente aufgeteilt, und die Messergebnisse werden dann aggregiert. Fundierte Gestaltungsempfehlungen für Planung und Organisation auf Grundlage des Messergebnisses sind jedoch erst nach Einbeziehung weiterer Faktoren, wie z. B. der konkreten Ausprägung der Unternehmensstrategie, möglich, da externe Anforderungen nicht direkt auf das Planungssystem wirken - Strategie und Management wirken als korrigierender Filter.[120] *Miller (1986)* synthetisierte die bis dahin nur parallel existierenden bekannten Strategietypologien von *Porter*[121] und *Miles/Snow*[122] mit den Strukturtypologien von *Mintzberg*[123] und *Miller/Friesen*[124]. Dabei wurden vier Unternehmenskonfigurationen beschrieben, welche im Wesentlichen dadurch definiert werden, dass sie einen bestimmten Strategietyp mit einem bestimmten Organisationstyp und einer bestimmten Umweltsituation kombinieren. Die vier möglichen Ausprägungen der Umweltsituation

---

[114] Vgl. z. B. Duncan (1972), S. 314 ff.
[115] Vgl. Kubicek; Thom (1976), Sp.3999.
[116] Vgl. Duncan (1972), S. 314 ff.
[117] Vgl. Child (1972b), S. 3.
[118] Vgl. Kieser (1974), S. 302 f. sowie Duncan (1972).
[119] Vgl. Buchner (2002), S. 102 – 106 sowie die auf S. 102 f. angegebene Literatur.
[120] Vgl. Buchner (2002), S. 110.
[121] Vgl. Porter (1985).
[122] Vgl. Miles; Snow (1978).
[123] Vgl. Mintzberg (1979).
[124] Vgl. Miller; Friesen (1984).

entsprechen der Einordnung in eine Vier-Felder-Matrix mit den beiden Achsen Umweltdynamik und -komplexität mit je zwei möglichen Ausprägungen („niedrig" und „hoch"). Nach *Mintzberg (1979)* führt dann die vorliegende Umweltsituation zur Herausbildung bestimmter Organisationsstrukturen. *Miller (1986)* vertritt verschiedene Thesen, auf deren Grundlage er den Unternehmenskonfigurationen sinnvoll erscheinende Strategien zuordnet.

2.1.3.2 Grad der Risikoexposition

In der vorliegenden Arbeit geht es u. a. darum, Gestaltungsempfehlungen für die Organisation des Risikomanagements innerhalb einer bestehenden Gesamtorganisation zu geben. Dabei wird die aufbauorganisatorische Rahmenstruktur des betrachteten Unternehmens, bei der sicherlich Wechselwirkungen zu Umweltdynamik und -komplexität bestehen, als gegeben vorausgesetzt. Unter dieser Voraussetzung überlagern hinsichtlich der Gestaltung des Risikomanagements die Fragestellungen, wie stark ein Unternehmen Risiken ausgesetzt ist, und welche Unternehmensbereiche Schnittstellen zu den unterschiedlichen Risiken darstellen, die sicherlich ebenfalls interessante Fragestellung nach den Ursachen der Risiken. Für den *Grad der Risikoexposition* eines Unternehmens sind viele mögliche Auswirkungen auf die Gestaltung des Risikomanagements denkbar - so ist beispielsweise zu vermuten, dass ein Unternehmen, welches in hohem Ausmaß Risiken ausgesetzt ist, sein Instrumentarium zum Management der Risiken entsprechend gestalten wird und ein insgesamt aufwändigeres Risikomanagement betreiben wird als ein Unternehmen, welches nur geringen Risiken ausgesetzt ist. Die Bedeutung der Ursachen der Unsicherheit für die Gestaltung des Risikomanagements erscheint dem Verfasser deutlich geringer als die Bedeutung des Ausmaßes an Unsicherheit, welchem ein Unternehmen ausgesetzt ist. Daher sollen in dieser Untersuchung nicht Dynamik und Komplexität der Umwelt als ursächliche Faktoren von Unsicherheit betrachtet werden, sondern direkt das Ausmaß an Risiko, dem das betrachtete Unternehmen ausgesetzt ist, erfasst werden.

Dies kann im Rahmen dieser Studie aus forschungsökonomischen Gründen nicht anhand objektiver Kriterien, sondern nur in Form einer subjektiven Einschätzung erfolgen. Hierzu sind hinsichtlich der verschiedenen Umweltkomponenten Risikokategorien zu bilden, die als Erhebungsraster für den Grad der Risikoexposition dienen sollen. Im Folgenden wird der Versuch unternommen, das gesamte Unternehmensrisiko von Nicht-Finanzunternehmen möglichst vollständig über 14 Risikokategorien abzubilden. Tabelle 2 zeigt die gebildeten Risikokategorien und beschreibt diese inhaltlich.

Portfoliorisiken (strategische Risiken): Alle Risiken, die durch die Entscheidungen im Laufe des strategischen Planungsprozesses entstehen können. Hierzu zählen alle Entscheidungen über das Produkt-, Markt-, Prozess- und Technologieportfolio und hinsichtlich der Standorte und Produktionsstätten.

Beschaffungsmarktrisiken: Risiken, die bezogen auf Lieferanten, deren Verhandlungsstärke und die Verfügbarkeit und Preise von benötigten Produkten und Dienstleistungen entstehen.

Absatzmarktrisiken: Hierzu zählen Risiken, die daraus resultieren, dass Wettbewerber am Markt aufeinander treffen, Risiken, die bezogen auf Kunden und deren Verhandlungsmacht auftreten, Risiken, die durch Substitute für bisherige Marktleistungen entstehen und Risiken, die durch das Auftreten neuer Wettbewerber entstehen.

Produktionsrisiken: Alle Risiken, die im Zusammenhang mit dem Produktionsprozess entstehen. Hierzu zählen Haftpflichtrisiken, die mit Ersatzverpflichtungen für Schäden aus der Produktionstätigkeit (z. B. Umweltschäden) verbunden sind, aber auch sachbezogene Risiken, die das produktive Anlagevermögen, Vorräte sowie fertige und unfertige Erzeugnisse insbesondere in Form von Schäden betreffen, oder Unterbrechungsrisiken, welche durch Produktionsausfälle bedingt sind.

Produktrisiken: Haftpflichtrisiken, welche aus dem bestimmungsgemäßen Gebrauch fehlerhafter Produkte oder aus fehlerhaft erbrachten Dienstleistungen heraus entstehen.

Logistikrisiken: Alle Risiken, die im Rahmen der Logistikkette des Unternehmens entstehen. Hierzu zählen vor allem Transportrisiken bei Beschaffung, innerbetrieblichem Transport und bei der Distribution von Gütern im Hinblick auf mögliche Untergänge und Schäden und/oder nicht termingerechte Lieferungen sowie das Lagerrisiko (überhöhte Lagerhaltung, Außenwertminderung, Schäden an gelagerten Gütern).

Risiken in Forschung und Entwicklung: Risiken, welche in der Ungewissheit hinsichtlich der künftigen Nutzung und Verwertbarkeit von produkt-, prozess- und projektbezogenen Entwicklungen begründet sind, z. B. das Risiko von Fehlinvestitionen in erfolglose Forschungs- und Entwicklungsaktivitäten, oder das Risiko eines veralteten und dadurch einem hohen Preisdruck unterliegenden Produktangebots aufgrund einer fehlgeleiteten Produkt-/ Verfahrensentwicklung.

Finanzrisiken: Finanzmarktrisiken, Liquiditätsrisiken und Kreditrisiken.

Organisationsrisiko (operationales Risiko): Risiko von Pannen in DV- und anderen Informationssystemen, Risiken aufgrund von Mängeln in der Aufbau- und Ablauforganisation oder Risiken aufgrund von in der Person der tätigen Mitarbeiter liegenden Unzulänglichkeiten.

Risiken beim Einsatz von Informationstechnologie: Z. B. das Risiko der Entscheidung für die falsche Technologie hinsichtlich der zu lösenden Aufgabe, das Risiko der Ablehnung der Technologie durch Mitarbeiter / Kunden oder Sicherheitsrisiken der Informationsverarbeitung.

Rechtliche und politische Risiken: Risiken, welche das rechtliche und politische Umfeld der Unternehmung betreffen - z. B. mit neuen Gesetzesvorhaben und -änderungen verbundene Risiken.

Personalwirtschaftliche Risiken: Risiken, welche die Verfügbarkeit, Eignung und den Preis der Ressource Personal betreffen.

Natürliche und sonstige externe Risiken: Risiken im Zusammenhang mit sog. „höherer Gewalt".

Imagerisiken: Risiken im Zusammenhang mit Ruf- bzw. Marken- oder Firmenimageschädigung.

Tabelle 2: Risikokategorien

Es bietet sich bei der Abbildung des Unternehmensrisikos über Risikokategorien allerdings an, nicht nur die Unsicherheit bzw. den Grad der Risikoexposition hinsichtlich der Komponenten der Unternehmensumwelt zu messen, sondern auch im Inneren des Unternehmens liegende Komponenten zu betrachten. Insofern wird zwar die gesamte Unternehmensumwelt durch das in Tabelle 2 dargestellte Schema abgedeckt, darüber hinaus werden jedoch auch interne Komponenten betrachtet, so dass an dieser Stelle die Grenze zwischen internen und externen Faktoren bewusst nicht ganz trennscharf gezogen wurde.

2.1.3.3 Branche und Konkurrenzintensität

Die *Branche* stellt einen wichtigen Kontextfaktor für die Gestaltung des Risikomanagements dar, da in den verschiedenen Branchen unterschiedliche spezielle Anforderungen an das Risikomanagement existieren. Dabei sind insbesondere die hier nicht betrachteten Branchen Banken und Versicherungen zu nennen, in denen das Risikomanagement verwurzelt ist und welche tendenziell ein professionelleres bzw. weiterentwickeltes Risikomanagementsystem aufweisen als Industrieunternehmen.[125] Aber auch für andere Branchen, beispielsweise die Chemie- und die Pharmaunternehmen, ist die Notwendigkeit eines vergleichsweise gut ausgebauten und weit entwickelten Risikomanagements naheliegend.[126]

Konkurrenzintensität kann allgemein als die „Stärke der agonistischen Beziehungen zwischen Anbietern bzw. Nachfragern"[127] verstanden werden. Der Begriff der Konkurrenzintensität wird eingehender in der Volkswirtschaftslehre behandelt. Dort hängt die Intensität des Wettbewerbs „vor allem von der Anzahl der Marktteilnehmer von der gleichen Marktseite und dem Vollkommenheits- bzw. Unvollkommenheitsgrad des Marktes ab."[128]

Konkurrenz ist ein wichtiger Unsicherheit induzierender Faktor[129] und insofern sicherlich auch ein Kontextfaktor für die Gestaltung des Risikomanagements. Obwohl ursächliche Faktoren der Unsicherheit eigentlich nicht im Zentrum des Interesses dieser Arbeit stehen (vgl. Kapitel 2.1.3.2), nimmt die Konkurrenzintensität eine gewisse Sonderstellung ein. Sie steht in direktem Zusammenhang mit der Risikokategorie der

---

[125] Vgl. Gleich; Kogler (1999), S. 11.
[126] Vgl. Fiege (2006), S. 267.
[127] Ott (1975), S. 124.
[128] Ott (1975), S. 124.
[129] Vgl. Khandwalla (1975), S. 142.

Absatzmarktrisiken und mit der Branche, welche nach Porter durch die fünf „Wettbewerbskräfte" Lieferanten, Abnehmer, den potentiellen Markteintritt neuer Anbieter, die Gefahr von Ersatzprodukten sowie durch die Wettbewerbssituation charakterisiert wird.[130] Letztlich ist die Branche ein aggregierter Kontextfaktor, welcher zusätzlich auf einer hinsichtlich seines Bezuges zur Gestaltung des Risikomanagements differenzierteren Ebene über das Ausmaß, in welchem ein Unternehmen Absatzmarktrisiken ausgesetzt ist, und über die Konkurrenzintensität betrachtet werden soll. Die Konkurrenzintensität bezieht sich dabei auf die Wettbewerbssituation, während das Ausmaß der Absatzmarktrisiken eher gleichmäßig auf alle Wettbewerbskräfte abzielt. Die Einbeziehung der Konkurrenzintensität in die Betrachtung dient insofern der Vervollständigung und kann evtl. später im Rahmen der Bildung einer Kontexttypologie von Bedeutung sein.

2.1.4 Erweiterung des Bezugsrahmens um die Kontextfaktoren

Die Analyse des situativen Kontexts der Gestaltung des Risikomanagements hat zur Identifikation verschiedener Kontextfaktoren geführt, welche in unternehmensinterne und -externe Faktoren unterteilt wurden.

Als unternehmensinterne Faktoren wurden identifiziert:

- Unternehmensgröße,
- Unternehmensdiversifikation,
- Organisationsstruktur und
- Wettbewerbsstrategie.

Als unternehmensexterne Faktoren wurden identifiziert:

- Risikoexposition,
- Branche und
- Konkurrenzintensität.

Der konzeptionelle Bezugsrahmen wird nun um die identifizierten Kontextfaktoren des Risikomanagements erweitert. Abbildung 11 zeigt den um die Faktoren des situativen Kontexts erweiterten Bezugsrahmen.

---

[130] Vgl. Porter (2000), S. 29. Siehe auch Abbildung 9.

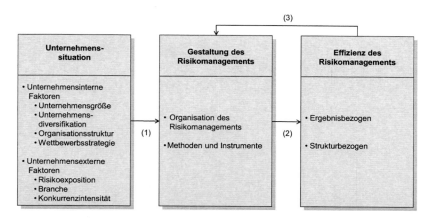

Abbildung 11: Bezugsrahmen erweitert um Kontextfaktoren

Im Anschluss kann nun die Präzisierung des theoretischen Konstrukts der „Gestaltung des Risikomanagements" bzw. die Identifikation und Erläuterung der Gestaltungsfaktoren des Risikomanagements erfolgen.

2.2 Gestaltung des Risikomanagements

Der im Mittelpunkt dieser Untersuchung stehende Aspekt der Gestaltung des Risikomanagements besteht in der Organisation des Risikomanagements. Dabei interessieren insbesondere Aspekte der Aufbau- und der Ablauforganisation des Risikomanagements. Darüber hinaus sollen auch im Rahmen der Ablauforganisation Instrumente und Methoden des Risikomanagements betrachtet werden, wobei die wichtigsten Instrumente und Methoden kurz dargestellt und den einzelnen Themenkomplexen bzw. Prozessphasen der Ablauforganisation zugeordnet werden sollen.

Ziel des Kapitels 2.2 ist es, die im Hinblick auf den Untersuchungsgegenstand zentralen Elemente der Gestaltung des Risikomanagements herauszuarbeiten und so einen Rahmen für die weitere Operationalisierung im empirischen Teil der Arbeit zu schaffen. Zu diesem Zweck werden im Folgenden die für die weitere Untersuchung ausgewählten Elemente der Gestaltung schematisch geordnet und beschrieben. Dabei werden zunächst die Möglichkeiten der Integration des Risikomanagements in die Aufbauorganisation des Unternehmens erörtert. Dann werden Ablauforganisation sowie Methoden und Instrumente des Risikomanagements dargestellt. Schließlich wird auf die generelle Struktur der Risikomanagement-Organisation eingegangen.

2.2.1 Integration des Risikomanagements in die Aufbauorganisation

Die Integration des Risikomanagements in die Aufbauorganisation eines Unternehmens kann grundsätzlich erfolgen durch

(1) Einbindung des Risikomanagement in die Stellen der Primärorganisation *(funktionales bzw. integriertes Risikomanagement)* oder

(2) Schaffung separater Stellen neben den primären organisatorischen Einheiten *(institutionales Risikomanagement).*[131]

Beim *funktionalen Risikomanagement* erfolgt das Risikomanagement institutionell und prozessual innerhalb der primären Aufbauorganisation. Den Stelleninhabern wird Verantwortung hinsichtlich der in ihrem Tätigkeitsbereich liegenden Risiken zugewiesen und Risikoaspekte werden in Sachentscheidungen eingebunden. *Vorteilhaft* wirkt sich dabei aus, dass die Instanz der Sachentscheidung auch die für die Risikoentscheidung benötigten Informationen besitzt. Dadurch entstehen Synergien zwischen Sach- und Risikoentscheidungen: Einerseits schafft dies Effizienzvorteile, da zusätzlicher administrativer Aufwand für separate Risikomanagement-Stellen vermieden wird; anderseits sind Effektivitätsgewinne dadurch möglich, dass die Einheiten der Primärorganisation durch ihre zusätzlichen Risikomanagement-Aufgaben hinsichtlich der Identifikation von Risiken stärker sensibilisiert werden. *Nachteil* des funktionalen Risikomanagements ist das Problem der quantitativen und qualifikatorischen Überlastung, welches durch die Zusammenfassung der Sach- und Risikoentscheidung in einer Stelle entstehen kann.[132]

Beim *institutionalen Risikomanagement* findet eine weitgehende Trennung von Risikomanagement und Primärorganisation statt. Dabei werden von den vorhandenen Institutionen und Prozessen getrennte Risikomanagement-Stellen implementiert, was durch Schaffung einer eigenständigen Risikomanagement-Stelle oder -Abteilung, aber auch in Form von Untereinheiten bestehender organisatorischer Einheiten (z. B. Controlling, Finanzen etc.) geschehen kann. Dabei wird eine Trennung von Sach- und Risikoentscheidungen herbeigeführt. *Vorteile* des institutionalen Risikomanagements sind Spezialisierungseffekte und Kontrollaspekte. Zum einen zeichnet sich ein institutionales Risikomanagement durch hochspezialisierte Stellen aus, welche über weitreichende methodische Kenntnisse verfügen. Zum andern wird durch die organisatorische Trennung eine unabhängige Kontrolle risikobehafteter Entscheidungen gewährleistet.

---

[131] Vgl. Burger (2002), S. 266-273.
[132] Vgl. Burger (2002), S. 267.

Durch die Schaffung eines institutionalen Risikomanagements wird ferner die Bedeutung des Risikomanagements innerhalb des Unternehmens verdeutlicht. *Nachteilig* wirken sich Informationsasymmetrien und Schnittstellenprobleme hinsichtlich der Kooperation zwischen Einheiten der Primärorganisation und den Risikomanagement-Einheiten aus. Unterschiedliche Präferenzen bei Sach- und Risikoentscheidung können zur Ausnutzung des Informationsvorsprungs durch den Träger der Sachentscheidung führen. Des Weiteren entstehen Effizienznachteile durch die Einrichtung zusätzlicher Risikomanagement-Stellen (Personalkosten, erhöhter Koordinationsbedarf).[133]

Dass in der Praxis beide Varianten der Integration des Risikomanagements in die Aufbauorganisation vorkommen, zeigt beispielsweise die Studie von *Hölscher*.[134] Unabhängig von der gewählten Art und Weise der Integration in die Aufbauorganisation wird jedoch in der Literatur regelmäßig die Existenz einer zentralen, koordinierenden Risikomanagement-Stelle bzw. -Instanz gefordert.[135] Dabei wird argumentiert, eine Konzeption ohne zentrale Koordination widerspräche der „integrativen Natur des Risikomanagementansatzes."[136] Ferner sei eine zentrale Einheit unabdingbar für die Abstimmung risikobewältigender Maßnahmen mit interdependenten Beziehungen.[137] Als spezifische Aufgaben der zentralen Einheit nennt *Burger (2002)* unter anderem die Folgenden:[138]

- die Bewertung von Einzelrisiken auf übergeordneter Ebene unter Berücksichtigung kompensatorischer und kumulativer Effekte;

- die Koordination der Risikoentscheidungen vor dem Hintergrund der gewünschten Gesamtrisikoposition des Unternehmens;

- die Weiterentwicklung von Prozessen, Methoden und Instrumenten des Risikomanagements.

Der o. a. Argumentation wird prinzipiell zugestimmt. Je nach Aufgabenumfang ist es jedoch zumindest vorstellbar (beispielsweise bei kleineren Unternehmen), dass eine Instanz der Organisation die Aufgaben einer zentralen Risikomanagement-Einheit ne-

---

[133] Vgl. Burger (2002), S. 268-270.
[134] Vgl. Hölscher (2000b), S. 421.
[135] Vgl. beispielsweise Braun (1984), 280 f.; Hölscher (2000b), S. 421; Mott (2001), S. 210; Burger (2002), S. 168.
[136] Hölscher (2000b), S. 421.
[137] Vgl. Braun (1984); S. 280.
[138] Vgl. Burger (2002), S. 268.

ben anderen Aufgaben übernimmt, so dass in diesem Fall dann keine separate Risikomanagement-Stelle zu bilden wäre.

Die zentrale Risikomanagement-Einheit ist auf die Kooperation dezentraler Einheiten angewiesen, welche die in ihrem Zuständigkeits- bzw. Tätigkeitsbereich evident werdenden Risiken identifizieren und ggf. auch bewerten. Beim institutionalen Risikomanagement werden meist zusätzliche dezentrale Risikomanagement-Stellen zwischengeschaltet, welche über die reine Risikoidentifikation hinausgehende Risikomanagement-Aufgaben übernehmen und die zentrale Risikomanagement-Einheit entlasten, während beim funktionalen Risikomanagement die zentrale Risikomanagement-Einheit direkt mit den Einheiten der Primärorganisation kooperiert.

Risikomanagement erfordert also stets ein Zusammenspiel zentraler und dezentraler Einheiten. Geht man davon aus, dass Einheiten der Primärorganisation Risiken zwar identifizieren können, aber zur Analyse und Bewertung komplexer Risiken nicht in der Lage sind, kann eine dezentrale Analyse, Bewertung und Kontrolle von Risiken nur durch dezentrale Risikomanagement-Einheiten im Rahmen eines institutionalen Risikomanagements erfolgen. Trifft man darüber hinaus die Annahme, dass eine solche dezentrale Analyse, Bewertung und Kontrolle von Risiken insbesondere bei stärker diversifizierten Unternehmen mit entsprechend heterogenen Risiken in den einzelnen Geschäftsbereichen von Vorteil ist, dann wäre ein institutionales Risikomanagement für solche Unternehmen eher angezeigt als ein funktionales Risikomanagement.

Es wird deutlich, dass die Art und Weise der Einbindung des Risikomanagements in die Aufbauorganisation ein wichtiger Gestaltungsfaktor ist, welcher einen starken Einfluss auch auf die prozessualen Abläufe innerhalb des Risikomanagements ausübt. Die Gestaltung eben dieser Abläufe ist das Thema des nächsten Abschnitts.

2.2.2 Ablauforganisation des Risikomanagements

2.2.2.1 Der Risikomanagementprozess

Die Ablauforganisation des Risikomanagements hat die Festlegung der Risikomanagement-Aufgaben nach den Merkmalen der Verrichtung und des Objekts zum Inhalt.[139] Während die Aufbauorganisation die Zusammenfassung von Aufgaben in Stellen und das daraus resultierende organisatorische Gefüge zum Inhalt hat, bestimmt die

---

[139] Vgl. Bühner (2004), S. 11.

Ablauforganisation das prozessuale Geschehen innerhalb dieses Gefüges. Aus prozessualer Sicht betrachtet kann man den Risikomanagement-Prozess als kybernetischen Regelkreis beschreiben. Regelmäßig werden dabei vier an klassische Managementprozesse angelehnte Phasen herausgestellt:[140]

- Risikoidentifikation,

- Risikoanalyse und -bewertung,

- Risikobewältigung und

- Risikoüberwachung.

Bezeichnet man den oben skizzierten Vier-Phasen-Prozess als Risikomanagementprozess i. e. S., so kann man zum Risikomanagementprozess i. w. S. noch die folgenden Risikomanagement-Aufgaben zählen:

- Festlegung der Risikofelder bzw. die systematische Strukturierung der Risiken,

- Risikoaggregation bzw. die Ermittlung einer Gesamtrisikoposition und

- Risikoberichterstattung.

Zum strategischen Gesamtkontext des Risikomanagements gehören noch folgende drei Meta-Aufgaben des Risikomanagementprozesses:

- Prüfung der Effektivität und Effizienz des Risikomanagementsystems,

- Entwicklung und Steuerung der Risikopolitik und

- Steuerung des Risikomanagementprozesses (inkl. Definition von Aufgaben und Verantwortlichkeiten).

Der Risikomanagementprozess und seine Meta-Aufgaben werden in Abbildung 12 dargestellt. Die einzelnen Aufgabenkomplexe sind die Gestaltungsobjekte der Ablauforganisation und werden in den folgenden Abschnitten erläutert. Dabei wird auch auf Gesetze (KonTraG) und Verlautbarungen (IDW Prüfungsstandards, Deutsche Rechnungslegungs Standards) Bezug genommen. Dies geschieht an den Stellen, an denen diese entsprechenden Einfluss auf die organisatorische Gestaltung der jeweiligen Aufgabenkomplexe des Risikomanagements deutscher Nicht-Finanzunternehmen ausüben. Dies ist insofern wichtig, da der Einfluss dieser Gesetze und Verlautbarungen sich später teilweise in den Untersuchungsergebnissen widerspiegeln kann.

---

[140] Vgl. Becker; Köster; Ribbert (2005), S. 712 f.; Burger (2002), S. 318; Hornung; Reichmann; Diederichs (1999), S. 319-322; Martin; Bär (2002), S. 88 f.; Romeike (2005), S. 275.

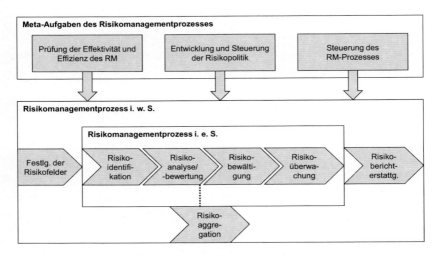

Abbildung 12: Risikomanagementprozess

2.2.2.2 Festlegung der Risikofelder

Vor der eigentlichen Identifikation der Einzelrisiken empfiehlt sich die *Festlegung der Risikofelder*, wie dies auch vom Institut der Wirtschaftsprüfer in seinem Prüfungsstandard 340 vorgesehen ist.[141] Hierzu wird ein Analyseraster erarbeitet, welches alle Bereiche des Unternehmens und seiner Umwelt, aus denen Risiken resultieren können, systematisch voneinander abgrenzt. Diese Bereiche sind anschließend daraufhin zu untersuchen, welche Risiken aus ihnen resultieren. Dabei geht es weniger um die Identifikation konkreter Einzelrisiken, sondern um die Erfassung auf einer abstrakteren Ebene im Sinne von Risikoarten. Darauf aufbauend erfolgt eine Kategorisierung, wobei die Kategorien bzw. Risikoarten einer Definition bedürfen, um ein einheitliches Verständnis im Unternehmen zu schaffen. Diese Kategorisierung dient dann als Basis der regelmäßigen und systematischen Erfassung der Einzelrisiken. Eine solche Kategorisierung erleichtert neben der Erfassung auch die Analyse der Risiken und mindert die Gefahr einer unvollständigen oder mehrfachen Erfassung von Risiken.[142] Ein Beispiel für eine allgemeine Risikokategorisierung für Nicht-Finanzunternehmen findet sich in Tabelle 2.

---

[141] IDW PS 340, S. 3.
[142] Vgl. Hornung; Reichmann; Diederichs (1999), S. 320 u. Diederichs; Form; Reichmann (2004), S. 190.

Verschiedene Methoden und Konzepte können bei der Festlegung der Risikofelder bzw. der Risikokategorisierung dienlich sein. So bietet das *PEST-Konzept* (Political, Economic, Social, Technological) eine Systematik zur Kategorisierung der *Makroumwelt*, welches dessen Risiken in ökonomische, politische/rechtliche, sozio-kulturelle und technologische Umweltrisiken unterteilt. Risiken des unmittelbaren *Wettbewerbsumfelds* können beispielsweise unter Zuhilfenahme des in Abbildung 9 dargestellten Analyserasters der fünf Wettbewerbskräfte von *Porter* kategorisiert werden.[143]

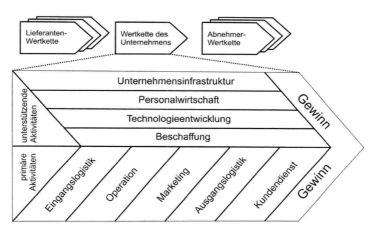

Abbildung 13: Wertkette nach Porter[144]

Im Unternehmen liegende Risiken können in Anlehnung an die vorhandene Aufbau- und Ablauforganisation systematisch erfasst und kategorisiert werden. Dies kann aber auch beispielsweise unter Nutzung der in Abbildung 13 dargestellten Wertkette nach *Porter* geschehen, wobei die Prozesse der Leistungserstellung in primäre und unterstützende Aktivitäten eingeteilt werden. In ihrer ursprünglichen Anwendung wird die Wertkette zur Ableitung von Wertaktivitäten, Gewinnpotentialen und somit zur Schaffung von Wettbewerbsvorteilen genutzt, wobei im Mittelpunkt die unterschiedlichen Aktivitäten und die dafür anfallenden Kosten stehen.[145] Ihre Systematik kann aber auch zur Zuordnung spezifischer Risiken zu den einzelnen Aktivitäten der Wertkette dienen. Auf diese Art und Weise können dann auch Interdependenzen zwischen Risi-

---

[143] Vgl. Burger (2002), S. 62 ff.
[144] Vgl. Porter (2000), S. 69.
[145] Vgl. Porter (2000), S. 63–96.

ken im Leistungsprozess deutlich werden, die entstehen, wenn Risiken vorgelagerter Aktivitäten sich auf nachgelagerte Teilprozesse auswirken.[146]

2.2.2.3 Risikoidentifikation

2.2.2.3.1 Gegenstand der Risikoidentifikation

Auf Grundlage der Festlegung der Risikofelder erfolgt die regelmäßige Durchführung der eigentlichen *Risikoidentifikation*.[147] Ziel der Risikoidentifikation ist die vollständige, einheitliche und systematische Erkennung und Erfassung aller bestehenden und potentiellen relevanten Risiken (und Chancen) sowie deren Interdependenzen.[148] Die Risikoidentifikation steht am Anfang des Risikomanagementprozesses i. e. S. und bildet die Basis für die weiteren Prozessphasen. Die vollständige Identifikation aller Risiken ist insofern entscheidend für die Qualität des gesamten Risikomanagementprozesses.

Die gesetzlichen Anforderungen an die Risikoidentifikation[149] lassen sich aus dem KonTraG und dem Prüfungsstandard 340 des IDW ableiten. So wird im § 91 Abs. 2 AktG die *frühzeitige* Erkennung von Risiken bzw. den Fortbestand der Gesellschaft gefährdenden Entwicklungen verlangt. Im IDW Prüfungsstandard 340 wird darüber hinaus eine *vollständige* Erfassung bzw. die Untersuchung sämtlicher betrieblicher Prozesse und Funktionsbereiche auf Risiken hin gefordert.[150] Ferner besteht laut IDW Prüfungsstandard 340 die Pflicht zur *konzernweiten* Risikoidentifikation bzw. erstreckt sich diese Pflicht auch auf die Tochterunternehmen des Konzerns.[151]

In regelmäßigen Abständen sind innerhalb der zuvor festgelegten Risikofelder alle spezifischen Einzelrisiken zu identifizieren. Die Existenz von Kategorien darf jedoch nicht dazu führen, dass die Komplexität der Vernetztheit und die Betrachtung des Systems als Ganzes vernachlässigt werden. Insbesondere bei der Analyse von Unternehmenszusammenbrüchen wird erkennbar, dass die einzelnen Risikokategorien nicht isoliert betrachtet werden können, sondern durch Rückkopplungen miteinander ver-

---

[146] Vgl. Burger (2002), S. 39 ff.
[147] Ein praktisches Beispiel dieser sequentiellen Vorgehensweise findet sich im Rahmen einer Fallstudie bei Vanini; Weinstock (2006), S. 380–382.
[148] Vgl. Becker; Köster; Ribbert (2005), S. 713.
[149] Vgl. zu den gesetzlichen Anforderungen der Risikoidentifikation Vanini; Weinstock (2006), S. 381.
[150] IDW PS 340, S. 3.
[151] IDW PS 340, S. 10 f.

bunden sind. Häufig sind mehrere Risikokategorien gemeinsam für den Zusammenbruch eines Unternehmens verantwortlich. Vor diesem Hintergrund sei die Wichtigkeit eines systemischen Denkens im Rahmen des Risikomanagements betont.[152]

Basis der Risikoidentifikation sind Informationen, welche hinsichtlich der Risikofelder gewonnen werden müssen. Relevante Informationen und Daten zur Makroumwelt können dabei von externen Quellen wie Ministerien, Forschungsinstituten, Datenbanken oder Verbänden bezogen werden. Relevante Informationen über das Wettbewerbsumfeld (beispielsweise Beschaffungs- und Absatzmarktinformationen) können dabei einerseits aus der Unternehmensstatistik gewonnen, aber auch über Fachverbände und Beratungsunternehmen beschafft werden. Informationen zu im Unternehmen liegenden Risiken können neben der Nutzung vorliegender Daten und Kennzahlen aus Controlling und Rechnungswesen durch Anwendung verschiedener Methoden erlangt werden, beispielsweise Befragungen, Kreativitätstechniken (Brainstorming), Besichtigungen, Dokumentenanalysen, Erstellung von Ablaufplänen etc.

2.2.2.3.2 Instrumente der Risikoidentifikation

2.2.2.3.2.1 Arten von Instrumenten der Risikoidentifikation

Neben den oben erwähnten technischen und organisatorischen Hilfsmitteln zur Beschaffung von Informationen im Rahmen der Risikoidentifikation stehen eine Vielzahl weitere Instrumente zur Risikoerkennung zur Verfügung. Sie lassen sich unterteilen in Methoden der Unternehmensanalyse, Umweltanalysen, Prognosetechniken und Analysemodelle. Abbildung 14 gibt einen Überblick über verschiedene Instrumente zur Risikoerkennung.

Neben den in Abbildung 14 abgebildeten Instrumenten sind noch Früherkennungssysteme zu erwähnen. Dabei handelt es sich um Informationssysteme, welche i. d. R. unterschiedliche Instrumente zur Risikoidentifikation integrieren.

Im Folgenden werden zunächst die Instrumentengruppen erläutert und dabei einzelne Instrumente grob umrissen. Anschließend wird kurz auf Früherkennungssysteme eingegangen.

---

[152] Vgl. Romeike (2005), S. 275 f.

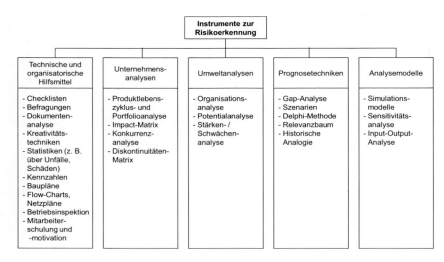

Instrumente zur Risikoerkennung				
Technische und organisatorische Hilfsmittel	Unternehmens-analysen	Umweltanalysen	Prognosetechniken	Analysemodelle

- Checklisten
- Befragungen
- Dokumenten-
  analyse
- Kreativitäts-
  techniken
- Statistiken (z. B.
  über Unfälle,
  Schäden)
- Kennzahlen
- Baupläne
- Flow-Charts,
  Netzpläne
- Betriebsinspektion
- Mitarbeiter-
  schulung und
  -motivation
	- Produktlebens-
	  zyklus- und
	  Portfolioanalyse
	- Impact-Matrix
	- Konkurrenz-
	  analyse
	- Diskontinuitäten-
	  Matrix
		- Organisations-
		  analyse
		- Potentialanalyse
		- Stärken- /
		  Schwächen-
		  analyse
			- Gap-Analyse
			- Szenarien
			- Delphi-Methode
			- Relevanzbaum
			- Historische
			  Analogie
				- Simulations-
				  modelle
				- Sensitivitäts-
				  analyse
				- Input-Output-
				  Analyse

Abbildung 14: Instrumente zur Risikoerkennung[153]

2.2.2.3.2.2 Unternehmens- und Umweltanalysen

Unternehmens- und Umweltanalysen dienen dem generellen Zweck der Erarbeitung von Informationen für Prognosen und Planungen sowie dem damit verbundenen speziellen Zweck des Aufdeckens von Stärken und Schwächen im Unternehmen sowie von Chancen und Risiken für das Unternehmen in seinem Umsystem.[154] Sie beziehen sich hauptsächlich auf reale, also vergangene Ereignisse.[155]

Umweltanalysen untersuchen und bewerten alle das Unternehmen betreffenden Entwicklungen in den externen Bereichen. Ziel der Analyse der Umwelt ist es, möglichst vollständige, sichere und genaue Informationen über die Unternehmensumwelt zur Verfügung zu stellen.[156] Es empfiehlt sich, die Umwelt im Rahmen einer systematischen und strukturierten Analyse in Bereiche einzuteilen. Dabei kann eine Einteilung der Umwelt beispielsweise wie in Kapitel 2.2.2.2 beschrieben in eine Makroumwelt und ein direktes Wettbewerbsumfeld erfolgen.[157] Andere Systematiken sind denkbar.

Die einzelnen Bereiche müssen dann unter dem Aspekt der Einflussnahme auf das Unternehmen betrachtet werden. Dabei interessieren sowohl Daten über bestehende als

---

[153] Vgl. Martin; Bär (2002), S. 93 in Anlehnung an Braun (1984), S. 227 ff.
[154] Vgl. Hahn; Hungenberg (2001), S. 319.
[155] Vgl. Hahn (1979), S. 40; Krystek (2003), S. 136.
[156] Vgl. Kienbaum (1989), Sp. 2034.
[157] Vgl. Baum; Coenenberg; Günther (1999), S. 56.

auch Informationen über voraussichtliche Veränderungen der Umweltbedingungen in Verbindung mit einer Abweichungsanalyse. Darüber hinaus werden auch die Reaktionen der Umwelt auf Aktionen des Unternehmens betrachtet, um einen Überblick über die Wirkungen getroffener Maßnahmen und Strategien zu erhalten.[158] Zur Untersuchung der einzelnen Bereiche der Umwelt können neben der Sammlung und Auswertung von Informationen auch spezielle Methoden bzw. Techniken angewandt werden. So kann beispielsweise eine Branchenanalyse anhand des Modells der fünf Wettbewerbskräfte von *Porter* erfolgen.[159]

Unternehmensanalysen lassen sich in strategische und operative Analysen unterteilen.[160] *Strategische Unternehmensanalysen* sollen i. d. R. im Rahmen einer objektiven Einschätzung die vorhandenen Stärken und Schwächen eines Unternehmens aufdecken. Dabei werden einerseits die Potentiale des Unternehmens betrachtet und andererseits die Stärken und Schwächen sowie Chancen und Risiken im Hinblick auf die Konkurrenz und die Ergebnisse der Umweltanalysen analysiert.[161] Eine Betrachtung der Unternehmenspotentiale kann beispielsweise in Form einer unternehmensspezifischen Analyse der in Abbildung 13 dargestellten Wertkette nach *Porter* erfolgen. In diesem Zusammenhang bieten sich zur Bewertung der festgestellten Potentiale auch ein Vergleich mit Wettbewerbern im Rahmen eines Benchmarking oder ein Vergleich mit kritischen Erfolgsfaktoren an.[162] Einen Ansatz zur Integration der Ergebnisse der Umwelt- und der strategischen Unternehmensanalyse stellt die SWOT-Analyse (Strength-Weaknesses-Opportunities-Threats-Analyse) dar. Diese stellt die Stärken und Schwächen den Risiken und Chancen der Unternehmung gegenüber. Die SWOT-Analyse wird in Abbildung 15 dargestellt.

Operative Unternehmensanalysen versuchen, auf Grundlage vergangenheitsorientierter Daten Erkenntnisse über Risiken und Chancen im Unternehmen zu gewinnen. Dabei bedienen sie sich häufig betrieblicher Kennzahlensysteme sowie der in Abbildung 14 aufgeführten technischen und organisatorischen Hilfsmittel. So können beispielsweise Besichtigungsanalysen durchgeführt werden, bei denen konkrete Objekte auf mögliche Risikoquellen hin untersucht werden (z. B. Untersuchung einer Lagerhalle auf Brandrisiko). Bei Dokumentenanalysen wird versucht, durch Analysen von Primärdokumenten (z. B. Verträge, Pläne) und Sekundärdokumenten (z. B. inner-

---

[158] Vgl. Kienbaum (1989), Sp. 2036 ff.
[159] Vgl. Porter (2000), S. 28–36 sowie Abbildung 9.
[160] Vgl. Fiege (2006), S. 115–120.
[161] Vgl. Fasse (1995), S. 100; Steinle (1999), S. 296 ff.
[162] Vgl. Welge; Al-Laham (1992), S. 118 ff.; Welge; Al-Laham (1999), S. 226 ff.

betriebliche Statistiken) Rückschlüsse auf mögliche Risiken zu ziehen. Des Weiteren können im Rahmen operativer Analysen Befragungen durchgeführt, Checklisten eingesetzt und Kreativitätstechniken wie Brainstorming angewandt werden. Im Rahmen einer Organisationsanalyse können schließlich die Aufbau- und Ablauforganisation auf mögliche Schwachstellen hin untersucht werden.

Umwelt-analyse / Unternehmens-analyse	Chancen (Opportunities)	Risiken (Threats)
Stärken (Strengths)	Haben wir die Stärken, um Chancen zu nutzen?	Haben wir die Stärken, um Risiken zu bewältigen?
Schwächen (Weaknesses)	Welche Chancen verpassen wir wegen unserer Schwächen?	Welchen Risiken sind wir wegen unserer Schwächen ausgesetzt?

Abbildung 15: SWOT-Analyse[163]

Mischformen zwischen Umwelt- und Unternehmensanalysen stellen die verschiedenen Methoden der Portfolioanalyse dar (z. B. Marktwachstums-Marktanteils-Portfolio, Marktattraktivitäts-Wettbewerbsstärken-Portfolio oder technologieorientierte Portfolio-Techniken).[164] Die Portfolioanalysen positionieren regelmäßig strategische Geschäftseinheiten in einer Matrix und versuchen, daraus den Stand des eigenen Unternehmens abzuleiten und diesen zu verbessern. Durch die Analyse der Verteilung der Geschäftseinheiten können Risiken und Chancen erkannt werden, wodurch eine Verbindung der Unternehmensdimension mit der Umweltdimension erfolgt.[165]

2.2.2.3.2.3 Prognosetechniken und Analysemodelle

Prognosetechniken wie beispielsweise die Delphi-Methode oder die Szenario-Technik versuchen, quantitativ oder qualitativ begründete Aussagen über in der Zukunft liegende Ereignisse oder Entwicklungen zu treffen.[166] Dabei bedienen sich die *quantita-*

---

[163] In Anlehnung an Fiege (2006), S. 118 u. Andrews (1987), S. 48 ff.
[164] Vgl. Baum; Coenenberg; Günther (1999), S. 186 ff. oder Welge; Al-Laham (1992), S. 197 ff.
[165] Vgl. Götze; Mikus (2001), S. 399.
[166] Vgl. Götze (1993), S. 29 f.

tiven Prognosetechniken mathematisch-statistischer Verfahren, um rechnerische Ergebnisse hinsichtlich zu prognostizierender Größen herbeizuführen.[167] Zu den quantitativen Prognosetechniken zählen *Entwicklungsprognosen*, welche eine Zeitreihe mit Hilfe analytischer Methoden fortschreiben, sowie *Wirkungsprognosen*, welche versuchen, Zusammenhänge zwischen unabhängigen und abhängigen Variablen zu ermitteln und die Gültigkeit dieser Zusammenhänge dann für die Zukunft unterstellen.[168] *Qualitative Prognosetechniken* setzen sich hingegen verbal-argumentativ mit der Zukunft auseinander, um wissenschaftlich begründete Aussagen über zukünftige Entwicklungen zu treffen. Dabei beruhen sie auf einer subjektiv begründeten Beurteilung. Während quantitative Prognosetechniken sich eher für gut strukturierte Planungssituationen eignen, werden qualitative Prognosen eher im Falle nicht klar definierter Problemstrukturen angewendet.[169]

Analysemodelle wie Simulationsmodelle oder Sensitivitätsanalysen dienen neben der Identifikation von Risiken insbesondere auch der Erklärung von Zusammenhängen. Sie basieren auf mathematischen Algorithmen, mit denen Risikoinputgrößen (Einflussfaktoren) in risikorelevante Outputgrößen (Risikogrößen) transformiert werden.[170] Dabei werden die Ursachen-Wirkungs-Zusammenhänge, aus denen die Outputgrößen resultieren, in mathematischer Form dargestellt.[171]

Prognosetechniken und Analysemodelle werden nicht nur zur Risikoidentifikation, sondern vor allem auch zur Analyse und Bewertung von Risiken verwendet. Daher werden einige in diese beiden Kategorien fallende Methoden im entsprechenden Kapitel 2.2.2.4.2 eingehender behandelt.

2.2.2.3.2.4 Früherkennungssysteme

Ein weiteres wichtiges Instrument der Risikoidentifikation sind *Früherkennungssysteme*. Dabei muss zwischen Frühwarn-, Früherkennungs-, sowie Frühaufklärungssystemen unterschieden werden.

Ein Frühwarnsystem ist ein Informationssystem, welches der frühzeitigen Erkennung eines Risikoeintrittes dient. Schlagend werdende Risiken müssen dabei rechtzeitig signalisiert werden, so dass noch die Möglichkeit zur Ergreifung von Abwehrmaßnahmen

---

[167] Vgl. Welge; Al-Laham (1992), S. 132.
[168] Vgl. Fasse (1995), S. 101.
[169] Vgl. Standop (2002), Sp. 1551-1555.
[170] Vgl. Strohmeier (2007), S. 65.
[171] Vgl. Heinen (1992), S. 157.

besteht. Werden neben Risiken auch latente Chancen betrachtet, so spricht man von Früherkennungssystemen. Werden darüber hinaus noch Steuerungs- und Kontrollmaßnahmen zur Realisierung der Chancen bzw. zur Abwehr der Bedrohungen berücksichtigt, so handelt es sich um Frühaufklärungssysteme.[172]

Ein Risikomanagementsystem bezieht sich im Rahmen des Verständnisses dieser Arbeit auch auf Chancen. Daher soll an dieser Stelle kurz auf Früherkennungssysteme als Instrumente der Risikoidentifikation eingegangen werden. Früherkennungssysteme dienen nicht nur zur Identifikation von Risiken und Chancen, sondern auch zu deren Analyse und Kommunikation. Es sei an dieser Stelle erwähnt, dass die Bezeichnung „Früherkennungssystem" nicht nur im Zusammenhang mit einzelnen Subsystemen des Risikomanagementsystems verwendet wird, sondern auch regelmäßig auf die Gesamtheit der Maßnahmen zur Identifikation, Analyse und internen Kommunikation von Risiken und Chancen bezogen wird. So bezeichnet beispielsweise der IDW in seinem PS 340 das nach § 91 (2) AktG einzurichtende Überwachungssystem als „Risikofrüherkennungssystem", welches wiederum als Teil des Risikomanagementsystems gesehen wird. Letzteres umfasse „neben den organisatorische Regelungen auch die Reaktionen des Vorstands auf die vom Risikofrüherkennungssystem erfaßten, analysierten und kommunizierten Risiken."[173]

Es kann zwischen operativen und strategischen Früherkennungssystemen unterschieden werden. *Operative Früherkennungssysteme* können auf Kennzahlen oder Indikatoren basieren. Bei einer operativen Früherkennung mit Hilfe von Kennzahlen als quantitative Ausdrücke mit konzentrierter Aussagekraft (z.B. Ausschussquote, Fluktuationsrate) ist einerseits ein Zeitvergleich der jeweiligen Werte von zentraler Bedeutung; eine wichtige Rolle spielen dabei auch Hochrechnungen, welche den Soll-Ist-Vergleich um einen Soll-Wird-Vergleich erweitern. Indikatorbasierte Systeme beziehen sich hingegen auf qualitative Informationen (z.B. Gesetzesänderungen, Verschlechterung des Betriebsklimas).[174]

Strategische Früherkennungssysteme sind im Unterschied zu den operativen stets gesamtunternehmensbezogen.[175] Im Gegensatz zur operativen Früherkennung ist die strategische weniger scharf umrissen und schwächer strukturiert. Ihr liegt das Konzept

---

[172] Vgl. Hahn; Krystek (2000), S. 75 ff.
[173] IDW PS 340, S. 2.
[174] Vgl. Hahn; Krystek (2000), S. 81 ff.
[175] Vgl. zur strategischen Früherkennung im Konzern: Albrecht; Börner (2009).

der schwachen Signale von *Ansoff* zugrunde.[176] Schwache Signale sind unscharf strukturierte Botschaften bzw. Informationsrudimente, welche sich im Falle ihrer Relevanz im Zeitablauf verstärken. Sie können in den Anfangsstadien ihres Empfangs häufig noch nicht als Anzeichen für ein Risiko bzw. eine Chance gedeutet werden. Kernaufgabe der strategischen Früherkennung ist es, möglichst frühzeitig durch Scanning- (Abtasten und Rastern der Umwelt) bzw. Monitoring-Aktivitäten (vertiefendes und dauerhaftes Beobachten identifizierter Phänomen) auf solche schwachen Signale für neuartige Ereignisse und Entwicklungen aufmerksam zu werden. Diese Signale werden anschließend analysiert und interpretiert, um darauf aufbauend geeignete Reaktionsstrategien formulieren zu können.[177]

2.2.2.4 Risikoanalyse und -bewertung

2.2.2.4.1 Gegenstand der Risikoanalyse und -bewertung

Die in der Phase der Risikoidentifikation erkannten Risiken müssen analysiert und bewertet werden, um ihre Relevanz für den Fortbestand der Unternehmung beurteilen und anschließend adäquate Maßnahmen zu ihrer Bewältigung planen und durchführen zu können. Vor der eigentlichen Bewertung der Risiken wird zunächst eine *Analyse der Ursachen* durchgeführt, wobei versucht wird, die Einflussfaktoren der identifizierten Risiken greifbar und messbar zu machen.[178] Das Ergebnis der Risikoanalyse dient zum einen als Basis der Risikobewertung, zum anderen kann es bereits erste Anhaltspunkte hinsichtlich der zur Bewältigung der Risiken zu ergreifenden Maßnahmen liefern.[179]

Ziel der *Risikobewertung* ist die Quantifizierung der Folgewirkungen der Risiken für das Unternehmen. Eine Quantifizierung wird auch im IDW Prüfungsstandard 340 gefordert: „Die Risikoanalyse beinhaltet eine Beurteilung der Tragweite der erkannten Risiken in Bezug auf Eintrittswahrscheinlichkeit und quantitative Auswirkungen.“[180] Weitere Vorgaben in Bezug auf die Risikobewertung ergeben sich aus dem Rechnungslegungsstandard DRS 5, den das Deutsche Rechnungslegungs Standards Committee im November 2000 als Entwurf veröffentlicht hat und der vom BMJ im Mai

---

[176] Vgl. Ansoff (1976).
[177] Vgl. Hahn; Krystek (2000), S. 83-93.
[178] Vgl. Burger (2002), S. 45.
[179] Vgl. Lück (1998), S. 1927.
[180] IDW PS 340, S. 4.

2001 in endgültiger Fassung bekannt gemacht wurde. Er enthält Regeln zur Risikoberichterstattung, die von allen Unternehmen, welche zur Aufstellung eines Konzernlageberichts gemäß § 315 Abs. 1 HGB verpflichtet sind, zu beachten sind. Obwohl die Regeln des DRS 5 sich auf die Risikoberichterstattung im Lagebericht beziehen, wirken sich einzelne Regeln auch auf die Risikobewertung aus, da sie zumindest zusätzlich zu evtl. abweichenden internen Regelungen berücksichtigt werden müssen. So wird im DRS 5.26 die Verrechnung von Chancen und Risiken untersagt. Im DRS 5.24 wird ein Prognosezeitraum von einem Jahr für bestandsgefährdende Risiken und von i. d. R. zwei Jahren für andere wesentliche Risiken festgelegt.[181]

Das ermittelte Ausmaß des Risikos wird auch als „Risk-Exposure" bezeichnet. Gewöhnlich werden zur Quantifizierung von Risiken die Komponenten Eintrittswahrscheinlichkeit, die Häufigkeit des Auftretens innerhalb eines gewissen Zeitraumes sowie die mögliche Schadenhöhe verwendet. Die Multiplikation der Eintrittswahrscheinlichkeit mit der Schadenhöhe ergibt den in der Praxis häufig berücksichtigten Schadenerwartungswert.[182] Bei der Nutzung bzw. Bildung von Schadenserwartungswerten ist zu berücksichtigen, dass Risiken mit hoher Schadenshöhe auch bei geringer Eintrittswahrscheinlichkeit eine größere Bedrohung darstellen als Risiken mit hoher Eintrittswahrscheinlichkeit und geringer Schadenhöhe.[183] Insofern stellt der mögliche Maximalschaden eine wichtige Komponente bei der Risikobewertung dar, die auch bei der Verwendung von Schadenserwartungswerten separate Berücksichtigung erfahren muss, da der Schadenserwartungswert nicht die - für das KonTraG relevanten - Konsequenzen einer besonders ungünstigen Entwicklung für das Unternehmen widerspiegelt.

Aufgrund der oben angeführten Nachteile des Schadenserwartungswertes wird insbesondere im Finanzdienstleistungssektor seit einigen Jahren der Value-at-Risk zur Messung und Überwachung von Risiken eingesetzt. Dieser stellt „die in Geldeinheiten gemessene negative Veränderung eines Wertes dar, die mit einer bestimmten Wahrscheinlichkeit [...] (Konfidenzniveau) innerhalb eines festgelegten Zeitraumes nicht überschritten wird."[184] Bei der Wahl eines entsprechenden Konfidenzniveaus (z. B. 99 %) kann dann das Resultat einer besonders ungünstigen Entwicklung dargestellt werden. Der Value-at-Risk wird anschließend in Kapitel 2.2.2.4.2 eingehender behan-

---

[181] Vgl. Deutsches Rechnungslegungs Standard Committee e. V. (2001).
[182] Vgl. Becker; Köster; Ribbert (2005), S. 713; Martin; Bär (2002), S. 96 f.; Wolf; Runzheimer (2009), S. 58 f.
[183] Vgl. Karten (1993), Sp. 3831 sowie Lück (1998), S. 1927.
[184] Romeike (2005), S. 277.

delt. Um die einzelnen Risikokategorien quantitativ vergleichen und später auch aggregieren zu können, sollte möglichst ein einheitlicher Bewertungsmaßstab verwendet werden.[185]

Die Qualität des Ergebnisses der Risikobewertung hängt von der Güte der Risikoidentifikation und von der Verfügbarkeit, Aktualität, Detaillierung und den Erhebungskosten der benötigten Daten ab.[186] Eine exakte und objektive Quantifizierung von Risiken ist nicht immer möglich. Neben quantifizierbaren Risiken, deren Eintrittswahrscheinlichkeiten und monetäre Schadenspotenziale bestimmt werden können, gibt es auch Risiken, die sich einer exakten Messung entziehen oder nur unter größter Willkür zu quantifizieren sind. Häufig sind dies Risiken mit nicht-monetären Auswirkungen, welche sich erst mittelbar in der finanziellen Perspektive bemerkbar machen, wie beispielsweise Wirkungen auf die Reputation des Unternehmens. Solche qualitativ erfassbare Risiken können anhand einer Klassifizierung bewertet werden. Diese Risiken werden jedoch gerade aufgrund der fehlenden Quantifizierung oft ignoriert oder unterschätzt. Daher sollte auf eine Bewertung in Geldeinheiten möglichst nicht verzichtet werden und im Rahmen einer guten Risikokultur die Aufmerksamkeit auch auf Faktoren gerichtet werden, die gar nicht oder nur durch subjektive Schätzungen bewertbar sind.[187]

2.2.2.4.2 Instrumente der Risikobewertung

Zur Bewertung von Risiken bedient man sich verschiedener Analysemethoden und Instrumente. Diese lassen sich unterteilen in quantitative und qualitative Methoden sowie Mischformen. In Abbildung 16 findet sich eine Übersicht gängiger Methoden, welche im Folgenden beschrieben werden.

---

[185] Vgl. Romeike (2005), S. 277.
[186] Vgl. Becker; Köster; Ribbert (2005), S. 713.
[187] Vgl. Burger (2002), S. 46; Romeike (2005), S. 276.

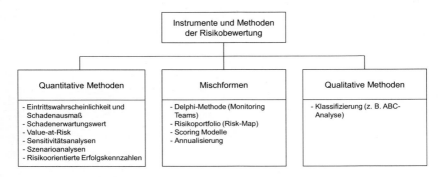

Abbildung 16: Instrumente und Methoden der Risikobewertung

2.2.2.4.2.1 Quantitative Methoden

Die oben bereits beschriebene Bewertung von Risiken durch Eintrittswahrscheinlichkeit und Schadenausmaß bzw. den Schadenerwartungswert ist oft die einzige Möglichkeit einer quantitativen Bewertung seltener, ereignisabhängiger Risiken, deren Wahrscheinlichkeitsverteilungen unbekannt sind. Ist die zugrundeliegende Wahrscheinlichkeitsverteilung jedoch bekannt oder lässt sie sich anhand historischer Daten ermitteln, wie dies beispielsweise i. d. R. bei Marktpreisrisiken der Fall ist, so kann der Ansatz des Value-at-Risk zum Einsatz kommen.

Wie bereits erläutert gibt Maßzahl des *Value-at-Risk* wieder, welcher Verlust mit einer vorgegebenen Wahrscheinlichkeit in einem festgelegten Zeitraum auf Basis eines statistischen Modells nicht überschritten wird.[188] Die Methodik des VaR wird zwar vorwiegend zur Bewertung finanzieller Risiken angewandt, kann aber auch auf andere Risikoarten übertragen werden.[189] Bei der Ermittlung des Value-at-Risk müssen zunächst die Risikofaktoren bestimmt werden, welche den Wert der einzelnen Komponenten des Gesamtrisikos, beispielsweise einzelne Finanzpositionen innerhalb eines Portfolios, beeinflussen. Zur Komplexitätsreduktion sollen dabei möglichst nur die wesentlichen Risikofaktoren Verwendung finden. Anschließend muss die Beziehung zwischen den Risikofaktoren und dem Wert bzw. dem Preis der betrachteten Komponente ermittelt werden. Dies kann beispielsweise durch die Bestimmung von Sensitivitäten oder über ein Bewertungsmodell (z.B. Barwert- oder Optionspreismodell), das die Abhängigkeit des Wertes bzw. Preises von den Risikofaktoren beschreibt, erfol-

---

[188] Vgl. Brühwiler (2001), S. 35; Wilkens; Völker (2001), S. 415.
[189] Vgl. Holst; Holtkamp (2000), S. 816.

gen. Durch die Betrachtung der möglichen Entwicklungsszenarien der Risikofaktoren lassen sich entsprechende Szenarien bzw. eine Wahrscheinlichkeitsverteilung für die Höhe des Gesamtrisikos bzw. den Wert des Portfolios ermitteln. Dabei können verschiedene Methoden zum Einsatz kommen. Die am stärksten verbreiteten Methoden zur Berechnung des Value-at-Risk sind:[190]

- die Varianz-Kovarianz-Methode,

- die Monte-Carlo-Simulation und

- die historische Simulation.

Der *Varianz-Kovarianz-Methode* liegt die Annahme normalverteilter Änderungen der Risikofaktoren (z. B. Zinssätze oder Devisenkurse) zugrunde. Die Annahmen über die Volatilitäten und die Korrelationen der Risikofaktoren werden durch eine Kovarianzmatrix beschrieben und häufig aus historischen Marktdaten geschätzt. Ferner wird eine lineare Beziehung zwischen den Änderungen der Risikofaktoren und Risikopositionswertänderungen unterstellt. Der Value-at-Risk kann dann auf Basis des Bewertungsmodells über Sensitivitäten direkt aus den Risikofaktoränderungen ermittelt werden.[191]

Bei der *Monte-Carlo-Simulation* werden zunächst wie bei der Varianz-Kovarianz-Methode die Risikofaktoren bestimmt und ihre zugehörigen Volatilitäten und Korrelationen berechnet oder geschätzt. Auf dieser Basis werden dann eine Vielzahl zufälliger Änderungen der Preise bzw. Werte der Risikofaktoren generiert und die daraus resultierenden Änderungen des Risikopositionswertes errechnet. Dabei können die Verteilungsannahmen beliebig variiert werden. Aus der auf diese Weise erzeugten Verteilung von Risikopositionswertänderungen kann dann der Value-at-Risk für ein bestimmtes Konfidenzintervall berechnet werden. Im Gegensatz zur Varianz-Kovarianz-Methode können mit der Methode der Monte-Carlo-Simulation auch nicht-lineare Abhängigkeiten der Risikopositionswertänderungen von den Änderungen der Risikofaktoren berücksichtigt werden.[192]

Bei der *historischen Simulation* handelt es sich um eine einfach durchzuführende Vorgehensweise, bei der keine Volatilitäten, Korrelationen oder sonstige statistische Parameter geschätzt werden müssen. Stattdessen werden einfach anhand historischer Daten der Risikofaktoren die historischen Marktwerte des Portfolios bzw. der Risikopositionswert errechnet. Aus den simulierten Werten kann dann der Value-at-Risk für das

---

[190] Vgl. Holst; Holtkamp (2000), S. 816; Fiege (2006), S. 168 f.
[191] Vgl. Scherpereel (2006), S. 45-48.
[192] Vgl. Wolke (2008), S. 51 f.

gewünschte Konfidenzniveau bestimmt werden. Die Verteilung der Risikofaktoren entspricht dabei der tatsächlichen Verteilung in der Vergangenheit; Annahmen über zukünftige Marktentwicklungen können jedoch nicht in die Risikoschätzung einfließen.[193]

Durch seine methodische Offenheit und die Möglichkeit, verschiedene Risikoarten (z. B. Zinsänderungs-, Währungs- und Aktienkursrisiken) vergleichbar zu machen, hat der Value-at-Risk vor allem in der Finanzwelt eine dominierende Position erlangt.[194] Als alleiniges Instrument zur Risikobewertung reicht der Value-at-Risk jedoch nicht aus: Zum einen können mit dem Value-at-Risk keine Chancen und keine qualitativen Risiken bewertet werden. Zum anderen kann beim Value-at-Risk die Ordnung der Risiken verschiedener Risikopositionen der Höhe nach bei unterschiedlichen Konfidenzniveaus variieren. Dies liegt daran, dass bei der Berechnung des Value-at-Risk Extremrisiken außerhalb des Konfidenzintervalls vernachlässigt werden. Daher sollten ergänzend zum Value-at-Risk stets Methoden zur Analyse von möglichen Extremverlusten wie z. B. die im folgenden Abschnitt beschriebenen Stress-Tests eingesetzt werden.[195]

Im Rahmen von *Szenarioanalysen* wird eine Risikoposition bzw. ein Portfolio unter Annahme verschiedener Szenarien oder Umweltzustände bewertet. Hierfür werden für die jeweiligen Schlüssel-Risikofaktoren entsprechende Veränderungen vorgenommen und die daraus resultierende Wertveränderung der Risikoposition bzw. des Portfolios ermittelt. Bei *Stress-Tests* werden i. d. R. sehr große bzw. extreme Veränderungen der Risikofaktoren angenommen, welche durch eine sehr geringe Eintrittswahrscheinlichkeit und extreme Auswirkungen auf den Wert der Risikoposition bzw. das Portfolio gekennzeichnet sind (beispielsweise Szenarien, die sich bei der Methode des Value-at-Risk nicht mehr innerhalb des Konfidenzintervalls befinden). Bei den sog. *Worst-Case-Szenarien* werden nicht verschiedene Szenarien analysiert, sondern nur das denkbar schlechteste. Entscheidend ist bei Szenarioanalysen die Bestimmung der Änderungen der Risikofaktoren. Diese können entweder aus historischen Veränderungen über einen sehr langen Beobachtungszeitraum entnommen werden, indem beispielsweise bei Stress-Tests die jeweils größten Veränderungen ausgewählt werden,

---

[193] Vgl. Fiege (2006), S. 169; Wolke (2008), S. 50.
[194] Vgl. Wilkens; Völker (2001), S. 415.
[195] Vgl. Scherpereel (2006), S. 56.

oder auf Grundlage der Einschätzung von Experten und Entscheidungsträgern über die zukünftige Entwicklung bestimmt werden.[196]

Szenarioanalysen werden auch zur Identifikation von Risiken eingesetzt. Dabei werden dann sowohl quantitative als auch qualitative Risikofaktoren berücksichtigt und i. d. R. ein als am wahrscheinlichsten erachtetes Trendszenario sowie zwei Extremszenarien entwickelt, welche die jeweils ungünstigste (Pessimismus-Szenario) bzw. günstigste (Optimismus-Szenario) Entwicklungsvariante darstellen. Das Ergebnis dieser Szenarien ergibt den sog. Szenarientrichter. Anschließend werden gewöhnlich weitere als relevant erachtete Szenarien bestimmt, die zu Ergebnissen innerhalb dieses Trichters führen. Szenarioanalysen können komplexe Zusammenhänge abbilden, auf Tendenzen hinweisen und strategische Überraschungen reduzieren. Dem steht ein hoher Aufwand bei der Erstellung und Durchführung solcher Analysen gegenüber. Ferner gestaltet sich die Quantifizierung der Abhängigkeiten zwischen den einzelnen Risiken schwierig.[197]

Mittels Durchführung der *Sensitivitätsanalyse* kann der Einfluss einzelner Risikofaktoren auf die Zielgröße bzw. den Wert der Risikoposition unter ceteris-paribus-Bedingungen ermittelt werden.[198] Die Sensitivität ist dabei das Maß dafür, wie empfindlich die Zielgröße auf die Veränderungen eines Risikofaktors unter Konstanz aller anderen Risikofaktoren reagiert. Ist die funktionale Beziehung zwischen Risikofaktor und Zielgröße bekannt, so kann die Sensitivität durch Bildung der ersten Ableitung der Funktion nach der entsprechenden Einflussgröße ermittelt werden.[199] Im Mittelpunkt der praktischen Anwendung der Sensitivitätsanalyse stehen zwei alternative Ansätze: Das Verfahren der kritischen Werte und die Zielgrößenänderungsrechnung. Beim *Verfahren der kritischen Werte* wird der mögliche Schwankungsbereich eines Risikofaktors bemessen, innerhalb dessen die Zielgröße einen fixierten Wert nicht über- bzw. unterschreitet. Ziel ist dabei die maximal zulässigen Risikofaktoränderungen zu bestimmen, um ein vorgegebenes Sicherheitsniveau bzw. Risikopotenzial einzuhalten. Bei der *Zielgrößenänderungsrechnung* wird hingegen die Schwankung der Zielgröße bei veränderten Inputwerten betrachtet und insofern die Stabilität des Ergebniswertes getestet.[200]

---

[196] Vgl. Wolke (2008), S. 60 f.
[197] Vgl. Ott (2005), S. 39 ff.
[198] Vgl. Burger (2002), S. 120.
[199] Vgl. Wolke (2008), S. 25 f.
[200] Vgl. Wolf (2003), S. 222 f.

Sensitivitätsanalysen können vor allem dann angewendet werden, wenn die verschiedenen Parameter eines Risikos relativ genau bekannt sind und eine funktionale Abbildung der Zusammenhänge möglich ist. Durch die Vernachlässigung der Interdependenzen zwischen den Risiken und die willkürliche Festlegung der Änderung von Einflussgrößen (z. B. eine Zinsänderung von 100 Basispunkten) ist die Sensitivitätsanalyse im Rahmen der Risikobewertung nur als unterstützende Methode einsetzbar. Insbesondere im Rahmen der Risikoanalyse ist die Sensitivität jedoch eine geeignete Hilfe bei der Analyse der Risikofaktoren.[201]

Weitere quantitative Instrumente der Risikobewertung sind schließlich *risikoorientierte Erfolgskennzahlen*. Diese bewerten nicht einzelne Risiken, sondern den Erfolg im Verhältnis zum eingegangenen Risiko. Dabei werden i. d. R. Erfolgsmaße, z. B. der Unternehmensgewinn, und das zur Erzielung des Erfolges investierte Kapital bzw. dessen Kosten zueinander in Beziehung gesetzt (oft über die Bildung von Quotienten),[202] wobei das Ausmaß der eingegangenen Risiken häufig im Rahmen der Kapitalkosten berücksichtigt wird.[203] Der Kapitalkostensatz ist abhängig vom aggregierten Gesamtrisiko eines Unternehmens, da höhere Risiken mehr Eigenkapital zur Risikodeckung erfordern.[204] Die Risikopolitik eines Unternehmens beeinflusst wiederum die Höhe des aggregierten Gesamtrisikos.[205]

Während in traditionellen Kennzahlensystemen (z. B. *Economic Value Added (EVA),*[206] *Shareholder Value Added (SVA),*[207] *Cash Value Added (CVA)*[208]) Risiken nur in den Kapitalkosten erscheinen, gehen bei *risikoadjustierten* Kennzahlen wertorientierter Unternehmensführung (z. B. *Risk Adjusted Return On Capital (RAROC), Return On Risk Adjusted Capital (RORAC))*[209] Risikoüberlegungen auch in Überschüsse und/oder die korrespondierende Kapitalbasis mit ein. Dies ermöglicht im Gegensatz zu den traditionellen Kennzahlen auch eine Betrachtung einzelner Projekte oder Ge-

---

[201] Vgl. Wolke (2008), S. 26; Burger (2002), S. 120 f.
[202] Vgl. Kromschröder; Lück (1998), S. 1575.
[203] Vgl. Burger (2002), S. 250.
[204] Vgl. Gleißner (2001c), S. 71.
[205] Vgl. Gleißner (2001a), S. 168.
[206] Vgl. zum EVA-Konzept Stewart (1991).
[207] Vgl. zum SVA Rappaport (1999).
[208] Vgl. zum CVA Weber; Bramsemann; Heineke; Hirsch (2004), S. 72–84.
[209] Vgl. zu den erstmals von der amerikanischen Investmentbank Bankers Trust propagierten Kennzahlen RORAC und RAROC Stephan (2006), S. 216-218.

schäftsfelder unter Risikoaspekten bzw. hinsichtlich ihrer Wirkung auf den Unternehmenswert.[210]

Risikoorientierte Erfolgskennzahlen können u. a. Impulse zur Senkung der Kapitalkosten geben, welche dann z. B. durch eine Verringerung der in der Risikopolitik postulierten Risikoneigung und/oder durch entsprechende Maßnahmen der Risikobewältigung erreicht wird. Wird im Rahmen des Risikomanagements festgestellt, dass mehr als genug Eigenkapital vorhanden ist, um das aggregierte Gesamtrisiko zu decken, so können die Kapitalkosten durch die Ausschüttung von Eigenkapital an die Anteilseigner gesenkt werden. Der Nutzen wird dann über eine entsprechende Änderung der Kennzahl sichtbar.

2.2.2.4.2.2 Qualitative Methoden und Mischformen

Die einzige rein *qualitative Methode* der Bewertung von Risiken ist die Klassifizierung. Dabei werden Risikoklassen nach diversen Kriterien gebildet und anschließend die Risiken zugeordnet und verglichen.[211] Die Zuordnung erfolgt i. d. R. aufgrund einer subjektiven Bewertung (beispielsweise existenzbedrohend, schwerwiegend, mittel, gering, unbedeutend).[212] Eine Methode der Klassifikation von Risiken stellt auch die ABC-Analyse als generelles Instrument der Planung und Entscheidungsfindung dar, bei der eine Schwerpunktbildung durch Dreiteilung erfolgt (A: wichtig, B: weniger wichtig, C: unwichtig).

Mischformen zwischen quantitativen und qualitativen Methoden können sowohl im Rahmen einer quantitativen als auch einer qualitativen Bewertung von Risiken angewendet werden. In diese Kategorie fällt auch das *Risikoportfolio*, auch *Risk-Map* genannt. Als Risk-Map wird ein Matrixdiagramm bezeichnet, welches üblicherweise auf der einen Achse die Eintrittswahrscheinlichkeit und auf der anderen das potenzielle Schadenausmaß von Risiken darstellt.[213] Die Skalierung der Achsen kann dabei sowohl ordinal (im Rahmen einer Klassifizierung bzw. bei qualitativ bewerteten Risiken) als auch kardinal (im Rahmen einer metrischen Darstellung quantifizierter Risiken) erfolgen. Die Dimensionen Eintrittswahrscheinlichkeit und Schadenausmaß können gegen andere relevante Risikodimensionen ausgetauscht werden. Werden die identifizierten Risiken in Form von Kreisen in der Matrix dargestellt, so kann die Kreisgröße

---

[210] Vgl. Burger (2002), S. 250.
[211] Vgl. Burger (2002), S. 46.
[212] Vgl. Romeike (2005), S. 276.
[213] Vgl. Lammers (2005), S. 94 f.

zur Verdeutlichung einer weiteren Dimension genutzt werden (z. B. Bedeutung einzelner Geschäftsfelder etc.). Die Risk-Map kann sowohl auf einzelne Risiken als auch auf Risikokategorien oder Geschäftsbereiche angewendet werden. Abbildung 17 zeigt ein Beispiel für die Darstellung von Risiken in einer Risk-Map.

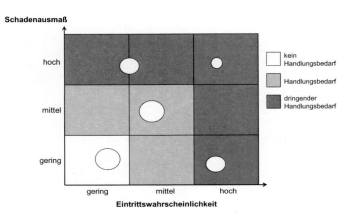

Abbildung 17: Darstellung von Risiken in einem Risikoportfolio[214]

Risikoportfolien sind einfach anzufertigen und können sämtliche Risiken eines Unternehmens einheitlich und mit geringem Komplexitätsgrad erfassen und darstellen.[215] Sie können als Grundlage für die Entwicklung von Risikostrategien und für die Aggregation von Risiken dienen.[216] Außerdem ist eine Übertragung des Konzeptes auf die Darstellung bzw. Bewertung von Chancen möglich.[217] Kritisch anzumerken ist, dass es sich bei Risikoportfolien um eine Darstellung in stark vereinfachter Form und stets nur um eine Momentaufnahme handelt.

Die *Delphi-Methode* ist ein iteratives, mehrstufiges Schätzverfahren, welches neben der Bewertung auch der Identifikation von Risiken dient. Ein sog. Monitoring-Team leitet dabei eine Befragung von Experten, welche anonyme, qualitative oder quantitative Schätzungen relevanter Parameter zu einem genau beschriebenen Sachverhalt bzw. Risiko(-szenario) schriftlich abgeben. Nach Rücksendung der Unterlagen durch die Experten werden die Ergebnisse konsolidiert, indem einerseits Mittelwerte gebildet

---

[214] In Anlehnung an Seibold (2006), S. 86; Diederichs; Form; Reichmann (2004), S. 191.
[215] Vgl. Helten; Hartung (2002), S. 265.
[216] Vgl. Amhof; Schweizer (2000), S. 718.
[217] Vgl. hierzu Fiege (2006), S. 181 f.

bzw. die am häufigsten vertretenen Einschätzungen identifiziert werden, andererseits aber auch extreme Einschätzungen herausgestellt werden. Die Auswertung der ersten Runde geht dann wieder an die Experten, welche auf dieser Grundlage ihre Einschätzung überdenken, evtl. extreme Einschätzungen begründen und ein erneutes Urteil abgeben. Die Iteration der Befragung wird solange wiederholt, bis ein Konsens hinsichtlich der Prognosen der Experten erreicht wurde.[218] An der Delphi-Methode werden häufig ihr hoher Zeitbedarf sowie die hohen Anforderungen an die kreativen und analytischen Fähigkeiten der Experten kritisiert; fraglich ist auch, ob zur Lösung zukunftsrelevanter Fragestellungen die Herbeiführung von Meinungsvielfalt nicht geeigneter ist als die Bildung einer einheitlichen Mehrheitsmeinung.[219]

Scoring-Modelle sind Verfahren, mit denen Risiken bewertet werden können, welche sowohl quantitative als auch qualitative Einflussfaktoren besitzen. Dabei werden zunächst in einem ersten Schritt die einzelnen Einflussfaktoren eines Risikos gewichtet. Im zweiten und wichtigsten Schritt werden den jeweiligen vorliegenden Ausprägungen der Einflussfaktoren (beispielsweise Zahlungsbereitschaft und Finanzlage von Kunden im Rahmen einer Bewertung des Kreditrisikos) Punktwerte auf einer Skala von eins bis zehn zugeordnet. Im letzten Schritt wird dann durch Berechnung des gewogenen Durchschnitts der Zielwert („Score") zur Beurteilung gebildet. Kritisch zu betrachten ist die subjektive Zuweisung der Punktzahlen durch den Anwender; viele betriebswirtschaftliche Risiken lassen sich jedoch erst durch Anwendung solcher Scoring-Modelle quantifizieren.[220]

Ist die genaue Eintrittswahrscheinlichkeit eines selten auftretenden Risikos unbekannt, so kann diese durch die Methode der *Annualisierung* geschätzt werden. Dabei wird anhand der geschätzten Häufigkeit des Schadeneintritts innerhalb eines bestimmten Zeitraumes eine Eintrittswahrscheinlichkeit für den Jahreszeitraum berechnet. Geht man z. B. davon aus, dass ein Risiko alle zehn Jahre einmal auftritt, so entspricht dies dann einer Eintrittswahrscheinlichkeit von zehn Prozent für das kommende Jahr.[221] Eine so ermittelte Eintrittswahrscheinlichkeit sollte jedoch nicht zur Bildung von Schadenserwartungswerten für größere Risiken benutzt werden, da die Gefahr besteht, das selten auftretende, aber bestandsgefährdende Risiken mit großem Schadenpotenzi-

---

[218] Vgl. Romeike (2003), S. 178; Seibold (2006), S. 89.
[219] Vgl. Fasse (1995), S. 180 f.; Standop (2002), Sp. 1557.
[220] Vgl. Wolke (2008), S. 64 ff.
[221] Vgl. Bernstein (1997), S. 134.

al durch die Bewertung mit geringen Schadenerwartungswerten nicht entsprechend wahrgenommen werden.

2.2.2.5 Risikoaggregation

Nach der Identifikation, Analyse und Bewertung der Einzelrisiken sollte optimalerweise eine Aggregation der Risiken stattfinden. Das Ziel der Risikoaggregation besteht in der Bestimmung der Gesamtrisikoposition des Unternehmens und der relativen Bedeutung der Einzelrisiken.[222] Durch die Risikoaggregation erfolgt die Integration der Wirkungen der Einzelrisiken in die Unternehmensplanung: Letztendlich wirkt jedes Risiko auf eine Plangröße der GuV im Sinne einer Gefahr von Planabweichungen.[223]

In der Praxis stellt die Risikoaggregation eine besondere Herausforderung dar und wird oft mit ungeeigneten Methoden durchgeführt. Häufig wird eine Risikoaggregation in Form der simplen Addition von Schadenserwartungswerten oder Schadenshöchstwerten vorgenommen. Dies stellt jedoch i. d. R. ein inadäquates Vorgehen dar, da dabei die mehr oder minder stark ausgeprägten wechselseitigen Abhängigkeiten der Einzelrisiken nicht berücksichtigt werden.[224]

Auch das IDW nimmt im Prüfungsstandard 340 Stellung zur Risikoaggregation und der Notwendigkeit der Berücksichtigung wechselseitiger Abhängigkeiten von Risiken: „Die Risikoanalyse beinhaltet eine Beurteilung der Tragweite der erkannten Risiken in Bezug auf Eintrittswahrscheinlichkeit und quantitative Auswirkungen. Hierzu gehört auch die Einschätzung, ob Einzelrisiken, die isoliert betrachtet von nachrangiger Bedeutung sind, in ihrem Zusammenwirken oder durch Kumulation im Zeitablauf zu einem bestandsgefährdenden Risiko führen können.“[225]

Wechselwirkungen zwischen den Risiken werden im Rahmen der Risikoaggregation berücksichtigt, indem mit Hilfe von statistischen Daten und Simulationsmodellen Szenarien mit unterschiedlichen Ausprägungen aller für die Risiken des Unternehmens relevanten Faktoren erstellt werden. Auf diese Weise ergeben sich dann entsprechende Ausprägungen der betrachteten Zielgröße der Unternehmensplanung (z. B. Gewinn oder Cash-Flow). Durch eine entsprechende Anzahl von Szenarien erhält man eine repräsentative Stichprobe aller für das Unternehmen möglichen Risikoszenarien. Aus

---

[222] Vgl. Gleißner (2001b), S. 125.
[223] Vgl. Gleißner (2004a), S. 31.
[224] Vgl. Reichling; Bietke; Henne (2007), S. 235.
[225] IDW PS 340, S. 4.

den ermittelten Realisationen der Zielgröße lässt sich schließlich eine aggregierte Wahrscheinlichkeitsverteilung erstellen (beispielhaft dargestellt in Abbildung 18). Aus der Wahrscheinlichkeitsverteilung des erwarteten Unternehmenserfolges kann man den Eigenkapitalbedarf des Unternehmens ableiten: Um eine Überschuldung zu vermeiden, muss entsprechend der möglichen Höhe künftiger Verluste Eigenkapital vorgehalten werden. Analog kann auch die Höhe der notwendigen Liquiditätsreserve anhand der Verteilungsfunktion der Zahlungsflüsse ermittelt werden.[226]

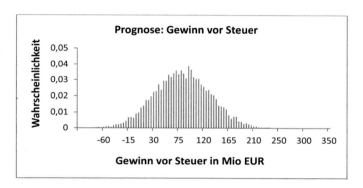

Abbildung 18: Wahrscheinlichkeitsverteilung des erwarteten Gewinns

Da ein Unternehmen einer Vielzahl von Risiken ausgesetzt ist, welche unterschiedlichen Schadensverteilungen genügen, ist selbst bei Kenntnis dieser Verteilungen eine mathematisch genaue Aggregation kaum möglich. Eine Alternative stellen Simulationsverfahren, insbesondere die Monte-Carlo-Simulation (vgl. Kapitel 2.2.2.4.2.1) dar, welche das komplexe Problem einer Aggregation von Einzelrisiken mit unterschiedlichen Wahrscheinlichkeitsverteilungen durch numerische Näherungslösungen ersetzen.[227] Dabei wird in unabhängigen Simulationsläufen mit Hilfe von Zufallszahlen ein Geschäftsjahr mehrere tausend Mal durchgespielt und so die benötigte Wahrscheinlichkeitsverteilung für die betrachtete Zielgröße erstellt. Daraus kann dann beispielsweise der Value-at-Risk (vgl. Kapitel 2.2.2.4.2.1) bestimmt werden. Darüber hinaus können durch Sensitivitätsanalysen die wesentlichen Einflussfaktoren auf die Streuung der Zielvariable ermittelt werden.[228]

---

[226] Vgl. Gleißner (2004a), S. 31.
[227] Vgl. Dahms (2003), S. 228 f.
[228] Vgl. Gleißner (2001b), S. 126.

Wird anhand des Ergebnisses der Risikoaggregation eine zu geringe Eigenkapitalausstattung festgestellt, so kann diese entweder verbessert oder aber der Risikoumfang durch geeignete Risikobewältigungsmaßnahmen gesenkt werden. Ergänzend können mit Hilfe der Risikoaggregation die Wirkungen alternativer Handlungsstrategien unter Ertrags- und Risikogesichtspunkten analysiert werden.[229] Die Ergebnisse der Risikoaggregation können ferner zur Aufstellung von Plan-GuV, Plan-Kapitalflussrechnung und Plan-Bilanzen genutzt werden.[230]

2.2.2.6 Risikobewältigung

2.2.2.6.1 Gegenstand der Risikobewältigung

Das Ziel der Risikobewältigung ist es, alle wesentlichen Risikopotenziale des Unternehmens aktiv und gezielt durch ein umfassendes Instrumentarium zu beeinflussen und dadurch ein ausgewogenes Verhältnis zwischen Chance und Risiko zu erreichen.[231] Was unter einem „ausgewogenem Verhältnis" zwischen Chance und Risiko zu verstehen ist, hängt von der jeweils angestrebten und in der Risikopolitik des Unternehmens postulierten Risikopräferenz ab. Dementsprechend werden die Maßnahmen der Risikobewältigung oft auch als „risikopolitische Maßnahmen" bezeichnet.[232] Die Auswahl der geeigneten risikopolitischen Maßnahmen stellt die Hauptaufgabe der Phase der Risikobewältigung dar. Die Maßnahmen der Risikobewältigung können den folgenden fünf in Abbildung 19 dargestellten grundlegenden Strategien zugeordnet werden: Risikovermeidung, Risikoverminderung, Risikodiversifikation, Risikoübertragung und Risikoselbsttragung.

Ferner kann zwischen aktiven und passiven Maßnahmen der Risikobewältigung unterschieden werden. Aktive Maßnahmen nehmen direkten Einfluss auf die Risikostruktur, d. h. auf die Höhe der Eintrittswahrscheinlichkeit und/oder des möglichen Schadenausmaßes. Zu ihnen zählen Maßnahmen der Risikovermeidung, Risikoverminderung und Risikodiversifikation. Passive Maßnahmen der Risikobewältigung beziehen sich auf die Bewältigung der Restrisiken, die nach Anwendung aktiver Maßnahmen verbleiben. Ihre Zielsetzung ist es, im Falle des Risikoeintritts für entsprechende De-

---

[229] Vgl. Gleißner (2001b), S. 129.
[230] Vgl. Burger (2002), S. 243-248.
[231] Vgl. Diederichs; Form; Reichmann (2004), S. 193.; Buderath; Amling (2000), S. 144.
[232] Vgl. beispielsweise Helten; Bittl; Liebwein (2000), S. 170; Rogler (2002), S. 22.

ckungsmasse zu sorgen. Zum passiven Risikomanagement zählen Maßnahmen der Risikoübertragung und die Risikoselbsttragung.[233]

Risikobewältigung				
Risikovermeidung			„Passives Risikomanagement"	
	Risikoverminderung			
		Risikodiversifikation		
„Aktives Risikomanagement"			Risikoübertragung	
				Risikoselbsttragung

Abbildung 19: Maßnahmen der Risikobewältigung[234]

Die *Risikovermeidung* zielt auf das gänzliche Ausschalten eines Risikos ab, wobei Eintrittswahrscheinlichkeit oder Tragweite auf null reduziert werden.[235] Betriebliche Aktivitäten, die mit hohem Risiko behaftet sind, werden bewusst unterlassen. Ein Beispiel wäre der Verzicht auf die Herstellung eines Produktes mit hohen, nicht versicherbaren Produkthaftungsrisiken. Durch die Vermeidung des Risikos verzichtet das Unternehmen auch auf die damit verbundene Gewinnchance. Daher sollten Maßnahmen der Risikovermeidung nur im Ausnahmefall und nur auf einzelne Risiken angewendet werden, wenn keine anderen effektiven Maßnahmen der Risikobewältigung zur Verfügung stehen.[236]

Im Rahmen der *Risikoverminderung* wird versucht, Eintrittswahrscheinlichkeit und mögliche Schadenhöhe eines Risikos auf ein erträgliches Maß zu reduzieren, so dass Chancen noch wahrgenommen werden können.[237] Bei quantifizierbaren Risiken, insbesondere im Finanzbereich, kann dies beispielsweise durch Limitierungen geschehen, die festlegen, in welcher Höhe bestimmte Risiken eingegangen werden dürfen.[238] Für den Fall der Überschreitung von Limiten werden dabei im Vorfeld Maßnahmen festgelegt.[239] Weitere Maßnahmen der Risikoverminderung lassen sich einteilen in personel-

---

[233] Vgl. Hölscher (2000a), S. 327-331.
[234] In Anlehnung an Wygoda (2005), S. 44 und Czaja (2009), S. 94.
[235] Vgl. Hölscher (2000a), S. 327.
[236] Vgl. Martin; Bär (2002), S. 103.
[237] Vgl. Hölscher (2000a), S. 328.
[238] Vgl. Martin; Bär (2002), S. 104.
[239] Vgl. Bitz (2000), S. 60.

le (z. B. Schulungen), technische (z. B. technische Sicherungsvorkehrungen) und organisatorische Maßnahmen (z. B. Verbesserung von Arbeitsabläufen).[240]

Eine Alternative zur Risikovermeidung stellt die *Risikodiversifikation* dar. Dabei kann im Rahmen der *Risikozerlegung* ein Risiko auf mehrere unabhängige Teilrisiken mit gleicher Eintrittswahrscheinlichkeit und geringerem Schadenausmaß aufgeteilt werden. Auf diese Weise wird ein Kollektiv von Risiken gebildet, zwischen denen ein interner Risikoausgleich stattfindet.[241] Dabei kann inhaltlich zwischen zwei Dimensionen unterschieden werden. Im Rahmen der *sachlichen Risikozerlegung* wird eine Zerlegung nach Regionen, Personen oder Objekten vorgenommen (beispielsweise die Aufteilung auf mehrere Produktionsstandorte oder Lieferanten). Im Rahmen der *zeitlichen Risikozerlegung* wird eine unternehmerische Aktivität in mehrere Teilaktivitäten innerhalb eines definierten Zeitraums zerteilt, beispielsweise die Aufteilung von Bestellvorgängen auf mehrere Teilbestellungen zum Ausgleich von Beschaffungspreisschwankungen.[242] Eine weitere Möglichkeit der Risikodiversifikation besteht in der *Kompensation* von Risiken. Dabei wird gezielt ein Risiko eingegangen, um das mögliche Schadenausmaß eines bestehenden gegenläufigen Risikos zu vermindern.[243] So kann sich beispielsweise ein Großkonzern im Ölgeschäft engagieren, um das Risiko steigender Ölpreise abzufedern.

Im Rahmen der *Risikoübertragung* wird versucht, ein Risiko (i. d. R. vertraglich abgesichert) auf Dritte zu übertragen. Versicherbare Risiken können gegen Zahlung einer Prämie auf ein Versicherungsunternehmen übertragen werden (insurance-risk-transfer). Die Versicherung von Risiken ist oft mit hohen Kosten verbunden. Daher kann die maximale Versicherung von Risiken kein erstrebenswertes Ziel sein - die zu zahlenden Versicherungsprämien stünden dann in keinem angemessenen Verhältnis mehr zum Nutzen des Versicherungsschutzes.[244] Für viele Risiken besteht außerdem keine Versicherungsmöglichkeit. Einige Risiken, wie beispielsweise Haftungs- oder Transportrisiken, können durch entsprechende vertragliche Regelungen auf andere Vertragspartner übertragen werden (non-insurance-risk-transfer).[245] Eine weitere Möglichkeit der Übertragung von Risiken besteht in der Verlagerung von Teilbereichen der Leistungserstellung bzw. -verwertung auf andere Unternehmen (Outsourcing).

---

[240] Vgl. Hölscher (2000a), S. 328.
[241] Vgl. Czaja (2009), S. 96; Hölscher (2000a), S. 328 f.
[242] Vgl. Kupsch (1995), S. 538.
[243] Vgl. Frenkel; Hommel; Rudolf (2005), S. 506.
[244] Vgl. Hölscher (2000a), S. 336.
[245] Vgl. Frenkel; Hommel; Rudolf (2005), S. 506 f.

Schließlich können Risiken auch auf die Finanzmärkte übertragen werden. Dies geschieht bei Marktpreisrisiken durch entsprechende Kapitalmarkttransaktionen (häufig über Finanzderivate). Leistungswirtschaftliche Risiken können über sog. Risk Bonds auf andere Kapitalmarktteilnehmer übertragen werden. Diese entsprechen grundsätzlich normalen festverzinslichen Anleihen. Beim Eintritt bestimmter Risiken kommt der Emittent jedoch in den Genuss finanzieller Vorteile, die entweder in einer geringeren Zinsbelastung oder einer verringerten Tilgungsleistung bestehen können.[246]

Die *Risikoselbsttragung* bezeichnet die bewusste Akzeptanz sämtlicher möglicher Folgen von Risiken. Es werden diejenigen Risiken akzeptiert, bei denen die Maßnahmen der alternativen Strategien nicht möglich sind oder wirtschaftlich nicht sinnvoll erscheinen.[247] Die wirtschaftlichen Folgen des Eintretens von Risiken werden dabei direkt aus Unternehmensmitteln finanziert. Dies kann bei Kleinstrisiken aus dem laufenden Cash-Flow geschehen, bei mittleren und großen Risiken ist jedoch eine entsprechende Risikovorsorge zu betreiben.[248] In diesem Zusammenhang kann die Risikotragfähigkeit durch folgende Vorgänge erhöht werden:[249]

- Die Eigenkapitalerhöhung an den Kapitalmärkten oder durch die Gesellschafter,

- die Bildung stiller Reserven und

- die Einstellung von Gewinnen in die Gewinnrücklagen oder sonstigen Rücklagen.

Rückstellungen können nach deutschem Steuerrecht für Zwecke der Risikofinanzierung nur für akute Risiken mit nahezu sicherem Eintritt gebildet werden, wodurch sie für die Bildung eines allgemeinen Risikopuffers nicht genutzt werden können.[250] Die Eigenkapitalerhöhung erfordert eine entsprechende Bereitschaft der Investoren. Stille Reserven werden nicht explizit bewertet und stehen erst nach ihrer Realisierung der Höhe nach zur Verfügung.[251] Die Bildung von Rücklagen bzw. die Bereithaltung von Kapital für den Fall des Risikoeintritts bindet finanzielle Mittel und senkt die Eigenkapitalrentabilität, wenn keine Kapitalanlage gefunden wird, deren Rendite mindestens der Eigenkapitalrentabilität entspricht.

---

[246] Vgl. Schierenbeck; Lister (2002), S. 358 f.
[247] Vgl. Seibold (2006), S. 33.
[248] Vgl. Hölscher (2000a), S. 335.
[249] Vgl. Wolke (2008), S. 80.
[250] Vgl. Hölscher (2000a), S. 335.
[251] Vgl. Wolke (2008), S. 80.

Die Risikoselbsttragung stellt dann eine sinnvolle Alternative dar, wenn der Aufwand alternativer Risikohandhabungsmöglichkeiten als höher bewertet wird oder keine anderen Maßnahmen zur Verfügung stehen.[252]

Bei den bislang diskutierten Maßnahmen handelt es sich um präventive Maßnahmen der Risikobewältigung. Ist ein selbst getragenes Risiko einmal eingetreten, so kann diesem nur noch mit reaktiven Maßnahmen begegnet werden, um das Schadenausmaß zu reduzieren.[253] Hierzu ist es erforderlich, Maßnahmenpläne bereit zu halten, um potenzielle Schäden schnell abmildern zu können und die Realisierung der Unternehmensziele nicht zu gefährden.[254] Handelt es sich bei dem eingetretenen Risiko um ein bestandsgefährdendes Risiko, so spricht man in diesem Zusammenhang von *Krisenmanagement.*[255]

Das KonTraG verpflichtet die Unternehmensleitung nicht zur Bewältigung von Risiken. Im Falle bestandsgefährdender Risiken lässt sich jedoch die Pflicht, Maßnahmen zu ihrer Bewältigung durchzuführen, aus der allgemeinen Sorgfaltspflicht der §§ 93 Abs. 1 AktG, 43 Abs. 1 GmbHG und 34 Abs. 1 GenG ableiten.[256]

2.2.2.6.2 Einsatz der Balanced Scorecard zur Risikosteuerung

Die Risikobewältigung beruht auf einem ganzheitlichen Ansatz, d. h. es sind alle Risiken, aber auch alle möglichen Maßnahmen der Risikobewältigung einzubeziehen und Diversifikationseffekte zwischen den Risiken zu nutzen.[257] Vor diesem Hintergrund wird die Phase der Risikobewältigung auch oft als „Risikosteuerung" bezeichnet. Ein Managementinstrument, welches im Rahmen des Risikomanagements vor allem zur Risikosteuerung Anwendung findet, ist die *Balanced Scorecard (BSC).* Ihre Zielsetzung ist die Performance-Messung durch Kennzahlensysteme sowie die Entwicklung eines strategischen Handlungsrahmens.[258] Sie beruht klassischerweise auf vier zentralen Zielperspektiven: Die finanzielle Perspektive, die Kundenperspektive, die Perspektive der internen Geschäftsprozesse und die Innovations- und Lernperspektive. Diese Perspektiven wurden ursprünglich nur durch Ziele und korrespondierende Kennzahlensysteme dargestellt, im Laufe der Entwicklung jedoch um Zielvorgaben und Maß-

---

[252] Vgl. Kupsch (1995), S. 539.
[253] Vgl. Hölscher (2000a), S. 329.
[254] Vgl. Hoffmann (1985), S. 26.
[255] Vgl. Fiege (2006), S. 192-197.
[256] Vgl. Burger (2002), S. 52.
[257] Vgl. Gleißner (2001d), S. 103.
[258] Vgl. Weber; Schäfer (1999), S. 1; sowie Kaplan; Norton (1996).

nahmen zu ihrer Erreichung erweitert.[259] Einige Weiterentwicklungen der Balanced Scorecard berücksichtigen auch den Chancen- und Risikoaspekt.

So erweiterten *Weber/Weißenberger/Liekweg* im Konzept der BSC[PLUS] jede der vier Perspektiven um ihre Chancen und Risiken und deren Einflussfaktoren.[260] Die BSC[PLUS] vereinigt dabei die Risikodokumentation mit strategischen Elementen des Risikomanagements. *Reichmann/Form*[261] entwickelten die BSC zur *Balanced Chance and Risk Card* weiter. Dabei wurde die BSC um eine Unternehmenswertberechnung erweitert, wobei der Discounted Cash Flow (DCF), der Economic Value Added (EVA) und der Market Value Added (MVA) als Leitkennzahlen verwendet werden. Die vier Perspektiven der BSC wurden ersetzt durch sog. „Strategische Erfolgsfaktoren" (Finanzen, Leistungsverwertung, Produkt, Leistungserstellung, Personal, Umfeld), welche durch qualitative und quantitative Indikatoren dargestellt werden die den Unternehmenswert beeinflussen. Chancen und Risiken beeinflussen dabei über die Verknüpfung von Erfolgsfaktoren und Unternehmenswert letzteren mittelbar.[262]

Die Weiterentwicklungen der BSC bieten Ansätze einer operativen Umsetzung von Strategien und ermöglichen so eine Verbindung von operativer und strategischer Ebene des Risikomanagements. Positiv ist auch die quantitative Komponente zu sehen: Auch weiche Risikofaktoren werden versucht, durch ein Kennzahlensystem zu erfassen. Allerdings setzt die Verknüpfung von Risiken und Einflussfaktoren in Kennzahlensystemen bekannte Ursache-Wirkungs-Zusammenhänge von Risiken, Erfolgsfaktoren und Zielgrößen voraus. Problembehaftet ist auch die Zusammenführung quantitativer und qualitativer Risiken bzw. Kennzahlenausprägungen über Scoring-Modelle. Die risikoorientierten Balanced Scorecards sind weniger ein reines Instrument des Risikomanagements, sondern dienen dessen Verknüpfung mit der strategischen Unternehmensführung.[263]

2.2.2.7 Risikoüberwachung

Im Rahmen der Risikoüberwachung (Risikokontrolle) wird fortlaufend die Veränderung der identifizierten Risiken im Zeitablauf überwacht und die Wirkung der zur Ri-

---

[259] Vgl. Kaplan; Norton (1997), S. 9 ff. sowie S. 46 ff.
[260] Vgl. Weber; Weißenberger; Liekweg, S. 31 f.
[261] Vgl. Reichmann; Form (2000), S. 189 ff.
[262] Vgl. Burger (2002), S. 213.
[263] Vgl. Burger (2002), S. 218 f.

sikobewältigung eingeleiteten Maßnahmen überprüft.[264] Hierzu werden, ausgehend von den in der Risikopolitik formulierten Risikopräferenzen und -zielen, Sollwerte für die einzelnen Risikopositionen geplant bzw. im Falle qualitativer Risiken Sollzustände beschrieben. Durch klassischen Soll-Ist-Vergleich werden dann die tatsächlich realisierten Werte bzw. Zustände mit den Sollwerten bzw. -zuständen verglichen und Abweichungen ermittelt. Die Ursachen für ggf. festgestellte Abweichungen können dann durch eine entsprechende Abweichungsanalyse bestimmt und untersucht werden.[265] Dabei werden im Falle quantifizierbarer Risiken nicht nur die Gründe für Über- sondern auch für auffallend hohe Unterschreitungen risikobezogener Vorgaben analysiert.

Ursachen für Abweichungen können unter anderem hinsichtlich der Problemstellung unangemessene oder falsch angewandte Methoden und Verfahren darstellen. Daher gehört zur Abweichungsanalyse auch eine Kontrolle der in den einzelnen Phasen eingesetzten Instrumente, Methoden und Maßnahmen. Beispielsweise kann es vorkommen, dass ein angewendetes Verfahren ein Risiko nicht angemessen misst oder dass die Wirkungsweise von Maßnahmen zur Risikobewältigung falsch eingeschätzt wurde. Neben der Kontrolle der eingesetzten Verfahren ist in diesem Zusammenhang auch zu überprüfen, ob die Qualifikation der eingesetzten Mitarbeiter den Anforderungen genügt.[266]

Im Rahmen der Risikoüberwachung ist auch zu analysieren, ob neu eingegangene Informationen eine Neubewertung oder Anpassung bestehender Risikopositionen erforderlich machen. Des Weiteren kann eine Vollständigkeitskontrolle im Hinblick auf die identifizierten Risiken notwendig werden. Eine Abweichung von risikobezogenen Sollwerten kann darauf zurückzuführen sein, dass Risiken nicht erkannt wurden oder zwischenzeitlich neu aufgetreten sind.

Die Ergebnisse der Phase der Risikoüberwachung als letzter Phase des Risikomanagementprozesses i. e. S. bilden auf diese Weise die Grundlage für eine erneute Identifikation, Bewertung und Bewältigung von Risiken und stoßen den Prozess neu an. Auf diese Weise kann man den Risikomanagementprozess i. e. S. als kybernetischen Regelkreis interpretieren.[267] Eng verbunden mit der Überwachung von Risiken ist die Risikoberichterstattung, auf welche im Folgenden eingegangen wird.

---

[264] Vgl. Keitel (2008), S. 55.
[265] Vgl. Burger (2002), S. 52.
[266] Vgl. Eisele (2004), S. 43.
[267] Vgl. Moser; Quast (1994), S. 683.

2.2.2.8 Risikoberichterstattung

Bindeglied zwischen allen Etappen und beteiligten Einheiten des Risikomanagements ist die Risikoberichterstattung. Sie hat die Aufgabe, „den systematischen Fluss relevanter Risiko- und Chancen-Informationen an alle wesentlichen Stellen und Personen sicherzustellen."[268] Die Risikoberichterstattung dient ex-ante der Entscheidungsunterstützung durch die Bereitstellung einer informatorischen Grundlage für die übergreifende Steuerung der Einzelrisiken und der Gesamtrisikoposition. Ex-post dient sie dem Zweck der Dokumentation und Kontrolle und der damit verbundenen Wahrnehmung der Prüfbarkeits- und Rechenschaftsfunktion.[269]

Die interne Kommunikation der Risiken ist die Basis der externen Risikoberichterstattung. Unternehmen, welche zur Erstellung eines (Konzern-)Lageberichts verpflichtet sind, müssen im Lagebericht „die voraussichtliche Entwicklung mit ihren wesentlichen Chancen und Risiken" beurteilen und erläutern (§§ 289 Abs. 1, 315 Abs. 1 HGB). Der Abschlussprüfer hat die ordnungsgemäße Erfüllung dieser Berichtspflicht zu prüfen und zu testieren (§§ 317 Abs. 2, 322 Abs. 2 und 3 HGB). Die externe Risikoberichterstattung wird jedoch nicht als Teil eines „Risikomanagements im betriebswirtschaftlichen Sinne" betrachtet und soll hier aus den in Kapitel 1.3.2 bereits erläuterten Gründen nicht weiter erörtert werden.

Im Rahmen der internen Risikoberichterstattung können drei wesentliche Berichtsadressaten unterschieden werden:[270]

- das zentrale Risikomanagement,

- der Vorstand und

- der Aufsichtsrat.

Das dezentrale Risikomanagement (im Falle eines institutionalen Risikomanagements, vgl. Kapitel 2.2.1) bzw. die dezentralen Risikomanagement-Verantwortlichen (im Falle eines funktionalen Risikomanagements, vgl. ebenfalls Kapitel 2.2.1) berichten dem zentralen Risikomanagement in regelmäßigen Intervallen über die Risiken und evtl. auch in aggregierter Form über die Gesamtrisikoposition der einzelnen Teilbereiche sowie über eingeleitete und geplante Maßnahmen der Risikobewältigung. Das zentrale Risikomanagement berichtet dem Vorstand regelmäßig u. a. über bestandsgefährdende

---

[268] Falter; Michel (2000), S. 496.
[269] Vgl. Burger (2002), S. 175 f.
[270] Vgl. hierzu Mott (2001), S. 217–224.

Risiken und die Gesamtrisikoposition. Der Vorstand berichtet dem Aufsichtsrat regelmäßig in hochaggregierter Form über die Risikosituation des Unternehmens.[271]

Die Risikoberichterstattung kann entweder in Form eines eigenständigen Berichtswesens erfolgen oder aber in vorhandene Berichtssysteme integriert werden. Häufig wird für die Integration in das vorhandene Berichtswesen plädiert, „da die Risiken in unmittelbarem Zusammenhang mit den darin enthaltenen Informationen stehen"[272] und eine Erstellung zusätzlicher Standardberichte aus Wirtschaftlichkeitsgründen in der Regel unterbleiben könne.[273]

Die Überwachung der Risiken findet in der Risikoberichterstattung ihren Niederschlag, indem neben neu aufgetretenen Risiken über die Entwicklung der bereits identifizierten Risiken und die Ergebnisse der Maßnahmen zur Risikobewältigung berichtet wird. Die Berichterstattung über die Maßnahmen entspricht dabei einem Maßnahmencontrolling.[274]

Idealerweise sollten Frequenz und Adressaten der Risikoberichterstattung an die Relevanz der Risiken angepasst werden. So können beispielsweise je nach Hierarchieebene Meldegrenzen festgelegt werden, welche sowohl absoluten als auch relativen Charakter besitzen können (z. B. bezogen auf Umsatz, Liquidität, Betriebsergebnis, Eigenkapital etc.).[275] Zur Vermeidung einer Überlastung der Berichtsempfänger sollte auch eine Abstufung der Berichtsintervalle anhand der Relevanz der jeweiligen Risiken vorgenommen werden. Die Berichterstattung für Risiken von hoher Relevanz sollte entsprechend häufiger erfolgen als jene für Risiken von geringerer Relevanz. Zusätzlich sollte dabei auch die Dynamik des Risikos berücksichtigt werden.[276] Dabei können beispielsweise wöchentliche, monatliche, quartalsweise oder jährliche Berichtsintervalle festgelegt werden. In jedem Fall sollte aber eine Sofortberichterstattungsroutine für neu auftretende Risiken von hoher Relevanz bzw. bei entsprechender Erhöhung des Risikopotentials bestehender Risiken vorhanden sein.[277]

Schließlich sollten der Berichtsinhalt und der Aggregationsgrad stets an den subjektiven Informationsbedarf des Adressaten(-kreises) angepasst werden, da die Empfängerorientierung einen besonders wichtigen Faktor für Akzeptanz und Erfolg der Be-

---

[271] Vgl. Mott (2001), S. 217.
[272] Diederichs (2006), S. 387.
[273] Vgl. Mott (2001), S. 218.
[274] Vgl. Falter; Michel (2000), S. 496.
[275] Vgl. Diederichs; Form; Reichmann (2004), S. 196.
[276] Vgl. Mott (2001), S. 221.
[277] Vgl. Liekweg (2003), S. 326 u. Martin; Bär (2002), S. 128.

richterstattung darstellt. Insofern besitzt die Flexibilität der Risikoberichterstattung im Sinne von Anpassungs- und Entwicklungsfähigkeit eine zentrale Bedeutung.[278]

Die Risikoberichterstattung bildet als letzte Phase den Abschluss des Risikomanagementprozesses im weiteren Sinne. Im Folgenden sollen nun die drei Meta-Aufgaben des Risikomanagementprozesses (Prüfung der Effektivität und Effizienz des Risikomanagementsystems, Entwicklung und Steuerung der Risikopolitik sowie die Steuerung des Risikomanagementprozesses) erörtert werden.

2.2.2.9 Prüfung der Effektivität und Effizienz des Risikomanagementsystems

Hinsichtlich der Prüfung der Effektivität und Effizienz des Risikomanagements lassen sich für deutsche Aktiengesellschaften mit amtlicher Notierung drei verantwortliche Personengruppen identifizieren:

- der Vorstand,

- der Aufsichtsrat und

- der Abschlussprüfer.

Der *Vorstand* hat im Rahmen seiner allgemeinen Verantwortung nach § 76 AktG sicherzustellen, dass das Risikomanagementsystem seine Aufgabe erfüllt. Auf welche Weise er dies tut, bleibt dabei ihm überlassen.[279]

Der Gesetzgeber verpflichtet den Vorstand durch § 91 Abs. 2 AktG zur Einrichtung eines „Überwachungssystems [...], damit den Fortbestand der Gesellschaft gefährdende Entwicklungen früh erkannt werden" und weist in der entsprechenden Gesetzesbegründung auch auf die Pflicht des Vorstands „für ein angemessenes Risikomanagement und für eine angemessene interne Revision zu sorgen" hin. In der allgemeinen Begründung zum KonTraG wird zudem das Controlling ausdrücklich erwähnt: „Überwachung findet auf mehreren Ebenen statt. Entscheidend ist zunächst die Einrichtung einer unternehmerischen Kontrolle durch den Vorstand (Interne Revision, Controlling)."

Der Gesetzgeber fordert also neben der Einrichtung eines Risikomanagementsystems folgende Instrumente:[280]

---

[278] Vgl. Diederichs (2006), S. 389 f.
[279] Vgl. Deutsches Institut für Interne Revision (2009), Punkt 4 sowie Kapitel 1.3.2.
[280] Vgl. hierzu Lück (1998), S. 1925 ff.

- Überwachungssystem,
- interne Revision und
- Controlling.

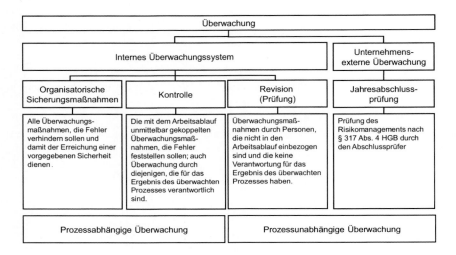

Abbildung 20: Überwachungsbegriff[281]

In der Literatur finden sich erhebliche Unterschiede bzgl. der Zuordnung dieser Komplexe untereinander. Zum einen wird von einer generellen Zweiteilung von Risikomanagementsystem und Überwachungssystem ausgegangen,[282] zum anderen wird häufig das interne Überwachungssystem als Teil des Risikomanagementsystems betrachtet.[283] Revision (Prüfung) und Kontrolle werden jedoch regelmäßig als Unterbegriffe der Überwachung gesehen. Dabei wird nochmals zwischen interner Revision und externer Revision unterschieden. Wesentliches Unterscheidungsmerkmal der genannten Begriffe ist dabei der Prozessbezug: Interne und externe Revision sind prozessunabhängige Vorgänge; sie werden als systemexterne Prüfung verstanden. Kontrolle und organisatorische Sicherheitsmaßnahmen sind systeminterne Vorgänge und dadurch prozessab-

[281] In Anlehnung an Lück; Henke; Gaenslen (2002), S. 233.
[282] Vgl. Hahn; Krystek (2000), S. 79 f.
[283] Vgl. beispielsweise Deutsches Institut für Interne Revision (2009), Punkt 3; Lück; Henke; Gaenslen (2002), S. 229; Buderath; Amling (2000), S. 129.

hängig.[284] Abbildung 20 stellt in diesem Kontext die hierarchische Struktur des Überwachungsbegriffes dar.

Das IDW sieht die interne Revision als zuständig für die Prüfung von Effektivität und Effizienz des Risikomanagementsystems (IDW PS 340 (16)). *Nevries/Strauß (2008)* finden in ihrer empirischen Studie Hinweise darauf, dass die Vorstände in der Praxis den Empfehlungen der Wirtschaftsprüfer folgen und oftmals der internen Revision die prozessunabhängige Prüfung der Effektivität und Effizienz der internen Revision übertragen,[285] während das Controlling häufig mit der Wahrnehmung von Risikomanagement-Aufgaben betraut wird.[286]

Der *Aufsichtsrat* muss im Rahmen seiner Pflicht zur Überwachung des Vorstands einer Aktiengesellschaft nach § 11 Abs. 1 AktG im Hinblick auf das Risikomanagement drei Aufgaben erfüllen:[287]

1. Überprüfung der Risikopolitik

Der Vorstand hat nach § 90 Abs. 1 Nr. 1 AktG dem Aufsichtsrat über „die beabsichtigte Geschäftspolitik und andere grundsätzliche Fragen der Unternehmensplanung (insbesondere die Finanz-, Investitions- und Personalplanung)" zu berichten. Zu einem solchen Bericht gehört auch die Information über die Risikopolitik.

2. Überprüfung des Risikomanagementsystems

Aus der Überwachungsaufgabe des § 111 Abs. 1 AktG ergibt sich, dass der Aufsichtsrat überprüfen muss, ob der Vorstand der gesetzlichen Verpflichtung zur Einrichtung eines Risikomanagementsystems nach § 91 Abs. 2 AktG hinreichend nachgekommen ist. Dies erfordert auch, dass der Aufsichtsrat prüfen muss, ob das Risikomanagementsystem den an ein solches System zu stellenden Anforderungen genügt.

3. Überprüfung der externen Risikoberichterstattung im Lagebericht

Der Aufsichtsrat muss im Rahmen seiner Prüfungspflichten gemäß § 171 Abs. 1 AktG die Risikoberichterstattung des Vorstands im Lagebericht der Aktiengesellschaft (§ 289 Abs. 1 HGB) bzw. des Konzerns (§ 315 Abs. 1 HGB) beurteilen.

Schließlich hat der *Abschlussprüfer* nach § 317 Abs. 4 HGB im Rahmen der Jahresabschlussprüfung bei Aktiengesellschaften mit amtlicher Notierung das nach

---

[284] Vgl. Buderath; Amling (2000), S. 129 f.
[285] Vgl. Nevries; Strauß (2008), S. 110.
[286] Vgl. Nevries; Strauß (2008).
[287] Vgl. zu den folgenden Ausführungen Franz (2000), S. 62 f.

§ 91 Abs. 2 AktG einzurichtende Risikomanagementsystem dahingehend zu prüfen, ob es eingerichtet ist und ob es seine Aufgabe erfüllen kann.

Eine wichtige Grundlage der Prüfung der Effektivität und Effizienz des Risikomanagementsystems stellt die *Risikodokumentation* dar. Neben der Dokumentation durch die Risikoberichterstattung empfiehlt sich in diesem Zusammenhang die Erstellung eines Risikohandbuches, in welches alle das Risikomanagementsystem betreffenden organisatorischen Regelungen und Maßnahmen aufgenommen werden sollten. Fehlt eine solche Dokumentation oder ist diese unvollständig, so führt dies laut IDW PS 340 „zu Zweifeln an der dauerhaften Funktionsfähigkeit der getroffenen Maßnahmen."[288]

Es bestehen inhaltliche Berührungspunkte und Überschneidungen der Aufgabenträger der internen (Controlling, interne Revision) und externen (Abschlussprüfer) Überwachung hinsichtlich der Prüfung bzw. Überwachung des Risikomanagements. Daher ist eine intensive Zusammenarbeit mit einem umfassenden Informationsaustausch zwischen den Funktionsträgern unbedingt erforderlich.[289] Vor dem Hintergrund der Zielsetzung des KonTraG ist auch insbesondere eine intensive Zusammenarbeit von Abschlussprüfer und Aufsichtsrat bei der Prüfung der Effektivität und Effizienz des Risikomanagements notwendig.[290]

2.2.2.10 Entwicklung und Steuerung der Risikopolitik

Die Risikopolitik als Teil der Unternehmensstrategie trifft grundsätzliche Aussagen zum Umgang mit Risiken und Chancen und bildet so den Rahmen für die Gestaltung des Risikomanagements.[291] Sie enthält risikopolitische Grundsätze im Sinne von Unternehmensleitlinien, wobei neben der Beschreibung von Zielen und Aufgabenbereichen des Risikomanagements auch insbesondere Vorgaben zu Chancen-Risiko-Relationen und Risikoobergrenzen (Chancen-/Risikoprofil) sowohl für die einzelnen Bereiche als auch für das Gesamtunternehmen in der Risikopolitik festgelegt werden.[292]

Die Risikopolitik sollte in die gesamte Unternehmenspolitik und -strategie eingebunden werden bzw. sich aus dieser ableiten.[293] Aufgrund ihrer strategischen Bedeutung

---

[288] IDW PS 340 (18).
[289] Vgl. Diederichs; Form; Reichmann (2004), S. 195.
[290] Vgl. Franz (2000), S. 66 ff.
[291] Vgl. Gleißner (2001a), S. 168.
[292] Vgl. Bitz (2000), S. 19; Bamberg; Coenenberg (1996), S. 80 ff.
[293] Vgl. Naegeli (1978), S. 52.

gehört die Entwicklung und Steuerung der Risikopolitik zu den Aufgaben der Unternehmensführung.[294]

Die Risikopolitik bildet durch ihre Vorgaben zum Umgang mit Risiken einerseits den Maßstab für die Ableitung erforderlicher Maßnahmen im Rahmen der Risikobewältigung; andererseits dient sie als Informationsquelle für Stakeholder bzw. Anspruchsgruppen wie Anteilseigner und Kreditgeber sowie der Förderung einer risikobewussten Unternehmenskultur.[295] Eine solche *Risikokultur* stellt ein gemeinsames, grundlegendes Normen- und Wertegerüst aller Mitarbeiter des Unternehmens für den Umgang mit Chancen und Risiken dar und soll durch die Sensibilisierung für selbige die Funktionsfähigkeit des Risikomanagementsystems unterstützen.[296] Die Etablierung der Risikokultur auf allen Unternehmensebenen bildet den notwendigen Rahmen für ein effektives, integriertes und auf die individuellen Unternehmensverhältnisse abgestimmtes Risikomanagementsystem.[297]

In diesem Zusammenhang erscheint es als wichtig, eine ausgewogene Balance zwischen Risikoorientierung und zugehöriger Kontrollorientierung zu finden. Je nachdem, in welchem Ausmaß und in welchem Verhältnis zueinander Risiko- und Kontrollorientierung vorhanden sind, können verschiedene Risikokultur-Typen unterschieden werden, welche in Abbildung 21 dargestellt werden.

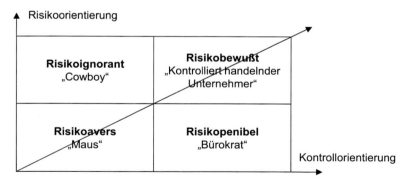

Abbildung 21: Risikokultur-Typen[298]

[294] Vgl. Gleißner (2001a), S. 168.
[295] Vgl. Lischke; Kirner (2000), S. 45.
[296] Vgl. Martin; Bär (2002), S. 138.
[297] Vgl. Bitz (2000), S. 22.
[298] Vgl. KPMG (1998), S. 9.

2.2.2.11 Steuerung des Risikomanagementprozesses

Der Vorstand trägt im Rahmen der allgemeinen Leitungsaufgabe gemäß § 76 AktG und der sich aus § 91 Abs. 2 AktG ergebenden Verpflichtungen die Verantwortung für die *Einrichtung* und die *Sicherstellung der Funktionsfähigkeit* des Risikomanagementsystems. Durch die Ausstrahlungswirkung des KonTraG gilt dies entsprechend auch für die Geschäftsführer anderer Gesellschaftsformen. Nach herrschender Meinung zählt auch die Festlegung und Kommunikation der Risikopolitik und Risikomanagementstrategie zu den Aufgaben des Vorstands bzw. der Geschäftsführung.[299] Die strategische Steuerung des Risikomanagements erfolgt also auf Ebene der Unternehmensleitung.

Die Unternehmensleitung kann allerdings nicht alle Aufgaben des Risikomanagements in vollem Umfang selbst wahrnehmen. Dies erfordert, dass sie durch Zielvorgaben und Aufgabendelegation sicherstellen muss, dass ein adäquates Risikomanagement im Unternehmen eingeführt und gelebt wird.[300] So empfiehlt das IDW in seinem PS 340, den jeweiligen Unternehmensbereichen die Verantwortung für die Identifikation und Bewältigung der dort auftretenden Risiken zu übertragen.[301] Das operative Risikomanagement sollte demnach dezentral erfolgen, während der Geschäftsleitung die Überwachung und Verantwortung obliegt.[302]

Die Steuerung des Risikomanagementprozesses im Sinne der Koordination aller Aufgaben und beteiligten Personen muss durch eine zentrale Stelle erfolgen.[303] Diese zentrale Stelle sorgt für den weiteren Ausbau des Risikomanagements zu einem effizienten und konsistenten System und gewährleistet dessen Funktionsfähigkeit. Je nach Größe und Komplexität des Unternehmens kann diese zentrale Stelle auf einer der oberen Hierarchieebenen angesiedelt sein oder es kann sich dabei auch um ein sog. „Risk Board" handeln, in dem mehrere Mitarbeiter als Team die Aufgabe der Steuerung des Risikomanagementprozesses übernehmen.[304]

Unterhalb der zentralen Koordinationsstelle sind die Verantwortlichen für einzelne Bereiche bzw. Teilaufgaben des Risikomanagementsystems angeordnet. Bei großen Unternehmen in Holding- oder vergleichbaren Strukturen kann eine einzelne zentrale

---

[299] Vgl. Wolf (2003), S. 119.
[300] Vgl. Mott (2001), S. 210.
[301] Vgl. IDW PS 340 (13).
[302] Vgl. Vogler; Gundert (1998), S. 2378.
[303] Vgl. Kapitel 2.2.1.
[304] Vgl. Mott (2001), S. 210 f.

Koordinationsstelle evtl. nicht ausreichen. Die Koordinationsaufgabe des zentralen Risikomanagements ist dann durch vergleichbare dezentrale Koordinationsstellen zu unterstützen, welche für die verschiedenen Teilbereiche des Unternehmens die Koordination der dort angesiedelten Subsysteme des Risikomanagements durchführen.[305]

Mit der Steuerung des Risikomanagementprozesses als letzte der Meta-Aufgaben des Risikomanagementprozesses wurden nun alle identifizierten Aufgabenkomplexe des Risikomanagements als Gestaltungsobjekte der Ablauforganisation beschrieben und erläutert. Dabei wurden jeweils verschiedene organisatorische Gestaltungsmöglichkeiten aufgezeigt, wobei auch auf gestaltungsbeeinflussende und für deutsche Nicht-Finanzunternehmen geltende rechtliche Vorschriften und Verlautbarungen eingegangen wurde. Zuvor wurden in Kapitel 2.2.1 verschiedene Möglichkeiten der Integration des Risikomanagements in die Aufbauorganisation aufgezeigt. Durch die Art und Weise der Gestaltung von Aufbau- und Ablauforganisation ergibt sich die Struktur der Risikomanagement-Organisation. Um die Organisationsstrukturen des Risikomanagements unterschiedlicher Unternehmen miteinander vergleichen zu können, muss eine Beschreibung einzelner Elemente der RM-Organisationsstruktur oder auch der RM-Organisationsstruktur als Ganzes anhand von Kriterien auf einer abstrakten Ebene erfolgen. Diese Kriterien stellen dann Gestaltungsfaktoren der Risikomanagement-Organisation dar. Im Folgenden geht es nun darum, anhand welcher Kriterien eine Beschreibung der Struktur der Risikomanagement-Organisation erfolgen kann.

2.2.3 Struktur der Risikomanagement-Organisation

Zur Beschreibung der Struktur der Risikomanagement-Organisation als Subsystem des organisatorischen Gesamtsystems können prinzipiell dieselben Kriterien dienen, welche in Kapitel 2.1.2.3 zur Beschreibung der Organisationsstruktur des gesamten Unternehmens herangezogen wurden: *Spezialisierung, Zentralisierung, Formalisierung und Komplexität*. Die *Organisationsform* als generelles Organisationsprinzip bezieht sich auf das organisatorische Gesamtsystem und wird daher nicht zur Beschreibung der Struktur der Risikomanagement-Organisation herangezogen. Generelle Organisationsprinzipien der Risikomanagement-Organisation stellen die in Kapitel 2.2.1 behandelten *Arten der Integration des Risikomanagements in die Aufbauorganisation* des Unternehmens dar.

---

[305] Vgl. Mott (2001), S. 211.

Die *Spezialisierung des Risikomanagements* bezeichnet die Zerlegung der Gesamtaufgabe „Risikomanagement" in unterschiedliche Teilaufgaben, welche mehr oder weniger ausschließlich von bestimmten Organisationseinheiten ausgeführt werden. Das Ausmaß der Spezialisierung des Risikomanagements ergibt sich durch die Anzahl der Risikomanagement-Stellen mit verschiedenartigen Aufgaben.

Bei der Frage nach dem Ausmaß der *Zentralisierung des Risikomanagements* geht es *zum einen* darum, inwieweit innerhalb des Risikomanagements eine Zentralisierung im Sinne der Zusammenfassung gleichartiger Aufgaben in zentralen Organisationseinheiten vorgenommen wird. In diesem Zusammenhang müssen die im Rahmen des Risikomanagements anfallenden Aufgaben dahingehend untersucht werden, ob sie jeweils nur von einer zentralen Organisationseinheit durchgeführt werden (dann würde man von Zentralisierung sprechen), oder ob eher mehrere Organisationseinheiten in unterschiedlichen organisatorischen Bereichen dieselbe Aufgabe verrichten (Dezentralisierung). *Zum anderen* geht es um die Frage, inwieweit Entscheidungsaufgaben des Risikomanagements auf höheren oder niedrigeren Ebenen der Hierarchie in Organisationseinheiten zusammengefasst werden (Grad der Entscheidungszentralisation).[306] Dies ist ebenfalls für die verschiedenen Risikomanagement-Aufgaben zu untersuchen.

Das Ausmaß der *Formalisierung des Risikomanagements* bezeichnet den Umfang, in dem das Risikomanagement betreffende Regeln und Abläufe schriftlich oder graphisch fixiert werden. Objekte, anhand derer das Ausmaß der Formalisierung der Risikomanagement-Organisation bemessen werden kann, sind beispielsweise das Risikomanagement-Handbuch, Risikoberichterstattung und die Risikopolitik bzw. -strategie.

Die *Komplexität der Risikomanagement-Organisation* kommt einerseits durch die Anzahl der Hierarchieebenen zum Ausdruck, auf denen sich Risikomanagement-Stellen innerhalb eines Unternehmens befinden - die vertikale Spanne des Risikomanagements. Einen weiteren Indikator stellt analog zur Komplexität der Gesamtorganisation der Anteil der Führungskräfte an der Gesamtzahl der Mitarbeiter mit Risikomanagement-Aufgaben dar, wodurch die Größe der administrativen Komponente wiedergegeben werden soll.[307]

Nach der Bestimmung der Faktoren der organisatorischen Gestaltung des Risikomanagements kann nun eine Erweiterung des Bezugsrahmens um diese Faktoren erfolgen; zusätzlich sollen auch Untersuchungsgegenstände bzw. Gestaltungsfaktoren bezüglich

---

[306] Vgl. zum Begriff der Zentralisation Kapitel 2.1.2.3.2.
[307] Vgl. Miller; Dröge (1986), S. 543 u. 547.

der Instrumente und Methoden, auf welche im Rahmen der Beschreibung der Ablauforganisation des Risikomanagements eingegangen wurde, konkretisiert werden.

2.2.4 Erweiterung des Bezugsrahmens um die Gestaltungsfaktoren

Im Rahmen der Analyse der Gestaltung des Risikomanagements wurden als Faktoren der *organisatorischen* Gestaltung identifiziert:

- die Integration des Risikomanagements in die Aufbauorganisation,

- Zentralisierung,

- Spezialisierung,

- Komplexität und

- Formalisierung.

Hinsichtlich der im Rahmen der Darstellung der Ablauforganisation des Risikomanagements beschriebenen *Methoden und Instrumente* des Risikomanagements wurden bislang keine Untersuchungsgegenstände bzw. Gestaltungsfaktoren konkretisiert. Diesbezüglich soll untersucht werden, welche *Bewertungskriterien für Risiken* bei den Unternehmen der Stichprobe Anwendung finden. Des Weiteren soll die Art und Weise der *Risikoberichterstattung* hinsichtlich Frequenz und Integration in das vorhandene Berichtswesen untersucht werden. Ferner soll untersucht werden, wie viele und welche *Instrumente* im Rahmen des Risikomanagements zum Einsatz kommen und ob bzw. welche *risikoorientierten Erfolgskennzahlen* im Rahmen der Unternehmenssteuerung eingesetzt werden. Schließlich soll untersucht werden, ob und mit welchen Methoden eine *Aggregation der Risiken* zu einem Gesamtwert erfolgt. Darüber hinaus ist hinsichtlich der Gestaltung des Risikomanagements von Interesse, ob das Risikomanagementsystem auch zur *Chancenerkennung* genutzt wird und in welchem Ausmaß *Informationstechnologie* im Sinne von EDV zum Einsatz kommt.

Der um die Gestaltungsfaktoren erweiterte konzeptionelle Bezugsrahmen wird in Abbildung 22 dargestellt. Nachdem nun Kontext- und Gestaltungsfaktoren des Risikomanagements herausgearbeitet worden sind, geht es im Folgenden darum, ein Effizienzkonstrukt für die Gestaltung des Risikomanagements zu bestimmen.

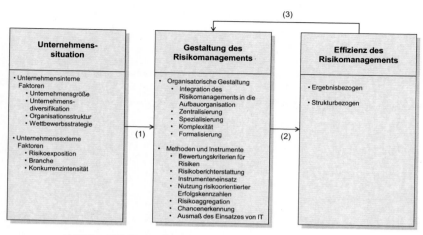

Abbildung 22: Bezugsrahmen erweitert um Gestaltungsfaktoren

2.3 Effizienz des Risikomanagements

Aufbauend auf den bisherigen Ausführungen wird in diesem Abschnitt der Frage der Beurteilung von im Zusammenhang mit dem Risikomanagement getroffenen Gestaltungsmaßnahmen nachgegangen.

2.3.1 Definition und Abgrenzung von Effizienz

Der Begriff der Effizienz ist - häufig in Abgrenzung zum Begriff der Effektivität - in der Literatur kontrovers diskutiert worden.[308] Besonders im angloamerikanischen Sprachraum verbreitet ist die Trennung von Effektivität und Effizienz in dem Sinne, dass Effizienz als Maßstab für Wirtschaftlichkeit verstanden (Input-/Output-Relation) und Effektivität als Zielerreichung (Output) definiert wird.[309] Im deutschsprachigen Raum werden beide Begriffe unter Verweis auf ihre gemeinsame lateinische Wurzel (lat. „effectus"; Erfolg, Wirksamkeit) hingegen häufig auch synonym verwendet.[310]

In dieser Untersuchung soll Effizienz als Oberbegriff für ein möglichst umfassendes mehrdimensionales Konzept der Leistungs- bzw. Erfolgsmessung dienen. Hierzu ist eine Definition des Effizienzbegriffs erstrebenswert, welche alle Möglichkeiten der

---

[308] Ein Überblick über unterschiedliche Definitionsversuche findet sich beispielsweise bei Grabatin (1981), S. 18.
[309] Vgl. Hauber (2002), S. 65.
[310] Vgl. Scholz (1992), Sp. 533; Rabl (1990), S. 23; Budäus; Dobler (1977), S. 62.

Definition beinhaltet und keine mögliche Form der Effizienz ausschließt. Daher wird die relativ weit gefasste Definition von *Welge/Fessmann* zu diesem Zweck herangezogen, nach welcher Effizienz verstanden wird „als ein umfassendes, durch ein relationales Moment gekennzeichnetes Prädikat, mit dem die Gestaltungsprozesse oder deren Ergebnisse in abstufbaren Merkmalen qualifiziert werden können."[311] Effizienz wird diesem Verständnis nach von der Effektivität dadurch abgegrenzt, dass *Effektivität* nur die *grundsätzliche Eignung* einer Maßnahme, Organisationsstruktur oder ähnliches kennzeichnet, ein angestrebtes Ziel oder Zielbündel zu erreichen, während erst die Effizienz die Bildung einer Rangfolge und dadurch den Vergleich und die Auswahl einer am besten geeigneten Alternative ermöglicht.[312]

Ein solches Konstrukt der Effizienz ist jedoch ein zunächst unscharfes, inhaltsleeres Konzept, welches einer weiteren, vom theoretischen Ansatz des Forschers abhängigen Präzisierung bedarf.[313] Daher wird im Folgenden zunächst ein Überblick über relevante theoretische Effizienzansätze gegeben, um anschließend das dieser Arbeit zugrundeliegende Effizienz-Konstrukt darzulegen.

2.3.2 Theoretische Effizienzansätze

Aus der Vielzahl der theoretischen Effizienzansätze sollen hier vier wesentliche, deutlich voneinander abgrenzbare Ansätze kurz dargestellt und im Hinblick auf ihre Eignung zur Beurteilung der Effizienz der Gestaltung des Risikomanagements diskutiert werden:

- der Ziel-Ansatz,

- der System-Ansatz,

- der interessenpluralistische Ansatz und

- der Prozess-Ansatz.

---

[311] Welge/Fessmann (1980), Sp. 577.
[312] Vgl. Welge/Fessmann (1980), Sp. 577.
[313] Vgl. Scholz (1992), Sp. 534; Grabatin (1981), S. 14.

2.3.2.1 Der Ziel-Ansatz

2.3.2.1.1 Gegenstand des Ziel-Ansatzes

Der Ziel-Ansatz geht davon aus, dass Unternehmen zweckgerichtete, rational handelnde Entitäten sind und eindeutig bestimmte Zielsetzungen verfolgen. Effizienz wird dabei als *Grad der Zielerreichung* definiert. Dies erfordert die Formulierung und Operationalisierung der Organisationsziele als Grundlage der Erfolgsbeurteilung.[314] Dabei herrschte in der empirischen Forschung zunächst eine monistische Zielauffassung vor, zunehmend werden aber in einer pluralistischen Interpretation Zielbündel bzw. Zielsysteme betrachtet.[315]

Der Zielansatz ist dann gut anwendbar, wenn die Ziele klar formuliert, übereinstimmend ausgewählt und messbar sind. Generelle Vorteile des Zielansatzes sind die Betonung der Zweckrationalität von Organisationen und die Einfachheit seiner Anwendung.[316] Kritisch zu betrachten ist die Tatsache, dass beim Zielansatz der Grad der Zielerreichung von der individuellen Zielfestlegung abhängt. Die Auswahl der Ziele stellt dabei letztendlich ein subjektives Unterfangen dar. Zudem erschwert die Dynamik im Zielbildungsprozess die Bestimmung von Zielrealisationsgraden.[317] Schließlich wird kritisiert, der Zielansatz beschränke sich auf die Überprüfung der Erreichung von Zielen, die von einer dominanten Koalition im Unternehmen (Management, Eigentümer, Mitarbeiter) festgelegt worden seien.[318]

Für die vorliegende Untersuchung ist der Ziel-Ansatz bedingt geeignet. Es soll die Effizienz des Risikomanagements, eines Subsystems des Unternehmens, beurteilt werden. Im Fokus des Ziel-Ansatzes steht jedoch die Erreichung von Zielen auf Ebene der Gesamtorganisation. Die nachhaltige Sicherung der Unternehmensziele ist zwar auch ein Ziel des Risikomanagements.[319] Die Zurechnung der Wirkung organisatorischer Maßnahmen innerhalb des Subsystems Risikomanagement auf die Ziele des Gesamtsystems erscheint jedoch problematisch (Zurechnungsproblem). Durch die in der Realität vorliegende umfassende Variablenvielfalt und deren ausgeprägter Vernetzung kann das Zurechnungsproblem nur durch sehr restriktive Annahmen weit entfernt von der realen Problemstellung gelöst werden. Das dem Ziel-Ansatz zugrundeliegende

---

[314] Vgl. Grabatin (1981), S. 21.
[315] Vgl. Hamel (1993), Sp. 2635.
[316] Vgl. Staehle; Grabatin (1979), S. 89; Grabatin (1981), S. 23.
[317] Vgl. Grabatin (1981), S. 25; Staehle (1990), S. 412.
[318] Vgl. Ford; Schellenberg (1982), S. 50.
[319] Vgl. Romeike (2003), S. 150.

Prinzip, Effizienz als Grad der Zielerreichung zu begreifen, könnte jedoch auf die Ebene des Subsystems Risikomanagement übertragen werden, indem konkrete Ziele für das Subsystem formuliert und zur Effizienzmessung herangezogen werden.

Ein Ansatz in der Tradition des Ziel-Ansatzes, welcher die Bewertung alternativer organisatorischer Gestaltungsweisen auf der Basis einer Systematik von Subzielen der Organisationsgestaltung vorschlägt, ist der Ansatz von *Frese (2005)*.[320] Er wird im Folgenden dargestellt, da er wichtige Anhaltspunkte für die eigene Vorgehensweise liefert.

2.3.2.1.2 Organisationseffizienz nach Frese

Frese versucht, das Problem der Beurteilung des Beitrages von Organisationsmaßnahmen zur Erreichung der Organisationsziele durch Formulierung von Sub- bzw. Ersatzzielen der organisatorischen Gestaltung zu lösen.[321] Der Ansatz unterscheidet zwischen der Koordinations- und der Motivationseffizienz als Felder der Beurteilung bzw. Dimensionen organisatorischer Effizienz.[322]

Ausgangspunkt der Überlegungen *Freses* zur *Koordinationseffizienz* ist das Phänomen der Arbeitsteilung, welche durch Maßnahmen der *Segmentierung* (Abgrenzung der Kompetenzinhalte organisatorischer Einheiten) und der *Strukturierung* (Bestimmung der Delegationsverhältnisse zwischen über- und untergeordneten Einheiten) erfolge.

Durch Maßnahmen der Segmentierung würden aufgrund der Kompetenzaufteilung zusammenhängende Handlungskomplexe getrennt, wodurch sog. Entscheidungsinterdependenzen entstünden. Deren notwendige Abstimmung durch Koordinationsaktivitäten verursache Kosten *(Abstimmungskosten)*. Eine unzureichende Abstimmung von Entscheidungsinterdependenzen führe zu Qualitätseinbußen von Entscheidungen *(Autonomiekosten)*. Wie gut bei einer Kompetenzregelung Interdependenzen abgestimmt werden, würde durch das Kriterium der *Interdependenzeffizienz* beurteilt.[323]

Maßnahmen der Segmentierung könnten ferner auch eine Aufspaltung von Ressourcen- oder Marktpotenzialen bewirken, wobei diese Nachteile dann wiederum unter Abwägung der entstehenden Autonomie- und Abstimmungskosten durch Koordinationsmaßnahmen vermindert werden könnten. Wie gut bei einer Kompetenzregelung

---

[320] Das Konzept von Frese ist dem rationalen Zielansatz zuzurechnen, vgl. Scholz (1992), Sp. 537 f.
[321] Vgl. Frese (2005), S. 302-308.
[322] Vgl. hierzu und zu den folgenden Ausführungen Frese (2005), S. 300-342.
[323] Vgl. Frese (2005), S. 309 sowie S. 314 f.

entscheidungsabhängige Informationen zur besseren Ausschöpfung von Markt- und Ressourcenpotenzialen genutzt werden, würde durch das Kriterium der *Potenzialeffizienz* beurteilt.[324]

Im Zusammenhang mit der Strukturierung geht *Frese* von der Annahme aus, dass übergeordnete Einheiten den Informationsstand und das methodische Know-how der ihr untergeordneten Einheiten haben oder einholen könnten sowie die Auswirkungen einer Entscheidung auf mehrere Einheiten der nachgeordneten Ebene abschätzen könnten (größere Problemumsicht). Dadurch sinke mit zunehmender Delegation tendenziell die Entscheidungsqualität (delegationsbezogene Autonomiekosten). Entscheidungsrelevante Informationen würden jedoch auch auf den nachgelagerten Hierarchieebenen anfallen, wodurch die Kosten der Informationsaufbereitung und vertikalen Weiterleitung an den Ort der Entscheidung bei der Beurteilung der Effizienz von Strukturierungsmaßnahmen berücksichtigt werden müssten. Die sog. *Delegationseffizienz* liege dann vor, wenn es gelänge, die hierarchische Aufspaltung von Entscheidungen so zu gestalten, dass die Vorteile der Nutzung der Problemumsicht übergeordneter Einheiten mit den Nachteilen der Verursachung von Informationsverarbeitungs- und Kommunikationskosten ausgeglichen würden.[325]

Das Konzept der Koordinationseffizienz sei durch das in Abbildung 23 dargestellte „Spannungsverhältnis zwischen dem Streben nach Entscheidungen hoher Qualität und dem Streben nach einem ressourcensparsamen Einsatz der Koordinationsinstrumente geprägt."[326]

Gegenstand der *Motivationseffizienz* ist für *Frese* die Beurteilung von Organisationsstruktur unter dem Aspekt, ob sie günstige Voraussetzungen für unternehmenszielkonformes Verhalten bieten.[327]

Zur diesbezüglichen Bewertung von Organisationsstrukturen unterscheidet *Frese* die Gestaltung des Kompetenzsystems und des Steuerungssystems. Als Kriterien der Motivationseffizienz des Kompetenzsystems werden die folgenden beiden angeführt:[328]

- Das Kriterium der Eigenverantwortung und

- das Kriterium der Überschaubarkeit.

---

[324] Vgl. Frese (2005), S. 309 sowie S. 314 f.
[325] Vgl. Frese (2005), S. 319 ff.
[326] Frese (2005), S. 323 f.
[327] Vgl. Frese (2005), S. 329.
[328] Vgl. Frese (2005), S. 331-333.

Grundgedanke des *Kriteriums der Eigenverantwortung* ist die betonte Delegation von Entscheidungen bzw. die Vergrößerung des Entscheidungsspielraums. *Frese* geht von der Prämisse aus, dass günstige Voraussetzungen für eine hohe Motivation eines Mitarbeiters bestehen, wenn dieser Verantwortung für das Arbeitsergebnis empfindet. Die Leistungsbereitschaft nehme dann tendenziell mit der Ausweitung seines Entscheidungsspielraumes durch die übergeordnete Instanz zu. Ferner würde durch den Verzicht auf restriktive Aufgabenvorgaben eigenverantwortliches Handeln gefördert; das kreative Potential der Mitarbeiter und ihre Kenntnis der Aufgabenumwelt könnten besser genutzt werden.

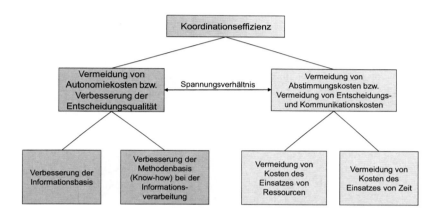

Abbildung 23: Prinzipien der Koordinationseffizienz[329]

Grundgedanke des *Kriteriums der Überschaubarkeit* ist, dass die Bildung abgeschlossener Aufgabenkomplexe, die Realisierung kleiner Einheiten und die Möglichkeit der räumlichen Konzentration der Aktivitäten tendenziell motivierend auf die Mitarbeiter wirken. Im Gegensatz zur vertikalen Dimension (Kriterium der Eigenverantwortung) wird hier die horizontale Abgrenzung einer organisatorischen Einheit betrachtet. Ein Bereich ist umso abgeschlossener, je weniger Interdependenzen zu anderen Bereichen bestehen - die Überschaubarkeit nimmt zu, da weniger Auswirkungen auf andere Bereiche beachtet werden müssen. Abgeschlossenheit erlaubt nach *Frese* die Orientierung an einem gemeinsamen Bezugsobjekt, wodurch die Identifizierung mit der Aufgabe und die Gruppenkohäsion gefördert würden. Zudem ließen sich Anreize und Er-

---

[329] Vgl. Frese (2005), S. 324.

gebnisse besser den organisatorischen Einheiten zuordnen, wodurch eine stärkere Anreizwirkung erzielt würde.

Um die Generierung motivationswirksamer Effekte bei der organisatorischen Gestaltung des Steuerungssystems anzustreben, greift *Frese* ein in der Zieltheorie von *Locke* und *Latham* verankertes Indikatorenkonzept auf, welches die Funktion von Indikatoren bei der Signalisierung von Problemen und der Aufdeckung ihrer Ursachen in den Mittelpunkt der Gestaltung stellt. Frese führt diesen Ansatz fort und leitet verschiedene Kriterien der Indikatoreffizienz ab.[330]

Der Ansatz von *Frese* eignet sich prinzipiell gut für die Messung von Effizienz der organisatorischen Gestaltung des Risikomanagements, da er sich auch zur Bewertung organisatorischer Teilbereiche und nicht nur zur Bewertung der Gesamtorganisation eignet und er durch die Formulierung allgemeiner Subziele organisatorischer Gestaltung unabhängig von speziellen Problemstellungen einsetzbar ist. Die Stärke des Ansatzes ist aber auch zugleich seine Schwäche: *Freses* Effizienzdimensionen bzw. -kriterien können nur eine Ergänzung darstellen, da die konkreten (Ober-)Ziele der betrachteten organisatorischen Lösung - im Falle der vorliegenden Untersuchung sind dies die Ziele des Risikomanagements - keine Berücksichtigung finden. Auch gestaltet sich eine Operationalisierung insbesondere der Kriterien der Koordinationseffizienz schwierig.

2.3.2.2 Der System-Ansatz

Der System-Ansatz erweitert die Betrachtungsweise des Ziel-Ansatzes, indem er neben den „Zielen" des Unternehmens zwei weitere Untersuchungsbereiche einbezieht: Die Beziehungen des Unternehmens als System und seiner Umwelt („System-Umwelt-Beziehungen") sowie interne „Strukturen und Prozesse".[331] Die gedanklichen Wurzeln des Ansatzes liegen in der Systemtheorie. Der Erfolgsbegriff des System-Ansatzes beschränkt sich nicht allein auf die Zielerreichung, sondern erstreckt sich auch auf die Beurteilung der Fähigkeit, Ressourcen zu erwerben, interne Systemstabilität zu erhalten und erfolgreich in einer Umwelt zu agieren. Erfolg wird insofern als mehrdimensionales Konstrukt gesehen, welches sich allenfalls indirekt über Indikatoren messen lässt.[332]

---

[330] Vgl. Frese (2005), S. 334-338.
[331] Vgl. Staehle; Grabatin (1979), S. 91.
[332] Vgl. Greiling (2008), S. 205; Budäus; Dobler (1977), S. 66; Staehle; Grabatin (1979), S. 91.

Die ganzheitliche Betrachtung der drei Untersuchungsbereiche Ziele, System-Umwelt-Beziehungen sowie Strukturen/Prozesse ist zwar grundsätzlich positiv zu bewerten, stellt aber aufgrund der Komplexität des Effizienzkonstrukts ein erhebliches Problem für den empirisch arbeitenden Forscher dar. Für die vorliegende Untersuchung ist der System-Ansatz kaum geeignet, da zum einen die empirische Konkretisierung der drei Zielkomplexe in Form von empirisch ermittelbaren Effizienzindikatoren kaum möglich erscheint und zum andern das Zurechnungsproblem sich beim System-Ansatz noch komplexer darstellt als bereits beim Ziel-Ansatz.

2.3.2.3 Der interessenpluralistische Ansatz

Die Messung der Effizienz nach dem System-Ansatz und vor allem nach dem Ziel-Ansatz wird primär von der Kapitaleigner-Perspektive geleitet. Der interessenpluralistische Ansatz versucht hingegen, neben den Interessen der Kapitaleigner auch die Interessen anderer Anspruchsgruppen (Stakeholder) im Rahmen der Erfolgsbeurteilung zu berücksichtigen. Nach dem interessenpluralistischen Ansatz ist ein Unternehmen dann erfolgreich, wenn dessen Handlungsergebnisse die Ansprüche derjenigen Interessengruppen befriedigen, von denen das Unternehmen lebensnotwendige Ressourcen benötigt.[333] Wie beim System-Ansatz bildet der Erfolgsbegriff somit ein mehrdimensionales Konstrukt, welches neben ökonomischen auch nicht-ökonomische Aspekte enthält.

Wenn auch die hohe Bedeutung nicht-ökonomischer Erfolgsgrößen heute unbestritten ist, ermangelt es dem interessenpluralistischen Ansatz ebenso wie dem System-Ansatz an der Operationalisierbarkeit der Effizienzkriterien, weshalb er für die vorliegende Arbeit als ungeeignet betrachtet wird.

2.3.2.4 Der Prozess-Ansatz

Der Prozess-Ansatz beurteilt Organisationen dann als erfolgreich, wenn ihre innerorganisatorischen Prozesse effizient ablaufen und auf diese Weise zu einer bestmöglichen Zielerreichung beitragen. Elemente des Ziel-Ansatzes werden insofern integriert. Im Folgenden wird der Ansatz von *Gzuk (1975)* dargestellt, der einen der umfassendsten prozessbezogenen Effizienzansätze darstellt.

Gzuk versteht Effizienz als das Ausmaß der Zweckerreichung einer Entscheidung unter Beachtung gewisser Nebenbedingungen, nämlich Wirtschaftlichkeit im Sinne von

---

[333] Vgl. Staehle (1990), S. 415.

Mitteleinsatz und die Nachhaltigkeit der Zweckerreichung.[334] Hierzu bildet *Gzuk* ein Effizienzkonstrukt, welches aus insgesamt 54 Effizienzindikatoren besteht, die folgenden vier Effizienzdimensionen zugeordnet werden:

- Ziel-Output-Verhältnis,

- Input-Output-Verhältnis,

- Ziel-Input-Verhältnis und

- Realisationsvorsorge für Entschlüsse.

Das *Ziel-Output-Verhältnis* misst den *ergebnisbezogenen* Zielerreichungsgrad, das *Input-Output-Verhältnis* misst hingegen den *einsatzbezogenen* Zielerreichungsgrad. Das *Ziel-Input-Verhältnis* misst den Ziel- bzw. Einsatzrealismus eines Entscheidungsprozesses in dem Sinne, dass überprüft werden soll, ob angesichts der zu erreichenden Ziele auch angemessene Ressourcen für den Prozess bereit gestellt wurden. Die Dimension der *Realisationsvorsorge der Entschlüsse* misst schließlich, inwieweit bereits in der Entscheidungsvorbereitungsphase bereits Vorsorgemaßnahmen für eine spätere Realisation der Entscheidung getroffen werden.

Der Prozessansatz eignet sich aufgrund der prozessualen Betrachtungsweise prinzipiell gut für eine Bewertung der Effizienz des Risikomanagementprozesses. Wenn auch *Gzuks* Effizienzkonstrukt mit seinen 54 Indikatoren für die vorliegende Untersuchung als zu komplex eingestuft werden muss, können zumindest die vier Effizienzdimensionen Orientierungspunkte für das eigene Effizienzkonstrukt darstellen.

Nachdem nun einige Effizienzansätze dargestellt und im Hinblick auf ihre Eignung zur Beurteilung der Effizienz der Gestaltung des Risikomanagements beurteilt wurden, soll nun kurz allgemein auf die empirische Messung von Effizienz eingegangen werden, bevor ein eigenes Effizienzkonstrukt für diese Untersuchung entwickelt wird.

2.3.3 Zur empirischen Messung von Effizienz

Die empirische Ermittlung der Effizienz organisatorischer Gestaltungsmaßnahmen setzt einen Ableitungsprozess voraus, welcher sich in drei Schritten vom theoretischen Konstrukt „Effizienz" zum beobachtbaren empirischen Sachverhalt vollzieht.[335]

---

[334] Vgl. Gzuk (1975), S. 15.
[335] Vgl. Fessmann (1979), S. 40; Gzuk (1975), S. 54.

Dabei erfolgt zunächst eine Gliederung des Effizienzbegriffs in einzelne Dimensionen. Die aus den Dimensionen abgeleiteten Kriterien dienen der inhaltlichen Konkretisierung der Dimensionen und stellen Wertungsmaßstäbe dar. Die weitere Umsetzung der Kriterien in empirisch beobachtbare Sachverhalte stellt den letzten Schritt des Konkretisierungsprozesses dar und wird als Operationalisierung bezeichnet.[336]

Die Effizienzindikatoren sind die speziellen empirischen Maßstäbe, mit denen das Erfüllungsmaß in der Realität erfasst und in Abhängigkeit von der Art und Weise der Operationalisierung quantifiziert werden kann.[337] Abbildung 24 stellt den Prozess der Ableitung von Indikatoren aus dem Effizienzkonstrukt dar.

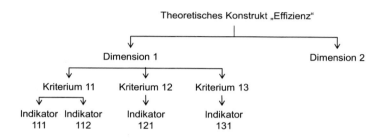

Abbildung 24: Empirische Effizienzermittlung[338]

2.3.4 Bildung eines eigenen Effizienzkonstrukts für das Risikomanagement

Nach Analyse der in der Literatur diskutierten Effizienzansätze im Hinblick auf ihre Eignung zur Konzeptionalisierung von Effizienz für die Gestaltung des Risikomanagements wurden Bestandteile des Ziel-Ansatzes, insbesondere Gedanken des Konzepts von *Frese*, und Bestandteile des Prozess-Ansatzes von *Gzuk* zu einem eigenen Konzept integriert. So wurden fünf Dimensionen der Effizienz des Risikomanagements unterschieden:

- Ziel-Output-Dimension,
- Input-Output-Dimension,
- Ziel-Input-Dimension,
- Motivationseffizienz und
- Koordinationseffizienz.

---

[336] Vgl. Fessmann (1979), S. 35.
[337] Vgl. Gzuk (1975), S. 185.
[338] Vgl. Fessmann (1979), S. 40.

Das inhaltliche Grundverständnis der einzelnen Dimensionen entspricht dabei dem bei der Beschreibung der Ansätze von *Gzuk* und *Frese* erläuterten Verständnis. Die weitere Ableitung von Kriterien erfolgt jedoch angepasst an die vorliegende Problemstellung und weicht insofern von den genannten Ansätzen ab. Ferner ist es nicht Zielsetzung, die einzelnen Dimensionen zu einem Gesamteffizienzwert zu aggregieren. Dies würde bereits an der Frage einer objektiven Gewichtung scheitern. Die einzelnen Dimensionen sind daher jeweils im Hinblick auf unterschiedliche Fragestellungen getrennt voneinander zu betrachten.

Die *Ziel-Output-Dimension* soll den ergebnisbezogenen Zielerreichungsgrad messen. Dabei soll als wichtigstes Kriterium das *Ergebnis des Risikomanagementprozesses* definiert werden. Dieses Kriterium soll messen, wie gut das Risikomanagementsystem seine Hauptaufgabe - die frühzeitige Erkennung und Bewältigung von Risiken und ggf. auch Chancen - erfüllt. Neben dem Ergebnis des Gesamtprozesses sollen als weitere Kriterien auch jeweils der *Grad der Zielerreichung der einzelnen Teilprozesse bzw. der Risikomanagement-Aufgaben* festgestellt werden. So soll beispielsweise für die Phase der Risikoidentifikation ermittelt werden, ob und wie gut das Risikomanagementsystem alle Risiken (und Chancen) identifiziert. Analog soll für die anderen Risikomanagement-Aufgaben vorgegangen werden.

Eine Einbeziehung von Zielen auf Ebene der Gesamtorganisation - beispielsweise des Gewinns - wird aufgrund der Zurechnungsproblematik als nicht sinnvoll erachtet. Eine Ausnahme bildet das Ziel der *organisatorischen Flexibilität*, welches in engem Zusammenhang mit dem Risikomanagement steht. „Flexibilität beschreibt die Eigenschaft eines Objektes, sich allgemeinen objektinternen oder -externen Veränderungen in reaktiver oder proaktiver Form anzupassen, oder genereller die Funktionstüchtigkeit eines Systems in sich ändernden System-Umwelt-Konstellationen."[339] Flexibilität wird dabei oft als die wünschenswerte Eigenschaft einer Organisationen verstanden, sich Veränderungen der Umweltbedingungen dynamisch anpassen zu können.[340] Veränderungen sollen dabei aktiv verarbeitet und die Organisation auf die neuen Bedingungen ausgerichtet werden. Flexibilität ist insofern auch ein organisatorisches Gestaltungsziel. Üblich ist auch die Betrachtung von Flexibilität als Effizienzkriterium bzw. organisatorische Anforderung.[341]

---

[339] Brehm (2003), 35f.
[340] Vgl. Picot; Reichwald; Wigand (2003), S. 424; auch; Sinha (1990), S. 481.
[341] Vgl. Brehm (2003), S. 36.

Organisatorische Flexibilität ist einerseits Voraussetzung für ein funktionsfähiges Risikomanagement. Andererseits ist Flexibilität auch als Ziel des Risikomanagements zu sehen, da das Risikomanagement auf externe Veränderungen ggf. mit einer entsprechenden internen Anpassung reagieren und Anpassungsprozesse aktiv anstoßen muss. Insofern soll mit dem Kriterium der organisatorischen Flexibilität gemessen werden, inwieweit das Risikomanagement dazu beiträgt, flexibel auf Veränderungen zu reagieren und eine Anpassung an neue Zustände zu erreichen.

Die *Input-Output-Dimension* soll den einsatzbezogenen Zielerreichungsgrad messen. Dies geschieht über das Kriterium der *Prozesswirtschaftlichkeit*. Dieses soll das Input-Output-Verhältnis des Risikomanagementprozesses messen.

Eine genaue Wirtschaftlichkeitsbetrachtung des Risikomanagementprozesses würde erfolgen, indem sämtlicher Nutzen und alle Kosten des Risikomanagements zueinander ins Verhältnis gesetzt werden:

$$Wirtschaftlichkeit = \frac{Nutzen\ des\ Risikomanagements}{Kosten\ des\ Risikomanagements}$$

Der *Nutzen des Risikomanagements* besteht einerseits in der Vermeidung finanzieller Verluste durch Identifikation und Bewältigung von Risiken (vermiedene Risikokosten) und andererseits in der Generierung von Zusatzerträgen durch aufgedeckte Ertragspotentiale im Rahmen der Erkennung von Chancen.[342]

Bei den *Kosten des Risikomanagements* sind aus zeitlicher Perspektive *Implementierungskosten* und *laufende Kosten* zu unterscheiden. Inhaltlich lassen sich Personalkosten, Kosten organisatorischer Maßnahmen (Organisationskosten) und EDV-Kosten unterscheiden.[343]

Eine ganzheitliche, investitionsrechnerische Berechnung der Wirtschaftlichkeit des Risikomanagements könnte auf Basis des Ertragswertverfahrens erfolgen:

$$Wirtschaftlichkeit = \frac{\left(\sum_{t=1}^{T} RK_t \cdot \frac{1}{(1+k)^t}\right) + \left(\frac{RK_T}{k} \cdot \frac{1}{(1+k)^T}\right)}{IK_0 + \left(\sum_{t=1}^{T} LK_t \cdot \frac{1}{(1+k)^t}\right) + \left(\frac{LK_T}{k} \cdot \frac{1}{(1+k)^T}\right)}$$

---

[342] Vgl. Burger (2002), S. 19.
[343] Vgl. Burger (2002), S. 19 f.

Wobei RK_t = Nutzen des RM in Periode t; T = Planungszeitraum in Perioden; IK_0 = Implementierungskosten des RM; LK_t = laufende Kosten in Periode t; k = Kalkulationszinssatz. Im hier dargestellten Fall wird von einer unbegrenzten Lebensdauer des Unternehmens ausgegangen, wobei Nutzen und laufende Kosten am Ende des Planungszeitraums (LK_T bzw. RK_T) als für die Folgeperioden konstant unterstellt werden (Formel der ewigen Rente).

Während Implementierungskosten und laufenden Kosten des Risikomanagements leicht zu ermitteln sein sollten, stellt sich die Erfassung des Nutzens des Risikomanagements äußerst problematisch dar. Können Zusatzerträge durch aufgedeckte Ertragspotentiale im Rahmen der Erkennung von Chancen noch prinzipiell gut quantifiziert werden, gestaltet sich dies bei den vermiedenen Risikokosten schwierig. Prinzipiell sind zwei Varianten vermiedener Risikokosten denkbar:

1. Der Schaden durch Risiken, welche zwar eintreten, jedoch zuvor durch Maßnahmen der Risikoübertragung auf Vertragspartner abgewälzt wurden. Eine Bezifferung des Schadens ist dann i. d. R. möglich, da das Schadenausmaß bekannt ist.

2. Der durch Maßnahmen des aktiven Risikomanagements verhinderte Schaden. Eine Quantifizierung ist hier oft nicht möglich, da häufig ungewiss ist, ob und in welchem Ausmaß das Risiko ohne die durchgeführten Maßnahmen eingetreten wäre.

Insbesondere die zeitliche Zuordnung des Nutzens vermiedener Risiken auf einzelne Perioden wirft viele Fragen auf: Ist beispielsweise der Nutzen, der dadurch entsteht, dass das Risikomanagement ein Risiko, welches in etwa alle zehn Jahre einmal eintritt, auf einen Vertragspartner übertragen hat, *der Periode, in der das Risiko eintritt* zuzurechnen? Oder ist der Nutzen des Risikomanagements, also das Schadenausmaß, nicht eher *gleichmäßig* über die zehn Jahre zu verteilen? Was, wenn das Risiko in den zehn Jahren *gar nicht* eintritt - wie hoch ist dann der Nutzen des Risikomanagements zu bewerten?

Es wird deutlich, dass eine genaue Messung bzw. Quantifizierung der Wirtschaftlichkeit des Risikomanagements kaum gelingen wird. Zweckmäßiger erscheint es, die Kosten des Risikomanagements vor dem Hintergrund zweier anderer Faktoren zu betrachten: Zum einen der ergebnisbezogene Zielerreichungsgrad (Wie gut hat das Risikomanagement seine Aufgabe in der betrachteten Periode erfüllt?), zum anderen die Kosten vergleichbarer Unternehmen (Benchmarking). Dieses stellt jedoch durch die Notwendigkeit der Erhebung einer entsprechenden Datenbasis für das Benchmarking ein aufwändiges Unterfangen dar. Alternativ kann eine subjektive Einschätzung der

Prozesswirtschaftlichkeit der für die Steuerung des Risikomanagements verantwortlichen Personen erfolgen.

Die *Ziel-Input-Dimension* soll messen, wie realistisch die Erreichung der Ziele des Risikomanagements in Anbetracht der zur Verfügung gestellten Ressourcen ist. Dies soll über das Kriterium der *Angemessenheit des Ressourceneinsatzes* erfolgen. Diesbezüglich ist eine entsprechende Beurteilung vorzunehmen.

Das Grundverständnis der Dimension der *Motivationseffizienz* entspricht dem oben dargestellten Verständnis des Ansatzes von *Frese,* nach dem die Motivationseffizienz die Eignung der Organisationsstruktur im Hinblick darauf beurteilen soll, inwieweit sie ein unternehmenszielkonformes Verhalten der Mitarbeiter fördert. Zu diesem Zweck wird auf die beiden von *Frese* genannten Kriterien der Motivationseffizienz des Kompetenzsystems zurückgegriffen: Die Kriterien der *Eigenverantwortung* und *Überschaubarkeit*. Zusätzlich wird das in einer früheren Variante des Konzeptes von *Frese* angeführte Kriterium des *Marktdrucks* verwendet.[344]

Gedankliche Ausgangsbasis des *Kriterium des Marktdrucks* ist die Annahme, dass unternehmenszielkonformes Verhalten der Mitarbeiter besonders dann zu erwarten sei, wenn möglichst viele Aktivitäten in einem Unternehmen unmittelbar mit marktlichen Alternativen konfrontiert würden. Durch Einführung marktbezogener Informationen (z. B. an Marktpreisen orientierte interne Verrechnungspreise) auch in Unternehmensbereichen, welche keinen direkten Zugang zu externen Märkten haben, würden Vergleichsmöglichkeiten geschaffen (Benchmarking). Hierdurch würde den Mitarbeitern bewusst gemacht, dass marktliche Alternativen existieren, die den Bestand der Unternehmung oder von Arbeitsplätzen gefährden können. Voraussetzung für die Einbringung von Marktdruck sei die Schaffung von Überschaubarkeit, um eine Erfolgsmessung auf der Ebene von Teilbereichen zu ermöglichen.[345]

Das Grundverständnis der Dimension der *Koordinationseffizienz* entspricht ebenfalls dem in Kapitel 2.3.2.1.2 dargestellten Verständnis *Freses*. Die von *Frese* genannten Kriterien der Koordinationseffizienz erscheinen jedoch für die vorliegende Untersuchung ungeeignet - eine entsprechende Operationalisierung gestaltet sich problematisch. Stattdessen erfolgt die Bewertung der Koordinationseffizienz anhand eigener Kriterien.

---

[344] Vgl. Frese (2000), S. 273-277.
[345] Vgl. Frese (2000), S. 275 f.

Das Kriterium des *Koordinationsergebnis* soll messen, inwieweit das sich aus den Maßnahmen des Risikomanagements ergebende Risikoprofil mit der in der Risikopolitik postulierten Zielsetzung übereinstimmt. Als zweites Kriterium der Koordinationseffizienz soll das *Ausmaß der Abstimmungsaktivitäten* den Aufwand messen, der betrieben wurde, um durch organisatorische integrative Maßnahmen zur Zusammenarbeit hinsichtlich des Risikomanagements das entsprechende Koordinationsergebnis zu erreichen.

Abbildung 25 stellt das eigene Konstrukt der Effizienz des Risikomanagements dar. Eine weitere Operationalisierung der Kriterien erfolgt im empirischen Teil der Arbeit (vgl. Kapitel 4.2.3).

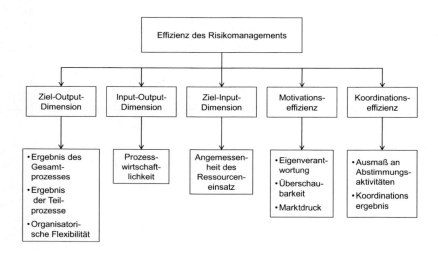

Abbildung 25: Konstrukt der Effizienz des Risikomanagements

Schließlich kann auch der konzeptionelle Bezugsrahmen um das Effizienzkonstrukt erweitert und fertiggestellt werden. Abbildung 26 zeigt den vervollständigten Bezugsrahmen.

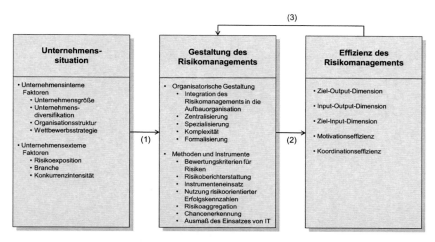

Abbildung 26: Vollständiger Bezugsrahmen

Nachdem nun in Kapitel 2 die für diese Untersuchung relevanten Kontext- und Gestaltungsfaktoren des Risikomanagements identifiziert und erläutert sowie ein Effizienzkonstrukt für das Risikomanagement entwickelt wurden, können im nächsten Kapitel Hypothesen hinsichtlich möglicher Zusammenhänge zwischen den Elementen des Bezugsrahmens generiert werden.

3 Hypothesen der Untersuchung

Wie bereits in Kapitel 1.4 erläutert, wurde als Forschungsmethode eine Mischform aus bezugsrahmengestützter empirischer Forschung im Rahmen der Konstruktionsstrategie und Prüfstrategie gewählt. Da die Zusammenhänge zwischen Kontext, Gestaltung und Effizienz des Risikomanagements bislang wissenschaftlich kaum untersucht worden sind (vgl. Kapitel 1.6), liegt der Schwerpunkt der Untersuchung auf der Exploration: Der Sachverhalt soll präzisiert, wichtige Variablen identifiziert und auf bedeutsame empirische Zusammenhänge hingewiesen werden. Dennoch mündeten einige ex ante angestellte theoretische Überlegungen bereits in konkreten Hypothesen, die im bivariaten Teil der empirischen Analyse (Kapitel 4.3) zu überprüfen sind. Hypothesen wurden einerseits hinsichtlich der *Zusammenhänge zwischen Kontext und Gestaltung des Risikomanagements* und andererseits hinsichtlich der *Zusammenhänge zwischen Gestaltung und Effizienz des Risikomanagements* generiert. Die Herleitung dieser Hypothesen kann aufgrund der Ermangelung wissenschaftlicher Untersuchungen zur konkreten Problemstellung zumeist nur durch den Transfer allgemeiner betriebswirtschaftlicher Erkenntnisse auf das betrachtete Problem erfolgen.

3.1 Hypothesen über Zusammenhänge zwischen Kontext und Gestaltung

3.1.1 Zusammenhänge zwischen Unternehmensgröße und Gestaltung

Betriebsgrößeneffekte führen dazu, dass größere Unternehmen Kostenvorteile gegenüber kleineren Unternehmen haben. Die Erhöhung des Inputs führt dabei zu einer überproportionalen Steigerung des Outputs bezogen auf die Ausbringungsmenge innerhalb einer bestimmten Zeitperiode. Dieser Effekt gilt nicht nur für die Fertigung, sondern auch für alle anderen Bereiche des Wertschöpfungsprozesses.[346] Besonders ausgeprägt sind solche Größenvorteile bei der Produktion, da beispielsweise bei größeren Produktionsvolumina automatisierte Maschinen wirkungsvoller eingesetzt werden können als bei kleineren Produktionsvolumina.[347]

Fraglich ist, ob solche Größenvorteile auch im Risikomanagement existieren. Die zu identifizierenden Risiken könnte man als Input des Risikomanagementprozesses be-

---

[346] Vgl. Camphausen (2007), S. 72.
[347] Vgl. Elben; Handschuh (2004), S. 35.

trachten und die Berichte mit den bewerteten und aggregierten Risiken als Output. Die etablierten Methoden und Instrumente sowie die eingesetzte Informationstechnologie stellen die „Maschinen" bzw. die Infrastruktur des Risikomanagements dar. Geht man davon aus, dass mit zunehmender Unternehmensgröße zwangsläufig eine höhere Anzahl an Einzelrisiken als Input in den Risikomanagementprozess eingeht, ist durchaus anzunehmen, dass sich auch im Risikomanagement Größenvorteile realisieren lassen. Betrachtet man beispielsweise ein computergestütztes automatisches Bewertungsverfahren, so erhöht sich bei einer Erhöhung der Anzahl der zu bewertenden Einzelrisiken i. d. R. zunächst nur die benötigte Rechenzeit. Zusätzliche menschliche Arbeitszeit wird zur Bewertung der Risiken nicht benötigt. Natürlich müssen bei einer weiteren Erhöhung der Anzahl der zu bewertenden Einzelrisiken irgendwann die vorhandenen Rechensysteme durch leistungsstärkere ersetzt werden, und die technische Betreuung der Systeme wird mit zunehmender Größe und Komplexität zeitaufwändiger. Eine wirtschaftlichere Infrastruktur sowie Erfahrungseffekte[348] wie Lern-, Spezialisierungs- und Rationalisierungseffekte sollten insgesamt aber dazu führen, dass der Anteil der am Risikomanagement-Prozess beteiligten Mitarbeiter an der Gesamtzahl der Mitarbeiter mit zunehmender Unternehmensgröße sinkt. Es wird folgende Hypothese formuliert:

Hypothese 1: Der Anteil der am Risikomanagement-Prozess beteiligten Mitarbeiter an der Gesamtzahl der Mitarbeiter sinkt mit zunehmender Mitarbeiterzahl.

In diesem Zusammenhang ist dann auch zu vermuten, dass bei größeren Unternehmen das Risikomanagement methodisch aufwändiger und professioneller betrieben wird als bei kleineren, da eine mit der Unternehmensgröße zunehmende Anzahl und Verschiedenartigkeit zu verarbeitender Risiken den Einsatz komplexerer Methoden und neuer Instrumente rechtfertigt und auch erfordert. Eine stark positive Korrelation von Unternehmensgröße und Einsatz von Controllinginstrumenten wurde beispielsweise in der Studie von *Eisl/Mayr (2007)[349]* festgestellt, was die Vermutung nahelegt, dass ein solcher Zusammenhang auch für Instrumente des Risikomanagements besteht. Der zu prüfende Zusammenhang wird wie folgt konkretisiert:

Hypothese 2: Mit zunehmender Mitarbeiterzahl steigt die Anzahl der im Risikomanagement eingesetzten Instrumente.

---

[348] Vgl. Camphausen (2007), S. 71 ff.
[349] Vgl Eisl; Mayr (2007), S. 5.

Bereits die *Aston studies*[350], *Child*[351] sowie *Blau und Schoenherr*[352] haben festgestellt, dass Spezialisierung sowie Formalisierung positiv und Zentralisierung negativ mit der Unternehmensgröße korreliert sind. Insofern ist anzunehmen, dass für die Unternehmensgröße dieselben Einflüsse auf den Formalisierungsgrad, den Spezialisierungsgrad und die Entscheidungszentralisation des Risikomanagements festgestellt werden können. Daher wird folgende Hypothese formuliert:

Hypothese 3: Mit zunehmender Mitarbeiterzahl steigt

a) der Formalisierungsgrad des Risikomanagements,

b) der Spezialisierungsgrad des Risikomanagements und

c) sinkt die Entscheidungszentralisation des Risikomanagements.

Zum Zusammenhang zwischen Unternehmensgröße und Institutionalisierung des Risikomanagements liegen bislang keine gesicherten Erkenntnisse vor. Für die mit dem Risikomanagement „verwandte" Funktion des Controllings wurde jedoch in unterschiedlichen Studien ein positiver Zusammenhang zwischen Unternehmensgröße und Institutionalisierung festgestellt.[353] Daher ist anzunehmen, dass ein solcher Zusammenhang vermutlich auch hinsichtlich der Institutionalisierung des Risikomanagements festzustellen ist. Entsprechend wird *Hypothese 4* aufgestellt:

Hypothese 4: Es besteht ein Zusammenhang zwischen der Anzahl der Mitarbeiter und der Art der Einbindung des Risikomanagements in die Unternehmensorganisation in der Form, dass mit steigender Mitarbeiterzahl die Institutionalisierung des Risikomanagements zunimmt.

3.1.2 Zusammenhänge zwischen sonstigen Kontextfaktoren und Gestaltung

Die Anzahl von Einzelrisiken als Inputfaktor des Risikomanagementprozesses hängt vermutlich nicht nur positiv von der Unternehmensgröße, sondern auch vom Ausmaß der Risikoexposition eines Unternehmens ab. Diesbezüglich ist anzunehmen, dass Unternehmen sich an das Ausmaß an Risikoexposition und an das Volumen zu verarbeitender Risiken anpassen und mit steigender Risikoexposition das Risikomanagement

---

[350] Vgl. Pugh; Hickson; Hinings; Turner (1968) sowie Pugh; Hickson; Hinings; Turner (1969).
[351] Vgl. Child (1972a).
[352] Vgl. Blau; Schoenherr (1971).
[353] Vgl. beispielsweise Becker; Staffel; Ulrich (2008); Exner (2003), S. 257 f.

methodisch aufwändiger und mit einer höheren Spezialisierung betrieben wird, was sich wiederum in einer höheren Anzahl im Risikomanagement eingesetzter Instrumente als Indikator für ein methodisch aufwändigeres Risikomanagement und in einem höheren Spezialisierungsgrad des Risikomanagements zeigen sollte. Gesicherte empirische Erkenntnisse anderer Untersuchungen liegen zu dieser Thematik nicht vor. Es wird folgende Hypothese formuliert:

Hypothese 5: Mit zunehmendem Risikoexpositionsgrad steigt

a) die Anzahl im Risikomanagement eingesetzter Instrumente und

b) nimmt auch der Spezialisierungsgrad des Risikomanagement zu.

Eine Abstimmung risikobewältigender Maßnahmen mit interdependenten Beziehungen im Sinne einer systemkoppelnden Koordination hat an zentraler Stelle vor allem unter zwei Blickwinkeln zu erfolgen: Zum einen unter dem Gesichtspunkt, risikoerhöhende Wirkungen in anderen Entscheidungsfeldern zu vermeiden, und zum anderen, um einen innerbetrieblichen Risikoausgleich auf einem akzeptablen Gesamtrisikoniveau herzustellen.[354] Risikoaggregation, -bewältigung und -überwachung an zentraler Stelle werden um so wichtiger, je diversifizierter ein Unternehmen ist, da dann vermehrt die Auswirkungen von Maßnahmen zur Bewältigung von Risiken auf andere Geschäftsfelder bzw. auf die Gesamtrisikoposition zu beachten sind. Dies sollte sich in den Untersuchungsergebnissen widerspiegeln. Die Risikoaggregation ist per Definition schon ein Prozess, welcher an zentraler Stelle erfolgen muss. Risikobewältigung und -überwachung können sowohl zentral als auch dezentral erfolgen. Es wäre zu erwarten, dass diese beiden Aufgabenkomplexe bei stärker diversifizierten Unternehmen eher an zentraler Stelle erfolgen. Hinsichtlich des Einflusses der Diversifizierung auf die organisatorische Gestaltung des Risikomanagements wird folgende Hypothese formuliert:

Hypothese 6: Mit steigender Diversifizierung eines Unternehmens steigt die Zentralisierung im Sinne der Zusammenfassung gleichartiger Aufgaben der Aufgabenkomplexe

a) Risikobewältigung und

b) Risikoüberwachung.

---

[354] Vgl. Braun (1984), S. 280.

116

Durch die Einbettung des Subsystems Risikomanagement in die Gesamtorganisation ist eine entsprechende Beeinflussung der Gestaltungsfaktoren der Organisationsstruktur des Risikomanagements durch die korrespondierenden Gestaltungsfaktoren der Gesamtorganisation anzunehmen. So ist anzunehmen, dass Unternehmen, welche eine generell stärker formalisierte, spezialisierte, zentralisierte oder komplexe Organisationsstruktur besitzen, auch eher eine höhere Formalisierung/ Spezialisierung/ Zentralisierung/ Komplexität der Organisationsstruktur des Risikomanagements aufweisen werden. Auf dieser Annahme basierend wird *Hypothese 7* formuliert:

Hypothese 7: Es besteht ein positiver Zusammenhang zwischen

a) der generellen Formalisierung und der Formalisierung des Risikomanagements,

b) der generellen Spezialisierung und der Spezialisierung des Risikomanagements,

c) der generellen Entscheidungszentralisation und der Entscheidungszentralisation des Risikomanagements und

d) der generellen Komplexität der Organisationsstruktur und der Komplexität der Organisationsstruktur des Risikomanagements.

Für die Gestaltungsfaktoren Organisationsform, Branche und Wettbewerbsstrategie wurden keine Hypothesen hinsichtlich ihres Einflusses auf die organisatorische Gestaltung des Risikomanagements aufgestellt.

3.2 Hypothesen über Zusammenhänge zwischen Gestaltung und Effizienz

Die Motivationseffizienz kann gesteigert werden, wenn Mitarbeitern Entscheidungsspielräume eingeräumt werden und das Ausmaß an Koordination gering ist (Kriterium der Eigenverantwortung, vgl. Kapitel 2.3.2.1.2). Je größer das Ausmaß an Entscheidungszentralisation im Risikomanagement, umso höher müsste das für den Risikomanagement-Prozess insgesamt empfundene Ausmaß an Koordination sein, was nach *Frese* die Motivation senkt.[355] Die Existenz des entsprechenden Zusammenhangs zwischen Entscheidungszentralisation im Risikomanagement und empfundenem Ausmaß an Koordination soll über *Hypothese 8* geprüft werden:

---

[355] Vgl. Frese (2005), S. 331 ff.

Hypothese 8: Es besteht ein positiver Zusammenhang zwischen dem Grad der Entscheidungszentralisation innerhalb des Risikomanagements und dem empfundenem Ausmaß an Koordination im Risikomanagement.

Ob eine Institutionalisierung des Risikomanagements zu einer Erhöhung der Effizienz führt, hängt wie bei der Institutionalisierung anderer Funktionen letztlich vom Ausmaß notwendiger Arbeitsteilung und Koordination hinsichtlich der Aufgabenerfüllung ab. Zum einen kann die Unternehmensführung durch eine zunehmende Fülle an Leitungsaufgaben überfordert werden, so dass die Schaffung von Instanzen als Zwischenstufe zwischen Unternehmensleitung und ausführenden Stellen nötig wird. Abteilungsbildung entsteht so durch die Notwendigkeit der Delegation (top-down Ansatz). Zum anderen senkt Institutionalisierung durch Zusammenfassung von Aufgaben zu Stellen, von Stellen zu Abteilungen und durch die Schaffung geschlossener Verantwortungsbereiche den Bedarf an Koordination (bottom-up Ansatz). Die den Informationsfluss betreffenden organisatorischen Schnittstellen werden reduziert und der Abstimmungsbedarf sinkt.[356] Institutionalisierung bzw. Abteilungsbildung bewirkt auf diese Weise eine verstärkte Zentralisation im Sinne der Zusammenfassung gleichartiger Teilaufgaben.[357] In der Praxis werden Abteilungen manchmal auch gebildet, um die Bedeutung bestimmter Aufgaben hervorzuheben, auch wenn der Aufgabenumfang die Eingliederung in eine andere Abteilung nahe legen würde.[358]

Die Frage, ob ein funktionales oder ein institutionales Risikomanagement die geeignetere Lösung darstellt, kann vermutlich nicht pauschal beantwortet werden, sondern muss eher vor dem Hintergrund der Situation des betrachteten Unternehmens entschieden werden. Mit einer steigenden Anzahl an Mitarbeitern mit Risikomanagement-Aufgaben steigt auch der Koordinationsbedarf. Geht man davon aus, dass mit zunehmender Unternehmensgröße auch tendenziell die Anzahl der Mitarbeiter im Risikomanagement steigt, spielt bei der Beurteilung der Effizienz einer möglichen Institutionalisierung des Risikomanagements sicherlich die Unternehmensgröße eine Rolle. Diese Überlegungen fließen später in die multivariate Analyse ein. An dieser Stelle soll jedoch zunächst überprüft werden, ob nicht ein genereller Zusammenhang zwischen Institutionalisierung des Risikomanagements und verschiedenen Effizienzkriterien festgestellt werden kann. Ergebnisse anderer empirischer Untersuchungen zur Ef-

---

[356] Vgl. Bergmann; Garrecht (2008), S. 55-57.
[357] Vgl. Berg (1981), S. 42.
[358] Vgl. zur Institutionalisierung bzw. Abteilungsbildung Scherm; Pietsch (2007), S. 163 sowie Jost (2000), S. 367-384.

fizienz der Institutionalisierung des Risikomanagements liegen zum gegenwärtigen Zeitpunkt nicht vor; *Franz* zeigt jedoch in seiner Untersuchung, dass die Institutionalisierung der dem Risikomanagement strukturell ähnlichen Funktion des Controllings Effizienzvorteile mit sich bringt.[359] Denkbar wäre ein positiver Einfluss der Institutionalisierung auf das Ergebnis des Risikomanagementprozesses bzw. dessen Teilprozesse, auf die Prozesswirtschaftlichkeit und auf das Koordinationsergebnis (vgl. Kapitel 2.3.4). Die Existenz eines solchen positiven Einflusses soll über *Hypothese 9* geprüft werden:

Hypothese 9: Es besteht ein positiver Zusammenhang zwischen der Institutionalisierung des Risikomanagements und

a) dem Ergebnis des Risikomanagementprozesses bzw. dessen Teilprozessen,

b) der Wirtschaftlichkeit des Risikomanagementprozesses und

c) dem Koordinationsergebnis des Risikomanagementprozesses.

Da durch die Institutionalisierung die den Informationsfluss betreffenden organisatorischen Schnittstellen reduziert werden und der Abstimmungsbedarf sinkt,[360] sollte bei Unternehmen mit institutionalisiertem Risikomanagement ein geringeres Ausmaß an organisatorischen Abstimmungsaktivitäten hinsichtlich des Risikomanagements zu beobachten sein als bei Unternehmen mit einem integrierten Risikomanagement. Diese Annahme führt zur Formulierung von *Hypothese 10*:

Hypothese 10: Durch die Institutionalisierung des Risikomanagements nimmt das Ausmaß an organisatorischen Abstimmungsaktivitäten hinsichtlich des Risikomanagements ab.

Die Institutionalisierung hebt die Bedeutung der entsprechenden Aufgaben innerhalb der Unternehmensorganisation hervor und gewährleistet eine unabhängige Wahrnehmung dieser Aufgaben.[361] Durch die hervorgehobene Bedeutung eines institutionalisierten Risikomanagements sollte es leichter möglich sein, vom Risikomanagement ausgehende abteilungsübergreifende Anpassungsprozesse zu initiieren, wodurch letztlich die organisatorische Flexibilität erhöht wird. Ob der vermutete Zusammenhang tatsächlich besteht, soll mit Hilfe von *Hypothese 11* geprüft werden:

---

[359] Vgl. Franz (1989), S. 125 ff. und S. 159.
[360] Vgl. Bergmann; Garrecht (2008), S. 55–57.
[361] Vgl. Scherm; Pietsch (2007), S. 163.

Hypothese 11: Es besteht ein positiver Zusammenhang zwischen der Institutionalisierung des Risikomanagements und dem Ausmaß der Initiierung von Anpassungsprozessen durch das Risikomanagement.

Die Frage, inwieweit Zentralisation die Effizienz des Risikomanagements steigert oder senkt, ist nicht pauschal zu beantworten. Wie bereits in Kapitel 2.1.2.3.2 erläutert, sind für diese Arbeit zwei grundlegende Ansätze zur Konkretisierung der Begriffe Zentralisation und Dezentralisation relevant: Einerseits *Zentralisation im Sinne der Zusammenfassung gleichartiger Aufgaben in zentralen Organisationseinheiten* und andererseits Zentralisation im Sinne der Konzentration von Entscheidungsbefugnissen auf hierarchisch übergeordneten Organisationseinheiten *(Entscheidungszentralisation)*.

Wie das Ausmaß der Entscheidungszentralisation im Risikomanagement dessen Effizienz beeinflusst, hängt davon ab, inwieweit Entscheidungen über Sachverhalte auf anderen Hierarchieebenen getroffen werden als auf jenen, auf der die für diese Sachverhalte entscheidungsrelevanten Informationen anfallen, welcher Nutzen im Sinne einer verbesserten Entscheidung dadurch entsteht und wie gut und mit welchem Aufwand dann die relevanten Informationen an den Ort der Entscheidung übermittelt werden bzw. hierarchisch verbundene Entscheidungen koordiniert werden.[362]

Bei einigen Aufgabenkomplexen des Risikomanagements fallen die entscheidungsrelevanten Informationen vermehrt auf höheren und bei anderen Aufgabenkomplexen vermehrt auf niedrigeren Hierarchieebenen an. So fallen beim Aufgabenkomplex der Risikoidentifikation die entscheidungsrelevanten Informationen für die Fragestellung, ob ein Tatbestand ein Risiko darstellt oder nicht, tendenziell eher auf den niedrigeren Hierarchieebenen an, da die meisten Risiken auf der ausführenden Ebene und den Instanzen in den verschiedenen Unternehmensbereichen evident werden. Für die Aufgabenkomplexe der Entwicklung und Steuerung der Risikopolitik sowie der Steuerung des Risikomanagementprozesses dürften entscheidungsrelevante Informationen eher auf höheren Hierarchieebenen anfallen. Allein auf Grundlage dieser Überlegungen sind jedoch keine Hypothesen hinsichtlich eines generellen Einflusses der Entscheidungszentralisation auf die Effizienz des Risikomanagements möglich - eine individuelle Betrachtung und Analyse einzelner organisatorischer Lösungen wäre für eine Effizienzbeurteilung erforderlich.

---

[362] Vgl. Frese (2005), S. 319 ff.

Einen generellen Einfluss auf die Ergebniseffizienz einzelner Aufgabenkomplexe des Risikomanagements übt möglicherweise deren Grad an Zentralisierung im Sinne der Zusammenfassung gleichartiger Aufgaben aus. Einerseits spielen bei dieser Überlegung Spezialisierungsvorteile eine Rolle - insbesondere sind aufgrund des für diese Aufgaben erforderlichen speziellen Know-hows solche bei den Aufgabenkomplexen der Festlegung der Risikofelder, der Risikoanalyse und -bewertung, der Risikobewältigung, der Risikoüberwachung und der Prüfung der Effektivität/Effizienz des Risikomanagementsystems im Falle einer Zusammenfassung dieser Aufgaben an zentraler Stelle denkbar. Andererseits verlangt die Beschaffenheit der Aufgaben einiger Aufgabenkomplexe des Risikomanagements, dass diese zentral in einer einzelnen Organisationseinheit erfolgen müssen. Dies ist bei der Risikoaggregation, der Entwicklung und Steuerung der Risikopolitik, sowie bei der Steuerung des Risikomanagementprozesses der Fall. Für die Risikobewältigung empfiehlt sich eine Zentralisierung zudem insofern, da nur so Diversifikationseffekte der Risiken bei der Risikobewältigung kostensenkend berücksichtigt werden können. Einzig die Risikoidentifikation sollte davon profitieren, wenn sie dezentral in jeweils den organisatorischen Einheiten durchgeführt wird, in denen die Risiken evident werden, da nur auf diese Weise eine Erkennung sämtlicher Risiken möglich ist.

Liegt eine Institutionalisierung des Risikomanagements vor, bestehen organisatorische Schnittstellen und Kommunikationswege in der Art, dass die zur Aufgabenverrichtung notwendigen Informationen über die Risiken von den dezentralen Einheiten in die zentralen Einheiten des Risikomanagements weitergeleitet werden. Die Risikomanagement-Aufgaben können theoretisch auf allen Hierarchieebenen der zentralen Risikomanagement-Institution (Abteilung bzw. Unterabteilung) ausgeführt werden. In der Praxis findet innerhalb der Institution dann zumeist eine Trennung der Ausführung der Arbeit von ihrer administrativen Handhabung statt (vertikale Aufgabenspezialisierung).[363]

Liegt hingegen keine Institutionalisierung, sondern ein rein funktionales Risikomanagement vor, werden die Aufgabenkomplexe, die aufgrund ihrer Beschaffenheit zentral in einer einzelnen Organisationseinheit erfolgen müssen, regelmäßig auf höheren Hierarchieebenen oder in Stabsbereichen stattfinden, da die zur Aufgabenverrichtung benötigten Informationen über die Risiken aus allen Unternehmensbereichen am kostengünstigsten über die vorhandene Informationskanäle fließen können. Würde ein

---

[363] Vgl. zur vertikalen Aufgabenspezialisierung Mintzberg (1992), S. 49.

ausführender Mitarbeiter einer beliebigen Abteilung beispielsweise mit der Ausführung der Risikoaggregation betraut, müssten neue Informationskanäle geschaffen werden, welche die Informationen über alle Risiken des Unternehmens bei diesem Mitarbeiter bündeln. Dies ginge mit erheblichen Abstimmungskosten einher.

Durch Hypothesenprüfung soll nun festgestellt werden, ob die Aufgabenkomplexe Festlegung der Risikofelder, Risikoanalyse und -bewertung, Risikobewältigung, Risikoüberwachung und Prüfung der Effektivität/Effizienz des Risikomanagementsystems eine umso höhere Effizienz aufweisen, je höher ihr jeweiliger Grad der Zentralisation im Sinne der Zusammenfassung gleichartiger Aufgaben in zentralen Einheiten ist. Die Aufgabenkomplexe Risikoaggregation, Entwicklung und Steuerung der Risikopolitik sowie Steuerung des Risikomanagementprozesses wurden ausgenommen, da es sich dabei um Aufgaben handelt, welche per Definition nur an zentraler Stelle erfolgen können.

Hypothese 12: Die Ergebniseffizienz der Aufgabenkomplexe

a) Festlegung der Risikofelder,

b) Risikoanalyse und -bewertung,

c) Risikobewältigung,

d) Risikoüberwachung und

e) Prüfung der Effektivität/Effizienz des Risikomanagementsystems

nimmt tendenziell zu, je höher ihr jeweiliger Grad der Zentralisation im Sinne der Zusammenfassung gleichartiger Aufgaben in zentralen Einheiten ist.

Hinsichtlich des Aufgabenkomplexes der Risikoidentifikation wird aufgrund o. a. Überlegungen das Gegenteil vermutet:

Hypothese 13: Die Ergebniseffizienz des Aufgabenkomplexes Risikoidentifikation nimmt tendenziell ab, je höher ihr jeweiliger Grad der Zentralisation im Sinne der Zusammenfassung gleichartiger Aufgaben in zentralen Einheiten ist.

Wenn durch das Risikomanagement unternehmensinterne oder -externe Veränderungen im Sinne von Chancen oder Risiken erkannt werden, muss ein Unternehmen in der Lage sein, schnell zu reagieren und sich anzupassen. Eine solche Anpassungsfähigkeit wird im Schrifttum zumeist als *Flexibilität* bezeichnet.[364] Die schnelle Initiierung von Anpassungsprozessen durch das Risikomanagement ist insbesondere im Falle existenzbedrohender Risiken von hoher Bedeutung. Konnte der Eintritt solcher bestandsgefährdender Risiken nicht verhindert werden, so geht an dieser Stelle das Risiko- in das Krisenmanagement über. Zur Organisation eines solchen Krisenmanagements werden gewöhnlich Formen der abteilungsübergreifenden Zusammenarbeit (insbesondere Projektgruppen bzw. Task Forces) empfohlen, da die hierarchisch geordnete Aufteilung der Entscheidungskompetenzen in der Primärorganisation sich für schnelle und flexible Reaktionen zumeist nicht gut genug eignet.[365] Daher ist auch bezüglich des Risikomanagements die Annahme naheliegend, dass, wenn integrativer Mechanismen zur abteilungsübergreifenden Koordination wie z. B. Projektgruppen hinsichtlich des Risikomanagements im Unternehmen etabliert sind und häufig genutzt werden, dies die Initiierung von Anpassungsprozessen durch das Risikomanagement vereinfacht und begünstigt. Diese Annahme führt zur Formulierung von *Hypothese 14*:

Hypothese 14: Es besteht ein positiver Zusammenhang zwischen dem Ausmaß organisatorischer Abstimmungsaktivitäten zur abteilungsübergreifenden Koordination hinsichtlich des Risikomanagements und der Häufigkeit der Initiierung von Anpassungsprozessen durch das Risikomanagement.

Die Häufigkeit der Initiierung von Anpassungsprozessen durch das Risikomanagement (und damit die Flexibilität) könnte allerdings auch generell dann begünstigt werden, wenn Risikomanagement-Entscheidungen eher auf höheren Hierarchieebenen gefällt werden und somit ein gewisses Maß an Entscheidungszentralisation vorliegt, da die organisatorischen Einheiten auf höheren Hierarchieebenen eher mit entsprechenden Weisungsbefugnissen und dem Durchsetzungspotential zur Initiierung solcher Anpassungsprozesse ausgestattet sind als organisatorische Einheiten auf niedrigeren Hierarchieebenen.[366] Diese Annahme mündet in die zu prüfende *Hypothese 15*:

Hypothese 15: Mit zunehmender Entscheidungszentralisation des Risikomanagements steigt die Häufigkeit der Initiierung von Anpassungsprozessen durch das Risikomanagement.

---

[364] Vgl. Hentze; Heinecke; Kammel (2001), S. 177.
[365] Vgl. Krystek (1987), S. 278 ff.; Staehle (1993), Sp. 2463; Ulmer (2001), S. 593 ff.
[366] Vgl. Bouncken; Jones (2008), S. 248.

Spezialisierung vollzieht sich durch Maßnahmen der Segmentierung. Durch Spezialisierung bzw. die damit einhergehende Segmentierung entstehen Entscheidungsinterdependenzen. Durch Maßnahmen der Strukturierung erfolgt eine Aufspaltung hierarchischer Entscheidungen. Strukturierung und Segmentierung induzieren Abstimmungsbedarf und zu dessen Deckung dann entsprechende organisatorische Abstimmungsaktivitäten, um einerseits durch Koordinationsaktivitäten die Entscheidungsinterdependenzen zu mindern und andererseits entscheidungsrelevante Informationen an den Ort der Entscheidung weiterzuleiten.[367] Während sich eine hohe Spezialisierung durch eine entsprechend hohe Anzahl inhaltlich verschiedenartiger Stellen und/oder Abteilungen äußert, führt die mit der Strukturierung verbundene hierarchische Aufspaltung von Entscheidungen zu einer entsprechend großen vertikalen Spanne. Insbesondere im Zusammenhang mit verhältnismäßig großen vertikalen Spannen werden oft Kommunikationsprobleme durch lange Weisungsketten angeführt,[368] was dann zu einem entsprechend hohen Abstimmungsbedarf führt. Sowohl ein hohes Ausmaß an Spezialisierung des Risikomanagements als auch eine große vertikale Spanne innerhalb des Risikomanagements im Sinne einer Erstreckung des Risikomanagementprozesses über eine große Zahl involvierter Hierarchieebenen sollten also zu einem entsprechend hohen Ausmaß an organisatorischen Abstimmungsaktivitäten hinsichtlich des Risikomanagements führen. Diese Annahme wird in folgender Hypothese formuliert:

Hypothese 16: Es besteht ein positiver Zusammenhang zwischen dem Ausmaß an organisatorischen Abstimmungsaktivitäten hinsichtlich des Risikomanagements und

a) der Spezialisierung des Risikomanagements sowie

b) der vertikalen Spanne des Risikomanagements.

Formalisierung reduziert die Menge vorhandener Handlungsalternativen durch die Detailliertheit der Regelvorgaben.[369] Dadurch wird das Verhalten in einem stärkeren Maße vorhersagbar, wodurch Unsicherheit abgebaut werden kann.[370] Doch in welchem Zusammenhang stehen Formalisierung und Effizienz einer Organisationsstruktur? Zur Beantwortung dieser Frage kann *Gutenbergs* „Substitutionsgesetz der Organisation" herangezogen werden:

---

[367] Vgl. Frese (2005), S. 309-321 sowie Hoffmann (1980), S. 305-312.
[368] Vgl. Bouncken; Jones (2008), S. 307 f.
[369] Vgl. Child (1973), S. 169 sowie Gebert (1978), S. 38.
[370] Vgl. Pugh; Hickson; Hinings; Turner (1968), S. 86; Hall (1972), S. 174 ff.; Simon (1981), S. 132.

„Die Tendenz zur generellen Regelung nimmt mit abnehmender Variabilität betrieblicher Tatbestände zu."[371]

Dies gilt umso mehr, je gleichartiger und wiederholbarer die zu organisierenden Vorfälle gestaltet werden können. Dieser organisatorische Regelungsprozess überschreitet sein Optimum, wenn ungleiche Tatbestände mit Dauerregelungen erfasst sind, obwohl sie individuell zu behandeln wären. Man spricht in diesem Zusammenhang auch von Überorganisation.[372]

Diese Erkenntnisse lassen sich auf die Problematik der Formalisierung der Risikomanagement-Organisation übertragen. So müsste sich ein hoher Formalisierungsgrad positiv auf die Effizienz solcher Aufgabenkomplexe des Risikomanagements auswirken, die ein hohes Maß an Wiederholbarkeit und Gleichartigkeit aufweisen. Dies trifft auf die folgenden Aufgabenkomplexe zu: Risikoüberwachung, Risikoaggregation, Risikoanalyse und -bewertung, Prüfung der Effektivität/Effizienz des Risikomanagementsystems sowie in einem gewissen Maß auch auf die Risikobewältigung. Diese Teilprozesse ändern sich vom Ablauf her nur dann, wenn neue, ungewöhnliche Risiken identifiziert werden, für deren Bewertung und Bewältigung etablierte Methoden und Instrumente ungeeignet sind. Der Aufgabenkomplex der Risikoidentifikation dürfte einerseits von generellen Regeln profitieren, andererseits besteht die Gefahr, durch ein Übermaß an Regelungen Risiken zu übersehen, welche sich nicht im Fokus der Regelungen befinden. Die anderen Aufgabenkomplexe (Steuerung des Risikomanagement-Prozesses, Entwicklung und Steuerung der Risikopolitik, Festlegung der Risikofelder) sind zu variabel und ungleichartig, um von generellen Regeln zu profitieren. Diese Annahmen münden in folgende Hypothese:

Hypothese 17: Mit zunehmender allgemeiner Formalisierung des Risikomanagements steigt die Effizienz der folgende Aufgabenkomplexe

a) Risikoüberwachung

b) Risikoanalyse und –bewertung

c) Risikobewältigung

d) Prüfung der Effektivität/Effizienz des Risikomanagementsystems.

---

[371] Gutenberg (1951), S. 179.
[372] Vgl. Seiwert (1981), S. 70–72.

Der Aufgabenkomplex der Risikoaggregation wird nicht in *Hypothese 17* einbezogen, da eine Effizienzmessung für die Risikoaggregation aufgrund zu großer methodischer Probleme nicht erfolgte.

Dennoch wird angenommen, dass die bloße Durchführung einer Risikoaggregation sich positiv auf die Ergebniseffizienz des Risikomanagementprozesses auswirkt. Die Risikoaggregation ist ein wichtiges Element des Risikomanagementsystems: Diversifikationseffekte können erkannt und berücksichtigt werden, und die Durchführung von Sensitivitätsanalysen ermöglicht es, Einzelrisiken mit maßgeblichem Einfluss auf die Gesamtrisikoposition zu identifizieren.[373] Ferner kann mittels der Risikoaggregation der Gesamtrisiko-Umfang eines Unternehmens oder Projektes eingeschätzt werden, was letztlich eine Ermittlung des Eigenkapitalbedarfs und die Abwägung erwarteter Erträge und der damit verbundenen Risiken ermöglicht.[374] Insofern ist anzunehmen, dass die Durchführung bzw. die Verwendung des Instrumentes der Risikoaggregation sich positiv auf das Ergebnis des Risikomanagementprozesses auswirkt. Diese Annahme führt zur Aufstellung der *Hypothese 18*:

Hypothese 18: Die Durchführung einer Risikoaggregation wirkt sich positiv auf die Ergebniseffizienz des Risikomanagementprozesses aus.

Der Einsatz geeigneter Informationstechnologie beschleunigt unternehmerische Prozesse und senkt deren Kosten.[375] Unterschiedliche Studien haben bereits den Einfluss des Einsatzes von Informationstechnologie auf die unternehmerische Effizienz - mit unterschiedlichen Ergebnissen - untersucht.[376] Ein positiver Zusammenhang wurde beispielsweise von *Shao/Lin (2002)* festgestellt.[377] Einen Beitrag zur Steigerung der Effizienz kann vermutlich auch der Einsatz von Informationstechnologie im Rahmen des Risikomanagements leisten. Komplexere Methoden der Risikobewertung und der Risikoaggregation lassen sich ohne geeignete EDV-Systeme kaum umsetzen. Risikoberichterstattung und -kommunikation können schneller und effizienter erfolgen. Der Einsatz von Informationstechnologie sollte insofern zur Steigerung der Effizienz des Risikomanagements beitragen. Denkbar wären positive Wirkungen auf die Prozesswirtschaftlichkeit (im Wesentlichen durch Zeitersparnis), die Ergebniseffizienz (z. B. durch neue Möglichkeiten bei der Bewertung und Aggregation von Risiken) sowie auf

---

[373] Vgl. Gleißner (2001b), S. 125 f.
[374] Vgl. Gleißner (2004b), S. 351.
[375] Vgl. Arndt (2006), S. 122.
[376] Einen Überblick über verschiedene Untersuchungen der Jahre 1987 – 2002 gibt Haas (2003), S. 66.
[377] Vgl. Shao; Lin (2002).

das Koordinationsergebnis (z. B. durch den Einsatz IT-gestützter Limitierungssysteme). Entsprechend wird folgende Hypothese formuliert:

Hypothese 19: Es besteht ein positiver Zusammenhang zwischen dem Ausmaß der Nutzung von Informationstechnologie im Sinne von EDV hinsichtlich des Risikomanagements und

a) der Wirtschaftlichkeit des Risikomanagementprozesses,

b) der Ergebniseffizienz des Risikomanagementprozesses sowie

c) dem Koordinationsergebnis des Risikomanagementprozesses.

Nach der Generierung der Hypothesen folgen nun im vierten Kapitel die Datenauswertung und die Darstellung der Ergebnisse der empirischen Untersuchung. Die Prüfung der Hypothesen über Zusammenhänge zwischen Kontext und Gestaltung erfolgt dabei im Unterkapitel 4.3.3 und die Prüfung der Hypothesen über Zusammenhänge zwischen Gestaltung und Effizienz findet im Unterkapitel 4.3.5 statt.

4 Datenauswertung und Ergebnisse der empirischen Untersuchung

4.1 Grundlagen

4.1.1 Auswahl der Untersuchungseinheiten

Als Grundgesamtheit der Erhebung wurden alle Unternehmen, welche im Erhebungs-zeitraum (März - Juli 2007) im Prime Standard der Deutschen Börse notierten und ih-ren Unternehmenssitz in Deutschland hatten, mit Ausnahme von Finanzdienstleis-tungs- und reinen Beteiligungsunternehmen, ausgewählt. Finanzdienstleistungs- und reine Beteiligungsunternehmen wurden ausgeschlossen, da die gesamte Arbeit sich auf das Risikomanagement von Nicht-Finanzunternehmen bezieht. Für Finanzunterneh-men gelten besondere Vorschriften (z. B. die MaRisk), welche viele organisationelle Parameter des Risikomanagementsystems vorgeben. Die Einbeziehung dieser Unter-nehmen hätte zu einer Inhomogenität der rechtlichen Anforderungen an das Risikom-anagementsystem der zu untersuchenden Unternehmen geführt. Die rechtlichen Anfor-derungen an das Risikomanagementsystem sollten im Rahmen dieser Untersuchung aber für alle untersuchten Unternehmen gleich sein, da andere Einflussfaktoren auf die Ausgestaltung des Risikomanagementsystems im Fokus standen.

Die Entscheidung, die im Prime Standard der Deutschen Börse notierende Unterneh-men als Grundgesamtheit auszuwählen, wurde aus mehreren Gründen getroffen. Der Kreis der in Frage kommenden Unternehmen wurde zunächst auf Aktiengesellschaften mit Unternehmenssitz in Deutschland eingegrenzt, da diese durch § 91 Abs. 2 AktG zur Schaffung eines Überwachungssystems für bestandsgefährdende Entwicklungen verpflichtet sind. Damit wurde zunächst eine gewisse Homogenität hinsichtlich der rechtlichen Anforderungen an das Risikomanagementsystem der zu untersuchenden Unternehmen erreicht.

Eine Prüfpflicht des Abschlussprüfers dahingehend, ob der Vorstand die ihm nach § 91 Abs. 2 AktG obliegenden Maßnahmen in einer geeigneten Form getroffen hat, ergibt sich aus § 317 Abs. 4 HGB nur für börsennotierte Unternehmen.[378] Rückschlüs-se auf die Ausgestaltung des Überwachungssystems lassen sich aus beiden Gesetzen nicht ziehen, wohl aber aus dem für die Prüfung des Risikofrüherkennungssystems geschaffenen Prüfungsstandard der Wirtschaftsprüfer (IDW PS 340). Damit gelten für

---

[378] Vgl. Lorenz (2006), S. 5 f.

börsennotierte Aktiengesellschaften weitreichendere Vorschriften hinsichtlich des Risikomanagementsystems als für nicht-börsennotierte, da erstgenannte bei der Ausgestaltung des Risikomanagementsystems auch die aus dem PS 340 resultierenden Anforderungen berücksichtigen müssen. Die Vermutung liegt nahe, dass durch das Fehlen der Prüfpflicht des § 317 Abs. 4 HGB und in Ermangelung konkreterer Vorgaben wie durch den PS 340, nicht-börsennotierte Aktiengesellschaften eher dazu neigen, die gesetzlichen Pflicht zur Einrichtung des Risikofrüherkennungssystems zu vernachlässigen als börsennotierte. Bei Voruntersuchungen in Form telefonischer Interviews räumten tatsächlich ausschließlich nicht-börsennotierte Aktiengesellschaften ein, ein Risikomanagementsystem nicht zu betreiben oder dass sich dieses erst im Aufbau befinde. Um Homogenität hinsichtlich der rechtlichen Anforderungen sicherzustellen, wurde der Kreis der zu befragenden Unternehmen weiter eingegrenzt auf börsennotierte Aktiengesellschaften.

Aus der Menge der börsennotierten Aktiengesellschaften wurden dann die Unternehmen des Prime Standard der Deutschen Börse ausgewählt, da durch die für diesen geltenden hohen Transparenzanforderungen (u. a. die Pflicht zur Veröffentlichung von Quartalsberichten) benötigte aktuelle Daten der Mitgliedsunternehmen öffentlich zugänglich sind. Ferner spielten bei der weiteren Eingrenzung der Anzahl der zu untersuchenden Unternehmen forschungsökonomische Gründe eine Rolle.

Die Datenerhebung per Fragebogen erstreckte sich zunächst auf alle Elemente der Grundgesamtheit (327 Unternehmen). Durch den realisierten Rücklauf wurde dann aus dieser Voll- eine Teilerhebung.

4.1.2 Durchführung, Rücklauf und Repräsentativität der Erhebung

Die zur Durchführung der Erhebung notwendigen Unternehmensadressen wurden über die Internet-Homepage der Deutschen Börse AG bezogen, wo die Adressdaten aller Mitgliedsunternehmen des „Prime All Share Index"[379] einsehbar sind. Beginnend im März 2007 wurden zunächst alle Unternehmen telefonisch kontaktiert. Ziel war es, die für das Risikomanagement verantwortliche Person zu identifizieren. Im direkten Telefongespräch wurde dann der verantwortlichen Person das Vorhaben erläutert und die Bereitschaft zur Teilnahme an der Erhebung erfragt. Erklärte sich die Person einverstanden, wurde der Fragebogen mit einer vierwöchigen Bearbeitungsfrist per Email zugesandt. Nach Ablauf dieser Frist wurden alle diejenigen, welche den Fragebogen

---

[379] Der Prime All Share Index umfasst alle Unternehmen des Prime Standard.

noch nicht ausgefüllt zurückgesendet hatten, per email daran erinnert. Je nach Reaktion wurden individuell neue Abgabefristen vereinbart, an deren Einhaltung wiederum telefonisch oder per email erinnert wurde. Da es sich bei den meisten der den Fragebogen bearbeitenden Personen um leitende Angestellte oberen beiden Managementebenen handelte, welche zum Teil vielbeschäftigt und äußerst schwer erreichbar waren, dauerte der Erhebungszeitraum bis Juli 2007 an. Auf diese Art und Weise wurde jedoch mit 76 von 327 Unternehmen eine sehr zufriedenstellende Rücklaufquote i. H. v. 23,2 % erzielt. Wurden Gründe für eine Nichtbeteiligung genannt, so waren dies entweder grundsätzliche Nichtbeteiligung, Gründe der Geheimhaltung oder der Mangel an personeller Kapazität.

Um zu überprüfen, inwieweit der Rücklauf für die Grundgesamtheit repräsentativ ist, wurde untersucht, ob sich für die vorliegende Stichprobe zwei Variablen, deren Häufigkeitsverteilung auch für die Grundgesamtheit bekannt ist (Größenklasse und Branche), in ihrer Häufigkeitsverteilung signifikant von den erwarteten Häufigkeiten der Grundgesamtheit unterscheiden oder nicht. Hierzu wurde der Chi-Quadrat Test (Anpassungstest) durchgeführt.

Zunächst wurden für die Anzahl der Mitarbeiter (MA) der Unternehmen sieben Größenklassen definiert. Dabei wurden die Klassengrenzen so gewählt, dass die Grundgesamtheit in etwa gleich große Klassen (44 - 47 Unternehmen) aufgeteilt wurde. Der Tabelle 3 lassen sich die Klassengrenzen (Anzahl MA in Klasse), die Anzahl an zu der Klasse gehörenden Unternehmen in der Grundgesamtheit, die beobachtete Anzahl an Unternehmen N in dieser Klasse sowie die sich aus der Verteilung der Grundgesamtheit ergebende erwartete Anzahl an Unternehmen in der Klasse entnehmen. Da die erwarteten Häufigkeiten alle mindestens fünf betragen, sind die Anwendungsbedingungen für den asymptotischen Chi-Quadrat-Tests erfüllt.[380] In der mit „Residuum" bezeichneten Spalte finden sich die Abweichungen der empirischen von den erwarteten Häufigkeiten. Die Ergebnisse des Chi-Quadrat-Tests besagen, dass es bei einem Signifikanzniveau von fünf Prozent keine statistisch signifikanten Unterschiede in der Verteilung des Merkmals „Größenklasse" in der Stichprobe und der Grundgesamtheit gibt ($\chi^2 = 12{,}179$, df = 6, asymptotische Signifikanz = 0,058).

---

[380] Vgl. Degen; Lorscheid (2001), S. 21.

Größen-klasse	Anzahl MA in Klasse	Anzahl in Grundge-samtheit	Beobach-tetes N	Erwartete Anzahl	Residuum
1	1 - 130	47	6	11,1	-5,1
2	131 - 250	48	7	11,1	-4,1
3	251 - 550	49	9	11,1	-2,1
4	551 - 1200	45	10	10,1	-0,1
5	1201 - 3800	46	10	11,1	-1,1
6	3801 - 12000	48	17	11,1	5,9
7	>12000	44	17	10,1	6,9
Gesamt		327	76		

Tabelle 3: Repräsentativitätsprüfung nach Größenklasse

Des Weiteren wurden für die Untersuchung acht Branchen definiert. Die Branchenein-teilung erfolgte zunächst in Anlehnung an die Branchenklassifikation der Deutschen Börse.[381] Die dort aufgeführten Branchen wurden jedoch teilweise in Anlehnung an die Klassifikation der Wirtschaftszweige des Statistischen Bundesamtes[382] zusammen-gefasst. So wurden bspw. die Branchen Chemie und Pharma zusammengefasst, da eine scharfe Branchentrennung hier nicht immer möglich ist. Aufgrund zu geringer Anzahl an Unternehmen in der Grundgesamtheit[383] wurden Automobil-, Energie- und Bau-branche in die als „Industrie" bezeichnete Branche integriert.

Tabelle 4 lassen sich die Namen der Branchen, Anzahl der zu den jeweiligen Branchen gehörenden Unternehmen in der Grundgesamtheit, die in der Stichprobe beobachtete Anzahl N sowie die sich aus der Verteilung der Grundgesamtheit ergebende erwartete Anzahl an zu einer Branche gehörenden Unternehmen entnehmen. Analog zu Tabelle 3 finden sich in der mit „Residuum" bezeichneten Spalte die Abweichungen der empi-rischen von den erwarteten Häufigkeiten. Die Ergebnisse des Chi-Quadrat-Tests besa-gen auch hier, dass es bei einem Signifikanzniveau von fünf Prozent keine statistisch signifikanten Unterschiede der Verteilung des Merkmals „Branche" in der Stichprobe und der Grundgesamtheit gibt ($\chi^2 = 5,117$, df = 7, asymptotische Signifikanz = 0,646). Die Anwendungsbedingungen des asymptotischen Chi-Quadrat-Tests besagen, dass die erwartete Anzahl innerhalb einer Kategorie fünf nicht unterschreiten soll.[384] Es

---

[381] Die Deutsche Börse AG führt in den Unternehmensstammdaten gelisteter Unternehmen (einsehbar auf www.deutsche-boerse.com) die Kategorie „Prime Branch" auf, worüber eine Branchenzuordnung erfolgt.

[382] Vgl. Statistisches Bundesamt (2003), S. 49-144.

[383] Um die Anwendungsbedingungen des Chi-Quadrat-Anpassungs-Tests zu erfüllen, mussten die Klassengrenzen entsprechend erweitert werden.

[384] Vgl. Degen; Lorscheid (2001), S. 21.

wird jedoch auch als ausreichend akzeptiert, wenn die erwartete Anzahl in nicht mehr als 20 % der Kategorien fünf unterschreitet.[385] Diese Bedingung ist hier erfüllt, da die erwartete Anzahl nur für eine von acht Branchen unter fünf liegt.

Branche	Anzahl in Grundge-samtheit	Beobach-tetes N	Erwartete Anzahl	Residuum
Chemie, Pharma & Gesundheit	49	14	11,0	3,0
Konsumgüter	20	3	5,0	-2,0
Industrie	109	29	25,0	4,0
IT & Telekommunikation	73	18	17,0	1,0
Medien	21	3	5,0	-2,0
Handel	20	5	5,0	0
Technologie	25	3	6,0	-3,0
Transport & Logistik	10	1	2,0	-1,0
Gesamt	327	76		

Tabelle 4: Repräsentativitätsprüfung nach Branche

4.1.3 Methoden der Datenauswertung

Die Auswertung der Fragebögen erfolgte mit dem Statistik-Programm SPSS für Windows Version 15. Alle notwendigen Auswertungsmethoden wurden von diesem Programm unterstützt. Die Auswertung wurde in uni-, bi- und multivariate Datenanalysen unterteilt. Dabei beziehen sich *univariate Datenanalysen* auf die Auswertung der Ergebnisse *einer* Untersuchungsvariablen. Hierbei wurden hauptsächlich Methoden der deskriptiven Statistik wie tabellarische oder grafische Darstellungen sowie Lage- und Streuungsmaße verwendet.

Bivariate Analysen haben die Analyse der Beziehungen *zweier* Untersuchungsvariablen zum Inhalt. Hierzu wurden in Abhängigkeit vom Skalenniveau der Variablen unterschiedliche Zusammenhangmaße eingesetzt. Tabelle 5 gibt einen Überblick über die verwendeten Maße in Abhängigkeit vom Skalenniveau der Untersuchungsvariablen. Der Rangkorrelationskoeffizient nach Spearman wird bei mindestens ordinalskalierten Daten verwendet, wenn gleiche Skalenabstände unterstellt werden können. Dies ist in dieser Untersuchung meistens der Fall. Konnten gleiche Skalenabstände nicht unterstellt werden, wurde in diesen Fällen Kendalls Tau als Korrelationsmaß verwendet - dieses Maß erfordert im Gegensatz zum Rangkorrelationskoeffizient nach Spearman

---

[385] Vgl. z. B. Janssen; Laatz (2007), S. 565.

nicht die Annahme äquidistanter Skalenabstände.[386] Werden Zusammenhänge zwischen ausschließlich intervallskalierten Variablen untersucht, so wird häufig der Korrelationskoeffizient nach Bravais-Pearson verwendet. Dieser misst jedoch nur die Stärke linearer Zusammenhänge, während der Rangkorrelationskoeffizient nach Spearman und Kendalls Tau die Stärke monotoner Zusammenhänge messen.[387] Da nach Betrachtung der Streudiagramme zumeist eher monotone als lineare Zusammenhänge entdeckt wurden, wurde entschieden, den Rangkorrelationskoeffizient nach Spearman auch im Falle ausschließlich intervallskalierter Variablen einzusetzen.

Abhängige / Unabhängige Variable	Intervallskaliert	Ordinalskaliert	Nominalskaliert
Intervallskaliert	Spearmans Rangkorrelation	Spearmans Rangkorrelation Kendalls Tau	Eta-Koeffizient
Ordinalskaliert	Spearmans Rangkorrelation Kendalls Tau	Spearmans Rangkorrelation Kendalls Tau	Cramers V
Nominalskaliert	Eta-Koeffizient	Cramers V	Cramers V

Tabelle 5: Verwendete Zusammenhangmaße in Abhängigkeit von der Variablenskala

Sowohl Kendalls Tau als auch der Rangkorrelationskoeffizient nach Spearman können Werte zwischen -1 und +1 annehmen. Der Wert 0 zeigt dabei an, dass kein monotoner Zusammenhang besteht. Die Variablen sind dann unabhängig. Der Wert +1 bzw. -1 zeigt einen vollständig positiven bzw. negativen Zusammenhang zweier Variablen an. Ab dem Wert 0,2 wird von einer geringen, ab 0,5 von einer mittleren, ab 0,7 von einer hohen und ab 0,9 von einer sehr hohen Korrelation ausgegangen.[388]

Der Rangkorrelationskoeffizient nach Spearman und Kendalls Tau zeigen neben der Stärke eines Zusammenhangs auch dessen Richtung an. War mindestens eine der beiden betrachteten Variablen nominalskaliert, wurde mit den „richtungslosen" Assoziationsmaßen Cramers V und dem Eta-Koeffizienten gearbeitet. Dabei wurde Eta zur Messung von Zusammenhängen zwischen nominal- und intervallskalierten Variablen verwendet (auch in den Fällen, in denen bei ordinalskalierten Daten gleiche Skalenabstände und damit Quasi-Intervallskalenniveau unterstellt wurde). Zusammenhänge

---

[386] Vgl. Cleff (2008), S. 118.
[387] Vgl. Cleff (2008), S. 106.
[388] Vgl. Bühl; Zöfel (1998), S. 229 u. 298.

zwischen ordinal- und nominalskalierten oder zwischen zwei nominalskalierten Variablen wurden mittels Cramers V gemessen.

Cramers V und der Eta-Koeffizient können Werte zwischen null und eins annehmen, wobei ein Wert von null keinen und ein Wert von eins einen vollständigen Zusammenhang bedeutet. Die Werte der beiden Maße können hinsichtlich der Stärke des festgestellten Zusammenhangs wie oben erläutert interpretiert werden. Da es bei der explorativen Datenanalyse darum geht, Besonderheiten und Strukturen der untersuchten Daten zu entdecken,[389] also nur auffallend hohe Zusammenhänge zu betrachten und auf eine mögliche Kausalität hin zu untersuchen, die mittels Cramers V und Eta gemessenen Zusammenhänge jedoch mehrheitlich Werte i. H. v. von über 0,2 einnahmen, wurden im Rahmen der explorativen Datenanalyse für diese beiden Maße nur Zusammenhänge i. H. v. *mindestens* 0,31 (gerundet) betrachtet und analysiert. Dieser Wert wurde gewählt, da einige Autoren ab Werten i. H. v. *über* 0,3 von „mittleren" Zusammenhängen sprechen[390] und auf diese Weise eine deutliche Reduzierung der Komplexität bzw. der Anzahl der zu betrachtenden Fälle und damit eine Beschränkung auf die Betrachtung nur auffallend hoher Zusammenhänge erreicht werden konnte.

Die mittels der unterschiedlichen Maße ermittelten Zusammenhänge wurden schließlich auf ihre statistische Signifikanz hin überprüft. Dabei wurde i. d. R. mit einem Prüfniveau i. H. v. $\alpha = 0,05$ gearbeitet. Signifikante Zusammenhänge wurden durch ein (signifikant auf dem Niveau 0,05) oder zwei (signifikant auf dem Niveau 0,01) Sternchen gekennzeichnet. Eine weitere in der bivariaten Analyse verwendete Methode ist die Prozedur der Kurvenanpassung. Dabei wird mit der Methode der kleinsten Quadrate ein Vorhersagemodell in Form einer Gleichung errechnet, um eine Variable y durch eine andere Variable x vorherzusagen.[391] Ansonsten wurden noch T-Tests für Mittelwertdifferenzen bei unabhängigen Stichproben durchgeführt.[392]

Multivariate Datenanalysen untersuchen Zusammenhänge zwischen mehr als zwei Variablen. Dabei wird häufig zwischen strukturprüfenden und strukturentdeckenden Verfahren unterschieden.[393] Erstere überprüfen Zusammenhänge zwischen Variablen, während letztere diese erst entdecken sollen. In dieser Untersuchung wurde das strukturentdeckende Verfahren der Clusteranalyse angewandt. Bei der Clusteranalyse handelt es sich um eine Reihe von Methoden und Verfahren, um Fälle einer Datendatei

---

[389] Vgl. Sachs (1990), S. 39.
[390] Vgl. beispielsweise Duller (2007), S. 129; Müller-Benedict (2007), S. 197.
[391] Vgl. Janssen; Laatz (2007), S. 481 f.
[392] Vgl. Janssen; Laatz (2007), S. 347-353.
[393] Vgl. Backhaus u. a. (1990), S. XIV f.

derart in Gruppen (Cluster) zusammen zu fassen, dass diese hinsichtlich der Ausprägungen zuvor bestimmter Variablen innerhalb einer Gruppe möglichst homogen sind.
Die Cluster sollen dabei möglichst heterogen sein bzw. sich voneinander stark unterscheiden.[394]

Als Clusterverfahren wurde in SPSS Version 15 die Two-Step-Clusteranalyse ausgewählt, insbesondere deshalb, weil neben metrischen hier auch kategoriale Variablen
verwendet werden können. Dabei vollzieht sich das Clustern in zwei Stufen. Bei der
ersten Stufe werden die Daten sequentiell abgearbeitet und auf der Basis eines speziellen Distanzmaßes viele Sub-Cluster mit ähnlichen Fällen gebildet. In der zweiten Stufe
werden die Sub-Cluster dann mittels eines Verfahrens der agglomerativen hierarchischen Clusteranalyse zu den eigentlichen Endclustern fusioniert. Ausgehend von einem auf einem wahrscheinlichkeitstheoretischen Modellansatz beruhendem Distanz-
maß („Log-Likelihood") werden die Sub-Clusterpaare zu den Clustern zusammengefasst, welche zur kleinsten Erhöhung der Distanz führen.[395]

Nach Durchführung der Clusteranalyse wurde mittels des strukturprüfenden Verfahrens des univariaten Gleichheitstests der Gruppenmittelwerte überprüft, wie gut die
einzelnen Variablen isoliert voneinander die Gruppen trennen. Das Verfahren entspricht dabei einer einfachen Varianzanalyse. Als Prüfgröße wurde Wilks Lambda
verwendet. Je niedriger der Wert von Lambda, desto höher ist die Trennkraft der Variablen. Des Weiteren wurden Tests auf Mittelwertgleichheit durch einfaktorielle Varianzanalyse vorgenommen, um Mittelwertunterschiede von Erfolgsvariablen zwischen einzelnen Clustern auf ihre Signifikanz hin zu überprüfen.

Nachdem nun die methodischen Grundlagen und die Vorgehensweise der empirischen
Untersuchung dargelegt wurden, können im folgenden Unterkapitel die Operationalisierung der Konstrukte des Bezugsrahmens und die deskriptive Auswertung der einzelnen Variablen im Rahmen der univariaten Analyse erfolgen.

---

[394] Vgl. Janssen; Laatz (2007), S. 487.
[395] Vgl. Janssen; Laatz (2007), S. 491-496.

4.2 Operationalisierung der Konstrukte und univariate Analyse

4.2.1 Kontext des Risikomanagements

4.2.1.1 Unternehmensgröße und Branche

In Kapitel 4.1.2 finden sich Informationen über die Einteilung der Unternehmen in Branchen und Größenklassen nach Mitarbeiterzahl sowie die entsprechenden Häufigkeitsverteilungen in Grundgesamtheit und Stichprobe. Üblicherweise wird die Unternehmensgröße entweder nach Mitarbeiterzahl, Umsatzhöhe oder Bilanzsumme ermittelt.[396] Die Kommission der Europäischen Union empfiehlt betreffend der Definition der Kleinstunternehmen sowie der kleinen und mittleren Unternehmen: „Die Größenklasse der Kleinstunternehmen sowie der kleinen und mittleren Unternehmen (KMU) setzt sich aus Unternehmen zusammen, die weniger als 250 Personen beschäftigen und die entweder einen Jahresumsatz von höchstens 50 Mio. EUR erzielen oder deren Jahresbilanzsumme sich auf höchstens 43 Mio. EUR beläuft".[397] Im Umkehrschluss gelten alle anderen Unternehmen als große Unternehmen. Von den Unternehmen der Stichprobe fallen 66 Unternehmen (etwa 87 %) in die Klasse der großen Unternehmen gemäß der Definition der Kommission der Europäischen Union.

Als maßgebliches Kriterium für das Merkmal Unternehmensgröße dient in dieser Untersuchung die Mitarbeiterzahl. Dies erscheint zweckmäßig, da im späteren Verlauf der Untersuchung häufig Mitarbeiterzahlen (bspw. die Anzahl der am Risikomanagement-Prozess beteiligten Mitarbeiter) eine Rolle spielen, welche u. a. in Relation zur Unternehmensgröße betrachtet werden sollen. Entgegen der in Kapitel 4.1.2 für die Repräsentativitätsprüfung durchgeführten Einteilung in Größenklassen erscheint es in Anbetracht der Zusammensetzung der Stichprobe und aus Gründen der Praktikabilität für die weitere Untersuchung angebracht, die Unternehmen in nur drei Größenklassen einzuteilen: Kleine und mittlere Unternehmen bis 749 MA, große Unternehmen von 750 bis 7.899 MA und Großkonzerne mit mehr als 7.900 MA. Tabelle 6 veranschaulicht die Verteilung der Stichprobe auf die drei Klassen. Ergänzend findet sich in nachstehender Tabelle 7 die Verteilung der Unternehmen der Stichprobe auf Umsatzgrößenklassen (Jahresumsatz in Mio. EUR).

---

[396] Vgl. Gleich (2001), S. 271.
[397] Vgl. Kommission der Europäischen Gemeinschaften (2003), S. 39.

Klasse	Mitarbeiterzahl	Anzahl Unternehmen in Stichprobe	In Prozent
1	1-749 MA	26	34,2%
2	750 – 7.899 MA	25	32,9%
3	>7.900 MA	25	32,9%

Tabelle 6: Verteilung nach Mitarbeiterzahl

Umsatz in Mio EUR	Anzahl Unternehmen in Stichprobe	In Prozent
< 10	4	5%
10 bis < 50	11	14%
50 bis < 100	13	17%
100 bis < 1.000	15	20%
1.000 bis < 2.000	14	18%
2.000 bis < 10.000	13	17%
≥ 10.000	6	8%

Tabelle 7: Verteilung nach Umsatzhöhe

Nachfolgende Abbildung 27 veranschaulicht die Verteilung der Stichprobe nach Branchen. Es fällt auf, dass die Branchen „Industrie" mit 38 %, „IT & Telekommunikation" mit 24 % sowie „Chemie, Pharma & Gesundheit" mit 18 % am deutlichsten vertreten sind.

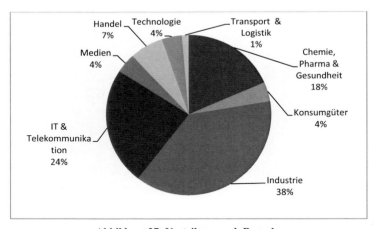

Abbildung 27: Verteilung nach Branche

4.2.1.2 Unternehmensdiversifikation

Die fehlende Konvergenz der Konzepte und begrifflichen Vorstellungen des Phänomens der Diversifikation führt dazu, dass bislang kein eindeutiges Instrument zur Diversifikationsmessung existiert.[398] Die vorhanden Konzepte zu Diversifikationsmessung in Unternehmen lassen sich unterteilen in quantitativ-kontinuierliche und diskretkategoriale Konzepte.[399] Bekannteste Vertreter der Kategorie der quantitativ-kontinuierlichen Maße sind der Berry-Index[400] und das Entropie-Maß[401]. Die quantitativ-kontinuierlichen Maße gelten als objektiv und reliabel, zudem sind sie einfach und plausibel zu berechnen.[402] Wichtigster genereller Kritikpunkt an den quantitativ-kontinuierlichen Messkonzepten ist die Tatsache, dass sie nicht beachten, ob und wie weit sich die Geschäftsfelder eines Unternehmens ähneln oder nicht. Da sich Diversifikation aber gerade durch unterschiedliche Aktivitäten auszeichnet, ist dieser Aspekt hinsichtlich einer Bewertung, wie sehr ein Unternehmen diversifiziert ist, besonders zu beachten. Dies versuchen die diskret-kategorialen Konzepte, indem sie Diversifikation danach beurteilen, wie ähnlich sich die Geschäftsfelder im Portfolio eines Unternehmens sind. Die diskret-kategorialen Konzepte unterscheiden verschiedene Diversifikationstypen, wobei vor allem die Märkte der Geschäftsfelder sowie die jeweiligen Leistungsprozesse miteinander verglichen werden. Einen prägenden Einfluss auf die betriebswirtschaftliche Forschung in diesem Bereich haben die Ansätze von Ansoff,[403] Wrigley[404] und Rumelt[405] genommen.

Die Vor- und Nachteile einzelner Diversifikationsmaße werden dadurch relativiert, dass regelmäßig hohe Korrelationen zwischen den Maßen festgestellt werden.[406] Für diese Untersuchung wurde daher aufgrund der o. a. Eigenschaften quantitativ-kontinuierlicher Maße der Berry-Index zur Messung der Diversifikation der an der Untersuchung teilnehmenden Unternehmen herangezogen. Der Berry-Index (B) wird wie folgt berechnet:

$$B = 1 - \sum_{i=1}^{n} (p(i))^2$$

wobei p(i) = relativer Umsatz des Unternehmens in Branche i. Der Berry-Index nimmt den Wert null an, wenn das betrachtete Unternehmen in nur einer Branche tätig ist. Mit

---

[398] Vgl. Jansen (2006), S. 63.
[399] Vgl. Hamelau (2004), S. 167 – 174 oder Hungenberg (2008), S. 456 -460.
[400] Vgl. Berry (1971), S. 371 ff.
[401] Vgl. Berry; Jacquemin (1979), S. 359.
[402] Vgl. Hamelau (2004), S. 170 und Hungenberg (2008), S. 458.
[403] Vgl. Ansoff (1965)
[404] Vgl. Wrigley (1970)
[405] Vgl. Rumelt (1986)
[406] Vgl. Montgomery (1982), S. 304f. sowie Palepu (1985), S. 250.

zunehmender Diversifikation des Unternehmens nähert sich der Index dem Wert eins. Zur Berechnung des Berry-Indexes wurden die Geschäftsbereiche der Unternehmen in die Statistische Systematik der Wirtschaftszweige in der Europäischen Gemeinschaft, „NACE" (Nomenclature statistique des Activités économiques dans la Communauté Européenne), eingeordnet, wobei auf der Ebene dreistelliger NACE-Schlüssel aggregiert wurde.

Die Unternehmen der Stichprobe wiesen für den Berry-Index trotz einer hohen Spannweite i. H. v. 0,72 einen relativ niedrigen Mittelwert i. H. v. 0,16 auf. Lage- und Streuungsparameter der Verteilung finden sich in Tabelle 8. Je nach berechnetem Wert für den Berry-Index wurden die Unternehmen der Stichprobe in vier Klassen eingeteilt. Die Klassengrenzen sowie die Häufigkeiten in den Klassen können Tabelle 9 entnommen werden. Auffallend ist der hohe Anteil an undiversifizierten Unternehmen (57 %).

N	Gültig	76
	Fehlend	0
Median		0
Mittelwert		0,163
Standardabweichung		0,230
Minimum		0
Maximum		0,72
Perzentile	25	0
	75	0,39

Tabelle 8: Lage- und Streuungsparameter der Verteilung des Berry-Index

Diversifikationsgrad / Berry-Index	Keine Div. 0	Geringe Div. $0 < B \leq 0{,}25$	Mittlere Div. $0{,}25 < B \leq 0{,}5$	Hohe Div. $B > 0{,}5$
Anzahl Unternehmen In Prozent	43 57%	10 13%	13 17%	10 13%

Tabelle 9: Diversifikation der Unternehmen der Stichprobe

4.2.1.3 Organisationsstruktur

4.2.1.3.1 Spezialisierung

Die Messung der *funktionellen Spezialisierung* eines Unternehmens wurde ähnlich wie bei *Miller und Dröge (1986)*[407] gemessen, welche ihrerseits die Skalen aus den *Aston studies*[408] verwendeten. In Frage 1.3.1 des Fragebogens (siehe Anhang) wurden 18 branchenunabhängig in jedem Unternehmen zu erfüllende Funktionen namentlich aufgelistet. Der Bearbeiter des Fragebogens wurde gebeten, alle Funktionen anzukreuzen, für welche *keine* eigene Stelle oder Abteilung eingerichtet wurde. Für die SPEZ genannte Variable (= 18 minus Summe der Kreuze) ergab sich ein möglicher Wertebereich von null (keine Spezialisierung) bis 18 (hochgradige Spezialisierung). Die durchschnittliche Spezialisierung der Stichprobenunternehmen ist mit einem Mittelwert i. H. v. 15,13 als hoch einzustufen. Lage- und Streuungsparameter der Verteilung des Spezialisierungsgrades finden sich in Tabelle 10.

N	Gültig		76
	Fehlend		0
Median			16,00
Mittelwert			15,13
Standardabweichung			2,500
Minimum			10
Maximum			18
Perzentile	25		13,25
	75		17,75

Tabelle 10: Lage- und Streuungsparameter der Verteilung des Spezialisierungsgrades

4.2.1.3.2 Zentralisierung

Der Grad der *Entscheidungszentralisierung* wurde in Anlehnung an *Pugh; Hickson; Hinings; Turner (1968)*[409] erfasst. In Frage 1.3.2 des Fragebogens wurden 12 Entscheidungssachverhalte formuliert, welche branchenunabhängig in jedem Unternehmen vorkommen. Der Bearbeiter des Fragebogens wurde gebeten, jedem Entscheidungssachverhalt eine Ebenenkennzahl zuzuweisen, welche den Hierarchielevel widerspiegelt, auf dem die Entscheidung über den Sachverhalt in dem betrachteten Unternehmen gefällt wird. Es wurden die Tabelle 11 entnehmbaren Hierarchielevel defi-

---

[407] Vgl. Miller; Dröge (1986), S.547 u. 559.
[408] Vgl. Inkson; Pugh; Hickson (1970).
[409] Vgl. Pugh; Hickson; Hinings; Turner (1968), S. 76 ff.

niert. Die Ebenenkennzahlen wurden dann zur Variable CENT addiert. Dieses Vorgehen ist statistisch nicht unangreifbar, da es sich streng genommen bei den einzelnen Entscheidungssachverhalten um ordinal skalierte Variablen handelt, deren Addition nicht erlaubt ist - es sei denn, es wird Äquidistanz der Ausprägungen und damit Intervallskalenniveau unterstellt.

Ebenen-kennzahl	Hierarchielevel	Beschreibung	Beispiel
0	ausführende Ebene	operative Tätigkeiten	Sachbearbeiter
1	lower management	direkte Kontrolle der ausführenden Ebene	Gruppenleiter
2	lower middle management	Leitung einer organisatorischen Untereinheit	Abteilungsleiter
3	upper middle management	Leitung einer organisatorischen Gesamteinheit	Bereichsleiter, Niederlassungsleiter
4	lower top management	Leitung einer rechtlichen Untereinheit	Vorstand, Geschäftsführer
5	upper top management	Gesamtleitung	Konzernvorstand

Tabelle 11: Entscheidungszentralisierung: Hierarchielevel

Die Annahme gleicher Abstände der einzelnen Hierarchielevel voneinander ist sicherlich diskussionswürdig. Die Problematik der Messung der Entscheidungszentralisation in Organisationen ist bis heute nicht zufriedenstellend gelöst. Alle derzeit bekannten Messkonzepte beruhen auf bestimmten Hilfskonstruktionen, welche die Aussagefähigkeit der entsprechenden Ergebnisse einschränken. Das hier verwendete Aston-Maß ist jedoch eines der anerkanntesten und am häufigsten verwendeten dieser Messkonzepte.[410]

Mit zwölf Sachverhalten und Ebenenkennzahlen von null bis fünf ergibt sich für CENT ein maximal erreichbarer Wert i. H. v. 60 (totale Zentralisierung) und ein minimal erreichbarer Wert i. H. v. null (völlige Entscheidungsdelegation). In der Stichprobe traten für CENT Werte zwischen 27 (bei einem diversifizierten Großkonzern) und 60 (bei einem relativ kleinen Maschinenbauunternehmen) auf. Der Median betrug

---

[410] Vgl. Werder (2005), S. 262.

41, der Mittelwert 41,59. Weitere Lage- und Streuungsparameter der Verteilung von CENT finden sich in Tabelle 12.

N	Gültig	73
	Fehlend	3
Median		41
Mittelwert		41,59
Standardabweichung		6,17
Minimum		27
Maximum		60
Perzentile	25	37
	75	46

Tabelle 12: Lage- und Streuungsparameter der Verteilung des Zentralisierungsgrades

4.2.1.3.3 Formalisierung

Zur Feststellung des Grades der in der Unternehmensorganisation vorherrschenden *Formalisierung* wurden die unter Punkt 1.3.3 des Fragebogens aufgeführten Fragen gestellt. Der Bearbeiter des Fragebogens sollte angeben, inwieweit in dem betrachteten Unternehmen Stellenbeschreibungen in Schriftform existieren, Arbeitsabläufe und Prozesse in Handbüchern beschrieben wurden und inwieweit eine Geschäftspolitik in schriftlicher Form besteht. Hierzu wurden unipolare, fünfstufige Ratingskalen genutzt.

Die Vorgehensweise entsprach dabei in etwa der *Methode der summierten Ratings*. Dabei werden mehrere Items gebildet, welche ein theoretisches Konstrukt abbilden sollen. Die Antwortvorgaben sind dabei abgestuft; die Abstufungen können dabei wie in dieser Untersuchung geschehen mit Textvorgaben (z. B. trifft gar nicht zu, trifft kaum zu, teils-teil, trifft größtenteils zu, trifft voll zu) oder Zahlenwerten (z. B. -3 bis +3) belegt werden. Mit dieser Methode konstruierte Skalen werden auch *Likert-Skalen*[411] genannt, welche in derartigen Untersuchungen häufig verwendet werden. Ausschlaggebend für die Verwendung dieser Art von Skalen war, dass diese als näherungsweise intervallskaliert angesehen werden können, was eine Addition der einzelnen Skalenwerte zu einem Gesamtwert erlaubt.[412]

Die den Antworten zugewiesen Punktzahlen von null bis vier, wurden dann zur Variable FORMAL addiert. Die Variable konnte Werte zwischen drei (kaum Formalisierung) und 15 (sehr hohe Formalisierung) annehmen. In der Stichprobe wurden dabei Werte zwischen fünf und 15 erzielt; der Median lag bei 13. Auch der Mittelwert des

---

[411] Vgl. zur Likert-Skala Greving (2006), S. 82 – 86 sowie Schnell; Hill; Esser (2008), S. 187 - 191.
[412] Vgl. Bagozzi (1994), S. 14.

Formalisierungsgrades war mit einem Wert von zwölf relativ hoch. 76,0 % der Unternehmen haben mindestens für den überwiegenden Teil der Stellen schriftliche Stellenbeschreibungen formuliert; 80,0 % mindestens den überwiegenden Teil der Arbeitsabläufe und Prozesse in Handbüchern dokumentiert und in 94,6 % der Unternehmen existiert eine Geschäftspolitik in schriftlicher Form. Lage- und Streuungsparameter der Verteilungen finden sich in Tabelle 13.

		Stellenbe-schreibungen in Schriftform	Arbeitsabläufe und Prozesse in Handbüchern beschrieben	Geschäftspo-litik in Schrift-form	Formalisie-rungsgrad
N	Gültig	75	75	73	73
	Fehlend	1	1	3	3
Median		4	4	5	13
Mittelwert		3,96	3,973	4,01	11,99
Standardabweichung		1,108	0,7706	1,208	2,324
Minimum		1	2	1	5
Maximum		5	5	5	15
Perzentile	25	4	4	3	11
	75	5	4	5	14

Tabelle 13: Lage- und Streuungsparameter der Verteilungen zum Formalisierungsgrad

4.2.1.3.4 Komplexität

Zur Messung der *Komplexität* der Organisationsstruktur wurden wie bei *Miller und Dröge (1986)*[413] drei Variablen herangezogen: Mit Frage 1.3.4.1 des Fragebogens wurde die vertikale Spanne (Anzahl der Hierarchieebenen; VERTSPAN) und mit Frage 1.3.4.3 die Anzahl der Betriebsstätten (ANZBETRST) des betrachteten Unternehmens ermittelt. Mit Frage 1.3.4.2 wurde zusätzlich noch das zahlenmäßige Verhältnis von leitenden zu den restlichen Angestellten ermittelt (LARATIO).

Die vertikale Spanne umfasste in der Stichprobe Werte zwischen zwei und sieben; der Mittelwert betrug 4,53. Die Mehrheit der Unternehmen gab entweder eine Zahl von vier (38,7 %) oder fünf (34,7 %) Hierarchieebenen an. Die Anzahl der Betriebsstätten der Stichprobenunternehmen lag zwischen eins und 2400; der Mittelwert bei 96,5. Zum zahlenmäßigen Verhältnis von leitenden zu den restlichen Angestellten machten 29 der 76 Unternehmen keine Angaben. Die Werte für LARATIO lagen für die berücksichtigten 47 Unternehmen zwischen 0,004 und 0,3; der Mittelwert betrug 0,093.

---

[413] Vgl. Miller; Dröge (1986), S. 547.

Weitere Lage- und Streuungsparameter der Verteilungen der Variablen finden sich in Tabelle 14.

		Vertikale Spanne	Anzahl Be- triebsstätten	Verhältnis leitende / aus- führende An- gestellte
N	Gültig	75	72	47
	Fehlend	1	4	29
Median		4	18	0,072
Mittelwert		4,53	96,51	0,0926
Standardabweichung		0,977	308,935	0,07017
Minimum		2	1	0,004
Maximum		7	2400	0,300
Perzentile	25	4	7,25	0,035
	75	5	51,50	0,136

Tabelle 14: Lage- und Streuungsparameter der Verteilungen der Variablen zur Komplexität

4.2.1.3.5 Organisationsform

Schließlich wurde durch Frage 1.3.5 des Fragebogens noch die *Organisationsform* (ORGFORM) festgestellt. Die in der Stichprobe am Häufigsten vorkommende Organisationsform ist die funktionale Organisation (39,5 %), gefolgt von Spartenorganisation (28,9 %) und Matrixorganisation (25 %). Die Verteilung des Merkmals Organisationsform in der Stichprobe lässt sich Tabelle 15 entnehmen.

		Häufigkeit	Prozent	Gültige Prozente	Kumulierte Prozente
Gültig	Funktionale Organisation	30	39,5	41,1	41,1
	Spartenorganisation	22	28,9	30,1	71,2
	Matrixorganisation	19	25,0	26,0	97,3
	Tensororganisation	1	1,3	1,4	98,6
	Andere	1	1,3	1,4	100,0
	Gesamt	73	96,1	100,0	
Fehlend	keine Angabe	3	3,9		
Gesamt		76	100,0		

Tabelle 15: Verteilung der Organisationsform

4.2.1.4 Grad der Risikoexposition

Das Ausmaß an Risiko, dem das betrachtete Unternehmen ausgesetzt ist, wurde in Form einer subjektiven Einschätzung durch den für das Risikomanagement verant- wortlichen Mitarbeiter erfasst (Frage 1.4.1 des Fragebogens). Hierzu wurde das komplette Unternehmensrisiko über 14 Risikokategorien abgebildet (vgl. Tabelle 2 in Kapitel 2.1.3.2). Für jede Risikokategorie sollte der Bearbeiter des Fragebogens das Ausmaß der Exposition des Unternehmens auf einer fünfstufigen, unipolaren Ratingskala angeben. Dabei wurden nachträglich für die grafisch durch gleiche Abstände der anzukreuzenden Kästchen dargestellten Skalenabstufungen Punktwerte von eins (niedrige Exposition) bis fünf (hohe Exposition) vergeben. Es wurden äquidistante Skalenabstände und damit Intervallskalenniveau unterstellt. Um eine das gesamte Unternehmensrisiko ausdrückende Kennzahl zu erhalten, wurde zunächst die Summe der Skalenwerte aller einzelnen Risikokategorien gebildet. Diese wurde dann durch die Anzahl der Risikokategorien, für die Angaben gemacht wurden, dividiert. Das Ergebnis wurde als *Risikoexpositionsgrad* bezeichnet (Variable SUMRISK). Dieser Ansatz zielt im Gegensatz zur Messung von Umweltdynamik und -komplexität, welche allgemein in der Literatur als Unsicherheit induzierende Hauptdimensionen angeführt werden,[414] auf die direkte Messung von Unsicherheit. Dabei beinhaltet der Ansatz nicht ausschließlich unternehmensexterne Faktoren der Unsicherheit, sondern berücksichtigt auch im Unternehmen selbst liegende Faktoren (bspw. durch die Messung des operationalen Risikos).

Für den Risikoexpositionsgrad SUMRISK ergab sich eine relativ große Spannweite i. H. v. 3,22: Es wurden Werte zwischen 1,5 und 4,72 festgestellt. Der Median lag bei 2,79; der Mittelwert betrug 2,8. Weitere Lage- und Streuungsparameter der Verteilung von SUMRISK werden in Tabelle 17 dargestellt. Die Unternehmen der Stichprobe wurden anhand der für SUMRISK realisierten Werte in drei Klassen eingeteilt. Ein Risikoexpositionsgrad i. H. v. 2,5 oder weniger wurde als „gering" eingestuft, ein Risikoexpositionsgrad zwischen 2,5 und 3,5 als „mittel" und ein Risikoexpositionsgrad i. H. v. 3,5 oder mehr als „hoch". Die Klassenhäufigkeiten können Tabelle 18 entnommen werden.

Die Lage- und Streuungsparameter der Verteilungen der Expositionsniveaus der einzelnen Risikokategorien finden sich in Tabelle 16. Die drei insgesamt bedeutendsten Risiken mit den jeweils größten Mittelwerten sind Portfoliorisiken (Mittelwert = 3,59), Absatzmarktrisiken (Mittelwert = 3,49) und personalwirtschaftliche Risiken (Mittelwert = 3,0). Die Risiken mit den drei geringsten Mittelwerten sind natürliche und sonstige externe Risiken (Mittelwert = 2,11), Logistikrisiken (Mittelwert = 2,28) und Risiken beim Einsatz von Informationstechnologie (Mittelwert = 2,44).

---

[414] Vgl. Kubicek; Thom (1976), Sp. 3998 f.

	N		Mittel-wert	Standard-abwei-chung	Minimum	Maxi-mum	Perzentile		
	Gültig	Fehlend					25	50	75
Portfoliorisiken	75	1	3,59	1,001	1	5	3	4	4
Beschaffungsmarktrisiken	75	1	2,91	1,199	1	5	2	3	4
Absatzmarktrisiken	75	1	3,49	1,032	1	5	3	4	4
Produktionsrisiken	75	1	2,59	1,152	1	5	2	3	3
Produktrisiken	75	1	2,73	1,166	1	5	2	3	4
Logistikrisiken	74	2	2,28	1,041	1	5	1	2	3
Risiken in Forschung und Entwicklung	75	1	2,80	1,294	1	5	2	3	4
Finanzrisiken	75	1	2,69	1,174	1	5	2	3	4
Organisationsrisiko (operationales Risiko)	75	1	2,69	1,013	1	5	2	2	3
Risiken beim Einsatz von Informationstechnologie	75	1	2,44	0,919	1	5	2	2	3
Rechtliche und politische Risiken	75	1	2,83	1,201	1	5	2	3	4
Personalwirtschaftliche Risiken	75	1	3,00	1,078	1	5	2	3	4
Natürliche und sonstige externe Risiken	75	1	2,11	1,098	1	5	1	2	3
Imagerisiken	74	2	2,88	1,193	1	5	2	3	4

Tabelle 16: Lage- und Streuungsparameter der Verteilungen der Expositionsniveaus der einzelnen Risikokategorien

N	Gültig	75
	Fehlend	1
Median		2,79
Mittelwert		2,798
Standardabweichung		0,6453
Minimum		1,50
Maximum		4,72
Perzentile	25	2,43
	75	3,07

Tabelle 17: Lage- und Streuungsparameter der Verteilung des Risikoexpositionsgrades

Risikoexpositionsgrad	gering (SUMRISK ≤ 2,5)	mittel (2,5 < SUMRISK < 3,5)	hoch (SUMRISK ≥ 3,5)
Anzahl Unt. in Stichprobe	22	42	11

Tabelle 18: Risikoexpositionsgrad der Stichprobenunternehmen

4.2.1.5 Konkurrenzintensität

Zur groben Messung der *Konkurrenzintensität* sollte in der zweiten Teilfrage 1.4.3 des Fragebogens anhand einer fünfstufigen bipolaren Ratingskala angegeben werden, inwieweit das betrachtete Unternehmen einem harten Konkurrenzkampf über Preis und Werbung ausgesetzt ist. Dabei wurden wieder nachträglich für die grafisch durch gleiche Abstände der anzukreuzenden Kästchen dargestellten Skalenabstufungen Punktwerte von eins bis fünf vergeben (hohe Punktzahl = harter Konkurrenzkampf und umgekehrt). Bei einem Punktwert von eins bis zwei (19 Unternehmen) wurde die Konkurrenzintensität als niedrig, bei einem Wert von drei (22 Unternehmen) als mittelhoch und bei Werten von vier bis fünf (33 Unternehmen) als hoch eingestuft. Zwei Unternehmen machten keine Angaben. Natürlich kann auf diese Weise keine genaue Messung der Konkurrenzintensität erfolgen. Die Vorgehensweise, anhand einer eher einfach gehaltenen Skala eine subjektive Einschätzung der Konkurrenzintensität vornehmen zu lassen, um eine grobe Kategorisierung vornehmen zu können, findet sich jedoch auch in anderen Untersuchungen.[415] Lage- und Streuungsparameter der Verteilung der KONKINT genannten Variable werden in Tabelle 19 dargestellt.

---

[415] Vgl. z. B. Kieser (1974), S. 309.

N	Gültig	74
	Fehlend	2
Median		3
Mittelwert		3,20
Standardabweichung		1,17
Minimum		1
Maximum		5
Perzentile	25	2
	75	4

Tabelle 19: Lage- und Streuungsparameter der Verteilung der Konkurrenzintensität

4.2.1.6 Wettbewerbsstrategie

Mit den Fragen 1.4.2 und 1.4.3 (dritte Teilfrage) des Fragebogens sollte überprüft werden, inwieweit sich die Wettbewerbsstrategie des Unternehmens in die *Wettbewerbsmatrix nach Porter*[416] einordnen lässt.

Die fünfstufige bipolare Ratingskala der dritten Teilfrage 1.4.3 diente dazu, festzustellen, ob sich das Unternehmen eher auf ein oder wenige Marktsegmente konzentriert (Fokussierung) oder einen hohen Marktanteil in allen Marktsegmenten anstrebt. Es konnte eines von fünf Kästchen angekreuzt werden, wobei wieder nachträglich für die grafisch durch gleiche Abstände der anzukreuzenden Kästchen dargestellten Skalenabstufungen Werte von eins (deutliche Fokussierung) bis fünf (Gesamtmarkt wird anvisiert) vergeben wurden. Tabelle 20 zeigt die Verteilung der Antworten. Die 31 Unternehmen, deren Antwort ein Wert von eins bis zwei zugeordnet wurde, wurden zur Gruppe der „Fokussierer" zusammengefasst; die 26 Unternehmen mit Werten von vier bis fünf bilden die Gruppe der „Gesamtmarktler". Die 18 Unternehmen, deren Antwort eine drei zugeordnet wurde, entsprechen entweder denen, die Porter als „zwischen den Stühlen" sitzend bezeichnet, oder bedienen mehrere Märkte mit jeweils unterschiedlichen Strategien (letztere Erkenntnis ergab sich durch Einbeziehung der Auswertung der Frage 1.4.2).

In Frage 1.4.2 des Fragebogens sollte angegeben werden, ob Kostenführerschaft und/oder Differenzierung angestrebt werden. Von den Gesamtmarktlern konnte nur einem Unternehmen eine reine Kostenführerschaftsstrategie zugeordnet werden. 13 Unternehmen der Gruppe konnte eine reine Differenzierungsstrategie zugeordnet werden. Zwölf Unternehmen der Gesamtmarktler konnte keine eindeutige Strategie zuge-

---

[416] Vgl. Porter (1985), S. 11-15.

ordnet werden, da sie beide Strategien gleichzeitig auf einem Markt (zwei Unternehmen) oder einzeln auf unterschiedlichen Märkten (zehn Unternehmen) anwenden.

		Häufigkeit	Prozent	Gültige Prozente	Kumulierte Prozente
Gültig	1	14	18,4	18,7	18,7
	2	17	22,4	22,7	41,3
	3	18	23,7	24,0	65,3
	4	12	15,8	16,0	81,3
	5	14	18,4	18,7	100,0
	Gesamt	75	98,7	100,0	
Fehlend	keine Angabe	1	1,3		
Gesamt		76	100,0		

Tabelle 20: Fokussierung vs. Gesamtmarkt

Von der Gruppe der Fokussierer konnte 27 Unternehmen eine *selektive Differenzierungsstrategie*[417] zugeordnet werden. Keinem Unternehmen konnte die Strategie der selektiven Kostenführerschaft zugeordnet werden. Vier Unternehmen konnte keine Untervariante der Fokussierungsstrategie eindeutig zugeordnet werden, da sie entweder Kostenführerschaft und Differenzierung gleichzeitig oder aber keines von beidem anstreben (jeweils zwei Unternehmen). Tabelle 21 zeigt eine Übersicht der Zuordnung der Wettbewerbsstrategien.

Strategie	Anzahl Unternehmen
Kostenführerschaft	1
Differenzierung	13
Fokussierung	31
(davon selektive Differenzierung)	*(27)*
auf mehreren Märkten mit unterschiedlichen Strategien tätig	19
keine eindeutige Strategie ("zwischen den Stühlen")	11
keine Angabe	1
Gesamt	**76**

Tabelle 21: Wettbewerbsstrategien

Nachdem nun die in Kapitel 2.1 herausgearbeiteten Kontextfaktoren des Risikomanagements operationalisiert und im Rahmen der univariaten Analyse deskriptiv ausgewertet worden sind, kann im folgenden Unterkapitel 4.2.2 die Operationalisierung und deskriptive Auswertung der in Kapitel 2.2 identifizierten Gestaltungsfaktoren erfolgen.

---

[417] Es können zwei Varianten der Strategie der Fokussierung unterschieden werden – „cost focus" und „differentiation focus" (hier bezeichnet als selektive Differenzierungs- und selektive Kostenführerschaftsstrategie) – vgl. Porter (1985), S. 11-15.

4.2.2 Gestaltung des Risikomanagements

4.2.2.1 Organisatorische Gestaltung

4.2.2.1.1 Integration des Risikomanagements in die Aufbauorganisation

Das Risikomanagement kann sowohl im Rahmen eines *funktionalen* (integrierten) Risikomanagements von operativen Einheiten der Primärorganisation neben anderen Aufgaben, als auch im Rahmen eines *institutionalen* Risikomanagements durch separate Risikomanagement-Stellen wahrgenommen werden.[418] In Frage 2.1.1 des Fragebogens sollte angegeben werden, ob das Risikomanagement als eigene(r) Fachbereich / Abteilung / Stelle geführt wird, als Teilbereich / Unterabteilung eines anderen Bereiches (z. B. Controlling) oder ob ein funktionales bzw. integriertes Risikomanagement erfolgt.

Der größte Teil der Unternehmen der Stichprobe führt das Risikomanagement als Teilbereich des Controllings (47,4 %). Eine(n) eigene(n) Fachbereich / Abteilung / Stelle für das Risikomanagement haben 19,7 % der Unternehmen eingerichtet, während nur 17,1 % ein reines funktionales Risikomanagement betreiben. Die große Mehrheit der Unternehmen der Stichprobe betreibt also ein institutionales Risikomanagement. Tabelle 22 zeigt die Häufigkeiten für die Art der Einbindung des Risikomanagements in die Aufbauorganisation bei den Unternehmen der Stichprobe.

Art der Einbindung des RM	Häufigkeit	Prozent
Eigener Fachbereich	15	19,7
Teilbereich Controlling	36	47,4
Teilbereich Interne Revision	3	3,9
Funktionales (integriertes) RM	13	17,1
Teilbereich Finanzen	6	7,9
Teilbereich sonstige	3	3,9
Gesamt	**76**	**100,0**

Tabelle 22: Art der Einbindung des RM in die Unternehmensorganisation

Hinsichtlich der aufbauorganisatorischen Integration des Risikomanagements sind zudem die Fragestellungen zu lösen, wie viele Mitarbeiter in das Risikomanagement ein-

---

[418] Vgl. Kapitel 2.2.1.

gebunden werden sollen und inwieweit dieses zentral bzw. dezentral erfolgen soll.[419]
Durch Frage 2.1.2 des Fragebogens wurde erhoben, wie viele Mitarbeiter

a) *insgesamt* Risikomanagement-Aufgaben wahrnehmen und wie viele davon

b) in einer zentralen Risikomanagement-Abteilung bzw. -Stelle,

c) in dezentralen Risikomanagement-Abteilungen bzw. -Stellen,

d) in sonstigen zentralen Stabs- und Fachabteilungen,

e) in sonstigen dezentralen Stabs- und Fachabteilungen und

f) in operativen Abteilungen der Primärorganisation, welche Risikomanagement-Aufgaben zusätzlich zu ihren operativen Aufgaben übernehmen.

		Anzahl MA mit RM-Aufgaben insgesamt	Verhältnis Anzahl MA RM / Gesamtzahl MA
N	Gültig	66	66
	Fehlend	10	10
Median		10,500	0,006670
Mittelwert		45,038	0,02109
Standardabweichung		137,3655	0,03695
Minimum		1,0	0,00003
Maximum		801,0	0,15818
Perzentile	25	2,0	0,001238
	75	34,750	0,020

Tabelle 23: Lage- und Streuungsparameter der Verteilungen von MARMINSG und MARMALLE

Die Gesamtzahl der Mitarbeiter, die Risikomanagement-Aufgaben wahrnehmen, nahm in der Stichprobe Werte zwischen eins und 801 an (Variable MARMINSG; Mittelwert: 45,04). Diese Zahl wurde wiederum durch Bildung des Quotienten zur Gesamtzahl der Mitarbeiter ins Verhältnis gesetzt (Variable MARMALLE; Mittelwert: 0,0211). Dabei traten interessanterweise Werte zwischen 0,0003 und 0,15818 auf - d. h., im Minimum waren gerade einmal drei von 10.000 Mitarbeitern am Risikomanagement-Prozess beteiligt, während im Maximum mehr als 15 % der Mitarbeiter ins Risikomanagement eingebunden wurden. Mögliche Gründe hierfür sind unterschiedliche Grade an Komplexität und Ausmaß der Risiken, denen die Unternehmen ausgesetzt sind, sowie die Tatsache, dass bei Unternehmen mit weniger Mitarbeitern tendenziell eher höhere Werte für MARMALLE und umgekehrt auftreten (dies wird in

---

[419] Vgl. Braun (1984), S. 278-281 u. Burger (2002), S. 270-273.

der bivariaten Analyse noch eingehender behandelt). Eine weitere mögliche Erklärung für derartige Unterschiede sind unterschiedlich hohe Stellenwerte, welche die Führung der betrachteten Unternehmen dem Risikomanagement jeweils beimisst. Lage- und Streuungsparameter der Verteilungen von MARMINSG und MARMALLE finden sich in Tabelle 23.

4.2.2.1.2 Zentralisierung

4.2.2.1.2.1 Aufbauorganisation

Um ein generelles Maß für die im Risikomanagement der Stichprobenunternehmen vorherrschende Zentralisierung zu erlangen, wurde die Summe der Risikomanagement-Mitarbeiter in zentralen Abteilungen (Angaben zu den Unterpunkten b) und c) der Frage 2.1.2 des Fragebogens, s. o.) zur Gesamtzahl der Mitarbeiter mit Risikomanagement-Aufgaben (Unterpunkt a) der Frage 2.1.2 des Fragebogens) durch Bildung des Quotienten (MAZENT) ins Verhältnis gesetzt. Ein Wert von null für MAZENT bedeutet folglich völlige Dezentralisierung und ein Wert von eins völlige Zentralisierung des Risikomanagements. Abbildung 28 zeigt eine Polarisierung in der Form, dass die Unternehmen entweder stark zur Zentralisierung oder aber zur Dezentralisierung des Risikomanagements neigen.

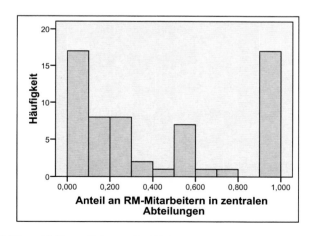

Abbildung 28: Zentralisierung des Risikomanagements in der Stichprobe

Bei 33 von 62 Unternehmen war MAZENT kleiner als 0,3; bei 16 Unternehmen betrug der Wert eins. Nur für 13 von 62 Unternehmen lagen die Werte des Quotienten zwischen 0,3 und eins. Der Mittelwert betrug 0,423. Lage- und Streuungsparameter der Verteilung von MAZENT werden in Tabelle 24 dargestellt.

N	Gültig	62
	Fehlend	14
Median		0,2053
Mittelwert		0,4234
Standardabweichung		0,3932
Minimum		0
Maximum		1
Perzentile	25	0,0849
	75	1,00

Tabelle 24: Lage- und Streuungsparameter der Verteilung von MAZENT

4.2.2.1.2.2 Ablauforganisation

In Kapitel 2.2.2 wurde der Risikomanagement-Prozess *i. e. S.* in vier an klassische Managementprozesse angelehnte Phasen eingeteilt:

- Risikoidentifikation,

- Risikoanalyse und -bewertung,

- Risikobewältigung und

- Risikoüberwachung.[420]

Des Weiteren wurden zum Risikomanagementprozess *i. w. S.* noch die folgenden Aufgaben hinzugezählt:

- Festlegung der Risikofelder bzw. die systematische Strukturierung der Risiken,

- Risikoaggregation bzw. die Ermittlung einer Gesamtrisikoposition und

- Risikoberichterstattung.

Darüber hinaus wurden die folgenden zum Gesamtkontext des Risikomanagements gehörenden drei *Meta-Aufgaben* des Risikomanagementprozesses identifiziert:

- Prüfung der Effektivität und Effizienz des Risikomanagementsystems,

- Entwicklung und Steuerung der Risikopolitik und

---

[420] Vgl. Burger (2002), S. 318 und Hornung; Reichmann; Diederichs (1999), S. 319-322.

- Steuerung des Risikomanagementprozesses.

Während in die Risikoberichterstattung nahezu alle Mitarbeiter mit Risikomanagement-Aufgaben direkt oder indirekt involviert sind, kann für die anderen neun Aufgabenkomplexe gemessen werden, inwieweit diese bei den untersuchten Unternehmen eher zentral oder dezentral ausgeführt werden. Hierzu sollte in Frage 2.2 des Fragebogens angekreuzt werden, welche Aufgabenträger den jeweiligen Aufgabenkomplex *überwiegend* ausführen und auf welcher Hierarchieebene dies geschieht. Es standen verschiedene Aufgabenträger zur Auswahl (eine Mehrfachauswahl war zulässig), die im Rahmen der Auswertung entweder als zentrale oder aber als dezentrale Einheiten klassifiziert wurden. Als zentral wurden klassifiziert:

- Unternehmensführung

- Einheiten des zentralen Risikomanagements

- zentrale sonstige Stabs- und Fachabteilungen

- interne Revision.

Als dezentral wurden klassifiziert:

- Einheiten des dezentralen Risikomanagements

- operative Einheiten der Primärorganisation

- dezentrale sonstige Stabs- und Fachabteilungen.

Des Weiteren konnte „Niemand" als Aufgabenträger ausgewählt werden, für den Fall das der Aufgabenkomplex in der betrachteten Unternehmung nicht ausgeführt wurde. Den als zentral eingestuften Organen bzw. Einheiten wurde der Wert eins und den als dezentral klassifizierten der Wert null zugewiesen. Als Maß für den Grad der Zentralisierung Z eines Aufgabenkomplexes k wurde nun entsprechend der je Aufgabenkomplex angekreuzten Aufgabenträger die Summe der diesen jeweils zugewiesenen Werte w durch die Anzahl n der angekreuzten Aufgabenträger dividiert:

$$Z(k) = \frac{\sum_{i=1}^{n} w_i(k)}{n}$$

Da nur die *überwiegend* an der Verrichtung eines Aufgabenkomplexes beteiligten Aufgabenträger angekreuzt werden sollten, kann davon ausgegangen werden, dass es nur dann zu Mehrfachnennungen (Ankreuzen mehrerer Aufgabenträger für einen Aufgabenkomplex) kam, wenn mehrere Aufgabenträger in ähnlich hohem Maße an der Verrichtung beteiligt waren. Daher wurde im Falle der Mehrfachnennung der Einfachheit halber bei Berechnung der Kennziffer Z unterstellt, dass alle angekreuzten Aufgabenträger im gleichen Maße an der Verrichtung des Aufgabenkomplexes beteiligt sind. Wurde als Aufgabenträger „Niemand" angekreuzt, wurde Z(k) für den jeweiligen Aufgabenkomplex des betrachteten Unternehmens nicht gebildet (fehlender Wert). Die Lage- und Streuungsparameter der Verteilungen des Zentralisierungsgrads Z für die neun Aufgabenkomplexe werden in Tabelle 25 dargestellt.

| | N | | Mittelwert | Standard-abw. | Perzentile | | |
	Gültig	Feh-lend			25	50	75
Risikoidentifikation	76	0	0,398	0,374	0	0,50	0,60
Festlegung der Risiko-felder	76	0	0,826	0,289	0,50	1,00	1,00
Risikoanalyse und -bewertung	75	1	0,465	0,393	0	0,50	1,00
Risikoaggregation	67	9	0,872	0,252	1,00	1,00	1,00
Risikobewältigung	76	0	0,604	0,348	0,50	0,50	1,00
Risikoüberwachung	75	1	0,688	0,327	0,50	0,67	1,00
Prüfung der Effekt. / Effiz. des RM-Systems	73	3	0,920	0,207	1,00	1,00	1,00
Entwicklung und Steue-rung der Risikopolitik	73	3	0,398	0,236	1,00	1,00	1,00
Steuerung des RM-Prozesses	74	2	0,846	0,285	0,67	1,00	1,00

Tabelle 25: Lage- und Streuungsparameter der Verteilungen des Zentralisierungsgrads der RM-Aufgabenkomplexe

Abbildung 29 veranschaulicht, dass für einige Aufgabenkomplexe erwartungsgemäß eine deutliche Tendenz zur Zentralisierung besteht. Dies sind im Einzelnen:

- Festlegung der Risikofelder bzw. die systematische Strukturierung der Risiken,

- Risikoaggregation bzw. die Ermittlung einer Gesamtrisikoposition,

- Prüfung der Effektivität und Effizienz des Risikomanagementsystems,

- Entwicklung und Steuerung der Risikopolitik sowie die

- Steuerung des Risikomanagementprozesses

mit Mittelwerten von jeweils mehr als 0,8 für Z(k). Die Aufgabenkomplexe „Risikoidentifikation" sowie „Risikoanalyse und -bewertung" mit Mittelwerten von unter 0,5 finden tendenziell eher dezentral statt, wohingegen bei „Risikobewältigung" und „Risikoüberwachung" mit Mittelwerten zwischen 0,6 und 0,7 eine leichte Tendenz zur Aufgabenverrichtung an zentraler Stelle besteht.

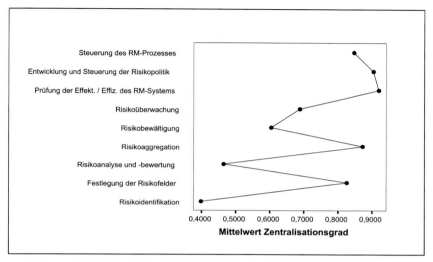

Abbildung 29: Mittelwerte des Zentralisationsgrades für die RM-Aufgabenkomplexe

	N		Mittel-wert	Stan-dard-abw.	Mini-mum	Maxi-mum	Perzentile		
	Gül-tig	Feh-lend					25	50	75
Risikoidentifikation	58	18	2,681	0,98	1	4	2,0	3,0	3,0
Festlegung der Risikofelder	58	18	3,129	1,14	0	5	3,0	3,0	4,0
Risikoanalyse und -bewertung	57	19	2,895	0,91	0	4	2,5	3,0	3,5
Risikoaggregation	51	25	3,039	1,20	0	5	2,0	3,0	4,0
Risikobewältigung	58	18	3,284	1,08	0	5	3,0	3,5	4,0
Risikoüberwachung	57	19	3,207	0,98	0	5	2,5	3,0	4,0
Prüfung der Effekt. / Effiz. des RM-Systems	54	22	3,185	1,02	0	5	2,9	3,0	4,0
Entwicklung und Steuerung der Risikopolitik	54	22	3,694	1,15	0	5	3,0	4,0	4,6
Steuerung des RM-Prozesses	58	18	3,207	1,15	0	5	2,9	3,0	4,0

Tabelle 26: Lage- und Streuungsparameter der Verteilungen der Ebenenkennzahl für die RM-Aufgabenkomplexe

Der hier ermittelte Zentralisierungsgrad Z stellt darauf ab, inwieweit eine Zusammen-fassung von Aufgaben bei einer (zentralen) oder auf mehrere (dezentrale) Organisationseinheiten verteilt erfolgt. Der Begriff der Zentralisierung umfasst jedoch auch die Konzentration von Entscheidungen auf höheren Hierarchieebenen.[421] Daher wurde auch ermittelt, auf welcher Hierarchieebene die neun identifizierten Aufgabenkomplexe des Risikomanagements bei den Unternehmen der Stichprobe verrichtet werden. Hierzu sollten im Fragebogen die Ebenenkennzahlen aus Frage 1.3.2 des Fragebogens (siehe Tabelle 11) den Aufgabenkomplexen zugeordnet werden. Tabelle 26 zeigt die Lage- und Streuungsparameter der Verteilungen der Ebenenkennzahl für die einzelnen Aufgabenkomplexe. Es fällt auf, dass die Aufgabenkomplexe des Risikomanagements eher auf höheren Hierarchieebenen verrichtet werden - bei keinem der neun Aufgabenkomplexe liegt das 1. Quartil unter 2,0. Risikomanagement in Nicht-Finanzunternehmen scheint vorrangig eine Aufgabe der Führungskräfte zu sein.

Abbildung 30 verdeutlicht, dass die Aufgabenkomplexe „Risikoidentifikation" sowie „Risikoanalyse und -bewertung" mit Mittelwerten von unter 3,0 relativ gesehen eher auf niedrigeren Ebenen verrichtet werden. Mit einem Mittelwert von 3,69 scheint die „Entwicklung und Steuerung der Risikopolitik" generell auf einem deutlich höheren Hierarchielevel als die anderen Aufgabenkomplexe verrichtet zu werden. Für den *hierarchischen Zentralisationsgrad* als Summenindex der Ebenenkennzahlen ergibt sich ein relativ hoher Mittelwert i. H. v. 3,12 (Median: 3,1; Standardabweichung: 0,83; Minimum: 0,7; Maximum: 4,8; 1. Quartil: 2,75; 3. Quartil: 3,7).

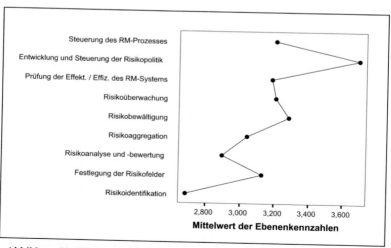

Abbildung 30: Mittelwerte der Ebenenkennzahl für die RM-Aufgabenkomplexe

---

[421] Vgl. zum Zentralisationsbegriff Kapitel 2.1.2.3.2 sowie Kagelmann (2001), S. 58 f.

4.2.2.1.3 Spezialisierung

Die Messung der Spezialisierung innerhalb der Risikomanagement-Organisation erfolgte in Frage 2.3.1 des Fragebogens. Der Bearbeiter des Fragebogens wurde gebeten, die Anzahl der hinsichtlich ihrer Risikomanagement-Aufgaben verschiedenartigen Stellen zu nennen (Variable SPEZRM). Hinsichtlich anderer Aufgaben unterschiedliche Stellen, welche jedoch hinsichtlich ihrer Risikomanagement-Aufgaben identisch sind, sollten als eine Stelle gezählt werden. Die Häufigkeitsverteilung von SPEZRM findet sich in Tabelle 27. Es ist ersichtlich, dass das Risikomanagement in den untersuchten Unternehmen eher von Generalisten als von Spezialisten durchgeführt wird. 85 % der Unternehmen haben höchstens vier verschiedenartige Risikomanagement-Stellen. Mit 30 % war drei die am häufigsten genannte Anzahl verschiedenartiger Stellen. Eine hochgradige Spezialisierung war nur vereinzelt vorzufinden. Lage- und Streuungsparameter der Verteilung von SPEZRM werden in Tabelle 28 dargestellt.

Anzahl verschiedenartiger Stellen		Häufigkeit	Prozent	Gültige Prozente	Kumulierte Prozente
Gültig	1	10	13,2	16,7	16,7
	2	14	18,4	23,3	40,0
	3	18	23,7	30,0	70,0
	4	9	11,8	15,0	85,0
	5	2	2,6	3,3	88,3
	7	2	2,6	3,3	91,7
	9	1	1,3	1,7	93,3
	10	1	1,3	1,7	95,0
	13	1	1,3	1,7	96,7
	20	1	1,3	1,7	98,3
	40	1	1,3	1,7	100,0
	Gesamt	60	78,9	100,0	
Fehlend	keine Angabe	16	21,1		
Gesamt		76	100,0		

Tabelle 27: Häufigkeitsverteilung des Spezialisierungsgrades der RM-Organisation

N	Gültig	60
	Fehlend	16
Median		3,00
Mittelwert		4,07
Standardabweichung		5,641
Minimum		1
Maximum		40
Perzentile	25	2,00
	75	4,00

Tabelle 28: Lage- und Streuungsparameter der Verteilung von SPEZRM

In Frage 2.4 des Fragebogens wurde untersucht, wie die Verantwortlichkeit der Vorstandsmitglieder für das Risikomanagement intern geregelt wurde. Im Vordergrund stand die Frage, ob ein einzelnes Vorstandsmitglied mit der Leitung des gesamten Risikomanagements betraut wurde oder ob mehrere Vorstandsmitglieder jeweils die Verantwortung für das Risikomanagement hinsichtlich ihres funktionalen oder divisionalen Zuständigkeitsbereiches übernehmen. Von den 67 Unternehmen, welche Angaben machten, war in 36 Unternehmen nur ein einzelnes Vorstandsmitglied mit der Gesamtleitung des Risikomanagements beauftragt. Bei weiteren 19 Unternehmen waren mehrere Vorstandsmitglieder gemeinsam für die Gesamtleitung des Risikomanagements verantwortlich. Bei zwölf Unternehmen wurde die Leitung des Risikomanagements unter mehreren Vorstandsmitgliedern gemäß deren funktionaler bzw. divisionaler Verantwortungsbereiche aufgeteilt.

4.2.2.1.4 Komplexität

Zur Messung der Komplexität der Risikomanagement-Organisation wurde das Verhältnis am Risikomanagement beteiligter leitender zu ausführenden Angestellten gemessen (Variable RMLARATIO). Hier machten 15 Unternehmen keine Angabe. Vier Unternehmen gaben an, dass das Risikomanagement ausschließlich von ausführenden Angestellten verrichtet wird (Quotient = null). Bei 21 Unternehmen lag der Quotient zwischen null und eins, was bedeutet, dass weniger leitende als ausführende Angestellte am Risikomanagement beteiligt sind. Bei fünf Unternehmen betrug der Quotient genau eins (gleich viele leitende und Ausführende Angestellte) und bei 16 Unternehmen waren mehr leitende als ausführende Angestellte am Risikomanagement beteiligt (Quotient > eins). Bei weiteren 15 Unternehmen konnte der Quotient nicht gebildet werden, da ausschließlich leitende Angestellte für das Risikomanagement zuständig waren. RMLARATIO weist im Verhältnis zu LARATIO (leitende Angestellte / ausführende Angestellte insgesamt)[422] wesentlich höhere Werte auf - der Mittelwert liegt bei 2,593 im Gegensatz zu 0,093; und dies, obwohl der Quotient für die 15 Unternehmen, bei denen ausschließlich leitende Angestellte am Risikomanagement beteiligt sind, nicht gebildet werden konnte und somit keinen Eingang in die Berechnung des Mittelwertes gefunden hat. Dieses Ergebnis befindet sich im Einklang mit dem in Kapitel 4.2.2.1.2.2 festgestellten generell hohen hierarchischen Level, auf dem die Aufgaben des Risikomanagements verrichtet werden.

---

[422] Vgl. Kapitel 4.2.1.3.

Als weitere Variable zur Messung der Komplexität wurde die vertikale Spanne des Risikomanagements herangezogen. Die Anzahl der in die Aufgabenkomplexe des Risikomanagements involvierten Hierarchieebenen wurde aus den Antworten zu Frage 2.2 des Fragebogens für 58 der 76 Unternehmen der Stichprobe ermittelt (18 Unternehmen machten keine oder keine verwertbaren Angaben). Der Mittelwert der VERTSPRM genannten Variable betrug 2,48. Bei der Mehrheit der Unternehmen waren entweder zwei (Häufigkeit: 29) oder drei (Häufigkeit: 19) Hierarchieebenen am Risikomanagement beteiligt. Tabelle 29 zeigt die Häufigkeitsverteilung von VERTSPRM in der Stichprobe. Lage- und Streuungsparameter der Verteilung von VERTSPRM finden sich in Tabelle 30.

		Häufigkeit	Prozent	Gültige Prozente	Kumulierte Prozente
Gültig	1,00	4	5,3	6,9	6,9
	2,00	29	38,2	50,0	56,9
	3,00	19	25,0	32,8	89,7
	4,00	5	6,6	8,6	98,3
	5,00	1	1,3	1,7	100,0
	Gesamt	58	76,3	100,0	
Fehlend	fehlende Angaben	18	23,7		
Gesamt		76	100,0		

Tabelle 29: Häufigkeitsverteilung der vertikalen Spanne des RM

N	Gültig		58
	Fehlend		18
Median			2
Mittelwert			2,483
Standardabweichung			0,8217
Minimum			1
Maximum			5
Perzentile	25		2
	75		3

Tabelle 30: Lage- und Streuungsparameter der Verteilung der vertikalen Spanne des RM

4.2.2.1.5 Formalisierung

Die Bestimmung des Grades der Formalisierung des Risikomanagements der Stichprobenunternehmen erfolgte analog zur Messung der Formalisierung bezogen auf das Gesamtunternehmen (Punkt 1.3.3 des Fragebogens).[423] Unter Punkt 2.7 des Fragebo-

---

[423] Vgl. Kapitel 4.2.1.3.3.

gens sollte angegeben werden, ob und inwieweit Arbeitsabläufe und Prozesse des Risikomanagements dokumentiert wurden. Ferner wurde danach gefragt, ob eine schriftlich formulierte Risikopolitik[424] existiert und inwieweit Risikoziele sowie Risikostrategien zu deren Erreichung formuliert wurden. Den anzukreuzenden Kästchen wurden wieder Punktwerte zugewiesen. Die vergebenen Punktzahlen wurden zum Formalisierungsgrad des Risikomanagements (Variable SUMRMFORM) addiert, welcher Werte von null (keine Formalisierung) bis zehn (hohe Formalisierung) einnehmen konnte. Mit einem Mittelwert von 6,63 liegt die Formalisierung des Risikomanagements bei den Unternehmen der Stichprobe im oberen mittleren Bereich. Lage- und Streuungsparameter der Verteilung von SUMRMFORM werden in Tabelle 31 dargestellt.

N	Gültig	76
	Fehlend	0
Median		7
Mittelwert		6,632
Standardabweichung		2,7945
Minimum		0
Maximum		10
Perzentile	25	5
	75	9

Tabelle 31: Lage- und Streuungsparameter der Verteilung von SUMRMFORM

Durch die Dokumentation des Risikomanagementsystems in einem Handbuch werden im Hinblick auf das KonTraG drei Funktionen erfüllt:

- Rechenschaftsfunktion
- Sicherungsfunktion
- Prüfbarkeitsfunktion.

Die Dokumentation des Risikomanagementsystems dient in der Rechenschaftsfunktion dazu, das pflichtgemäße Verhalten der Unternehmensführung nachzuweisen. In ihrer Sicherungsfunktion soll die Dokumentation die Einhaltung der beschlossenen Maßnahmen sicherstellen. Ferner schafft die Dokumentation die Voraussetzung für die Prüfbarkeit durch Aufsichtsrat, interne Revision und Abschlussprüfer (§ 317 Abs. 4 HGB).[425] Mit der Dokumentation zumindest des überwiegenden Teils der Arbeitsabläufe und Prozesse des Risikomanagements in einem Handbuch haben 61 der 76 Un-

---

[424] Vgl. hierzu Gleißner (2001a), S. 168 f. u. Burger (2002), S. 27-30.
[425] Vgl. Martin; Bär (2002), S. 159 f.

ternehmen (80,3 %) die Voraussetzung zur Erfüllung der drei o. g. Funktionen geschaffen. Ebenso viele gaben an, eine Risikopolitik schriftlich formuliert zu haben.

Während in der Unternehmenspolitik per Definition Unternehmensziele und Strategien zu deren Erreichung festgelegt werden,[426] scheint die Formulierung von Risikozielen und Risikostrategien im Rahmen der Risikopolitik nicht immer üblich zu sein: Nur 38 Unternehmen (50 %) haben auch Risikoziele schriftlich formuliert. Weitere neun Unternehmen (11,8 %) gaben an, dies zumindest verbal getan zu haben. 25 Unternehmen (32,9 %) haben schließlich auch noch Risikostrategien zur Erreichung der Risikoziele schriftlich formuliert. 13 Unternehmen (17,1 %) gaben an, dies zumindest verbal getan zu haben.

4.2.2.2 Methoden & Instrumente

4.2.2.2.1 Bewertungskriterien für Risiken

In Frage 2.6.1 des Fragebogens sollte angegeben werden, anhand welcher Bewertungskriterien ein Risiko als bestandsgefährdend eingestuft wird. In Betracht kamen qualitative Kriterien oder ein monetärer Grenzwert. Wurde ein monetärer Grenzwert angegeben, so sollte erläutert werden, um welche Maßgröße (z. B. Erwartungswert oder maximales Schadenausmaß) es sich handelt und nach welchen Kriterien dessen Höhe festgesetzt wurde. Wurden qualitative Kriterien angegeben, so sollten diese ebenfalls näher spezifiziert werden.

36 Unternehmen der Stichprobe (47,4 %) nehmen die Einstufung von Risiken anhand eines monetären Grenzwerts vor. 28 (36,8 %) Unternehmen gaben an, keine konkrete Regel bzw. Maßgröße zur Einstufung eines Risikos als bestandgefährdend bestimmt zu haben. Dies überrascht, denn § 91 Abs. 2 AktG verlangt die Installation eines permanent arbeitenden Systems der Früherkennung, welches alle möglichen Gefährdungen identifizieren muss, um aus dieser Menge die bestandsgefährdenden abzugrenzen.[427]

Fünf Unternehmen (6,6 %) nehmen eine Einstufung anhand qualitativer Kriterien vor und sieben der 76 Unternehmen (9,2 %) machten keine Angaben zur Thematik. Erfolgte eine Einstufung anhand eines monetären Wertes, so war die hierfür gewählte Maßgröße in der Mehrheit der Fälle (25 bzw. 32,9 %) der Wert des maximal aus dem

---

[426] Vgl. Witte (2007), S. 44-46.
[427] Vgl. Baumeister; Freisleben (2003), S. 30.

Risiko entstehenden Schadens. Neun Unternehmen (11,8 %) gaben als Maßgröße den Erwartungswert des Schadens an, der Value-at-Risk wurde nur einmal (1,3 %) genannt. Ein Unternehmen verwendet sowohl den Erwartungswert des Schadens als auch den maximalen Schadenswert, wobei für beide Maßgrößen Grenzwerte festgesetzt wurden. Abbildung 31 veranschaulicht die Ergebnisse.

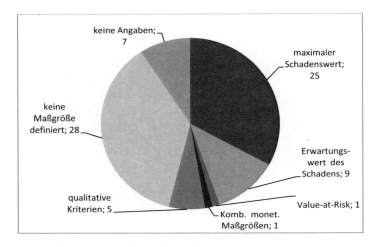

Abbildung 31: Verwendete Maßgrößen für die Einstufung von Risiken

		Häufigkeit	Prozent	Gültige Prozente	Kumulierte Prozente
Gültig	Relation zu Jahresergebnis o. anderer Gewinngröße	15	19,7	44,1	44,1
	Relation zu Eigenkapitalhöhe	9	11,8	26,5	70,6
	Position in Risk-Map	6	7,9	17,6	88,2
	Auswirkung auf Renditekennzahl	1	1,3	2,9	91,2
	Relation zur Liquidität	1	1,3	2,9	94,1
	Relation zum Umsatz	1	1,3	2,9	97,1
	Relation sowohl zu EK als auch Liquidität	1	1,3	2,9	100,0
	Gesamt	34	44,7	100,0	
Fehlend	fehlende Angaben	14	18,4		
	keine Regel definiert	28	36,9		
Gesamt		76	100,0		

Tabelle 32: Bezugsgrößen zur Einstufung von Risiken

Von den Unternehmen, welche eine Einstufung von Risiken auf Grundlage einer definierten Maßgröße oder spezifizierter qualitativer Kriterien vornehmen, machten 34 Unternehmen nähere Angaben darüber, auf welche Art und Weise die Höhe eines

Grenzwertes bestimmt wird bzw. welche qualitativen Kriterien als Grundlage für eine entsprechende Einstufung eines Risikos dienen. Tabelle 32 gibt eine Übersicht über die Häufigkeitsverteilung der genannten Bezugsgrößen, die zur Einstufung eines Risikos herangezogen werden. Am Häufigsten wurde die Höhe eines monetären Grenzwertes in Relation zum Jahresergebnis oder einer anderen Gewinngröße festgesetzt. Am zweithäufigsten geschah dies in Relation zur Höhe des Eigenkapitals (neun Nennungen). Häufig wurde auch die Position in der sog. Risk-Map[428] als Einstufungskriterium genannt (sechs Nennungen).

4.2.2.2.2 Risikoberichterstattung

Ob und in welcher Form ein Risikoberichtswesen bei den Unternehmen der Stichprobe existiert, sollte über die Fragen 2.6.2 und 2.6.3 des Fragebogens in Erfahrung gebracht werden. In Frage 2.6.2 sollte angegeben werden, ob ein spezielles Risikoberichtswesen existiert und ob die Berichtsintervalle individuell an die einzelnen Risiken angepasst wurden oder für alle Risiken gleich lang sind. In Frage 2.6.3 wird nach der Existenz einer Sofortberichterstattungsroutine gefragt.

		Häufigkeit	Prozent	Gültige Prozente
Gültig	Individuelle Berichtsintervalle	28	36,8	37,3
	Gleiche Berichtsintervalle für alle Risiken	37	48,7	49,3
	Kein spezielles Risikoberichtswesen	10	13,2	13,3
	Gesamt	75	98,7	100,0
Fehlend	keine Angabe	1	1,3	
Gesamt		76	100,0	

Tabelle 33: Berichtsintervalle im Risikoberichtswesen

Tabelle 33 stellt die Häufigkeitsverteilung der Antworten dar. Es fällt auf, dass in zehn Unternehmen ein spezielles Risikoberichtswesen nicht existiert. Mit 65 Unternehmen ist dieses bei der deutlichen Mehrheit der Unternehmen jedoch vorhanden, wenn auch nur 28 dieser Unternehmen die Berichtsintervalle individuell an die Risiken angepasst haben. Es überrascht ein wenig, dass elf der 76 Unternehmen zur Frage 2.6.3 angaben, dass eine Sofortberichterstattungsroutine als wichtiger Bestandteil eines Risikomana-

---

[428] Vgl hierzu Diederichs; Form; Reichmann (2004), S. 191 ff.

gementsystems nicht vorhanden sei. Bei der großen Mehrheit von 63 Unternehmen ist diese jedoch vorhanden; zwei Unternehmen machten hierzu keine Angaben.

4.2.2.2.3 Instrumenteneinsatz

Um einen Eindruck darüber zu gewinnen, welche Instrumente im Risikomanagement der Nicht-Finanzunternehmen eingesetzt werden, wurde in Frage 2.8 des Fragebogens eine umfassende Auswahl an Standardinstrumenten vorgegeben.[429] Im Rahmen des Risikomanagements genutzte Instrumente sollten angekreuzt werden, wobei auch die Möglichkeit bestand, nicht aufgeführte Instrumente zusätzlich anzugeben. Der Mittelwert der Anzahl im Unternehmen eingesetzter Instrumente betrug 5,68. Lage und Streuungsparameter der Verteilung der Anzahl eingesetzter Instrumente werden in Tabelle 34 dargestellt.

N	Gültig		76
	Fehlend		0
Median			5
Mittelwert			5,68
Standardabweichung			3,271
Minimum			0
Maximum			17
Perzentile	25		4
	75		7

Tabelle 34: Lage und Streuungsparameter der Verteilung der Anzahl eingesetzter Instrumente

Abbildung 32 zeigt die Häufigkeiten für alle genannten Instrumente. Die drei beliebtesten Instrumente, welche im Rahmen des Risikomanagements bei den untersuchten Unternehmen eingesetzt werden, sind Soll/Ist-Vergleich (54 Nennungen), Budgetierung (46 Nennungen) und die Risk-Map (40 Nennungen). Soll/Ist-Vergleich und Budgetierung sind Controlling-Standardinstrumente, welche sich auch im Rahmen des Risikomanagements nutzen lassen. Die Risk-Map ist damit das bei den untersuchten Unternehmen beliebteste der spezifischen Risikomanagement-Instrumente, was sich vermutlich auf Vorteile wie Plausibilität, einfache Nachvollziehbarkeit und die veranschaulichende Darstellung zurückführen lässt. Der Value-at-Risk,[430] in der Finanzwelt gängiges Risikomaß potentieller Verluste, scheint mit nur 13 Nennungen bei den

---

[429] Auswahl der Instrumente in Anlehnung an Horváth; Gleich (2000), S. 110.
[430] Vgl. zur Risikomessung mit dem Value-at-Risk Rolfes; Kirmße (2000), S. 632-646.

Nicht-Finanzunternehmen noch nicht zu den allgemein üblichen Instrumenten zu zählen.

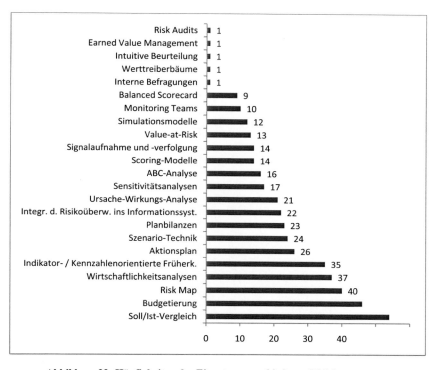

Abbildung 32: Häufigkeiten des Einsatzes verschiedener RM-Instrumente

4.2.2.2.4 Nutzung risikoorientierter Erfolgskennzahlen

Um festzustellen, inwieweit die untersuchten Unternehmen risikoorientierte Erfolgskennzahlen nutzen, wurden in Frage 3.3 des Fragebogens eine Auswahl bekannter Kennzahlen angegeben. Der Bearbeiter des Fragebogens sollte ankreuzen, welche der Kennzahlen das jeweilige Unternehmen nutzt, wobei zusätzlich die Möglichkeit bestand, nicht aufgeführte Kennzahlen gesondert anzugeben.

Nur 27 der 76 Unternehmen der Stichprobe (35,5 %) gaben an, risikoorientierte Erfolgskennzahlen zu nutzen. 22 Unternehmen (28,9 %) nutzen den EVA. Einige Unternehmen nutzen zusätzlich oder stattdessen weitere Kennzahlen; so wurde der RORAC dreimal (3,9 %) und der RAROC zweimal (2,6 %) genannt. Ebenfalls zweimal wurde der SVA genannt. Ein Unternehmen (1,3 %) nutzt den CVA. Zwei Unternehmen

(2,6 %) nutzen sonstige nicht näher spezifizierte risikoorientierte Kennzahlen. Es nutzt also nur ein relativ kleiner Teil der Unternehmen überhaupt risikoorientierte Erfolgskennzahlen, wobei der EVA hier klar dominiert. Spezielle *risikoadjustierte* Kennzahlen wie der RAROC, dessen Verwendung insbesondere in der Finanzbranche üblich ist, werden bei den Nicht-Finanzunternehmen scheinbar noch kaum genutzt. Tabelle 35 zeigt die Häufigkeiten der Nutzung der einzelnen Kennzahlen.

		Antworten		Anteil in der Stichprobe
		N	Prozent	N
Risikoorientierte Erfolgskennzahlen	Economic Value Added	22	68,8%	28,9%
	Shareholder Value Added	2	6,3%	2,6%
	Cash Value Added	1	3,1%	1,3%
	Return On Risk Adjusted Capital	3	9,4%	3,9%
	Risk Adjusted Return On Capital	2	6,3%	2,6%
	Sonstige risikoorientierte Erfolgskennzahl	2	6,3%	2,6%
Gesamt		32	100,0%	

Tabelle 35: Nutzung risikoorientierter Erfolgskennzahlen in der Stichprobe

4.2.2.2.5 Risikoaggregation

Durch Frage 3.1 des Fragebogens sollte ermittelt werden, ob und in welchen zeitlichen Abständen bei den Unternehmen der Stichprobe eine Risikoaggregation durchgeführt wird. Ferner wurde danach gefragt, mit welcher Methode und welcher Maßgröße die Gesamtrisikoposition ermittelt wird, wie hoch der Wert bei der letzten Messung war und auf welchen Zeitraum dieser sich bezieht. Dabei gaben 42 der 76 Unternehmen (55,3 %) an, eine Risikoaggregation zur Ermittlung der Gesamtrisikoposition durchzuführen. Von diesen 42 Unternehmen äußerten sich 30 Unternehmen dazu, welche Maßgröße bzw. Methode zur Risikoaggregation verwendet wird.

Mit 18 von 30 Unternehmen (60 %) gab die Mehrheit der Unternehmen, die eine Risikoaggregation durchführen, an, einen „Gesamtschadenerwartungswert" zu berechnen, wobei fast nie auf die genaue Methodik eingegangen wurde. Es ist natürlich denkbar, dass mittels Simulationsverfahren eine Verteilung erstellt und deren Erwartungswert dann als Maßgröße betrachtet wird. Bei einer solch aufwändigen und professionellen Herangehensweise wäre dann aber zu erwarten, dass die Gesamtrisikoposition eher in Form des Value-at-Risk betrachtet werden würde. Es ist daher zu vermuten, dass in den meisten Fällen eher eine simple Art und Weise der Berechnung wie eine Addition der Schadenerwartungswerte einzelner Risiken durchgeführt wird. Vier Unternehmen (13,3 %) gaben an, den Value-at-Risk als Maßgröße für die Gesamtrisikoposition zu berechnen. Drei Unternehmen (10 %) führen eine simple Addition der maximalen Schadenswerte der einzelnen Risiken durch. Weitere fünf Unternehmen (16,7 %) gaben Methoden an, die eigentlich gar keine echte Risikoaggregation darstellen, wie z. B. die Aufstellung einer Rangliste der größten Risiken.

31 Unternehmen machten Angaben zum Zeitraum, auf den sich der Wert des aggregierten Unternehmensrisikos bezieht. Mit 22 Nennungen (71 %) ist dies in der Mehrheit der Fälle das Geschäftsjahr. Sieben Unternehmen (22,6 %) nannten einen längeren Zeitraum, bei einem Unternehmen (3,2 %) bezieht der Wert sich nur auf das nächste Quartal und bei einem weiteren Unternehmen wird die Gesamtrisikoposition für mehrere verschieden lange Zeiträume berechnet.

Zur Häufigkeit der Durchführung der Risikoaggregation machten 33 Unternehmen Angaben. Mit 13 Nennungen (39,4 %) wird eine Risikoaggregation am häufigsten quartalsweise durchgeführt. Zwölf Unternehmen (36,4 %) führen diese jährlich durch, vier Unternehmen (12,1 %) halbjährlich, drei Unternehmen (9,1 %) alle vier Monate und ein Unternehmen (3,0 %) monatlich. Die zuletzt berechnete Höhe der Gesamtrisikoposition haben nur zehn Unternehmen angegeben, was eine weitere Analyse diesbezüglich nicht sinnvoll erscheinen lässt.

Abschließend lässt sich konstatieren, dass bei den untersuchten Unternehmen hinsichtlich eines wichtigen Bausteins eines effizienten Risikomanagementsystems, der Risikoaggregation, noch sehr viel Verbesserungspotential besteht. Nur gut die Hälfte führt diese überhaupt durch. Wird eine Risikoaggregation durchgeführt, so findet dies häufig methodisch unzureichend statt. Dies scheint einen Schwachpunkt des Risikomanagements deutscher börsennotierter Nicht-Finanzunternehmen darzustellen.

4.2.2.2.6 Chancenerkennung

Durch die Nutzung des Potentials des Risikomanagementsystems zur Erkennung von Chancen können Zusatzerträge erzielt werden. Um festzustellen, inwieweit die Unternehmen der Stichprobe das Risikomanagementsystem auch zur Chancenerkennung nutzen, wurde unter Punkt 3.6 des Fragebogens folgende Aussage formuliert: "Risikomanagement ist bei uns auch Chancenmanagement - daher nutzen wir das Instrumentarium unseres Risikomanagements auch systematisch zur Erkennung von Chancen." Anhand einer fünfstufigen unipolaren Ratingskala sollte angegeben werden, inwieweit diese Aussage zutrifft. Den Skalenwerten wurden Punktzahlen von eins (keine Nutzung des Risikomanagementsystems zur Chancenerkennung) bis fünf (intensive Nutzung) zugeordnet. Die Verteilung der Antworten war hier recht ausgeglichen. Zehn von 76 Unternehmen gaben an, das Risikomanagement überhaupt nicht zur Chancenerkennung zu nutzen, während 17 Unternehmen der Aussage voll zustimmten. Die restlichen 49 Unternehmen nutzen das Risikomanagementsystem nur teilweise zur Chancenerkennung. Tabelle 36 zeigt die Häufigkeiten der Verteilung; Tabelle 37 enthält die Lage- und Streuungsparameter.

		Häufigkeit	Prozent	Kumulierte Prozente
Gültig	1	10	13,2	13,2
	2	18	23,7	36,8
	3	12	15,8	52,6
	4	19	25,0	77,6
	5	17	22,4	100,0
	Gesamt	76	100,0	

Tabelle 36: Nutzung des RM zur Chancenerkennung - Häufigkeiten

N	Gültig		76
	Fehlend		0
Median			3
Mittelwert			3,20
Standardabweichung			1,376
Minimum			1
Maximum			5
Perzentile	25		2
	75		4

Tabelle 37: Nutzung des RM zur Chancenerkennung - Lage- und Streuungsparameter

4.2.2.2.7 Ausmaß des Einsatzes von Informationstechnologie

In Frage 3.4 des Fragebogens sollte anhand einer fünfstufigen unipolaren Ratingskala angegeben werden, inwieweit Informationstechnologie im Sinne von EDV in dem jeweiligen Unternehmen im Rahmen des Risikomanagements zum Einsatz kommt. Den Skalenwerten wurden Punktzahlen von eins (kaum Nutzung von Informationstechnologie) bis fünf (intensive Nutzung) zugeordnet (Variable NUTZITRM). Die Antworten waren relativ gleichmäßig verteilt. Tabelle 38 zeigt Lage- und Streuungsmaße der Verteilung der Antworten.

N	Gültig	75
	Fehlend	1
Median		3
Mittelwert		3,08
Standardabweichung		1,363
Minimum		1
Maximum		5
Perzentile	25	2
	75	4

Tabelle 38: Nutzung von Informationstechnologie innerhalb des Risikomanagements

Nach Operationalisierung und deskriptiver Auswertung der Gestaltungsfaktoren erfolgt dieses im Folgenden für die in Kapitel 2.3.4 entwickelten Effizienzkriterien.

4.2.3 Effizienz des Risikomanagements

4.2.3.1 Ziel-Output-Dimension

4.2.3.1.1 Prozessergebnis

Unter Punkt 3.6 des Fragebogens wurden Aussagen formuliert, welche auf die Effizienz (hier verstanden als Leistungswirksamkeit bzw. bestmögliche Zielerreichung) einerseits des gesamten Risikomanagementprozesses und andererseits der einzelnen Teilprozesse bzw. Aufgabenkomplexe des Risikomanagementprozesses abstellen. Anhand fünfstufiger unipolarer Ratingskalen sollte der Bearbeiter des Fragebogens angeben, inwieweit die Aussagen zutreffen. Ziel war es, eine pauschale Bewertung der Effizienz der Teilprozesse zu erhalten. Je nach angekreuztem Skalenwert wurden wieder Punkte von eins („Trifft nicht zu") bis fünf („Trifft voll zu") vergeben. Quasi-Intervallskalierung wurde angenommen.

N	Gültig	75
	Fehlend	1
Median		5
Mittelwert		4,39
Standardabweichung		0,804
Minimum		2
Maximum		5
Perzentile	25	4
	75	5

Tabelle 39: Effizienz der Festlegung der Risikofelder

Zur Messung der Effizienz des Prozesses der Festlegung der Risikofelder wurde folgende Aussage formuliert: „Bei der Risikoidentifikation werden alle relevanten Bereiche des Unternehmensumfelds und des Unternehmens auf mögliche Risiken untersucht und nicht nur einige ausgewählte Bereiche betrachtet." Das durchschnittliche Niveau der Effizienzbeurteilung ist hier sehr hoch (Mittelwert 4,39). Lage- und Streuungsmaße der Verteilung der Antworten werden in Tabelle 39 dargestellt.

Um ein pauschales Urteil zur Effizienz des Prozesses der Risikoidentifikation zu erhalten, wurde die folgende Aussage formuliert: „In den letzten Jahren haben wir stets alle relevanten Risiken rechtzeitig identifiziert." Die Effizienz wurde für diesen Teilprozess insgesamt gesehen relativ hoch bewertet (Mittelwert: 4,05). Lage- und Streuungsmaße der Verteilung der Antworten werden in Tabelle 40 dargestellt.

N	Gültig	75
	Fehlend	1
Median		4
Mittelwert		4,05
Standardabweichung		0,804
Minimum		2
Maximum		5
Perzentile	25	4
	75	5

Tabelle 40: Effizienz der Risikoidentifikation

N	Gültig	69
	Fehlend	7
Median		3
Mittelwert		3,41
Standardabweichung		0,863
Minimum		1
Maximum		5
Perzentile	25	3
	75	4

Tabelle 41: Effizienz der Risikobewertung

Für den Prozess der Risikobewertung wurde folgende Aussage formuliert: „Wenn ein Schaden einmal eingetreten ist, war rückblickend betrachtet das Ergebnis der Bewertung des Risikos hinsichtlich des potentiellen Schadenausmaßes stets zutreffend." Dabei lag das durchschnittliche Niveau der Effizienz eher im mittleren Bereich (Mittelwert: 3,41) und deutlich unter dem Niveau der anderen Teilprozesse bzw. Aufgabenkomplexe des Risikomanagements. Lage- und Streuungsmaße der Verteilung der Antworten werden in Tabelle 41 dargestellt.

Zur Messung der Effizienz der Risikobewältigung sollte folgende Aussage bewertet werden: „Die in den letzten Jahren zur Bewältigung korrekt erkannter und bewerteter Risiken ergriffenen Maßnahmen haben sich im Nachhinein stets als optimal erwiesen." Mit einem Mittelwert i. H. v. 3,63 ist das durchschnittliche Effizienzniveau als mittel bis hoch einzustufen. Lage- und Streuungsmaße der Verteilung der Antworten werden in Tabelle 42 dargestellt.

N	Gültig	73
	Fehlend	3
Median		4
Mittelwert		3,63
Standardabweichung		0,717
Minimum		2
Maximum		5
Perzentile	25	3
	75	4

Tabelle 42: Effizienz der Risikobewältigung

Für den Prozess der Risikoüberwachung war folgende Aussage zu bewerten: „Einmal erkannte Risiken wurden stets optimal hinsichtlich ihrer Entwicklung und des Erfolges der ergriffenen Maßnahmen überwacht." Auch das durchschnittliche Effizienzniveau der Risikoüberwachung kann bei einem Mittelwert i. H. v. 3,89 als mittel bis hoch eingestuft werden. In Tabelle 43 werden Lage- und Streuungsmaße der Verteilung der Antworten dargestellt.

N	Gültig	74
	Fehlend	2
Median		4
Mittelwert		3,78
Standardabweichung		0,832
Minimum		1
Maximum		5
Perzentile	25	3
	75	4

Tabelle 43: Effizienz der Risikoüberwachung

Ferner war die Effizienz des Aufgabenkomplexes der Prüfung der Effektivität und Effizienz des Risikomanagements zu bewerten. Die entsprechend zu bewertende Aussage lautete: „Bei der regelmäßigen Überprüfung unseres Risikomanagementsystems wurden stets eventuell vorhandene Schwachstellen rechtzeitig erkannt und eliminiert." Mit einem Mittelwert von 3,63 ist das durchschnittliche Effizienzniveau als mittel bis hoch einzustufen. Lage- und Streuungsmaße der Verteilung der Antworten werden in Tabelle 44 dargestellt.

N	Gültig	74
	Fehlend	2
Median		4
Mittelwert		3,78
Standardabweichung		0,832
Minimum		1
Maximum		5
Perzentile	25	3
	75	4

Tabelle 44: Effizienz der internen Überprüfung des Risikomanagementsystems

Schließlich sollte noch die Effizienz des gesamten Risikomanagementprozesses beurteilt werden. Die entsprechend formulierte Aussage lautete: „Insgesamt gesehen hat unser Risikomanagementsystem seine Aufgabe in den letzten Jahren optimal erfüllt." Mit einem Mittelwert von 3,96 wurde die Effizienz des gesamten Risikomanagementprozesses im Durchschnitt als hoch beurteilt. In Tabelle 45 werden Lage- und Streuungsmaße der Verteilung der Antworten dargestellt.

N	Gültig	76
	Fehlend	0
Median		4
Mittelwert		3,96
Standardabweichung		0,901
Minimum		1
Maximum		5
Perzentile	25	4
	75	5

Tabelle 45: Effizienz des gesamten Risikomanagementprozesses

Abbildung 33 zeigt die Mittelwerte der Effizienzbeurteilung für die verschiedenen Aufgabenkomplexe im Vergleich. Die Effizienzniveaus der Festlegung der Risikofelder und der Risikoidentifikation werden als vergleichsweise hoch beurteilt, während ein vergleichsweise niedriges Effizienzniveau vor allem bei der Risikobewertung, aber auch bei der Risikobewältigung festgestellt werden kann.

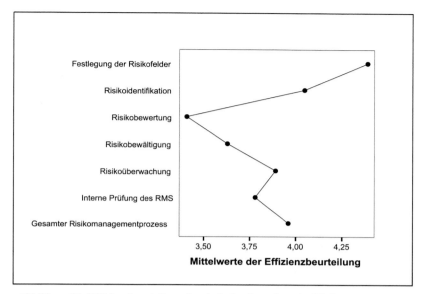

Abbildung 33: Effizienzbeurteilung der Aufgabenkomplexe des Risikomanagements

Eine Effizienzbewertung der Aufgaben der Risikoberichterstattung und Risikoaggregation erfolgte in der Form, dass festgestellt wurde, ob das betrachtete Unternehmen diese überhaupt durchführt und ob dies auch mit geeigneten Methoden passiert. Diesbezüglich wird auf die Kapitel 4.2.2.2.2 und 4.2.2.2.5 verwiesen.

Auf eine Effizienzmessung der Meta-Aufgaben der Entwicklung und Steuerung der Risikopolitik sowie der Steuerung des Risikomanagementprozess wurde verzichtet, da die Effizienz dieser Aufgaben hauptsächlich direkt vom Aufgabenträger abhängt und eine Betrachtung hier daher nicht von Interesse ist.

4.2.3.1.2 Organisatorische Flexibilität

Das Risikomanagementsystem kann zur Erhöhung der Flexibilität beitragen. Es kann dabei helfen, interne und externe Veränderungen zu erkennen und durch Initiierung von Anpassungsprozessen eine Anpassung an den neuen Zustand zu erreichen. Der Bearbeiter wurde in Frage 3.7 des Fragebogens gebeten, auf einer fünfstufigen unipolaren Ratingskala zu bewerten, inwieweit Anpassungsprozesse durch das Risikomanagement des betrachteten Unternehmens initiiert werden. Den durch gleiche Abstände der anzukreuzenden Kästchen dargestellten Skalenabstufungen wurden Punktwerte von eins („Anpassungsprozesse werden kaum durch das Risikomanagement initiiert") bis fünf („Anpassungsprozesse werden sehr häufig durch das Risikomanagement initiiert") zugeordnet. Der Beitrag des Risikomanagements zur Erhöhung der organisatorischen Flexibilität ist mit einem Mittelwert von 3,86 allgemein als hoch zu bewerten. Tabelle 46 zeigt Lage- und Streuungsparameter der Verteilung der Antworten.

N	Gültig		76
	Fehlend		0
Median			4
Mittelwert			3,86
Standardabweichung			0,989
Minimum			2
Maximum			5
Perzentile	25		3
	75		5

Tabelle 46: Beitrag des RM zur Erhöhung der Flexibilität

4.2.3.2 Input-Output-Dimension

Effizienz kann auch als Wirtschaftlichkeit im Sinne einer Input/Output-Relation verstanden werden. Dabei wird das Ausmaß der Zielerreichung in Anbetracht des Mitteleinsatzes bewertet. Hier steht die Wirtschaftlichkeit des Risikomanagementprozesses im Fokus.

Zunächst wurde der Versuch unternommen, die Kosten des Risikomanagements bei den Unternehmen der Stichprobe zu ermitteln. In Frage 3.2 sollte der Bearbeiter des Fragebogens angeben, ob er die Höhe der Kosten des Risikomanagements beziffern kann und wenn ja, wie hoch die Implementierungskosten und die laufenden Kosten des Risikomanagements im vergangenen Geschäftsjahr waren. Leider gab die große Mehrheit der Unternehmen die Höhe der Kosten für beide Kostenarten nicht an (Nur neun Unternehmen bzw. 11,8 % konnten die Implementierungskosten und nur zwölf Unternehmen bzw. 15,8 % die laufenden Kosten der Höhe nach beziffern). Die Auswertungsergebnisse hierzu sind nicht statistisch repräsentativ. Dennoch lassen sie diverse Rückschlüsse zu und werden daher in Tabelle 47 dargestellt.

Die fehlenden Werte wurden dahingehend unterschieden, ob keine Angabe gemacht wurde (kein Kreuz wurde gesetzt), oder ob die Höhe der Kosten nicht beziffert werden konnte (entsprechendes Kreuz wurde gesetzt). Nur vier Unternehmen (sechs Prozent der fehlenden Werte) machten keine Angaben zu den Implementierungskosten und nur sechs Unternehmen (9,4 % der fehlenden Werte) machten keine Angaben zu den laufenden Kosten. Alle anderen fehlenden Werte (94 % bzgl. Implementierungs- bzw.

91,6 % bzgl. laufender Kosten) resultieren daraus, dass der Bearbeiter des Fragebogens die Kosten nicht beziffern konnte. Mögliche Gründe: Diese Kosten werden generell in dem betreffenden Unternehmen nicht kalkuliert, oder dem Bearbeiter des Fragebogens waren die benötigten Informationen nicht zugänglich. Beides deutet auf ein wenig ausgeprägtes Kostenbewusstsein bzgl. des Risikomanagements hin.

		Kosten der Implementierung des RM	Laufende Kosten des RM im letzten Geschäftsjahr
N	Gültig	9	12
	Fehlend	67	64
Median		30.000 €	17.500 €
Mittelwert		67.222 €	30.833 €
Standardabweichung		70.272 €	34.245 €
Minimum		5.000 €	5.000 €
Maximum		200.000 €	100.000 €
Perzentile	25	12.500 €	8.500 €
	75	130.000 €	41.250 €

Tabelle 47: Kosten des Risikomanagements

Aufgrund der Schwierigkeiten der Quantifizierung des Nutzens und der unzureichenden Zahl der Antworten zur Höhe der Kosten des Risikomanagements musste eine Bewertung der Wirtschaftlichkeit des Risikomanagementprozesses auf Basis subjektiver Perzeptionsdaten erfolgen. Hierzu diente Frage 3.9 des Fragebogens. Auf einer fünfstufigen bipolaren Ratingskala sollte angegeben werden, ob der Risikomanagementprozess in Anbetracht der eingesetzten Ressourcen insgesamt eher als „sehr unwirtschaftlich" (ein Punkt) oder als „sehr wirtschaftlich" (fünf Punkte) bewertet wird. Mit einem Mittelwert i. H. v. 4,04 ist das durchschnittliche Niveau der Wirtschaftlichkeit des Risikomanagementprozesses als hoch zu bewerten. In Tabelle 48 werden Lage- und Streuungsmaße der Verteilung der Antworten dargestellt.

N	Gültig	76
	Fehlend	0
Median		4
Mittelwert		4,04
Standardabweichung		0,824
Minimum		1
Maximum		5
Perzentile	25	4
	75	5

Tabelle 48: Wirtschaftlichkeit des Risikomanagementprozesses

4.2.3.3 Ziel-Input-Dimension

Voraussetzung für die Effizienz eines Prozesses ist ein angemessenes Verhältnis zwischen Mittelbereitstellung und Zielsetzungsniveau.[431] Daher wurde in Frage 3.8 explizit nach der Angemessenheit der für das Risikomanagement zur Verfügung gestellten Ressourcen (Personal, finanzielle Mittel, technische Ausstattung) gefragt.

N	Gültig		76
	Fehlend		0
Median			4
Mittelwert			3,46
Standardabweichung			1,012
Minimum			1
Maximum			5
Perzentile	25		3
	75		4

Tabelle 49: Angemessenheit des Ressourceneinsatz für den Risikomanagementprozess

Auf der fünfstufigen bipolaren Ratingskala sollte angekreuzt werden, ob die zur Verfügung gestellten Ressourcen eher als „unangemessen" (ein Punkt) oder „angemessen" (fünf Punkte) bewertet werden. Die Angemessenheit des Ressourceneinsatzes wurde durchschnittlich als mittel bis hoch bewertet (Mittelwert: 3,46). Tabelle 49 zeigt Lage- und Streuungsmaße der Verteilung der Antworten.

4.2.3.4 Motivationseffizienz

Zur Bewertung der Motivationseffizienz wurden drei Kriterien herangezogen: Das Kriterium der Eigenverantwortung, das Kriterium der Überschaubarkeit und das Kriterium des Marktdrucks.

Um festzustellen, inwieweit den Mitarbeitern des Risikomanagements der untersuchten Unternehmen zur Erfüllung des *Kriteriums der Eigenverantwortung* und somit zur Steigerung der Motivationseffizienz Entscheidungsspielräume eingeräumt wurden, sollte der Bearbeiter in Frage 3.5 des Fragebogens auf einer fünfstufigen bipolaren Ratingskala ankreuzen, in welchem Ausmaß Einzelentscheidungen hinsichtlich des Risikomanagements koordiniert werden. Den durch gleiche Abstände der anzukreuzenden Kästchen dargestellten Skalenabstufungen wurden Punktwerte von eins (kaum Koordination, große Entscheidungsspielräume) bis fünf (hohes Ausmaß an Koordina-

---

[431] Vgl. Al-Laham (1997), S. 403.

tion) zugewiesen (Variable ENTSCHKOORDRM). Insgesamt gesehen ist das Ausmaß an Koordination mittel bis hoch (74 % der Antworten erhielten entweder den Punktwert drei oder vier). Tabelle 50 zeigt Lage- und Streuungsmaße der Verteilung der Antworten.

N	Gültig		73
	Fehlend		3
Median			4
Mittelwert			3,36
Standardabweichung			0,872
Minimum			2
Maximum			5
Perzentile	25		3
	75		4

Tabelle 50:Ausmaß der Koordination von Einzelentscheidungen innerhalb des RM-Prozesses

Hinsichtlich des *Kriteriums der Überschaubarkeit* ist die von *Frese* geforderte bereichsmäßige Abgeschlossenheit[432] dann gegeben, wenn das Risikomanagement eine Institutionalisierung erfährt. Daher wird hier auf Kapitel 4.2.2.1.1 verwiesen (dort finden sich die Ergebnisse der Erhebung dahingehend, ob das Risikomanagement in institutionaler oder funktionaler (integrierter) Form in die Unternehmensorganisation eingebunden wurde).

		Häufigkeit	Prozent	Gültige Prozente
Gültig	Im gesamten Unternehmen nicht	21	27,6	28,8
	Nicht im RM, aber in anderen Bereichen	31	40,8	42,5
	Ja	21	27,6	28,8
	Gesamt	73	96,1	100,0
Fehlend	keine Angabe	3	3,9	
Gesamt		76	100,0	

Tabelle 51:Nutzung marktbezogener Maßstäbe der Leistungsbeurteilung

Um festzustellen, inwieweit bei den Unternehmen der Stichprobe *Marktdruck* auf die am Risikomanagement Beteiligten ausgeübt wird, wurde in Frage 3.10 des Fragebogens danach gefragt, ob marktbezogene Maßstäbe der Leistungsbeurteilung für das Risikomanagement genutzt werden. Immerhin 28,8 % der Unternehmen, welche diese

---

[432] Vgl. Frese (2005), S. 332 f.

Frage beantworteten, nutzen diese für das Risikomanagement. 42,5 % nutzen marktbezogene Maßstäbe der Leistungsbeurteilung nicht für das Risikomanagement, obwohl sie dies in anderen Bereichen tun. 28,8 % nutzen generell keine marktbezogene Maßstäbe der Leistungsbeurteilung. Tabelle 51 zeigt die Verteilung der Antworten.

4.2.3.5 Koordinationseffizienz

Aus der Dimension der Koordinationseffizienz wurden die Kriterien des Koordinationsergebnisses und des Ausmaßes integrativer Abstimmungsaktivitäten abgeleitet (vgl. Kapitel 2.3.4). Um festzustellen, inwieweit integrative organisatorische Abstimmungsaktivitäten bzgl. des Risikomanagements unternommen werden, wurde die Strukturvariable der Integration in Anlehnung an die Untersuchungen von *Miller und Dröge (1986)*[433] sowie *Miller (1983)*[434] durch Frage 2.9 des Fragebogens erfasst. Auf fünfstufigen unipolaren Ratingskalen sollte für verschiedene integrative Mechanismen zur abteilungsübergreifenden Zusammenarbeit hinsichtlich des Risikomanagements angegeben werden, wie häufig diese genutzt werden.

		Ausmaß integrativer Abstimmungsaktivitäten (aggregierte Variable)	Häufigkeit der Nutzung von speziell für die abteilungsübergreifende Koordination zust. Personal hins. RM	Häufigkeit der Nutzung von Projektgruppen hins. RM	Häufigkeit der Nutzung von Komitees hins. abteilungsübergreifender RM-Fragestellungen
N	Gültig	71	73	73	75
	Fehlend	5	3	3	1
Median		6	1	2	2
Mittelwert		5,56	1,66	1,92	2,05
Standardabw.		2,82	1,356	1,140	1,184
Minimum		0	0	0	0
Maximum		12	4	4	4
Perzentile	25	3	0,5	1	1
	75	7	3	3	3

Tabelle 52: Ausmaß integrativer Abstimmungsaktivitäten hins. des RM

Den durch gleiche Abstände der anzukreuzenden Kästchen dargestellten Skalenabstufungen wurden Punktwerte von null (keine Nutzung von Integrationsmechanismen) bis vier (sehr häufige Nutzung) zugewiesen. Es wurde Quasi-Intervallskalenniveau unterstellt und die Punktwerte zur Variable INTEGRM (Ausmaß integrativer Abstim-

---

[433] Vgl. Miller; Dröge (1986), S. 547 u. 559.
[434] Vgl. Miller (1983).

mungsaktivitäten) addiert. INTEGRM konnte Werte zwischen null und zwölf annehmen. 71 der 76 Unternehmen machten verwertbare Angaben. Der Mittelwert lag bei 5,56. Am intensivsten wurden Komitees zum gemeinsamen Entscheiden abteilungsübergreifender Fragestellungen genutzt (Mittelwert: 2,05), gefolgt von Projektgruppen (Mittelwert: 1,92) und speziell für die abteilungsübergreifende Koordination zuständigem Personal (Mittelwert: 1,66). Lage- und Streuungsparameter der Verteilungen der Antworten werden in Tabelle 52 dargestellt.

Organisatorische Abstimmungsaktivitäten hinsichtlich des Risikomanagements zielen letztlich darauf ab, den Risikomanagementprozess auf die in der Risikopolitik postulierte Zielsetzung hin abzustimmen. Als Indikator des diesbezüglichen *Koordinationsergebnisses* diente eine unter Punkt 3.6 des Fragebogens formulierte Aussage, welche vom Bearbeiter des Fragebogens dahingehend auf einer fünfstufigen unipolaren Ratingskala bewertet werden sollte, inwieweit sie zutrifft oder nicht. Die Aussage lautete: „Die zur Bewältigung von Risiken ergriffenen Maßnahmen werden bei uns so abgestimmt, dass die sich aus ihrer Gesamtheit ergebende Risikoeinstellung des Unternehmens sich stets völlig im Einklang mit der von der Unternehmensleitung kommunizierten Risikopolitik befindet." Je nach angekreuztem Skalenwert wurden Punkte von eins („Trifft nicht zu") bis fünf („Trifft voll zu") vergeben. Das Effizienzniveau der Abstimmung des Risikomanagementprozesses auf die in der Risikopolitik postulierte Zielsetzung wurde allgemein als hoch beurteilt (Mittelwert: 3,86). Tabelle 53 stellt Lage- und Streuungsparameter der Verteilungen der Antworten dar.

N	Gültig		72
	Fehlend		4
Median			4
Mittelwert			3,86
Standardabweichung			0,893
Minimum			2
Maximum			5
Perzentile	25		3
	75		5

Tabelle 53: Koordinationsergebnis

Nachdem nun die Operationalisierung der Konstrukte und die univariate Auswertung der Variablen der Untersuchung abgeschlossen sind, kann im nächsten Kapitel die bivariate Analyse und die Prüfung der in Kapitel 3 generierten Hypothesen erfolgen.

4.3 Bivariate Analyse und Test der Hypothesen

Mit Hilfe der bivariaten Analyse können Zusammenhänge zwischen den einzelnen Elementen des Bezugsrahmens untersucht und die aufgestellten Hypothesen getestet werden. Von Interesse sind sowohl Zusammenhänge *zwischen* Kontext, Gestaltung und Effizienz des Risikomanagements als auch Zusammenhänge der Elemente *innerhalb* dieser Konstrukte untereinander. Die bivariate Analyse untersucht dabei stets Zusammenhänge zwischen genau *zwei* Variablen.

4.3.1 Bivariate Analyse der Kontextfaktoren des Risikomanagements

Im Rahmen der bivariaten Analyse der Kontextfaktoren des Risikomanagements wurde untersucht, welche Zusammenhänge zwischen den Kontextfaktoren untereinander existieren. Wie in Kapitel 4.1.3 beschrieben wurden hierzu in Abhängigkeit von der Variablenskalierung der Korrelationskoeffizient nach Spearman, der Eta-Koeffizient und Cramers V herangezogen. Eine Übersicht der in die Analyse einbezogenen Kontextvariablen findet sich in Tabelle 54.

Kontextvariablen	
• Anzahl der Mitarbeiter	• Vertikale Spanne
• Umsatz	• Anzahl Betriebsstätten
• Bilanzsumme	• Risikoexpositionsgrad
• Diversifikation (Berry-Index)	• Konkurrenzintensität
• Spezialisierungsgrad	• Organisationsform
• Zentralisierungsgrad	• Branche
• Formalisierungsgrad	• Wettbewerbsstrategie
• Verhältnis leitende / ausführende Angestellte	

Tabelle 54: In der bivariaten Analyse relevante Kontextvariablen

Tabelle 55 zeigt den Korrelationskoeffizient nach Spearman für die intervallskalierten und solche ordinalskalierten Kontextvariablen, die als quasi-intervallskaliert betrachtet werden. Hier konnten einige geringe ($0,2 \leq \rho < 0,5$), mittlere ($0,5 \leq \rho < 0,7$) und hohe ($0,7 \leq \rho < 0,9$) Korrelationen sowie eine sehr hohe ($\rho \geq 0,9$) Korrelation festgestellt werden. Signifikante Korrelationen werden dabei durch ein (signifikant auf dem Niveau 0,05) oder zwei (signifikant auf dem Niveau 0,01) Sternchen gekennzeichnet. Hohe positive Korrelationen bestehen erwartungsgemäß zwischen den Variablen Anzahl der Mitarbeiter und Umsatz ($\rho = 0,796^{**}$), Bilanzsumme und Anzahl der Mitarbeiter (ρ = 0,785**) sowie Bilanzsumme und Umsatz (ρ = 0,958**). Auch die Anzahl der Betriebsstätten korreliert erwartungsgemäß positiv mit den drei Variablen Anzahl der Mitarbeiter, Umsatz sowie Bilanzsumme ($\rho \geq$ 0,636 für alle drei Fälle), welche häufig zur Bestimmung der Unternehmensgröße herangezogen werden.

Mittlere Korrelationen wurden zwischen Spezialisierungsgrad und Anzahl der Mitarbeiter (ρ = 0,510**), Umsatz (ρ =0,552**) sowie Bilanzsumme (ρ = 0,537**) beobachtet. Unternehmenswachstum bringt gewöhnlich eine zunehmende Spezialisierung mit sich: Bereits die *Aston studies,*[435] *Child*[436] sowie *Blau und Schoenherr*[437] haben festgestellt, dass Spezialisierung sowie Formalisierung positiv und Zentralisierung negativ mit der Unternehmensgröße korreliert sind. Dies wird in dieser Untersuchung ebenfalls durch die - wenn auch geringen - Korrelationen zwischen Formalisierungsgrad und Anzahl der Mitarbeiter (ρ = 0,450**), Umsatz (ρ = 0,452**) sowie Bilanzsumme (ρ = 0,384**) bestätigt. Der Zentralisierungsgrad korreliert auch in dieser Untersuchung negativ mit der Anzahl der Mitarbeiter (ρ = -0,355**) und der Anzahl der Betriebsstätten (ρ = -0,340**). Für die Korrelation des Zentralisierungsgrades mit dem Umsatz und der Bilanzsumme konnten ebenfalls negative Werte festgestellt werden (jedoch liegen hier keine statistisch signifikanten Korrelationen vor). In diesem Zusammenhang kann vermutlich die festgestellte geringe negative Korrelation von Zentralisierungs- und Spezialisierungsgrad (ρ = -0,230*) als eine durch den Einfluss der Variablen der Unternehmensgröße verursachte Scheinkorrelation betrachtet werden.

Geringe bis mittlere Korrelationen konnten auch für die vertikale Spanne mit den Variablen der Unternehmensgröße festgestellt werden (Anzahl der Mitarbeiter: ρ = 0,575**; Umsatz: ρ = 0,474**; Bilanzsumme: ρ = 0,418**). Auch die Anzahl der Betriebsstätten korreliert positiv mit der vertikalen Spanne (ρ = 0,524**). Zudem konnte eine geringe Korrelation der vertikalen Spanne mit dem Spezialisierungsgrad festgestellt werden (ρ = 0,446**). Je mehr Mitarbeiter ein Unternehmen hat, desto eher werden zusätzliche Hierarchieebenen zur Koordination benötigt und desto mehr Arbeitsteilung bzw. Spezialisierung findet statt. Die Korrelation zwischen vertikaler Spanne und Spezialisierungsgrad kommt also vermutlich durch den entsprechenden Einfluss der Unternehmensgröße auf beide Variablen zustande.

---

[435] Vgl. Pugh; Hickson; Hinings; Turner (1968) sowie Pugh; Hickson; Hinings; Turner (1969).
[436] Vgl. Child (1972a).
[437] Vgl. Blau; Schoenherr (1971).

		Anzahl Mitarbeiter	Berry-Index	Umsatz	Bilanzsumme	Spezialisierungsgrad	Zentralisierungsgrad	Formalisierungsgrad	Vertikale Spanne	Verhältnis ltd./ausf. Angestellte	Anzahl Betriebsstätten	Risikoexpositionsgrad
Berry-Index	Korrelation nach Spearman	0,07	1									
	Signifikanz (2-seitig)	0,545	.									
	N	76	76									
Umsatz	Korrelation nach Spearman	0,796**	0,088	1								
	Signifikanz (2-seitig)	0	0,449	.								
	N	76	76	76								
Bilanzsumme	Korrelation nach Spearman	0,785**	0,072	0,958**	1							
	Signifikanz (2-seitig)	0	0,537	0	.							
	N	76	76	76	75							
Spezialisierungsgrad	Korrelation nach Spearman	0,510**	-0,051	0,552**	0,537**	1						
	Signifikanz (2-seitig)	0	0,659	0	0	.						
	N	75	75	75	75	76						
Zentralisierungsgrad	Korrelation nach Spearman	-0,355**	0,143	-0,208	-0,161	-0,230*	1					
	Signifikanz (2-seitig)	0,002	0,229	0,077	0,178	0,05	.					
	N	73	73	73	72	73	73					
Formalisierungsgrad	Korrelation nach Spearman	0,450**	0,058	0,452**	0,384**	0,194	-0,079	1				
	Signifikanz (2-seitig)	0	0,628	0	0,001	0,099	0,514	.				
	N	73	73	73	72	73	70	73				
Vertikale Spanne	Korrelation nach Spearman	0,575**	0,193	0,474**	0,418**	0,446**	-0,143	0,118	1			
	Signifikanz (2-seitig)	0	0,097	0	0	0	0,228	0,322	.			
	N	75	75	75	74	75	73	72	75			
Verhältnis leitende / ausführende Angestellte	Korrelation nach Spearman	-0,357*	-0,132	-0,360*	-0,284	-0,144	-0,043	-0,164	-0,327*	1		
	Signifikanz (2-seitig)	0,014	0,377	0,013	0,053	0,335	0,777	0,275	0,025	.		
	N	47	47	47	47	47	46	46	47	47		
Anzahl Betriebsstätten	Korrelation nach Spearman	0,824**	0,127	0,670**	0,636**	0,359**	-0,304**	0,308*	0,524**	-0,307*	1	
	Signifikanz (2-seitig)	0	0,288	0	0	0,002	0,01	0,01	0	0,038	.	
	N	72	72	72	71	72	71	69	72	46	72	
Risikoexpositionsgrad	Korrelation nach Spearman	0,098	0,058	0,055	0,075	0,184	0,023	0,099	0,16	0,044	0,001	1
	Signifikanz (2-seitig)	0,403	0,62	0,637	0,525	0,115	0,85	0,406	0,174	0,768	0,994	.
	N	75	75	75	74	75	72	72	74	47	71	75
Konkurrenzintensität	Korrelation nach Spearman	0,360**	-0,119	0,318**	0,306**	0,142	-0,174	0,031	0,169	-0,327*	0,303*	0,034
	Signifikanz (2-seitig)	0,002	0,314	0,006	0,009	0,228	0,146	0,797	0,153	0,025	0,011	0,778
	N	74	74	74	73	74	71	71	73	47	70	73

Tabelle 55: Korrelationen der Kontextvariablen nach Spearman

Das Verhältnis der leitenden zu den ausführenden Angestellten korreliert negativ mit der Anzahl der Mitarbeiter (ρ = -0,357*), dem Umsatz (ρ = -0,360*) und der Anzahl der Betriebsstätten (ρ = -0,307*). Mit zunehmender Unternehmensgröße werden also bei den Unternehmen der Stichprobe im Verhältnis zur Mitarbeiterzahl weniger Führungskräfte eingesetzt. Eine negative Korrelation des Verhältnisses der leitenden zu den ausführenden Angestellten besteht auch mit zwei weiteren Variablen: Vertikale Spanne (ρ = -0,327*) und Konkurrenzintensität (ρ = -0,327*). Ein kausaler Zusammenhang erschließt sich dabei nicht; diese beiden Variablen weisen jedoch ihrerseits ebenfalls positive Korrelationen zu den Variablen der Unternehmensgröße auf, welche kausal erklärbar sind, so dass für diese beiden Fälle eine Scheinkorrelation vermutet wird.

Ein Zusammenhang zwischen dem Risikoexpositionsgrad und den anderen Variablen in Tabelle 55 scheint nicht zu bestehen. Die Werte für ρ liegen allesamt unter 0,2. Es wurde jedoch vermutet, dass ein Zusammenhang zumindest zwischen der Konkurrenzintensität und der Exposition bzgl. Absatzmarktrisiken besteht. Daher wurde hierfür der Korrelationskoeffizient nach Spearman gesondert ermittelt. Eine statistisch signifikante Korrelation wurde festgestellt (ρ = 0,491**).

Schließlich konnte noch eine geringe positive Korrelation zwischen Konkurrenzintensität und der Anzahl der Mitarbeiter (ρ = 0,360**), dem Umsatz (ρ = 0,318**) sowie der Bilanzsumme (ρ = 0,306**) beobachtet werden. Mit zunehmendem Wachstum steigt auch die Wahrscheinlichkeit, dass ein Unternehmen in härter umkämpftere Marktsegmente eindringt. Auch ist die Konkurrenzintensität auf Märkten mit wenigen großen Anbietern (Oligopol) höher als auf polypolistischen Märkten.[438]

Tabelle 56 zeigt den Zusammenhang zwischen den drei nominalskalierten Kontextvariablen Organisationsform, Branche sowie Wettbewerbsstrategie als unabhängige Variablen und den intervall- bzw. ordinalskalierten Kontextvariablen aus Tabelle 55 als abhängige Variablen. Hierzu wurde der Eta-Koeffizient als Assoziationsmaß eingesetzt.

Die Branche scheint einen gewissen Einfluss zu besitzen, insbesondere auf die Variablen Zentralisierungsgrad (Eta = 0,309), Anzahl der Mitarbeiter (Eta = 0,426), Anzahl der Betriebsstätten (Eta = 0,462), Risikoexpositionsgrad (Eta = 0,415) und Konkurrenzintensität (Eta = 0,474).

---

[438] Vgl. Ott (1975), S. 124.

Tabelle 56: Zusammenhang nominalskalierter und (quasi-)intervallskalierter Kontextvariablen mittels Eta-Koeffizient

Intervallskalierung / Nominalskalierung		Anzahl Mitarbeiter	Berry-Index	Umsatz	Bilanz-summe	Speziali-sierungs-grad	Zentrali-sierungs-grad	Formali-sierungs-grad	Vertikale Spanne	Verhältnis leitende / ausführen-de Ange-stellte	Anzahl Betriebs-stätten	Risiko-expositi-onsgrad	Konkur-renz-intensität
Organi-sations-form	N	73	73	73	72	73	70	70	72	46	69	73	71
	Eta-Koeffizient	0,267	**0,360**	0,098	0,150	0,202	0,281	**0,329**	0,234	0,127	0,301	0,235	0,217
Branche	N	76	76	76	75	76	73	73	75	47	72	75	74
	Eta-Koeffizient	**0,426**	0,253	**0,375**	0,162	**0,377**	**0,309**	0,257	**0,351**	**0,462**	**0,415**	**0,474**	
Wett-bewerbs-strategie	N	75	75	75	74	75	72	72	74	47	71	74	74
	Eta-Koeffizient	0,302	0,203	0,146	0,2	0,146	0,106	0,241	0,197	0,241	0,205	0,234	**0,510**

Tabelle 57: Vergleich der Mittelwerte des Berry-Index nach Organisationsform

Organisationsform	Mittelwert Berry-Index	N	Standardab-weichung
Funktionale Organisation	0,0977	30	0,16708
Spartenorganisation	0,2677	22	0,27355
Matrixorganisation	0,1626	19	0,23709
Tensororganisation	0,5000	1	.
Andere	0,0000	1	.
Insgesamt	0,1700	73	0,23270

Tabelle 58: Zusammenhang nominalskalierter Kontextvariablen mittels Cramers V

		Organisationsform	Branche
Organisationsform	Cramers V		0,260
	Signifikanz		0,872
	N		73
Wettbewerbsstrategie	Cramers V	**0,548**	0,241
	Signifikanz	0	0,941
	N	72	75

Ein mittlerer Zusammenhang besteht zwischen Wettbewerbsstrategie und Konkurrenzintensität (Eta = 0,510). Geringe Zusammenhänge bestehen auch zwischen Organisationsform und Unternehmensdiversifikation (Eta = 0,360) sowie Formalisierungsgrad (Eta = 0,329).

Tabelle 57 zeigt die Mittelwerte für den Berry-Index für die anhand der Organisationsform gruppierten Unternehmen. Es fällt auf, dass die funktional organisierten Unternehmen im Durchschnitt eher weniger diversifiziert sind als die Unternehmen mit Sparten- oder Matrixorganisation. Anhand eines Zweistichproben t-Tests konnte nachgewiesen werden, dass signifikante Unterschiede der Mittelwerte existieren (getestet für die Mittelwerte von funktionaler und Spartenorganisation; Signifikanz: 0,008; T: -2,776; df: 50; Annahme gleicher Varianzen möglich nach Levene-Test).

Tabelle 58 zeigt den Zusammenhang der drei nominalskalierten Kontextvariablen Organisationsform, Branche sowie Wettbewerbsstrategie untereinander. Hierzu wurde Cramers V als Maßzahl eingesetzt. Ein gewisser Zusammenhang scheint in der Stichprobe zwischen Organisationsform und Wettbewerbsstrategie vorzuliegen (Cramers V = 0,548). Eine mögliche Erklärung wäre ein Zusammenhang zwischen Wettbewerbsstrategie, Unternehmensgröße und Organisationsform in der Art, dass es sich bei Nischenanbietern („Fokussierer") eher um kleinere Unternehmen mit häufig funktionaler Organisation handelt[439] und größere auf den Gesamtmarkt abzielende Unternehmen („Gesamtmarktler") eher zu Sparten-, Matrix- und Tensororganisation neigen.[440] So ist von den 30 „Fokussierern" mit 17 Unternehmen die Mehrheit funktional organisiert, und mit zehn Unternehmen gehört die Mehrheit dieser 17 Unternehmen Größenklasse 1 (Unternehmen bis 749 Mitarbeiter) aus Tabelle 6 an. Von den 13 „Gesamtmarktlern" mit Differenzierungs- oder Kostenführerschaftsstrategie sind zehn aus Größenklasse 3 (Unternehmen ab 7900 Mitarbeiter), und nur drei dieser zehn Unternehmen sind funktional organisiert. Tabelle 59 verdeutlicht den Zusammenhang zwischen Organisationsform, Wettbewerbsstrategie und Unternehmensgröße in der Stichprobe in Form einer Kreuztabelle. Eine tiefere Analyse dieses Zusammenhangs - möglicherweise unter Einbeziehung von Formalisierung und Konkurrenzintensität als weitere Dimensionen - ist jedoch eine Aufgabe, welche thematisch eher in anderen Arbeiten gelöst werden sollte.

---

[439] Die funktionale Organisation kommt vor allem bei kleinen und mittelständischen Unternehmen vor; vgl. Fiedler (2007, S. 35.
[440] Vgl. zu den Wettbewerbsstrategien die univariate Analyse in Kapitel 4.2.1.6.

Größen-klasse	Organisationsform	Wettbewerbsstrategie					Gesamt
		keine eindeutige Strategie	Differenzierung	Kostenführerschaft	Fokussierung	Unterschiedl. Strategien auf mehreren Märkten	
1	Funktionale Org.	2	0		10	1	13
	Spartenorg.	1	1		5	0	7
	Matrixorg.	1	0		1	3	5
	Gesamt	4	1		16	4	25
2	Funktionale Org.	2	2		5	3	12
	Spartenorg.	1	0		3	2	6
	Matrixorg.	2	0		2	2	6
	Gesamt	5	2		10	7	24
3	Funktionale Org.	0	3	0	2	0	5
	Spartenorg.	1	1	0	2	5	9
	Matrixorg.	1	4	0	0	2	7
	Tensororg.	0	0	1	0	0	1
	Andere	0	1	0	0	0	1
	Gesamt	2	9	1	4	7	23

Tabelle 59: Kreuztabelle Organisationsform*Wettbewerbsstrategie*Größenklasse

Abschließend lässt sich feststellen, dass in der bivariaten Analyse als wesentliche Einflussfaktoren der Kontextfaktoren untereinander Branche und Unternehmensgröße (insbesondere gemessen an der Anzahl der Mitarbeiter) identifiziert werden konnten. Die Variablen der Unternehmensgröße korrelieren dabei positiv mit Spezialisierungs- und Formalisierungsgrad, der vertikalen Spanne und der Konkurrenzintensität sowie negativ mit dem Grad der Entscheidungszentralisierung sowie dem Verhältnis der leitenden zu den ausführenden Angestellten. Die Branche korreliert mit der Anzahl der Mitarbeiter und Betriebsstätten, dem Risikoexpositionsgrad, der Konkurrenzintensität und dem Grad der Entscheidungszentralisierung. Gewisse Zusammenhänge bestehen auch zwischen Unternehmensgröße, Wettbewerbsstrategie, Organisationsform und dem Ausmaß an Unternehmensdiversifizierung.

4.3.2 Bivariate Analyse von Kontext und Effizienz

Durch die bivariate Analyse von Kontext und Effizienz wird untersucht, ob und welche Zusammenhänge zwischen den Kontextfaktoren und den Effizienzkriterien des Risikomanagements existieren. Im Fokus stand dabei die Fragestellung, ob bestimmte Ausprägungen der Kontextvariablen die Ergebniseffizienz des Risikomanagementprozesses und dessen Effizienz im Sinne von Wirtschaftlichkeit beeinflussen. Dies ist wichtig, da im weiteren Verlauf der Analyse die Ergebniseffizienz in Abhängigkeit von den Gestaltungsvariablen auch im Hinblick auf das Vorliegen bestimmter Unternehmenskonfigurationen (basierend auf den Ausprägungen der Kontextvariablen) untersucht werden soll. Die Ergebnisse dieser weiteren Untersuchung müssen dann vor dem Hintergrund evtl. vorhandener direkter Zusammenhänge einzelner Kontext- und Effizienzvariablen interpretiert werden.

Daher wurden hier die in Kapitel 4.2.3.1.1 univariat ausgewerteten Variablen der Ergebniseffizienz sowie die auf Frage 3.9 des Fragebogens basierende Bewertung der Wirtschaftlichkeit des Risikomanagementprozesses (vgl. Kapitel 4.2.3.2) zur Analyse herangezogen. Der Zusammenhang dieser Variablen mit den in Tabelle 54 aufgeführten Kontextvariablen wurde in Abhängigkeit von der Variablenskalierung unter Einsatz des Korrelationskoeffizienten nach Spearman und des Eta-Koeffizienten untersucht. Zusätzlich wurden die Variable INTEGRM, welche das Ausmaß an integrativen Abstimmungsaktivitäten hinsichtlich des Risikomanagements misst, und das Koordinationsergebnis in die Analyse mit einbezogen.

Tabelle 60 zeigt den Korrelationskoeffizient nach Spearman für die intervallskalierten und für solche ordinalskalierten Kontext- und Effizienzvariablen, bei denen gleiche Abstände der einzelnen Ausprägungen auf der Skala unterstellt werden. Hier konnten einige geringe statistisch signifikante Korrelationen ($0,2 < \rho < 0,5$) festgestellt werden. So korreliert der Formalisierungsgrad schwach positiv mit drei Effizienzvariablen: Effizienz der Risikoüberwachung ($\rho = 0,261^*$), Effizienz der internen Überprüfung des Risikomanagementsystems ($\rho = 0,326^*$) und Koordinationsergebnis ($\rho = 0,261^*$). Eine kausale Beziehung in der Form, dass das Vorliegen gewisser formaler Strukturen und Regeln die Effizienz der beiden genannten Teilprozesse des Risikomanagements und auch eine bessere Abstimmung der Risikoeinstellung auf die Risikopolitik (Koordinationsergebnis) begünstigt, liegt hier nahe.

Eine schwache Korrelation konnte zwischen vertikaler Spanne und Wirtschaftlichkeit des Risikomanagements festgestellt werden ($\rho = 0,231^*$). Eine kausale Beziehung liegt dabei vermutlich nicht vor. Eine schwacher Zusammenhang besteht ebenfalls zwischen der Effizienz der internen Überprüfung des Risikomanagementsystems und Variablen der Unternehmensgröße (Anzahl der Mitarbeiter: $\rho = 0,318^{**}$; Umsatz: $\rho = 0,290^*$; Bilanzsumme: $\rho = 0,277^*$). Möglicherweise stehen bei kleineren Unternehmen eher andere Revisionsfelder im Vordergrund als die Prüfung des Risikomanagementsystems - eine derartige kausale Beziehung kann an dieser Stelle jedoch nur vermutet werden.

Tabelle 60: Korrelation der Kontextvariablen mit den Effizienzvariablen nach Spearman

		Anzahl Mit-arbeiter	Umsatz	Bilanz-summe	Berry-Index	Speziali-sierungs-grad	Zentrali-sierungs-grad	Formali-sierungs-grad	Verti-kale Spanne	Verh. ltd./ausf. Angest.	Anzahl Betrst.	Risiko-expositi-onsgrad	Konkur-renz-int.
Subjektive Effizienz-beurteilung des RMS insgesamt	Korr. nach Spearman	0,157	0,071	0,063	-0,154	-0,088	-0,015	0,213	0,009	-0,120	0,103	0,052	-0,15
	Signifikanz (2-seitig)	0,175	0,543	0,591	0,183	0,448	0,898	0,070	0,937	0,424	0,387	0,659	0,22
	N	76	76	75	76	76	73	73	75	47	72	75	74
Effizienz der Festle-gung der Risikofelder	Korr. nach Spearman	0,204	0,091	0,094	0,030	-0,160	-0,091	0,124	-0,002	-0,065	0,174	0,038	0,19
	Signifikanz (2-seitig)	0,079	0,435	0,427	0,796	0,171	0,446	0,298	0,990	0,665	0,147	0,747	0,11
	N	75	75	74	75	75	72	72	74	47	71	75	73
Effizienz der Risiko-identifikation	Korr. nach Spearman	0,227	0,224	0,218	-0,011	0,063	0,025	-0,007	0,072	-0,135	0,261	-0,023	-0,01
	Signifikanz (2-seitig)	0,051	0,054	0,062	0,927	0,588	0,835	0,953	0,540	0,364	0,028	0,845	0,93
	N	75	75	74	75	75	72	72	74	47	71	75	73
Effizienz der Risiko-bewertung	Korr. nach Spearman	0,214	0,201	0,177	-0,172	0,178	0,020	0,228	0,093	-0,081	0,204	-0,011	-0,11
	Signifikanz (2-seitig)	0,078	0,097	0,150	0,159	0,144	0,873	0,066	0,448	0,610	0,103	0,926	0,38
	N	69	69	68	69	69	66	66	68	42	65	69	67
Effizienz der Risiko-bewältigung	Korr. nach Spearman	-0,062	0,001	-0,079	-0,127	0,022	0,222	0,122	0,095	-0,257	0,048	0,021	-0,16
	Signifikanz (2-seitig)	0,602	0,990	0,511	0,284	0,851	0,065	0,314	0,426	0,088	0,696	0,863	0,17
	N	73	73	72	73	73	70	70	72	45	69	73	71
Effizienz der Risiko-überwachung	Korr. nach Spearman	0,119	0,110	0,105	0,098	0,073	0,158	0,261*	0,107	0,131	0,043	-0,085	-0,13
	Signifikanz (2-seitig)	0,313	0,353	0,375	0,407	0,537	0,187	0,028	0,368	0,384	0,726	0,473	0,27
	N	74	74	73	74	74	70	70	72	45	69	74	71
Effizienz der internen Überprüfung des RMS	Korr. nach Spearman	**0,318****	**0,290***	**0,277***	0,022	0,156	0,124	0,326*	0,061	-0,175	0,177	-0,067	-0,05
	Signifikanz (2-seitig)	0,006	0,012	0,018	0,855	0,184	0,302	0,006	0,611	0,240	0,142	0,568	0,71
	N	74	74	73	74	74	71	71	73	46	70	74	72
Wirtschaftlichkeit des RM	Korr. nach Spearman	0,158	0,172	0,201	0,029	0,010	0,008	-0,037	0,231*	-0,073	0,128	0,105	0,13
	Signifikanz (2-seitig)	0,172	0,137	0,085	0,804	0,933	0,948	0,753	0,046	0,625	0,285	0,368	0,26
	N	76	76	75	76	76	73	73	75	47	72	75	74
Ausmaß integrativer Abstimmungsaktivitä-ten	Korr. nach Spearman	0,144	**0,257***	**0,244***	-0,067	0,35**	0,008	0,219	0,099	0,205	0,083	**0,371****	-0,030
	Signifikanz (2-seitig)	0,231	0,030	0,042	0,581	0,003	0,947	0,072	0,413	0,182	0,500	0,002	0,804
	N	71	71	70	71	71	69	68	70	44	68	70	69
Koordinationsergeb-nis	Korr. nach Spearman	0,212	**0,269***	0,216	0,113	0,114	0,136	0,261*	0,016	-0,046	0,210	-0,068	0,01
	Signifikanz (2-seitig)	0,074	0,023	0,070	0,344	0,340	0,261	0,030	0,894	0,769	0,084	0,570	0,96
	N	72	72	71	72	72	70	69	71	44	69	72	70

Tabelle 60: Korrelation der Kontextvariablen mit den Effizienzvariablen nach Spearman

Für die Variable INTEGRM (Ausmaß integrativer Abstimmungsaktivitäten) konnten mehrere geringe positive Korrelationen festgestellt werden. So korreliert die Variable mit Umsatz (ρ = 0,257*), Bilanzsumme (ρ = 0,244*), Spezialisierungsgrad (ρ = 0,350**) und Risikoexpositionsgrad (ρ = 0,371**).

Sicherlich kausal begründet ist die Korrelation von INTEGRM und dem Spezialisierungsgrad. Durch höhere Spezialisierung und die damit verbundene Segmentierung entstehen Entscheidungsinterdependenzen durch die mit der Segmentierung einhergehende Kompetenzaufteilung zusammenhängender Handlungskomplexe. Dies bewirkt tendenziell eine Qualitätseinbuße von Entscheidungen (interdependenzbezogene Autonomiekosten), welcher durch ein erhöhtes Maß an Abstimmungsaktivitäten entgegenzuwirken versucht wird.[441]

Autonomiekosten entstehen nicht nur durch Segmentierung, sondern auch durch Strukturierung (delegationsbezogene Autonomiekosten).[442] Die Zusammenhänge zwischen INTEGRM und den Variablen der Unternehmensgröße Umsatz sowie Bilanzsumme lassen sich darauf zurückführen, dass bei größeren Unternehmen durch ein höheres Maß an Strukturierung und Segmentierung ein erhöhter Abstimmungsbedarf anfällt. Abstimmungsaktivitäten dienen zwar der Senkung von Autonomiekosten, verursachen aber auch Abstimmungskosten. Beim Vergleich alternativer Organisationsstrukturen muss im Rahmen einer Effizienzbeurteilung stets die Summe aus Autonomie- und Abstimmungskosten betrachtet werden. Abstimmungsaktivitäten sind zwar prinzipiell effizienzsteigernd, es gibt aber evtl. eine organisatorische Lösung, welche einen geringeren Abstimmungsbedarf induziert und dadurch auch weniger Abstimmungsaktivitäten erfordert als die betrachtete Lösung. Könnte man davon ausgehen, dass erforderliche Abstimmungsaktivitäten stets im erforderlichen Maße durchgeführt werden, so wäre INTEGRM als negativer Effizienzindikator zu betrachten.

Der Zusammenhang zwischen INTEGRM und dem Risikoexpositionsgrad mag darin begründet liegen, dass mit einem steigenden Grad an Risikoexposition die Wichtigkeit risikomanagementbezogener Entscheidungen zunimmt - die Einbeziehung verschiedener organisatorischer Einheiten und eine unternehmensweite Abstimmung der Entscheidungen wird nötig, um die Entscheidungsqualität zu erhöhen.

Tabelle 61 zeigt die Eta-Koeffizienten als Maß für den Zusammenhang zwischen den Effizienzvariablen (ordinalskaliert; gleiche Abstände der Ausprägungen auf der Skala

---

[441] Vgl. Frese (2005), S. 309 sowie S. 314 f.
[442] Vgl. Frese (2005), S. 309 sowie S. 314 f.

unterstellt) und den drei nominalskalierten Kontextvariablen Branche, Organisations-form und Wettbewerbsstrategie. Hier scheint insbesondere die Branche Einfluss auf die Effizienz des Risikomanagements zu besitzen: Bei sechs der zehn in die Untersuchung einbezogenen Effizienzvariablen erreicht der Eta-Koeffizient mindestens den in Kapitel 4.1.3 definierten kritischen Wert i. H. v. gerundet 0,31. Möglicherweise wird Risikomanagement in einigen Branchen generell effizienter betrieben als in anderen.

(Quasi-)Intervallskalierung	Nominalskalierung	Branche	Organisa-tionsform	Wettbewerbs-strategie
Subjektive Effizienzbeurteilung des RMS insgesamt	N	76	73	75
	Eta-Koeffizient	**0,320**	0,147	0,303
Effizienz der Festlegung der Risikofelder	N	75	73	74
	Eta-Koeffizient	0,260	0,135	0,255
Effizienz der Risikoidentifikation	N	75	73	74
	Eta-Koeffizient	**0,360**	0,220	0,301
Effizienz der Risikobewertung	N	69	67	68
	Eta-Koeffizient	**0,421**	0,303	0,296
Effizienz der Risikobewältigung	N	73	71	72
	Eta-Koeffizient	**0,475**	0,175	0,179
Effizienz der Risikoüberwachung	N	74	72	73
	Eta-Koeffizient	**0,448**	0,263	**0,311**
Effizienz der internen Überprüfung des RMS	N	74	73	73
	Eta-Koeffizient	**0,353**	0,191	**0,312**
Wirtschaftlichkeit des RM	N	76	73	75
	Eta-Koeffizient	0,301	0,176	0,218
Ausmaß integrativer Abstimmungsaktivitäten	N	0,261	0,148	0,195
	Eta-Koeffizient	71	68	70
Koordinationsergebnis	N	72	70	71
	Eta-Koeffizient	0,266	0,268	0,235

Tabelle 61: Zusammenhang zwischen nominalskalierten Kontextvariablen und Effizienzvariablen

Zusammenhänge bestehen auch zwischen Wettbewerbsstrategie und der Effizienz der Risikoüberwachung (Eta = 0,311) sowie der Effizienz der internen Überprüfung des Risikomanagementsystems (Eta = 0,312). Eine kausale Begründung erschließt sich hierfür allerdings nicht.

Abschließend lässt sich für den Zusammenhang zwischen Kontext- und Effizienzvariablen feststellen, dass Branche, Unternehmensgröße, Formalisierungsgrad und Spezialisierungsgrad als Einflussfaktoren auf die Effizienz des Risikomanagements eine gewisse Bedeutung besitzen.

4.3.3 Bivariate Analyse von Kontext und Gestaltung

4.3.3.1 Vorüberlegungen

Durch die bivariate Analyse von Kontext und Gestaltung wird untersucht, ob und welche Zusammenhänge zwischen den Kontext- und den Gestaltungsfaktoren des Risikomanagementsystems existieren. Im Gegensatz zur bisherigen Vorgehensweise wurde nicht nur das Datenmaterial exploriert bzw. wurden Überlegungen zur Kausalität entdeckter statistischer Zusammenhänge angestellt, sondern auch die zuvor in Kapitel 3.1 aufgestellten Hypothesen überprüft. Die an dieser Stelle zu prüfenden Hypothesen werden in nachfolgender Tabelle 62 dargestellt.

Hypothese 1	Der Anteil der am Risikomanagement-Prozess beteiligten Mitarbeiter an der Gesamtzahl der Mitarbeiter sinkt mit zunehmender Mitarbeiterzahl.
Hypothese 2	Mit zunehmender Mitarbeiterzahl steigt die Anzahl der im Risikomanagement eingesetzten Instrumente.
Hypothese 3	Mit zunehmender Mitarbeiterzahl steigt
a)	der Formalisierungsgrad des Risikomanagements,
b)	der Spezialisierungsgrad des Risikomanagements und
c)	sinkt die Entscheidungszentralisation des Risikomanagements.
Hypothese 4	Es besteht ein Zusammenhang zwischen der Anzahl der Mitarbeiter und der Art der Einbindung des Risikomanagements in die Unternehmensorganisation in der Form, dass mit steigender Mitarbeiterzahl die Institutionalisierung des Risikomanagements zunimmt.
Hypothese 5	Mit zunehmendem Risikoexpositionsgrad steigt
a)	die Anzahl im Risikomanagement eingesetzter Instrumente und
b)	nimmt auch der Spezialisierungsgrad des Risikomanagement zu.
Hypothese 6	Mit steigender Diversifizierung eines Unternehmens steigt die Zentralisierung im Sinne der Zusammenfassung gleichartiger Aufgaben der Aufgabenkomplexe
a)	Risikobewältigung und
b)	Risikoüberwachung.
Hypothese 7	Es besteht ein positiver Zusammenhang zwischen
a)	der generellen Formalisierung und der Formalisierung des Risikomanagements,
b)	der generellen Spezialisierung und der Spezialisierung des Risikomanagements,
c)	der generellen Entscheidungszentralisation und der Entscheidungszentralisation des Risikomanagements und
d)	der generellen Komplexität der Organisationsstruktur und der Komplexität der Organisationsstruktur des Risikomanagements.

Tabelle 62: Hypothesen über Zusammenhänge zwischen Kontext- und Gestaltungsfaktoren

Neben den zur Prüfung der Hypothesen benötigten Korrelationskoeffizienten wurden auch im Rahmen einer explorativen Datenanalyse für diverse Variablenpaare Korrelationskoeffizienten berechnet. Es wurden die Kontextvariablen aus Tabelle 54 auf Zusammenhänge mit den in Kapitel 4.2.2 univariat ausgewerteten Gestaltungsvariablen hin untersucht. Tabelle 63 zeigt den Eta-Koeffizienten als Maß für den Zusammenhang zwischen den drei nominalskalierten Kontextvariablen Organisationsform, Branche und Wettbewerbsstrategie und diversen Gestaltungsvariablen der Risikomanagementorganisation, die intervallskaliert sind oder als quasi-intervallskaliert betrachtet werden können. Tabelle 64 zeigt die Korrelationen nach Spearman für Kontext- und allgemeine Gestaltungsvariablen der Risikomanagementorganisation. Tabelle 65 zeigt die Korrelationen nach Spearman zwischen den Kontextvariablen und dem Zentralisierungsgrad verschiedener Aufgabenkomplexe des RM. In Tabelle 66 finden sich die Korrelationen nach Spearman zwischen Kontextvariablen und der Hierarchieebene der Durchführung dieser Aufgabenkomplexe. Alle in drei letztgenannten Tabellen aufgeführten Variablen sind intervallskaliert oder werden als quasi-intervallskaliert betrachtet.

Intervallskalierung / Nominalskalierung		Branche	Organisationsform	Wettbewerbsstrategie
Anzahl MA RM / Gesamtzahl MA	N	66	64	65
	Eta-Koeffizient	0,244	0,122	0,219
Anteil an RM-Mitarbeitern in zentralen Abteilungen	N	62	60	61
	Eta-Koeffizient	**0,423**	0,297	0,185
Hierarchischer Zentralisationsgrad des RM	N	57	56	57
	Eta-Koeffizient	0,268	0,247	0,291
Spezialisierungsgrad des RM	N	60	57	59
	Eta-Koeffizient	0,297	0,224	0,248
Verhältnis leitende / ausführende Angestellte im RM	N	46	44	46
	Eta-Koeffizient	**0,679**	0,259	0,301
Vertikale Spanne des Risikomanagements	N	58	57	58
	Eta-Koeffizient	0,277	0,231	0,304
Formalisierungsgrad des RM	N	76	73	75
	Eta-Koeffizient	**0,350**	0,167	**0,346**
Anzahl eingesetzter Instrumente im RM	N	76	73	75
	Eta-Koeffizient	**0,334**	**0,413**	**0,362**

Tabelle 63: Zusammenhang zwischen nominalskalierten Kontextvariablen und intervallskalierten Gestaltungsvariablen der RM-Organisation

		Anzahl Mitarbeiter	Umsatz	Bilanzsumme	Berry-Index	Spezialisierungsgrad	Zentralisierungsgrad	Formalisierungsgrad	Vertikale Spanne	Verh. leitd. / ausf. Angest.	Anzahl Betriebsstätten	Risikoexpositionsgrad	Konkurrenzintensität
Anzahl MA RM / Gesamtzahl MA	Korr. n. Spearman	-0,721**	-0,548**	-0,551**	0,165	-0,473**	0,138	-0,148	-0,451**	0,461**	-0,518**	-0,112	-0,288*
	Signifikanz (2-seitig)	0,000	0,000	0,000	0,185	0,000	0,275	0,242	0,000	0,002	0,000	0,376	0,021
	N	66	66	66	66	66	64	64	66	43	64	65	64
Anteil an RM-MA in zentralen Abtlg.	Korr. n. Spearman	-0,006	0,042	0,063	-0,091	0,053	0,179	-0,062	-0,086	-0,151	-0,118	0,123	0,157
	Signifikanz (2-seitig)	0,963	0,746	0,626	0,479	0,684	0,171	0,640	0,505	0,354	0,370	0,344	0,231
	N	62	62	62	62	62	60	60	62	40	60	61	60
RM-Entscheidungszentralisationsgrad	Korr. n. Spearman	-0,228	-0,182	-0,127	0,145	-0,141	0,478**	-0,151	-0,130	0,136	-0,057	-0,033	-0,270*
	Signifikanz (2-seitig)	0,088	0,175	0,348	0,281	0,294	0,000	0,272	0,335	0,385	0,681	0,806	0,044
	N	57	57	57	57	57	56	55	57	43	55	57	56
Spezialisierungsgrad des RM	Korr. n. Spearman	0,190	0,164	0,135	0,228	0,022	-0,026	0,258	0,254	0,035	0,161	0,143	0,082
	Signifikanz (2-seitig)	0,146	0,210	0,304	0,080	0,867	0,844	0,053	0,050	0,832	0,225	0,280	0,542
	N	60	60	60	60	60	60	57	60	39	59	59	58
Verhältnis ltd. / ausf. Angestellte im RM	Korr. n. Spearman	-0,072	0,170	0,137	-0,062	-0,094	0,063	0,073	0,028	0,035	0,029	0,084	-0,038
	Signifikanz (2-seitig)	0,635	0,260	0,364	0,682	0,536	0,679	0,639	0,855	0,849	0,853	0,578	0,802
	N	46	46	46	46	46	45	44	46	32	44	46	45
Vertikale Spanne des RM	Korr. n. Spearman	0,082	0,110	0,109	0,153	-0,075	0,133	0,094	0,255	0,179	0,189	0,217	-0,148
	Signifikanz (2-seitig)	0,543	0,411	0,417	0,250	0,577	0,323	0,493	0,053	0,252	0,164	0,102	0,273
	N	58	58	58	58	58	57	56	58	43	56	58	57
Formalisierungsgrad des RM	Korr. n. Spearman	0,270*	0,285*	0,260*	0,067	0,224	-0,043	0,316*	0,027	-0,188	0,200	-0,035	0,186
	Signifikanz (2-seitig)	0,018	0,012	0,025	0,564	0,052	0,718	0,006	0,821	0,205	0,093	0,763	0,113
	N	76	76	75	76	76	73	73	75	47	72	75	74
Anzahl eingesetzter Instr. im RM	Korr. n. Spearman	0,262*	0,223	0,242*	0,158	0,343**	-0,105	0,171	-0,136	0,036	0,186	0,117	0,191
	Signifikanz (2-seitig)	0,022	0,053	0,036	0,172	0,002	0,378	0,147	0,243	0,808	0,117	0,317	0,102
	N	76	76	75	76	76	73	73	75	47	72	75	74

Tabelle 64: Korrelation nach Spearman zwischen Kontextvariablen und allgemeinen Gestaltungsvariablen der RM-Organisation

		Anzahl Mitarbeiter	Umsatz	Bilanz-summe	Berry-Index	Spezia-lisierungsgrad	Zentra-lisierungsgrad	Forma-lisierungsgrad	Verti-kale Spanne	Verh. leitd./ ausf. Angest.	Anzahl Betriebs-stätten	Risiko-exposi-tionsgrad	Kon-kurrenz-intensität
Zentralisierungsgrad Risikoidentifikation	Korr. n. Spearman	**-0,239***	-0,128	-0,105	0,009	**-0,266***	0,173	-0,034	**-0,243***	-0,084	-0,182	-0,072	-0,163
	Signifikanz (2-seitig)	0,038	0,270	0,369	0,938	0,020	0,144	0,772	0,036	0,573	0,126	0,538	0,165
	N	76	76	75	76	76	73	73	75	47	72	75	74
Zentralisierungsgrad Festlegung der Risiko-felder	Korr. n. Spearman	-0,004	-0,105	-0,097	0,020	**-0,262***	0,040	0,054	-0,108	-0,181	0,083	-0,170	0,154
	Signifikanz (2-seitig)	0,973	0,368	0,405	0,862	0,022	0,734	0,650	0,358	0,224	0,489	0,146	0,189
	N	76	76	75	76	76	73	73	75	47	72	75	74
Zentralisierungsgrad Risikoanalyse und -bewertung	Korr. n. Spearman	-0,158	-0,122	-0,113	-0,027	0,091	0,108	-0,013	-0,009	-0,202	-0,154	-0,170	-0,181
	Signifikanz (2-seitig)	0,174	0,297	0,338	0,818	0,439	0,368	0,913	0,939	0,178	0,198	0,148	0,126
	N	76	76	75	75	75	73	73	75	46	71	74	73
Zentralisierungsgrad Risikoaggregation	Korr. n. Spearman	-0,194	-0,014	-0,030	0,059	-0,131	**0,254***	0,077	-0,123	-0,013	-0,079	-0,026	-0,083
	Signifikanz (2-seitig)	0,116	0,909	0,809	0,634	0,289	0,043	0,546	0,326	0,935	0,540	0,836	0,509
	N	67	67	66	67	67	64	64	66	42	63	66	65
Zentralisierungsgrad Risikobewältigung	Korr. n. Spearman	**-0,308****	-0,209	**-0,253***	0,080	-0,155	0,199	-0,125	**-0,235***	-0,265	**-0,268***	-0,182	-0,052
	Signifikanz (2-seitig)	0,007	0,070	0,028	0,494	0,183	0,091	0,294	0,042	0,072	0,023	0,119	0,657
	N	67	76	66	76	76	73	73	75	47	72	75	74
Zentralisierungsgrad Risikoüberwachung	Korr. n. Spearman	-0,198	-0,175	-0,178	0,030	**-0,281***	0,041	-0,001	-0,116	-0,116	-0,201	-0,175	-0,143
	Signifikanz (2-seitig)	0,089	0,133	0,129	0,800	0,015	0,735	0,991	0,327	0,442	0,093	0,136	0,226
	N	76	76	75	76	75	72	72	74	46	71	74	73
Zentralisierungsgrad Prüfung d. Effektivi-tät/Effizienz des RM	Korr. n. Spearman	0,001	-0,048	-0,065	-0,056	-0,076	-0,056	-0,042	0,149	-0,181	0,209	-0,085	-0,024
	Signifikanz (2-seitig)	0,993	0,685	0,585	0,639	0,525	0,648	0,727	0,210	0,234	0,086	0,477	0,841
	N	75	75	74	73	73	70	70	72	45	69	72	71
Zentralisierungsgrad Entw. und Steuerung der Risikopolitik	Korr. n. Spearman	0,033	-0,038	0,023	0,048	-0,065	**0,286***	0,039	0,037	-0,080	0,075	-0,060	0,024
	Signifikanz (2-seitig)	0,784	0,748	0,851	0,687	0,583	0,017	0,746	0,757	0,605	0,541	0,615	0,840
	N	73	73	72	73	73	70	70	72	44	69	72	71
Zentralisierungsgrad Steuerung des RM-Prozesses	Korr. n. Spearman	-0,084	-0,082	-0,129	-0,041	-0,179	0,134	0,080	0,085	0,044	-0,054	-0,041	-0,076
	Signifikanz (2-seitig)	0,475	0,488	0,276	0,727	0,127	0,265	0,508	0,476	0,773	0,660	0,729	0,523
	N	74	74	73	74	74	71	71	73	46	70	74	72

Tabelle 65: Korrelation nach Spearman zwischen Kontextvariablen und dem Zentralisierungsgrad der Aufgabenkomplexe des RM

		Anzahl Mitarbeiter	Umsatz	Bilanzsumme	Berry-Index	Spezialisierungsgrad	Zentralisierungsgrad	Formalisierungsgrad	Vertikale Spanne	Verh. leitd. / ausf. Angest.	Anzahl Betriebsstätten	Risikoexpositionsgrad	Konkurrenzintensität
Hierarchieebene Risikoidentifikation	Korr. n. Spearman	-0,204	-0,059	-0,030	0,086	-0,103	0,164	-0,288*	-0,111	0,076	-0,052	-0,298*	-0,004
	Signifikanz (2-seitig)	0,125	0,659	0,821	0,521	0,442	0,224	0,031	0,408	0,627	0,705	0,023	0,978
	N	58	58	58	58	58	58	56	58	43	56	58	57
Hierarchieebene Festlegung der Risikofelder	Korr. n. Spearman	-0,213	-0,135	-0,129	0,240	-0,213	0,421*	-0,125	-0,148	0,190	-0,087	0,088	-0,276*
	Signifikanz (2-seitig)	0,108	0,312	0,334	0,070	0,108	0,001	0,360	0,268	0,223	0,524	0,512	0,038
	N	58	58	58	58	58	57	56	58	43	56	58	57
Hierarchieebene Risikoanalyse und -bewertung	Korr. n. Spearman	-0,204	-0,051	0,008	0,194	-0,130	0,461**	-0,130	-0,106	0,037	-0,077	-0,058	-0,304*
	Signifikanz (2-seitig)	0,129	0,706	0,951	0,148	0,334	0,000	0,345	0,433	0,814	0,577	0,666	0,023
	N	57	57	57	57	57	56	55	57	43	55	57	56
Hierarchieebene Risikoaggregation	Korr. n. Spearman	-0,224	-0,204	-0,160	0,159	-0,188	0,328*	-0,043	-0,252	0,358*	-0,060	-0,053	-0,286*
	Signifikanz (2-seitig)	0,114	0,150	0,261	0,265	0,187	0,020	0,771	0,075	0,028	0,684	0,711	0,044
	N	51	51	51	51	51	50	49	51	38	49	51	50
Hierarchieebene Risikobewältigung	Korr. n. Spearman	-0,234	-0,131	-0,164	0,115	-0,009	0,374**	-0,201	-0,066	-0,008	-0,061	-0,167	-0,044
	Signifikanz (2-seitig)	0,077	0,326	0,219	0,389	0,947	0,004	0,138	0,620	0,958	0,653	0,211	0,747
	N	58	58	58	58	58	57	56	58	43	56	58	57
Hierarchieebene Risikoüberwachung	Korr. n. Spearman	-0,031	-0,124	-0,109	0,178	-0,145	0,312*	-0,053	-0,044	0,158	0,092	0,033	-0,222
	Signifikanz (2-seitig)	0,817	0,360	0,421	0,186	0,281	0,019	0,703	0,746	0,317	0,506	0,806	0,099
	N	57	57	57	57	57	56	55	57	42	55	57	56
Hierarchieebene Prüfung d. Effektivität/Effizienz des RM	Korr. n. Spearman	-0,243	-0,233	-0,180	0,090	-0,235	0,206	-0,064	-0,158	0,288	-0,044	0,088	-0,279*
	Signifikanz (2-seitig)	0,076	0,090	0,193	0,517	0,087	0,140	0,650	0,254	0,071	0,757	0,526	0,043
	N	54	54	54	54	54	53	52	54	40	52	54	53
Hierarchieebene Entw. und Steuerung d. Risikopolitik	Korr. n. Spearman	0,000	-0,086	-0,064	0,232	-0,028	0,484**	-0,077	0,106	-0,090	0,094	0,142	-0,264
	Signifikanz (2-seitig)	0,998	0,538	0,648	0,092	0,842	0,000	0,589	0,444	0,585	0,506	0,307	0,057
	N	54	54	54	54	54	53	52	54	39	52	54	53
Hierarchieebene Steuerung des RM-Prozesses	Korr. n. Spearman	-0,223	-0,206	-0,182	0,000	-0,109	0,362**	-0,131	-0,148	0,204	-0,039	0,022	-0,294*
	Signifikanz (2-seitig)	0,092	0,122	0,173	0,997	0,417	0,006	0,338	0,268	0,189	0,776	0,868	0,026
	N	58	58	58	58	58	57	56	58	43	56	58	57

Tabelle 66: Korrelation nach Spearman zwischen Kontextvariablen und der Hierarchieebene der Aufgabenkomplexe des RM

4.3.3.2 Zusammenhänge zwischen Unternehmensgröße und organisatorischer Gestaltung des Risikomanagements

Hinsichtlich *Hypothese 1* konnte tatsächlich eine hohe negative, statistisch signifikante Korrelation zwischen der Gesamtzahl der Mitarbeiter und dem Anteil der Mitarbeiter im Risikomanagement an der Gesamtzahl der Mitarbeiter festgestellt werden ($\rho = -0{,}721$**), so dass die Hypothese als bestätigt angenommen werden kann. Abbildung 34 zeigt das Streudiagramm der beiden Variablen. Zur besseren Visualisierung wurde die Skala der Abszisse logarithmisch dargestellt. Zur weiteren Analyse des Zusammenhangs wurde in SPSS Version 15 eine Kurvenanpassung durchgeführt (Regressionsmodell; Kurvenform: Potenzfunktion)[443]. Dabei wurde die Anzahl der Mitarbeiter als unabhängige und der Anteil der Risikomanagement-Mitarbeiter an der Gesamtzahl der Mitarbeiter als abhängige Variable definiert. Die errechnete Vorhersagegleichung des Modells lautet: $f(x) = 0{,}934 \, x^{-0{,}69}$ (in der Diagrammlegende mit „Exponent" gekennzeichnet). Tabelle 67 zeigt zusammenfassende statistische Angaben zur Modellanpassung.

Ergänzend wurde eine Anpassungslinie nach der *locally weighted regression scatterplot smoothing method*[444] eingezeichnet (in der Diagrammlegende als Anpassungslinie gekennzeichnet). Diese verläuft in etwa entlang der Funktion $f(x) = 0{,}06 \, x^{-0{,}3}$ (gestrichelte Linie entlang der Anpassungslinie). Beide Kurven zeigen den typischen Verlauf einer Lernkurve.[445] Zieht man die Funktion entlang der Anpassungslinie als Vorhersagegleichung heran, würde dies bedeuten, dass der notwendige Anteil an Mitarbeitern im Risikomanagement an der Gesamtzahl der Mitarbeiter sich bei einer Verzehnfachung der Mitarbeiterzahl in etwa halbiert. In Abbildung 34 kann man des Weiteren erkennen, dass die Beobachtungswerte ab einem Wert von etwa 1.000 Mitarbeitern deutlich weniger von den dargestellten Funktionen abweichen. Für größere Unternehmen können beide Modelle die beobachteten Werte besser erklären.

Für größere Unternehmen ab etwa 1.000 Mitarbeitern scheint die Unternehmensgröße bzw. die Anzahl der Mitarbeiter die wesentliche Einflussgröße für die Zahl der im Risikomanagement eingesetzten Mitarbeiter zu sein. So kommen, wenn man die Gleichung entlang der Anpassungslinie heranzieht, auf 1.000 Mitarbeiter etwa acht Risikomanagement-Mitarbeiter; bei 10.000 Mitarbeitern sind es 38 Risikomanagement-

---

[443] Vgl. zur Kurvenanpassung Janssen; Laatz (2007), S. 481-485.
[444] Vgl. Janssen; Laatz (2007), S. 723-725.
[445] Vgl. zur Lernkurve Horngren; Foster; Datar (2001); S. 333-339 oder Bellmann; Himpel (2008), S. 184-187.

Mitarbeiter usw. Bei kleineren Unternehmen scheinen hier noch andere Einflussgrößen als die Anzahl der Mitarbeiter eine Rolle zu spielen.

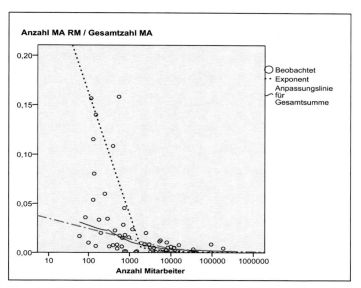

Abbildung 34: Streudiagramm Anzahl MA / Anteil RM-Mitarbeiter an Gesamtzahl

Abhängige Variable: Verhältnis Anzahl MA RM / Gesamtzahl MA

Gleichung	Modellzusammenfassung					Parameterschätzer	
	R-Quadrat	F	Freiheits-grade 1	Freiheits-grade 2	Sig.	Konstante	b1
Potenzfunktion	0,486	60,627	1	64	0,000	0,934	-0,690

Tabelle 67: Zusammenfassende statistische Angaben zur Modellanpassung

Der Anteil der Mitarbeiter im Risikomanagement an der Gesamtzahl der Mitarbeiter (Variable: MARMALLE) korreliert ebenfalls mittelstark negativ mit anderen Variablen der Unternehmensgröße (Umsatz: ρ = -0,548**; Bilanzsumme: ρ = -0,551**) und etwas geringer negativ mit einigen Kontextvariablen, welche ihrerseits positiv mit den Variablen der Unternehmensgröße korrelieren (Spezialisierungsgrad: ρ = -0,473**; vertikale Spanne: ρ = -0,451**; Anzahl Betriebsstätten ρ = -0,518**; Konkurrenzintensität: ρ = -0,288*).

Des Weiteren konnte eine positive Korrelation zwischen MARMALLE und dem Verhältnis der leitenden zu den ausführenden Angestellten (Variable: LARATIO), festgestellt werden (ρ = 0,461**). Es wurde ja bereits in der univariaten Analyse festgestellt, dass das Risikomanagement bei den Nicht-Finanzunternehmen vorrangig eine Aufgabe der Führungskräfte ist (vgl. Kapitel 4.2.2.1.2.2). Ein hoher Anteil an Führungskräften an der Mitarbeiterzahl scheint einen hohen Anteil an Mitarbeitern mit Risikomanagement-Aufgaben zu begünstigen. LARATIO korreliert seinerseits negativ mit der Anzahl der Mitarbeiter (vgl. Tabelle 55). Möglicherweise könnte LARATIO eine der Variablen sein, welche neben der Unternehmensgröße gerade bei den kleineren Unternehmen unter 1.000 Mitarbeiter einen stärkeren Einfluss auf MARMALLE ausüben. Wählt man nur die 30 Unternehmen mit weniger als 1.000 Mitarbeitern aus, so ergibt sich dann für die Korrelation zwischen MARMALLE und der Anzahl der Mitarbeiter nur noch ein Korrelationskoeffizient nach Spearman i. H. v. -0,375* (gegenüber -0,721** für die gesamte Stichprobe). Die Korrelation nach Spearman zwischen MARMALLE und LARATIO hingegen erhöht sich auf den Wert 0,547** (gegenüber 0,461** für alle Unternehmen der Stichprobe).

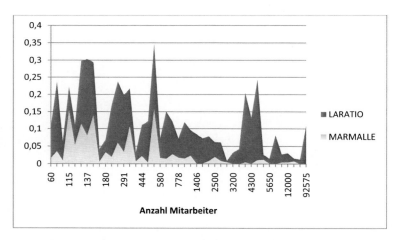

Abbildung 35: LARATIO und MARMALLE in Abhängigkeit von der Mitarbeiterzahl

Abbildung 35 zeigt die Werte von LARATIO und MARMALLE im Vergleich in Abhängigkeit von der Mitarbeiterzahl in einem Flächendiagramm. In die Grafik konnten aufgrund von fehlenden Werten nur 42 Datensätze einfließen. Dennoch kann man deutlich den Zusammenhang zwischen LARATIO und MARMALLE bei den Unternehmen unter 1.000 Mitarbeitern erkennen.

Für die Anzahl der Mitarbeiter konnte ein positiver Zusammenhang zur Anzahl der im Risikomanagement eingesetzten Instrumente festgestellt werden ($\rho = 0,262*$). *Hypothese 2* konnte damit schwach bestätigt werden.

Hinsichtlich der Prüfung von *Hypothese 3 a)* konnte eine geringe positive Korrelation zwischen der Anzahl der Mitarbeiter und dem Formalisierungsgrad des Risikomanagements festgestellt werden (ρ = 0,270*). *Hypothese 3 a)* wird als schwach bestätigt angenommen. Der Formalisierungsgrad des Risikomanagements korreliert ebenfalls mit anderen Variablen der Unternehmensgröße: Umsatz (ρ = 0,285*) sowie Bilanzsumme (ρ = 0,260*). Diese Korrelationen sind jedoch insgesamt weniger stark als die zwischen den Variablen der Unternehmensgröße und dem Formalisierungsgrad des Gesamtunternehmens (vgl. Tabelle 55).

Hinsichtlich *Hypothese 3 b)* konnte keine signifikante Korrelation festgestellt werden. Die Hypothese wurde verworfen. Der Spezialisierungsgrad des Risikomanagements wird offenbar durch andere Faktoren bestimmt als der generelle Spezialisierungsgrad - möglicherweise durch das Ausmaß an Risiko, dem ein Unternehmen ausgesetzt ist (siehe *Hypothese 5 b))*, oder auch durch die hier nicht untersuchte Komplexität der Risiken.

Ebenso scheint kein Zusammenhang zwischen der Anzahl der Mitarbeiter und der Entscheidungszentralisation des Risikomanagements zu bestehen. Als Maß für die Entscheidungszentralisation des Risikomanagements wurden die Hierarchieebenen der Durchführung der Aufgabenkomplexe des Risikomanagements herangezogen (vgl. Tabelle 66). Auch *Hypothese 3 c)* wurde verworfen. Es konnte jedoch ein negativer Zusammenhang zwischen der Anzahl der Mitarbeiter und dem Grad der Zentralisation im Sinne der Zusammenfassung gleichartiger Aufgaben in zentralen Einheiten für die Aufgabenkomplexe Risikoidentifikation (ρ = -0,239*) und Risikobewältigung (ρ = -0,308**) beobachtet werden. Bei größeren Unternehmen werden diese Aufgabenkomplexe scheinbar eher in dezentralen Einheiten verrichtet als bei kleineren Unternehmen.

Eine weitere zu untersuchende Fragestellung der bivariaten Analyse war, ob und wie die Art der Einbindung des Risikomanagements in die Unternehmensorganisation von der Unternehmensgröße gemessen an der Anzahl der Mitarbeiter abhängt. In *Hypothese 4* wurde angenommen, dass mit zunehmender Unternehmensgröße die Institutionalisierung des Risikomanagements zunimmt. Tabelle 68 zeigt eine Kreuztabelle für die Unternehmensgrößenklassen aus Tabelle 6 und die Art der Einbindung des Risikomanagements in die Unternehmensorganisation. Cramers V für diese beiden Variablen beträgt 0,319 bei 76 (100 %) einbezogenen Fällen und einer näherungsweisen Signifikanz von 0,004. Dies deutet auf einen gewissen Zusammenhang hin.

			Einbindung des RM in die Unternehmensorganisation			
			Eigener Fachbereich	Teilbereich anderer Abteilung	Integriertes RM	Gesamt
Größenklasse	1	Anzahl	0	20	6	26
		% von Größenklasse	0%	76,9%	23,1%	100,0%
	2	Anzahl	5	18	2	25
		% von Größenklasse	20,0%	72,0%	8,0%	100,0%
	3	Anzahl	10	10	5	25
		% von Größenklasse	40,0%	40,0%	20,0%	100,0%
Gesamt		Anzahl	15	48	13	76
		% von Größenklasse	19,7%	63,2%	17,1%	100,0%

Tabelle 68: Größenklasse vs. Art der Einbindung des RM in die Unternehmensorganisation

Keines der Unternehmen mit weniger als 750 Mitarbeitern (Größenklasse 1) hat einen eigenen Fachbereich für das Risikomanagement eingerichtet. Mit 76,9 % hat die Mehrzahl dieser Unternehmen das Risikomanagement als Teilbereich in eine andere Fachabteilung integriert; 23,1 % betreiben ein integriertes, rein funktionales Risikomanagement. In der Größenklasse 2 (750 – 7.899 Mitarbeiter) haben bereits 20 % der Unternehmen einen eigenen Fachbereich Risikomanagement installiert. Mit 72 % wurde auch in dieser Größenklasse bei der Mehrheit der Unternehmen das Risikomanagement als Teilbereich in eine andere Fachabteilung integriert, so dass diese Art der Einbindung bei den Unternehmen mit weniger als 7.900 Mitarbeitern die beliebteste darstellt. Ein integriertes Risikomanagement findet sich hier bei nur acht Prozent der Unternehmen. Von den Unternehmen der Größenklasse 3 (ab 7.900 Mitarbeitern) haben 40 % das Risikomanagement als eigenen Fachbereich eingerichtet. Genau so häufig wurde es als Teilbereich in eine andere Abteilung integriert. 20 % betreiben ein integriertes Risikomanagement. Die Unternehmensgröße scheint die Entscheidung über die Art der Einbindung des Risikomanagements in die Unternehmensorganisation tatsächlich insofern zu beeinflussen, dass mit zunehmender Unternehmensgröße auch die Häufigkeit der Einbindung des Risikomanagements als eigener Fachbereich zunimmt.

Hinsichtlich der Institutionalisierung des Risikomanagements besteht insofern eine Rangfolge, dass ein eigener Fachbereich Risikomanagement als weitreichendere Institutionalisierung betrachtet werden kann als ein als Teilbereich einer anderen Abteilung geführtes Risikomanagement. Ein integriertes Risikomanagement weist per Definition keine Institutionalisierung des Risikomanagements auf. Insofern lässt sich aus den Angaben zur Art der Einbindung des Risikomanagements in die Unternehmensorganisation der „Institutionalisierungsgrad des Risikomanagements" als ordinalskalierte Variable bilden. Die Existenz eines Zusammenhangs zwischen Institutionalisierungsgrad des Risikomanagements und der Anzahl der Mitarbeiter wurde unter Zuhilfenahme von Kendalls Tau geprüft (Kendalls Tau wird als Zusammenhangmaß wird bei ordinalskalierten Daten verwendet, wenn gleiche Skalenabstände nicht unterstellt werden können). Kendalls Tau beträgt in diesem Fall 0,232 bei einer Signifikanz von 0,011 und N = 76. *Hypothese 4* kann als schwach bestätigt angesehen werden.

Bezüglich der Frage, ob eine Risikoaggregation im Unternehmen vorgenommen wird oder nicht, liegt die Vermutung nahe, dass diese methodisch anspruchsvolle Aufgabe eher in größeren Unternehmen als in kleineren durchgeführt wird. Bei den untersuchten Unternehmen war jedoch kein Zusammenhang zwischen der Unternehmensgröße und der Durchführung einer Risikoaggregation erkennbar. Ein signifikanter Zusammenhang mittels Cramers V konnte für die Anzahl der Mitarbeiter und die dichotome Variable GESRAGG (Antwort auf die Frage, ob eine Risikoaggregation im Unternehmen durchgeführt wird) nicht nachgewiesen werden. Tabelle 69 zeigt eine Kreuztabelle für die Unternehmensgrößenklassen aus Tabelle 6 und die Variable GESRAGG.

| | | | Wird Risikoaggregation für das gesamte Unternehmensrisiko vorgenommen? | | |
			Nein	Ja	Gesamt
Größenklasse	1	Anzahl	12	14	26
		% von Größenklasse	46,2%	53,8%	100,0%
	2	Anzahl	13	12	25
		% von Größenklasse	52,0%	48,0%	100,0%
	3	Anzahl	9	16	25
		% von Größenklasse	36,0%	64,0%	100,0%
Gesamt		Anzahl	34	42	76
		% von Größenklasse	44,7%	55,3%	100,0%

Tabelle 69: Durchführung einer Risikoaggregation nach Größenklasse

Abschließend lässt sich resümieren, dass hinsichtlich des Zusammenhangs zwischen Unternehmensgröße und organisatorischer Gestaltung des Risikomanagements eine auf Größenvorteile zurückzuführende stark negative Korrelation der Anzahl der Mitarbeiter mit dem Anteil der Mitarbeiter im Risikomanagement an der Gesamtzahl der Mitarbeiter besteht. Letzterer wird jedoch auch vom Verhältnis der leitenden zu den ausführenden Angestellten im Unternehmen positiv beeinflusst, besonders bei den kleineren Unternehmen mit bis etwa 1.000 Mitarbeitern. Darüber hinaus besteht ein schwach positiver Zusammenhang zwischen der Anzahl der Mitarbeiter und dem Formalisierungsgrad des Risikomanagements sowie zwischen der Anzahl der Mitarbeiter und der Anzahl der im Risikomanagement eingesetzten Instrumente. Ein schwach negativer Zusammenhang besteht zwischen der Anzahl der Mitarbeiter und dem Zentralisierungsgrad der Aufgabenkomplexe Risikoidentifikation und Risikobewältigung. Hinsichtlich der Art der Einbindung des Risikomanagements in die Unternehmensorganisation konnte festgestellt werden, dass mit zunehmender Unternehmensgröße die Institutionalisierung des Risikomanagements zunimmt.

4.3.3.3 Zusammenhänge zwischen sonstigen Kontext- und Gestaltungsvariablen des Risikomanagements

Für das empfundene Risiko, operationalisiert über den Risikoexpositionsgrad, konnten keinerlei bedeutsame Zusammenhänge zu Variablen der organisatorischen Gestaltung des Risikomanagements festgestellt werden. Einzig die Hierarchieebene des Aufgabenkomplexes Risikoidentifikation korreliert negativ mit dem Risikoexpositionsgrad (ρ = -0,298*). Bei größerem Ausmaß an empfundenem Risiko wird die Aufgabe der Risikoidentifikation scheinbar eher delegiert. Ansonsten spielt der Risikoexpositionsgrad bei der organisatorischen Gestaltung des Risikomanagements offenbar kaum eine Rolle - auch die vermuteten Beziehungen des Risikoexpositionsgrades zur Anzahl der im Risikomanagement eingesetzten Instrumente und zum Spezialisierungsgrad konnten nicht nachgewiesen werden. Dementsprechend mussten dann auch die *Hypothesen 5 a)* und *b)* verworfen werden. Möglicherweise ist hierfür die Messung des Risikos in Form subjektiver Einschätzungen verantwortlich, und eine objektive Risikomessung hätte zu einem anderen Ergebnis geführt.

Für die Diversifizierung, gemessen anhand des Berry-Index, konnten ebenfalls keinerlei statistisch signifikanten Zusammenhänge zu den Variablen der organisatorischen Gestaltung des Risikomanagements festgestellt werden. *Hypothesen 6 a) und b)* mussten demnach ebenfalls verworfen werden. Dies könnte daran liegen, dass die in der Praxis anzutreffenden Gestaltungsweisen nicht immer den theoretisch sinnvollen entsprechen.

Zwischen der generellen Formalisierung und der Formalisierung des Risikomanagements konnte ein positiver, statistisch signifikanter Zusammenhang nachgewiesen werden. Der Korrelationskoeffizient nach Spearman beträgt 0,316*. *Hypothese 7 a)* konnte damit schwach bestätigt werden.

Ein Einfluss der generellen Spezialisierung auf die Spezialisierung des RM konnte hingegen nicht nachgewiesen werden. *Hypothese 7 b)* wurde verworfen. Dieses Ergebnis befindet sich im Einklang mit der Verwerfung der *Hypothese 3 b)*: Während der generelle Spezialisierungsgrad stark von der Unternehmensgröße beeinflusst wird, scheint die Spezialisierung des RM von anderen Faktoren bestimmt zu werden.

Ein Einfluss der generellen Entscheidungszentralisation auf die Entscheidungszentralisation des Risikomanagements gemessen an den Hierarchieebenen der Durchführung der Aufgabenkomplexe des Risikomanagements konnte für sieben der neun betrachteten Aufgabenkomplexe nachgewiesen werden. Statistisch signifikante positive Korrelationen zwischen Zentralisierungsgrad und Hierarchieebene der Aufgabenverrichtung konnten im Einzelnen für folgende Aufgabenkomplexe festgestellt werden: Festlegung der Risikofelder ($\rho = 0,421^*$), Risikoanalyse und -bewertung ($\rho = 0,461^{**}$), Risikoaggregation ($\rho = 0,328^*$), Risikobewältigung ($\rho = 0,374^{**}$), Risikoüberwachung ($\rho = 0,312^*$), Entwicklung und Steuerung der Risikopolitik ($\rho = 0,484^{**}$) sowie Steuerung des Risikomanagement-Prozesses ($\rho = 0,362^{**}$). Zudem korreliert der generelle Zentralisierungsgrad auch positiv mit dem Summenindex der Hierarchieebenen der Aufgabenkomplexe, dem hierarchischen Zentralisationsgrad des RM ($\rho = 0,748^{**}$). *Hypothese 7 c)* konnte somit für sieben der neun Aufgabenkomplexe und auch für den hierarchischen Zentralisationsgrad des RM bestätigt werden.

Ein statistisch signifikanter Zusammenhang zwischen den Variablen der Komplexität der generellen Organisationsstruktur und denen der Komplexität der Organisationsstruktur des Risikomanagements konnte nicht festgestellt werden. *Hypothese 7 d)* musste verworfen werden. Möglicherweise könnte stattdessen die hier nicht untersuchte Komplexität der Risiken einen Komplexitätstreiber der RM-Organisation darstellen.

Hinsichtlich der Konkurrenzintensität fällt auf, dass diese mit der Hierarchieebene der Aufgabenverrichtung von fünf der neun betrachteten Aufgabenkomplexe statistisch signifikant negativ korreliert. Im Einzelnen sind dies die Aufgabenkomplexe Festlegung der Risikofelder ($\rho = -0,276^*$), Risikoanalyse und -bewertung ($\rho = -0,304^*$), Risikoaggregation ($\rho = -0,286^*$), Prüfung der Effektivität/Effizienz des Risikomanagementsystems ($\rho = -0,279^*$) und Steuerung des RM-Prozesses ($\rho = -0,294^*$). Auch zwischen der Konkurrenzintensität und dem Summenindex hierarchischer Zentralisationsgrad des RM besteht ein negativer Zusammenhang ($\rho = -0,270^*$). Mit zunehmender Konkurrenzintensität scheinen Risikomanagement-Aufgaben in zunehmendem Maße delegiert zu werden. Möglicherweise könnte eine Scheinkorrelation vorliegen und die Variable Anzahl der Mitarbeiter dafür verantwortlich sein: Diese Variable korreliert positiv mit der Konkurrenzintensität und negativ mit der Entscheidungszentralisierung. Zwischen der Anzahl der Mitarbeiter und den Hierarchieebenen der Aufgabenkomplexe konnten aber keine direkten statistisch signifikanten Korrelationen festgestellt werden. Über einen möglichen kausalen Zusammenhang kann man an dieser Stelle nur spekulieren.

Ein geringer Zusammenhang konnte zwischen Wettbewerbsstrategie und der Anzahl der im Risikomanagement eingesetzten Instrumente (Eta-Koeffizient = 0,362) und zwischen Organisationsform und der Anzahl der im Risikomanagement eingesetzten Instrumente (Eta-Koeffizient = 0,413) festgestellt werden. Möglicherweise unterscheidet sich die Anzahl der im Mittel im Risikomanagement eingesetzten Instrumente je nach Organisationsform bzw. Wettbewerbsstrategie. Für eine Gruppenbildung anhand der Wettbewerbsstrategie und der Organisationsform und einen anschließenden Mittelwertvergleich ist die Anzahl der Gruppenmitglieder in einigen Fällen für aussagekräftige Ergebnisse zu gering. Dennoch kann zumindest durch den Zweistichproben t-Test für anhand der Organisationsform gebildete Gruppen nachgewiesen werden, dass die Mittelwerte der Anzahl der eingesetzten Instrumente nicht für alle Gruppen gleich sind. So ist der Mittelwert der Anzahl der eingesetzten Instrumente der Unternehmen mit funktionaler Organisation (4,63) signifikant geringer als der Mittelwert der Unternehmen mit Spartenorganisation (7,05).

Tabelle 70 enthält die Mittelwerte der Anzahl im RM eingesetzter Instrumente für die anhand der Organisationsform gruppierten Unternehmen und Tabelle 71 zeigt die Ergebnisse des t-Tests (verwendet wurde der t-Test für Gruppen mit ungleicher Varianz). Es lässt sich feststellen, dass bei Unternehmen mit funktionaler Organisation tendenziell eher weniger Instrumente im Risikomanagement eingesetzt werden als bei Unternehmen mit Matrix- oder Spartenorganisation.

Organisationsform	Mittelwert Anzahl im RM eingesetzter Instrumente	N	Standardabweichung
Funktionale Organisation	4,63	30	2,092
Spartenorganisation	7,05	22	2,803
Matrixorganisation	6,11	19	4,345
Tensororganisation	12,00	1	0
Andere	2,00	1	0
Insgesamt	5,81	73	3,252

Tabelle 70: Mittelwerte der Anzahl im RM eingesetzter Instrumente nach Organisationsform

Anzahl im RM eingesetzter Instrumente	T	df	Sig. (2-seitig)	Mittlere Diffe-renz	Standard-fehler der Differenz	95% Konfidenzintervall der Differenz	
						Untere	Obere
	-3,401	37,178	0,002	-2,412	0,709	-3,849	-0,975

Tabelle 71: T-Test der Mittelwertgleichheit für die Anzahl im RM eingesetzter Instrumente nach Organisationsform

Hinsichtlich der Wettbewerbsstrategie liegt der Mittelwert der Anzahl der im Risiko-management eingesetzten Instrumente für die 30 Unternehmen, denen die Strategie der Fokussierung zugeordnet wurde, bei 4,68 und für die zwölf Unternehmen mit Diffe-renzierungsstrategie bei 7,0. Ein anhand dieser beiden Mittelwerte durchgeführter Zweistichproben t-Test ergab eine Signifikanz i. H. v. 0,074. Damit kann nicht sicher davon ausgegangen werden, dass der beobachtete Unterschied der Mittelwerte nicht nur durch Zufall entstanden ist. Tabelle 73 zeigt die Ergebnisse des t-Tests (verwendet wurde der t-Test für Gruppen mit ungleicher Varianz). Für die 18 Unternehmen mit unterschiedlichen Strategien auf verschiedenen Märkten beträgt der Mittelwert 5,42 und für die elf Unternehmen, denen keine eindeutige Strategie zugeordnet werden konnte 6,09. Tabelle 72 gibt eine Übersicht über die Mittelwerte.

Wettbewerbsstrategie	Mittelwert Anzahl im RM eingesetz-ter Instrumente	N	Standardab-weichung
keine eindeutige Strategie	6,09	11	3,390
Differenzierung	7,00	13	4,143
Kostenführerschaft	12,00	1	0
Fokussierung	4,68	31	2,023
Unterschiedliche Strategien auf mehreren Märkten	5,42	19	3,271
Insgesamt	5,57	75	3,146

Tabelle 72: Mittelwerte der Anzahl im RM eingesetzter Instrumente nach Wettbewerbsstrategie

	T	df	Sig. (2-seitig)	Mittlere Differenz	Standard-fehler der Differenz	95% Konfidenzintervall der Differenz	
						Untere	Obere
Anzahl im RM eingesetzter In-strumente	1,927	14,461	0,074	2,323	1,205	-0,255	4,900

Tabelle 73: T-Test der Mittelwertgleichheit für die Anzahl im RM eingesetzter Instrumente nach Wettbewerbsstrategie

Für die Kontextvariable Branche konnten geringe bis mittlere Zusammenhänge mit vier Variablen der organisatorischen Gestaltung des Risikomanagements festgestellt werden: Anteil an Risikomanagement-Mitarbeitern in zentralen Abteilungen

(Eta = 0,423), Verhältnis der leitenden zu den ausführenden Angestellten im Risiko-management (Eta = 0,679), Formalisierungsgrad des Risikomanagements (Eta = 0,350) und Anzahl im Risikomanagement eingesetzter Instrumente (Eta = 0,334).

Da es insofern Unterschiede zwischen den Organisationsformen gibt, dass diese eine unterschiedliche Tendenz zur Zentralisierung aufweisen - so gilt beispielsweise die funktionale Organisation als tendenziell zentralisationsbegünstigend[446] - wurde der Mittelwert des Anteils an RM-Mitarbeitern in zentralen Abteilungen für die anhand der Organisationsform gruppierten Unternehmen verglichen. Ein - wenn auch gerin-ger - Zusammenhang zwischen dem Anteil an Risikomanagement-Mitarbeitern in zentralen Abteilungen und der Organisationsform konnte durch Bildung des Eta-Koeffizienten (0,297) festgestellt werden. Tabelle 74 zeigt die Mittelwerte des Anteils an Risikomanagement-Mitarbeitern in zentralen Abteilungen für die anhand der Organisationsform gruppierten Unternehmen.

Organisationsform	Mittelwert Anteil an RM-Mitarbeitern in zentralen Abtlg.	N	Standardab-weichung
Funktionale Organisation	0,52867	24	0,427849
Spartenorganisation	0,43462	17	0,397961
Matrixorganisation	0,26968	17	0,294521
Tensororganisation	0,09167	1	0
Andere	0,50000	1	0
Insgesamt	0,42088	60	0,388771

Tabelle 74: Mittelwerte des Anteils an RM-Mitarbeitern in zentr. Abtlg. nach Organisationsform

Der Mittelwert liegt für die Unternehmen mit funktionaler Organisation mit 0,529 tat-sächlich am höchsten. Bei den Unternehmen mit Spartenorganisation liegt der Mittel-wert bei 0,435 und für die Unternehmen mit Matrixorganisation nur bei 0,27. Für Ten-sororganisation und andere Organisationsformen ist die Anzahl der Gruppenmitglieder zu gering, um einen aussagekräftigen Mittelwert zu bilden. Anhand eines Zweistich-proben-t-Tests konnte nachgewiesen werden, dass signifikante Unterschiede der Mit-telwerte existieren (getestet für die Mittelwerte von funktionaler und Matrixorganisati-on; verwendet wurde der t-Test für Gruppen mit ungleicher Varianz; Ergebnisse in Tabelle 75). Die hier dargestellte Beziehung zwischen Organisationsform und dem Anteil an RM-Mitarbeitern in zentralen Abteilungen stellt allerdings auf den Zentrali-sationsbegriff im Sinne der Zusammenfassung gleichartiger Aufgaben in zentralen

---

[446] Vgl. Hungenberg; Wulf (2006), S. 209-212.

208

Organisationseinheiten ab. Eine solche Beziehung konnte nicht zwischen Organisationsform und dem allgemeinen Grad der Entscheidungszentralisation sowie dem hierarchischen Zentralisationsgrad als Summenindex der Hierarchieebenen der Aufgabenverrichtung des Risikomanagements konstatiert werden.

	T	df	Sig. (2-seitig)	Mittlere Differenz	Standard-fehler der Differenz	95% Konfidenzintervall der Differenz	
						Untere	Obere
Anteil an RM-Mitarbeitern in zentralen Abteilungen	2,295	38,986	0,027	0,259	0,113	0,031	0,487

Tabelle 75: T-Test der Mittelwertgleichheit für den Anteil an RM-Mitarbeitern in zentr. Abtlg. nach Organisationsform

Zusammengefasst konnten folgende Zusammenhänge zwischen sonstigen Kontextvariablen und organisatorischer Gestaltung des Risikomanagements festgestellt werden: Die Hierarchieebene des Aufgabenkomplexes Risikoidentifikation korreliert schwach negativ mit dem Risikoexpositionsgrad. Zwischen der generellen Formalisierung und der Formalisierung des Risikomanagements konnte ein schwach positiver Zusammenhang nachgewiesen werden. Ein Einfluss der generellen Entscheidungszentralisierung auf die Hierarchieebene der Aufgabenverrichtung konnte für sieben der neun betrachteten Aufgabenkomplexe des Risikomanagements nachgewiesen werden. Bei Unternehmen mit funktionaler Organisation werden tendenziell eher weniger Instrumente im Risikomanagement eingesetzt als bei Unternehmen mit Matrix- oder Spartenorganisation. Die Organisationsform wirkt sich auch auf den Anteil an RM-Mitarbeitern in zentralen Abteilungen aus, wobei die funktionale Organisation die stärkste Tendenz zur Zentralisierung aufweist. Die Branche übt einen gewissen Einfluss auf die Gestaltung des Risikomanagements aus, insbesondere auf die Zentralisierung im Sinne der Zusammenfassung gleichartiger Aufgaben, das mengenmäßige Verhältnis von leitenden zu ausführenden Angestellten im Risikomanagement, den Formalisierungsgrad des Risikomanagements und auf die Anzahl im Risikomanagement eingesetzter Instrumente.

4.3.4 Bivariate Analyse der Gestaltungsfaktoren

Die bivariate Analyse der Gestaltungsfaktoren des Risikomanagements untersucht, ob und inwieweit Zusammenhänge zwischen den einzelnen Gestaltungsfaktoren existieren. Es steht also die Fragestellung im Vordergrund, ob Wechselwirkungen einzelner

Gestaltungsweisen des Risikomanagements untereinander bestehen. Um dieser Frage-stellung nachzugehen, wurden zunächst die Korrelationskoeffizienten nach Spearman für solche allgemeinen Gestaltungsvariablen des Risikomanagements errechnet, wel-che intervallskaliert sind oder als quasi-intervallskaliert betrachtet werden können. Die Ergebnisse finden sich in Tabelle 76.

		Anzahl MA RM / Ge-samt-zahl MA	Anteil an RM-MA in zentr. Abtlg.	RM-Entschei-dungs-zentrali-sation	Speziali-sierungs-grad des RM	Forma-lisierungs-grad des RM	Anzahl einge-setzter Instru-mente
Anteil an RM-MA in zentr. Abtlg.	Spearm. Rho	**-0,358****					
	Sig. (2-seitig)	0,004					
	N	62					
RM-Entschei-dungszentra-lisation	Spearm. Rho	0,119	-0,059				
	Sig. (2-seitig)	0,395	0,683				
	N	53	510				
Spezialisie-rungsgrad des RM	Spearm. Rho	**0,328***	-0,145	0,037			
	Sig. (2-seitig)	0,015	0,314	0,803			
	N	54	50	48			
Formalisie-rungsgrad des RM	Spearm. Rho	-0,098	0,028	-0,082	0,052		
	Sig. (2-seitig)	0,434	0,831	0,546	0,696		
	N	66	62	57	60		
Anzahl einge-setzter In-strumente	Spearm. Rho	-0,058	0,081	-0,052	0,104	**0,268***	
	Sig. (2-seitig)	0,642	0,534	0,702	0,430	0,019	
	N	66	62	57	60	76	
Vertikale Spanne des RM	Spearm. Rho	0,080	-0,081	0,039	**0,386***	-0,013	-0,050
	Sig. (2-seitig)	0,568	0,568	0,774	0,006	0,926	0,709
	N	54	52	57	49	58	58

Tabelle 76: Korrelationen der Gestaltungsvariablen nach Spearman

Die Zentralisationsmaße für die einzelnen Aufgabenkomplexe wurden nicht einzeln betrachtet, sondern hinsichtlich der Hierarchieebene der Aufgabenverrichtung über den Summenindex hierarchischer Zentralisationsgrad des Risikomanagements und hinsichtlich der Zentralisation im Sinne von Zusammenfassung gleichartiger Aufgaben in zentralen Organisationseinheiten über den Anteil an RM-Mitarbeitern in zentralen Abteilungen. Es konnten mehrere geringe signifikante Korrelationen festgestellt wer-den. So korrelieren die Variable MARMALLE (Anteil der Mitarbeiter mit Risikoma-nagement-Aufgaben an der Gesamtzahl der Mitarbeiter) und der Anteil an Risikoma-nagementmitarbeitern in zentralen Abteilungen negativ (ρ = -0,358**). Man könnte auch sagen: Je mehr Mitarbeiter im Risikomanagement arbeiten, desto dezentraler ist dies häufig organisiert und umgekehrt. Hier besteht sicher auch eine kausale Beziehung, da dezentrale Strukturen durch die Tatsache, dass die gleichen Aufgaben auf mehrere Organisationseinheiten verteilt werden, tendenziell personalintensiver sind.

MARMALLE korreliert zudem schwach positiv mit dem Spezialisierungsgrad des Risikomanagements ($\rho = 0,328*$). Analog könnte man formulieren: Je mehr Mitarbeiter im Risikomanagement arbeiten, desto spezialisierter ist dies häufig auch. Auch hier liegt der kausale Zusammenhang auf der Hand: Eine höhere Spezialisierung erfordert nun einmal mehr Mitarbeiter. Konnte in Kapitel 4.3.3.2 die *Hypothese 3 b)* hinsichtlich eines vermuteten Zusammenhangs zwischen der Gesamtzahl der Mitarbeiter und der Spezialisierung des Risikomanagements nicht bestätigt werden, so besteht dieser Zusammenhang zumindest dann, wenn man den Anteil der Risikomanagementmitarbeiter an der Gesamtzahl der Mitarbeiter zu Grunde legt.

Ein signifikanter, schwach positiver Zusammenhang besteht zwischen dem Spezialisierungsgrad des Risikomanagements und der vertikalen Spanne des Risikomanagements ($\rho = 0,386*$). Dieser Zusammenhang konnte auch bereits für die entsprechenden auf das Gesamtunternehmen bezogenen Kennzahlen festgestellt werden (vgl. Kapitel 4.3.1). Ein kausaler Zusammenhang könnte in der Form bestehen, dass auf unterschiedlichen Hierarchieebenen eher heterogene Risikomanagement-Aufgaben verrichtet werden und insofern die Spezialisierung des Risikomanagements mit einer größer werdenden vertikalen Spanne steigt.

Ein schwacher Zusammenhang ($\rho = 0,268$) existiert auch zwischen dem Formalisierungsgrad des Risikomanagements und der Anzahl der im Risikomanagement eingesetzten Instrumente. Beide Variablen korrelieren ihrerseits schwach mit der Gesamtzahl der Mitarbeiter (vgl. Tabelle 64). Vermutlich gehen eine Zunahme der Formalisierung und eine steigende Anzahl eingesetzter Instrumente mit einer allgemeinen „Professionalisierung" des Risikomanagements einher, wobei bei größeren Unternehmen ein weiter entwickeltes Risikomanagement dann eher als bei kleineren anzutreffen wäre.

Des Weiteren sollte untersucht werden, ob und welche Zusammenhänge zwischen der Art der Einbindung des Risikomanagements in die Unternehmensorganisation und einigen ausgesuchten Variablen der organisatorischen Gestaltung des Risikomanagements existieren. Dies geschah zunächst durch Bildung der Eta-Koeffizienten, welche in Tabelle 77 dargestellt werden. Auf mögliche Zusammenhänge deuten die Eta-

Koeffizienten für den hierarchischen Zentralisationsgrad des RM (0,345) und den Formalisierungsgrad (0,405) hin.

		Art der Einbindung des RM in die Unternehmensorganisation
Anzahl MA RM / Gesamtzahl MA	N	66
	Eta-Koeffizient	0,261
Anteil an RM-Mitarbeitern in zentralen Abteilungen	N	62
	Eta-Koeffizient	0,083
Hierarchischer Zentralisations-grad des RM	N	57
	Eta-Koeffizient	**0,345**
Spezialisierungsgrad des RM	N	60
	Eta-Koeffizient	0,085
Formalisierungsgrad des RM	N	76
	Eta-Koeffizient	**0,405**
Anzahl eingesetzter Instrumente im RM	N	76
	Eta-Koeffizient	0,262

Tabelle 77: Zusammenhang der Art der Einbindung des RM in die Unternehmensorganisation mit ausgewählten Variablen der organisatorischen Gestaltung

Um Rückschlüsse über die Art des Zusammenhangs zwischen der Art der Einbindung des Risikomanagements in die Unternehmensorganisation und der Zentralisation der Aufgabenverrichtung innerhalb des Risikomanagements ziehen zu können, wurden die Mittelwerte des hierarchischen Zentralisationsgrads des Risikomanagements für die anhand der Art der Einbindung des Risikomanagements in die Unternehmensorganisation gruppierten Unternehmen miteinander verglichen. Anhand eines Zweistichproben t-Tests konnte nachgewiesen werden, dass signifikante Unterschiede der Mittelwerte zwischen den Gruppen existieren (getestet für die Mittelwerte der Unternehmen mit eigenem Risikomanagement-Fachbereich und der mit integriertem Risikomanagement; Annahme gleicher Varianzen möglich nach Levene-Test; Ergebnisse in Tabelle 79). In Tabelle 78 werden die Mittelwerte des hierarchischen Zentralisationsgrades für die einzelnen Gruppen dargestellt.

Es wird deutlich, dass bei den Unternehmen mit eigenem Fachbereich Risikomanagement Risikomanagement-Aufgaben eher dezentral verrichtet werden (Mittelwert des hierarchischen Zentralisationsgrades: 2,6). Die Unternehmen mit integriertem Risikomanagementzählt verrichten Risikomanagement-Aufgaben eher zentral (Mittelwert des hierarchischen Zentralisationsgrades: 3,6). Bei den Unternehmen, welche das Risikomanagement als Teilbereich in andere Abteilungen integriert haben, liegt der Mittelwert mit 3,16 nahe am Gesamtdurchschnitt i. H. v. 3,12.

Art der Einbindung des RM in die Unternehmensorganisation	Mittelwert hierarchischer Zentralisationsgrad	N	Standardab-weichung
eigener Fachbereich	2,60	10	0,910
Teilbereich anderer Abteilung	3,16	39	0,797
integriertes RM	3,60	8	0,586
Insgesamt	3,12	57	0,830

Tabelle 78: Mittelwerte hierarchischer Zentralisationsgrad nach Art der Einbindung des RM

	Levene-Test der Varianzgleichheit		T-Test für die Mittelwertgleichheit					95% Konfidenzinter-vall der Differenz	
	F	Signifi-kanz	T	df	Sig. (2-seitig)	Mittle-re Diffe-renz	Standard-fehler der Differenz	Untere	Obere
RM-Entschei-dungszentrali-sationsgrad	1,497	0,239	-2,688	16	0,016	-1,000	0,37199	-1,789	-0,211

Tabelle 79: T-Test der Mittelwertgleichheit für den hierarchischen Zentralisationsgrad des RM nach Art der Einbindung des RM

Analog wurde für den vermuteten Zusammenhang zwischen Art der Einbindung des Risikomanagements in die Unternehmensorganisation und dem Formalisierungsgrad des Risikomanagements vorgegangen. Die Mittelwerte des Formalisierungsgrades wurden für die anhand der Art der Einbindung des Risikomanagements in die Unternehmensorganisation gruppierten Unternehmen miteinander verglichen. Die einzelnen Mittelwerte werden in Tabelle 80 dargestellt. Anhand eines Zweistichproben t-Tests konnte nachgewiesen werden, dass signifikante Unterschiede der Mittelwerte zwischen den Gruppen existieren (getestet für die Mittelwerte der Unternehmen mit eigenem Risikomanagement-Fachbereich und der mit integriertem Risikomanagement; Annahme gleicher Varianzen möglich nach Levene-Test; Ergebnisse in Tabelle 81).

Art der Einbindung des RM in die Unternehmensorganisation	Mittelwert RM-Formalisierungsgrad	N	Standardab-weichung
eigener Fachbereich	8,533	15	1,5976
Teilbereich anderer Abteilung	6,521	48	2,8283
integriertes RM	4,846	13	2,5445
Insgesamt	6,632	76	2,7945

Tabelle 80: Mittelwerte RM-Formalisierungsgrad nach Art der Einbindung des RM

	Levene-Test der Varianz-gleichheit		T-Test für die Mittelwertgleichheit						
	F	Signi-fikanz	T	df	Sig. (2-seitig)	Mittlere Diffe-renz	Standard-fehler der Differenz	95% Konfidenzinter-vall der Differenz	
								Untere	Obere
Formalisierungs-grad des RM	2,327	0,139	4,66	26	0,000	3,6872	0,7915	2,060	5,314

Tabelle 81: T-Test der Mittelwertgleichheit für den RM-Formalisierungsgrad nach Art der Einbindung des RM

Es wird deutlich, dass bei den Unternehmen mit eigenem Fachbereich Risikomanagement das Risikomanagement stark formalisiert abläuft (Mittelwert des Formalisierungsgrades des Risikomanagements: 8,533). Bei den Unternehmen mit integriertem Risikomanagement ist dieses eher wenig formalisiert (Mittelwert des Formalisierungsgrades des Risikomanagements: 3,6). Bei den Unternehmen, welche das Risikomanagement als Teilbereich in andere Abteilungen integriert haben, liegt der Mittelwert des Formalisierungsgrades des Risikomanagements mit 6,52 nahe am Gesamtdurchschnitt i. H. v. 6,63.

Art der Einbindung des RM in die Unternehmensorganisation	Mittelwert Gesamtzahl MA mit RM-Aufgaben	N	Standardab-weichung
rein funktionales RM	16,750	8	17,9025
Teilbereich anderer Abteilung	39,089	45	119,1420
eigener Fachbereich	83,038	13	218,5027
Insgesamt	45,038	66	137,3655

Tabelle 82: Mittelwerte der Gesamtzahl der Mitarbeiter mit RM-Aufgaben nach Art der Einbindung des RM

Die Gesamtzahl der Mitarbeiter mit Risikomanagement-Aufgaben kann als Maß für den Umfang der Risikomanagement-Aktivitäten dienen. Die Vermutung liegt nahe, dass gerade Unternehmen mit einem hohen Umfang an Risikomanagement-Aktivitäten aufgrund der entsprechenden Bedeutung des Risikomanagements eher zu einer Institutionalisierung des Risikomanagements neigen als Unternehmen mit einem nur geringen Umfang an Risikomanagement-Aktivitäten. Tabelle 82 zeigt, dass der Mittelwert der Gesamtzahl der Mitarbeiter mit Risikomanagement-Aufgaben bei den Unternehmen, welche einen eigenen Fachbereich für das Risikomanagement eingerichtet haben, mit 83,038 deutlich über dem Mittelwert der Unternehmen liegt, welche das Risikomanagement nur als Teilbereich in eine andere Abteilung eingegliedert haben (dort beträgt der Mittelwert 39,089). Die Unternehmen mit rein funktionalem Risikomanagement beschäftigen im Mittel nur 19,75 Mitarbeiter mit Risikomanagement-Aufgaben. Aufgrund zu geringer Anzahlen in zwei der Gruppen konnten jedoch durch den t-Test der Mittelwertgleichheit keine statistisch signifikanten Mittelwertunterschiede bestätigt werden.

4.3.5 Bivariate Analyse von Gestaltung und Effizienz

Durch die bivariate Analyse von Gestaltung und Effizienz wird untersucht, ob und welche Zusammenhänge zwischen einzelnen Gestaltungsfaktoren und Effizienzkriterien des Risikomanagementsystems existieren. Bezüglich dieser Zusammenhänge wurden die in Kapitel 3.2 aufgestellten Hypothesen überprüft. Auf eine darüber hinaus gehende Datenexploration wurde verzichtet. Die zu prüfenden Hypothesen werden in nachfolgender Tabelle 83 dargestellt.

Zur Prüfung der Hypothesen wurde jeweils der Rangkorrelationskoeffizient nach Spearman ermittelt. Alle hier einbezogenen Variablen sind intervallskaliert oder können als quasi-intervallskaliert betrachtet werden. Eine Ausnahme bildet die Art der Einbindung des Risikomanagements in die Unternehmensorganisation bzw. der Institutionalisierungsgrad des Risikomanagements. Diese Variable kann als ordinalskaliert betrachtet werden (vgl. Kapitel 4.3.3.2). Da für den Institutionalisierungsgrad des Risikomanagements gleiche Skalenabstände nicht unterstellt werden können, macht die Verwendung von Kendalls Tau als Zusammenhangmaß in den Fällen Sinn, in denen Zusammenhänge zwischen Institutionalisierung des Risikomanagements und anderen mindestens ordinalskalierten Variablen untersucht werden sollen.

Zur Prüfung des in *Hypothese 8* vermuteten Zusammenhangs zwischen Entscheidungszentralisation und empfundenem Ausmaß der Koordination von Einzelentscheidungen innerhalb des RM-Prozesses wurden der hierarchische Zentralisationsgrad als Summenindex der Hierarchieebenen (vgl. Kapitel 4.2.1.3.2) und die Variable ENTSCHKOORDRM als Indikator für das empfundene Ausmaß an Koordination innerhalb des Risikomanagements (vgl. Kapitel 4.2.3.4) herangezogen. Eine schwach positive Korrelation nach Spearman zwischen hierarchischem Zentralisationsgrad des Risikomanagements und empfundenem Ausmaß der Koordination von Einzelentscheidungen innerhalb des RM-Prozesses konnte festgestellt werden ($\rho = 0{,}330$; Signifikanz $= 0{,}014$; N = 55). *Hypothese 8* wird somit als schwach bestätigt angenommen.

Hypothese 8	Es besteht ein positiver Zusammenhang zwischen dem Grad der Entscheidungs-zentralisation innerhalb des Risikomanagements und dem empfundenem Ausmaß an Koordination im Risikomanagement.
Hypothese 9	Es besteht ein positiver Zusammenhang zwischen der Institutionalisierung des Risikomanagements und
a)	dem Ergebnis des Risikomanagementprozesses bzw. dessen Teilprozesses,
b)	der Wirtschaftlichkeit des Risikomanagementprozesses und
c)	dem Koordinationsergebnis des Risikomanagementprozesses.
Hypothese 10	Durch die Institutionalisierung des Risikomanagements nimmt das Ausmaß an organisatorischen Abstimmungsaktivitäten hinsichtlich des Risikomanagements ab.
Hypothese 11	Es besteht ein positiver Zusammenhang zwischen der Institutionalisierung des Risikomanagements und dem Ausmaß der Initiierung von Anpassungsprozessen durch das Risikomanagement.
Hypothese 12	Die Ergebniseffizienz der Aufgabenkomplexe
a)	Festlegung der Risikofelder,
b)	Risikoanalyse und -bewertung,
c)	Risikobewältigung,
d)	Risikoüberwachung und
e)	Prüfung der Effektivität/Effizienz des Risikomanagementsystems nimmt tendenziell zu, je höher ihr jeweiliger Grad der Zentralisation im Sinne der Zusammenfassung gleichartiger Aufgaben in zentralen Einheiten ist.
Hypothese 13	Die Ergebniseffizienz des Aufgabenkomplexes Risikoidentifikation nimmt tendenziell ab, je höher ihr jeweiliger Grad der Zentralisation im Sinne der Zusammenfassung gleichartiger Aufgaben in zentralen Einheiten ist.
Hypothese 14	Es besteht ein positiver Zusammenhang zwischen dem Ausmaß organisatorischer Abstimmungsaktivitäten zur abteilungsübergreifenden Koordination hinsichtlich des Risikomanagements und der Häufigkeit der Initiierung von Anpassungsprozessen durch das Risikomanagement.
Hypothese 15	Mit zunehmender Entscheidungszentralisation des Risikomanagements steigt die Häufigkeit der Initiierung von Anpassungsprozessen durch das Risikomanagement.
Hypothese 16	Es besteht ein positiver Zusammenhang zwischen dem Ausmaß an organisatorischen Abstimmungsaktivitäten hinsichtlich des Risikomanagements und
a)	der Spezialisierung des Risikomanagements sowie
b)	der vertikalen Spanne des Risikomanagements.
Hypothese 17	Mit zunehmender allgemeiner Formalisierung des Risikomanagements steigt die Effizienz der folgende Aufgabenkomplexe
a)	Risikoüberwachung
b)	Risikoanalyse und -bewertung
c)	Risikobewältigung
d)	Prüfung der Effektivität/Effizienz des Risikomanagementsystems.
Hypothese 18	Die Durchführung einer Risikoaggregation wirkt sich positiv auf die Ergebniseffizienz des Risikomanagementprozesses aus.
Hypothese 19	Es besteht ein positiver Zusammenhang zwischen dem Ausmaß der Nutzung von Informationstechnologie im Sinne von EDV hinsichtlich des Risikomanagements und
a)	der Wirtschaftlichkeit des Risikomanagementprozesses,
b)	der Ergebniseffizienz des Risikomanagementprozesses sowie
c)	dem Koordinationsergebnis des Risikomanagementprozesses.

Tabelle 83: Hypothesen über Zusammenhänge zwischen Gestaltungsfaktoren und Effizienzkriterien

Hinsichtlich des zu prüfenden Zusammenhangs zwischen Prozessergebniseffizienz des Risikomanagements und dem Institutionalisierungsgrad des Risikomanagements konnten mittels Kendalls Tau für zwei Variablen der Ergebniseffizienz von Teilprozessen des Risikomanagements geringe Zusammenhänge festgestellt werden: Effizienz der internen Überprüfung des Risikomanagementsystems (Kendalls Tau = 0,373; Signifikanz = 0,000; N = 74) und Effizienz der Risikoüberwachung (Kendalls Tau = 0,213; Signifikanz = 0,044; N = 74). *Hypothese 9 a)* kann für diese beiden Effizienzvariablen als bestätigt angesehen werden, muss jedoch für die restlichen Variablen der Prozessergebniseffizienz verworfen werden. Die Institutionalisierung des Risikomanagements vereinfacht dessen Überprüfbarkeit durch ein erhöhtes Maß an Transparenz, was letztlich den Überprüfungsprozess effizienter macht. Auch auf den Aufgabenkomplex der Risikoüberwachung scheint sich eine Institutionalisierung positiv auszuwirken, was vermutlich in der hohen Gleichartigkeit und Wiederholbarkeit der Aufgabe begründet liegt, so dass eine Institutionalisierung Spezialisierungsvorteile für diese Aufgabe mit sich bringt.

Zwischen dem Institutionalisierungsgrad des Risikomanagements und dessen Wirtschaftlichkeit konnten keine Zusammenhänge festgestellt werden. *Hypothese 9 b)* wurde verworfen.

Eine geringe positive Korrelation konnte jedoch für den Institutionalisierungsgrad des Risikomanagements und das Koordinationsergebnis des Risikomanagementprozesses festgestellt werden (Kendalls Tau = 0,308; Signifikanz = 0,004; N = 72). *Hypothese 9 c)* wurde insofern schwach bestätigt. Der Zusammenhang zwischen Institutionalisierungsgrad und der Effizienz der Abstimmung der Risikoeinstellung auf die Risikopolitik zeigt, dass die Institutionalisierung die risikomanagementbezogene Koordination innerhalb der Organisation verbessert. Über die Koordinationseffizienz sagt dies zunächst nichts aus, denn hierzu müssten die durch die Institutionalisierung neu entstandenen Abstimmungskosten berücksichtigt werden und mit den Abstimmungskosten der alternativen Organisationsstruktur verglichen werden.

Abstimmungskosten entstehen durch Abstimmungsaktivitäten. Das Ausmaß organisatorischer Abstimmungsaktivitäten nimmt in der Stichprobe mit einem zunehmenden Institutionalisierungsgrad des Risikomanagements nicht wie in *Hypothese 10* vermutet ab, sondern zu (Kendalls Tau = 0,208, Signifikanz = 0,035, N = 71)! *Hypothese 10* musste dementsprechend verworfen werden. Dies mag darin begründet liegen, dass Abstimmungsaktivitäten im Rahmen des Risikomanagements evtl. nicht stets im benötigten Ausmaß stattfinden, um den tatsächlich vorhandenen Abstimmungsbedarf zu decken - beispielsweise, weil der Abstimmungsbedarf gar nicht vollständig erkannt wird. Möglicherweise wird Abstimmungsbedarf eher als solcher erkannt und werden Abstimmungsaktivitäten eher dann vom Management initiiert, wenn Umfang und Komplexität an Risikomanagement-Aufgaben und damit die Wichtigkeit des Risikomanagements für das Unternehmen bereits ein solches Ausmaß erreicht haben, dass eine Institutionalisierung des Risikomanagements bereits stattgefunden hat.

Eine weitere mögliche Erklärung erhält man, wenn man Institutionalisierung als einen Prozess interpretiert: Unternehmen versuchen zunächst, eine neue Aufgabe mit der bestehenden Struktur zu bewältigen. Je umfangreicher und komplexer die Aufgabe wird, desto mehr Abstimmungsbedarf entsteht. Die Entscheidungsträger in den Unternehmen ziehen eine Institutionalisierung in Erwägung, wenn deutlich wird, dass der Koordinations- bzw. Abstimmungsbedarf und die damit einhergehenden Abstimmungskosten durch Abstimmungsaktivitäten den Koordinations- bzw. Abstimmungsbedarf und die Abstimmungskosten der institutionalisierten Lösung übersteigen. Unternehmen mit geringem Abstimmungsbedarf sehen gerade keine Veranlassung zur kostenintensiveren Institutionalisierung des Risikomanagements und ziehen ein funktionales Risikomanagement vor. Nehmen die Risikomanagement-Aufgaben an Ausmaß und Komplexität und damit die Abstimmungskosten zu, wird irgendwann institutionalisiert. Die Institutionalisierung des Risikomanagements mindert dann zwar zunächst den Abstimmungsbedarf. Ein institutionelles Risikomanagement erzeugt durch notwendige Schnittstellen zu anderen Abteilungen jedoch auch immer einen gewissen Abstimmungsbedarf.[447] Der durchschnittliche Abstimmungsbedarf der Unternehmen mit institutionalisiertem Risikomanagement ist aber vermutlich immer noch höher als der durchschnittliche Abstimmungsbedarf jener Unternehmen, die bislang keine Notwendigkeit für eine Institutionalisierung sahen. Denn gerade die Unternehmen mit einem umfangreichen und komplexen Risikomanagement mit entsprechend hohem Abstimmungsbedarf entscheiden sich für die institutionale Lösung. Die Entscheidung zur Institutionalisierung kann natürlich auch a priori ohne den Umweg über ein funktionales Risikomanagement getroffen werden, wenn durch entsprechende Analysen offensichtlich wird, dass die institutionalisierte Lösung geringere Abstimmungskosten verursacht.

Statistisch sieht es dann in einer Querschnittstudie - wie in dieser Untersuchung - so aus, als würde eine zunehmende Institutionalisierung den Abstimmungsbedarf und

---

[447] Vgl. Bouncken; Jones (2008), S. 253.

dadurch letztlich die Abstimmungsaktivitäten steigern. Erst in einer Längsschnittstudie kann das Ausmaß organisatorischer Abstimmungsaktivitäten vor der Institutionalisierung mit dem danach verglichen werden. Dann sollte möglichst auch eine konkretere Operationalisierung bzw. Messung des Abstimmungsbedarfs erfolgen (anstatt diesen wie hier geschehen über das Ausmaß an Abstimmungsaktivitäten zu messen). Auf diese Weise könnte präziser gemessen werden, ob und in wie weit die Institutionalisierung des Risikomanagements einen Beitrag zur Senkung der Abstimmungskosten für ein betrachtetes Unternehmen leisten kann.

Hinsichtlich *Hypothese 11* konnte ein geringer Zusammenhang konnte zwischen dem Institutionalisierungsgrad des Risikomanagements und dem Ausmaß der Initiierung von Anpassungsprozessen festgestellt werden (Kendalls Tau = 0,204; Signifikanz = 0,046; N = 76). *Hypothese 11* konnte insofern schwach bestätigt werden. Die Institutionalisierung des Risikomanagements wirkt sich tendenziell günstig auf die Flexibilität der Organisation aus.

Ein genereller Zusammenhang zwischen Zentralisierung der Aufgabenkomplexe und deren Ergebniseffizienz konnte für keine der zugehörigen Hypothesen festgestellt werden. *Hypothese 12* und *Hypothese 13* mussten verworfen werden. Vermutlich hängt die Ergebniseffizienz der untersuchten Aufgabenkomplexe stärker von anderen Faktoren ab, z. B. von der hier nicht untersuchten individuellen Qualifikation der Aufgabenträger. Ein möglicher Einfluss der Zentralisation auf die Effizienz des Risikomanagements wäre dennoch unter Berücksichtigung des situativen Kontexts denkbar, was in der multivariaten Analyse zu prüfen ist.

Hinsichtlich des in *Hypothese 14* vermuteten Zusammenhangs zwischen dem Ausmaß organisatorischer Abstimmungsaktivitäten zur abteilungsübergreifenden Koordination und der Häufigkeit der Initiierung von Anpassungsprozessen durch das Risikomanagement konnte eine geringe Korrelation mittels des Rangkorrelationskoeffizienten nach Spearman festgestellt werden. *Hypothese 14* konnte dementsprechend schwach bestätigt werden (ρ = 0,339**; Signifikanz = 0,004; N = 71).

Hinsichtlich des in *Hypothese 15* vermuteten Zusammenhangs konnte ebenfalls eine schwach positive Korrelation nach Spearman zwischen hierarchischem Zentralisationsgrad des Risikomanagements und der Häufigkeit der Initiierung von Anpassungsprozessen durch das Risikomanagement festgestellt werden (ρ = 0,297; Signifikanz = 0,025; N = 57). *Hypothese 15* kann als schwach bestätigt angesehen werden. Ein hoher Grad an Entscheidungszentralisation des Risikomanagements wirkt zwar der

Motivation der Mitarbeiter der unteren Hierarchieebenen entgegen, hat jedoch positive Auswirkungen auf die Organisationsflexibilität.

Eine signifikante Korrelation zwischen dem Ausmaß an organisatorischen Abstimmungsaktivitäten hinsichtlich des Risikomanagements und der Spezialisierung des Risikomanagements konnte nicht festgestellt werden. *Hypothese 16 a)* musste verworfen werden. Eine geringe Korrelation nach Spearman zwischen dem Ausmaß an organisatorischen Abstimmungsaktivitäten und der vertikalen Spanne des Risikomanagements existiert jedoch (ρ = 0,294; Signifikanz = 0,028; N = 56). *Hypothese 16 b)* konnte somit bestätigt werden. Eine zu hohe vertikale Spanne des Risikomanagements erhöht die Abstimmungskosten durch ein entsprechend hohes Ausmaß benötigter organisatorischer Abstimmung. Es sollte also aus diesem Gesichtspunkt bei der Organisation des Risikomanagements auf eine möglichst flache Hierarchie geachtet werden.

Ein positiver Zusammenhang zwischen Formalisierung des Risikomanagements und Ergebniseffizienz konnte für die Aufgabenkomplexe Prüfung der Effektivität/Effizienz des Risikomanagementsystems (ρ = 0,491; Signifikanz = 0,000; N = 74), Risikobewältigung (ρ = 0,234; Signifikanz = 0,046; N = 73) und Risikoanalyse und -bewertung (ρ = 0,314; Signifikanz = 0,009; N = 75) nachgewiesen werden. Für den Aufgabenkomplex Risikoüberwachung konnte dieser Zusammenhang nicht festgestellt werden. *Hypothese 17 a)* wurde verworfen; *Hypothesen 17 b), c)* und *d)* konnten bestätigt werden. Die Formalisierung hat tatsächlich einen positiven Einfluss auf die Effizienz der entsprechenden Aufgabenkomplexe. Diese Erkenntnis sollte demnach bei der Organisationsgestaltung berücksichtigt werden.

Um *Hypothese 18* zu prüfen und festzustellen, ob die Durchführung der Risikoaggregation sich positiv auf die Ergebniseffizienz des Risikomanagementprozesses auswirkt, wurden die Unternehmen in zwei Gruppen eingeteilt: Die Gruppe der Unternehmen, die eine Risikoaggregation durchführen, und die Gruppe derer, die diese nicht durchführen. Der Mittelwert der Ergebniseffizienz des Risikomanagementprozesses sollte für die beiden Gruppen verglichen werden.

	Risikoaggregation durchgeführt	N	Mittelwert	Standardabweichung	Standardfehler des Mittelwertes
Subj. Effizienzbeurteilung des RMS insgesamt	Nein	34	3,71	1,060	0,182
	Ja	42	4,17	0,696	0,107

Tabelle 84: Mittelwerte der Ergebniseffizienz des RMS insg. hins. der Durchführung der Risikoaggregation

	T	df	Sig. (2-seitig)	Mittlere Differenz	Standard-fehler der Differenz	95% Konfidenzintervall der Differenz	
						Untere	Obere
Subj. Effizienz-beurteilung des RMS insgesamt	-2,183	54,676	0,033	-0,461	0,211	-0,884	-0,038

Tabelle 85: T-Test der Mittelwertgleichheit für die Ergebniseffizienz des RMS insg. hins. der Durchführung der Risikoaggregation

Der Mittelwert der Ergebniseffizienz des Risikomanagementprozesses lag für die Gruppe der Unternehmen, welche eine Risikoaggregation durchführen, signifikant über dem Mittelwert der Unternehmen, welche keine Risikoaggregation durchführen. Tabelle 84 stellt die Mittelwerte der beiden Gruppen dar, und Tabelle 85 zeigt die Ergebnisse des t-Tests der Mittelwertgleichheit (Annahme gleicher Varianzen war nicht möglich). *Hypothese 18* konnte insofern bestätigt werden. Bei der Interpretation dieses Ergebnisses ist zu berücksichtigen, dass aufgrund der erhobenen Daten zu vermuten ist, dass eine Risikoaggregation bei den Unternehmen der Stichprobe oft methodisch unzureichend praktiziert wird (vgl. die Ausführungen in Kapitel 4.2.2.2.5). Bei einer durchwegs methodisch korrekten Durchführung der Risikoaggregation dürften die Mittelwertunterschiede noch deutlicher ausfallen.

Hinsichtlich *Hypothese 19* konnten entsprechende Zusammenhänge zwischen dem Ausmaß der Nutzung von Informationstechnologie und der Effizienz des Risikomanagements mittels des Rangkorrelationskoeffizienten nach Spearman weder für die Wirtschaftlichkeit des Risikomanagementprozesses noch für dessen Ergebniseffizienz nachgewiesen werden. Die *Hypothesen 19 a)* und *b)* mussten verworfen werden. Ein positiver Zusammenhang konnte ausschließlich zwischen dem Ausmaß der Nutzung von Informationstechnologie und dem Koordinationsergebnis festgestellt werden ($\rho = 0{,}350^{**}$; Signifikanz = 0,003; N = 71), so dass *Hypothese 19 c)* bestätigt werden konnte.

Es überrascht insbesondere, dass *Hypothese 19 a)* verworfen werden musste, denn durch die mit dem Einsatz von Informationstechnologie einhergehende Zeitersparnis wurden Kostenvorteile und damit eine messbar höhere Wirtschaftlichkeit des Risikomanagements erwartet.

4.3.6 Bivariate Analyse der Effizienzkriterien

Bei der bivariaten Analyse der Effizienzkriterien wird untersucht, ob und welche Zusammenhänge zwischen den Variablen der Effizienz untereinander existieren. Diesbezüglich wurden keine Hypothesen formuliert, da nur die generelle Vermutung der Existenz von Zusammenhängen zwischen Variablen der Effizienz, aber keine konkrete Vorstellung über Art und Weise dieser Zusammenhänge bestand. Es wurde zunächst untersucht, ob die Variablen der Ergebniseffizienz aus Kapitel 4.2.3.1.1 miteinander korrelieren. Dies geschah, um herauszufinden, ob die Effizienz einzelner Aufgabenkomplexe des Risikomanagements entscheidender zu einem positiven Gesamturteil über die Effizienz des Risikomanagementsystems beiträgt als die der anderen, oder ob es Aufgabenkomplexe gibt, die kaum einen Einfluss auf die Gesamtbewertung haben. Außerdem sollte festgestellt werden, ob die Effizienz eines Aufgabenkomplexes evtl. in positivem Zusammenhang mit der Effizienz eines bestimmten anderen Aufgabenkomplexes steht. Der Rangkorrelationskoeffizient nach Spearman wurde für die entsprechenden Variablen gebildet; die Ergebnisse finden sich in Tabelle 86.

		Effizienz der Risikoidentifikation	Effiz. d. Festlegung d. Risikofelder	Effizienz der Risikobewertung	Effizienz der Risikobewältigung	Effizienz der Risikoüberwachung	Effiz. d. internen Überprüfung des RMS
Effiz. d. Festlegung d. Risikofelder	Spearmans ρ	**0,443****					
	Sig. (2-seitig)	0,000					
	N	75					
Effizienz der Risikobewertung	Spearmans ρ	**0,565****	**0,281***				
	Sig. (2-seitig)	0,000	0,019				
	N	69	69				
Effizienz der Risikobewältigung	Spearmans ρ	**0,443****	**0,304****	**0,532****			
	Sig. (2-seitig)	0,000	0,009	0,000			
	N	73	73	69			
Effizienz der Risikoüberwachung	Spearmans ρ	**0,284***	**0,197**	**0,253***	**0,329****		
	Sig. (2-seitig)	0,014	0,093	0,036	0,005		
	N	74	74	69	73		
Effiz. d. internen Überprüfung des RMS	Spearmans ρ	**0,512****	**0,340****	**0,397****	**0,465****	**0,431****	
	Sig. (2-seitig)	0,000	0,003	0,001	0,000	0,000	
	N	74	74	68	72	73	
Subj. Effizienzbeurtlg. des RMS insg.	Spearmans ρ	**0,551****	**0,457****	**0,514****	**0,587****	**0,454****	**0,529****
	Sig. (2-seitig)	0,000	0,000	0,000	0,000	0,000	0,000
	N	75	75	69	73	74	74

Tabelle 86: Korrelation der Variablen der Ergebniseffizienz untereinander nach Spearman

Es wurden für alle sieben Variablen der Ergebniseffizienz des Risikomanagementpro-zesses geringe bis mittlere positive Korrelationen festgestellt. Für die Gesamtbewer-tung des Risikomanagementsystems schienen alle in die Messung einbezogenen Auf-gabenkomplexe in etwa gleich bedeutend zu sein - hier lag der Korrelationskoeffizient durchgängig zwischen 0,454** und 0,587**. Keiner der einbezogenen Aufgabenkom-plexe hat also eine herausragende Bedeutung für die Ergebniseffizienz des gesamten Risikomanagementprozesses. Es sind vielmehr alle Aufgabenkomplexe als wichtig für das Funktionieren des Gesamtsystems einzustufen.

Ein relativ enger Zusammenhang besteht zwischen der Effizienz der drei Aufgaben-komplexe Risikoidentifikation, Risikoanalyse und -bewertung sowie Risikobewälti-gung: Hier liegen die Korrelationskoeffizienten zwischen 0,443** und 0,565**. Diese Aufgabenkomplexe sind auch inhaltlich eng miteinander verknüpft, so dass die Effizi-enz dieser Aufgabenkomplexe jeweils von der Effizienz der vorgeschalteten Aufga-benkomplexe abhängt.

Des Weiteren sollten weitere Zusammenhänge zwischen den in Kapitel 4.2.3 univariat ausgewerteten Variablen der Effizienz untersucht werden. Diesbezüglich wurden eini-ge zu prüfende Annahmen getroffen bzw. bestimmten Fragestellungen nachgegangen.

	Ausmaß der Koordination von Einzelentscheidun-gen innerhalb des RM-Prozesses		
	Korrelation nach Spearman	Sig. (2-seitig)	N
Effizienz der Festlegung der Risiko-felder	**0,329**	0,005	72
Effizienz der Risikoidentifikation	**0,266***	0,024	72
Effizienz der Risikobewertung	0,174	0,163	66
Effizienz der Risikobewältigung	0,197	0,101	70
Effizienz der Risikoüberwachung	**0,264***	0,026	71
Effizienz der internen Überprüfung des RMS	**0,464**	0,000	71
Subjektive Effizienzbeurteilung des RMS insgesamt	0,202	0,086	73

Tabelle 87: Korrelationen zwischen Entscheidungskoordination und Effizienz des RM

So sollte überprüft werden, wie sich das Ausmaß an Koordination im Risikomanage-ment-Prozess auf die Ergebniseffizienz der einzelnen Aufgabenkomplexe auswirkt.

Gibt es Aufgabenkomplexe, in denen das Ausmaß an Koordination die Effizienz (Variable: ENTSCHKOORDRM) positiv oder negativ beeinflusst? Hierzu wurden die Rangkorrelationskoeffizienten nach Spearman für die Variable ENTSCHKOORDRM und jeweils die Variablen der Ergebniseffizienz einzelner Aufgabenkomplexe gebildet. Die Ergebnisse finden sich in Tabelle 87.

Es wurden positive Zusammenhänge zwischen dem Ausmaß an Koordination von Einzelentscheidungen und vier von sieben Effizienzvariablen festgestellt. Insbesondere die Aufgabenkomplexe Festlegung der Risikofelder (ρ = 0,329**) und die interne Überprüfung des Risikomanagementsystems (ρ = 0,464**) profitieren von einem erhöhten Ausmaß an Koordination. Geringere positive Zusammenhänge wurden auch für die Risikoidentifikation (ρ = 0,266*) und die Risikoüberwachung (ρ = 0,264*) festgestellt. Dies sollte bei der organisatorischen Gestaltung des Risikomanagements entsprechend berücksichtigt werden. Ein signifikanter Zusammenhang konnte nicht zwischen dem Ausmaß an Koordination von Einzelentscheidungen und der Ergebniseffizienz des gesamten Risikomanagementprozesses und auch nicht zwischen dem Ausmaß an Koordination von Einzelentscheidungen und der Effizienz der Aufgabenkomplexe Risikobewertung sowie Risikobewältigung festgestellt werden.

Die Bewertung von Risiken ist eine anspruchsvolle Aufgabe, welche von fachlich geeigneten, intelligenten und kreativen Mitarbeitern durchgeführt werden sollte. Da die Entscheidung über die Art und Weise der Bewältigung eines Risikos für ein Unternehmen überlebensrelevant sein kann, ist auch diese Aufgabe von entsprechend qualifizierten und intelligenten Personen durchzuführen. Kreative und intelligente Mitarbeiter brauchen viel Handlungsspielraum.[448] Daher verwundert es nicht, dass bei einem hohen Ausmaß an Koordination kein positiver Effekt auf die Effizienz dieser Aufgabenkomplexe nachzuweisen ist - ein negativer Effekt konnte jedoch ebenfalls nicht festgestellt werden. Hier empfiehlt sich, durch formale Regelungen den Rahmen des Handlungsspielraums zu bestimmen und die Handlungen der Mitarbeiter auf das Gesamtkonzept abzustimmen - ein positiver Effekt der Formalisierung auf diese Aufgabenkomplexe wurde ja bereits in Kapitel 4.3.5 nachgewiesen.

Wichtig für die Ergebniseffizienz des Risikomanagements ist es, dass in angemessenem Maße Ressourcen in Form von Personal, finanziellen Mitteln und technischer Ausstattung zur Verfügung gestellt werden. Wird hier an der falschen Stelle gespart, schlägt sich dies sofort in geringerer Effizienz nieder. Dies zeigt auch Tabelle 88, wel-

---

[448] Mintzberg (1992), S. 138.

che die Rangkorrelationskoeffizienten nach Spearman für die Zusammenhänge zwischen der Angemessenheit der für das Risikomanagement zur Verfügung gestellten Ressourcen und den Variablen der Ergebniseffizienz des Risikomanagements aus Kapitel 4.2.3.1.1 darstellt. Es konnten statistisch signifikante positive Zusammenhänge für die Ergebniseffizienz von vier Aufgabenkomplexen und auch für die Ergebniseffizienz des gesamten Risikomanagementprozesses festgestellt werden.

	Angemessenheit der für das RM zur Verfügung gestellten Ressourcen		
	Korrelation nach Spearman	Sig. (2-seitig)	N
Effizienz der Festlegung der Risikofelder	**0,412****	0,000	75
Effizienz der Risikoidentifikation	**0,329****	0,004	75
Effizienz der Risikobewertung	0,103	0,401	69
Effizienz der Risikobewältigung	**0,316****	0,006	73
Effizienz der Risikoüberwachung	0,206	0,079	74
Effizienz der internen Überprüfung des RMS	**0,437****	0,000	74
Subjektive Effizienzbeurteilung des RMS insgesamt	**0,316****	0,005	76

Tabelle 88: Korrelationen zwischen Angemessenheit der zur Verfügung gestellten Ressourcen und der Effizienz des RM

4.3.7 Zusammenfassung der Ergebnisse der bivariaten Analyse

In Abbildung 36 werden die wichtigsten in der bivariaten Analyse festgestellten und statistisch signifikanten Zusammenhänge zwischen den verschiedenen Variablen durch Pfeile dargestellt. Das Schaubild zeigt nur Variablen, für die auch Zusammenhänge mit anderen Variablen festgestellt wurden. Die Variablen in der linken Spalte sind Kontextvariablen, die in der mittleren Spalte Gestaltungsvariablen und die in der rechten Spalte Effizienzvariablen. Die unterschiedlichen Stricharten und -breiten dienen nur der besseren Unterscheidbarkeit der Pfeile, und haben ansonsten keine Bedeutung. Ein normaler Pfeil in eine Richtung wird verwendet, wenn in einer Zwei-Variablen-Beziehung ein unidirektionaler Einfluss der einen auf die andere Variable unterstellt wird. Der Pfeil zeigt dabei von der unabhängigen auf die abhängige Variable. Wechselseitige Beeinflussungen werden durch bidirektionale Doppelpfeile dargestellt. Gabelt sich ein von einer Variablen ausgehender Pfeil, und mündet dann in verschiedenen

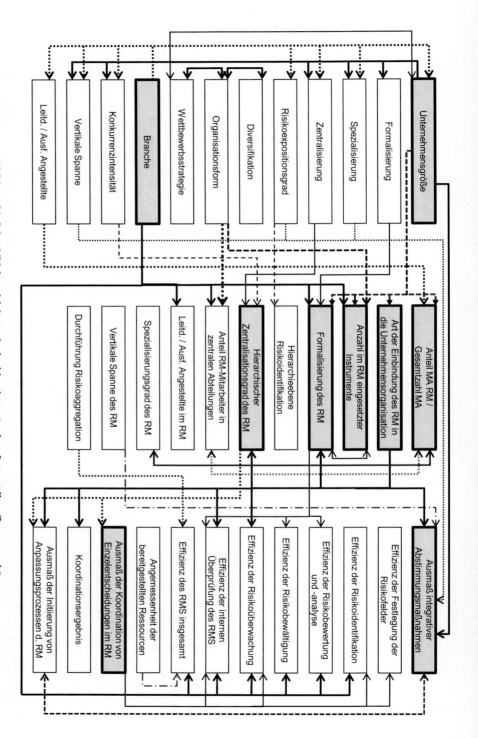

Abbildung 36: Schaubild der wichtigsten in der bivariaten Analyse festgestellten Zusammenhänge

Variablen, so werden auf diese Weise Einzelbeziehungen zwischen der Variable am Ausgangspunkt des Pfeils und jeweils den anderen Variablen, in welche die einzelnen Pfeiläste münden, dargestellt. Die Richtung des Zusammenhangs dahingehend, ob ein positiver oder negativer Zusammenhang besteht, lässt sich aus dem Schaubild nicht entnehmen. Es sind ferner nur solche Zusammenhänge dargestellt, welchen eine kausale Natur unterstellt wurde, d. h. sie spiegeln entweder bestätigte Hypothesen wider, oder es handelt sich um im Rahmen der Exploration festgestellte signifikante Zusammenhänge, für die ein kausaler Zusammenhang abgeleitet werden konnte. Eine Ausnahme bildet die Branche, deren Einfluss auf andere Faktoren aufgrund des dafür zu geringen Stichprobenumfangs nicht eingehender untersucht wurde. Variablen, welche mit besonders vielen oder wichtigen anderen Variablen in Beziehung stehen, wurden durch eine dickere Umrahmung und graue Schattierung gekennzeichnet. Bei den Kontextfaktoren sind dies Anzahl der Mitarbeiter und Branche.

Die Anzahl der Mitarbeiter spielt, gemessen an der Anzahl der Zusammenhänge zu Gestaltungs- und Effizienzvariablen, eine zentrale Rolle bei der Organisation des Risikomanagements. Dies verwundert nicht, sind doch die Auswirkungen der Unternehmensgröße auf die Wahl bestimmter Organisationsstrukturen theoretisch und empirisch ausgiebig analysiert worden.[449] Daher soll insbesondere die Anzahl der Mitarbeiter in der im nächsten Unterkapitel folgenden multivariaten Analyse Berücksichtigung erfahren.

Die Branche beeinflusst zahlreiche weitere Kontext- und Gestaltungsfaktoren und sogar die Effizienz des Risikomanagements. Sie wird von Porter charakterisiert durch Lieferanten, Abnehmer, neue Anbieter, die Gefahr von Ersatzprodukten sowie durch die Wettbewerbssituation.[450] Diese Faktoren fließen indirekt über die Kontextfaktoren Risikoexpositionsgrad (Absatz- und Beschaffungsmarktrisiken) sowie Konkurrenzintensität mit in die Betrachtung ein. Aufgrund des hierfür zu geringen Stichprobenumfangs musste auf branchenspezifische Analysen verzichtet werden. Im weiteren Verlauf der Untersuchung soll in der multivariaten Analyse eine Gruppierung der Unternehmen daher nicht über den aggregierten Kontextfaktor Branche erfolgen, sondern es soll eine Kontexttaxonomie[451] hinsichtlich der als relevant erachteten Kontextfaktoren erstellt werden.

---

[449] Übersicht bei Wollnik (1980), Sp. 599 ff.
[450] Vgl. Porter (2000), S. 29.
[451] Zum Begriff der Taxonomie in Abgrenzung zur Typologie vgl. Hipp (2000), S. 115-121 oder Prockl (2007), S. 214 ff.

Unter den Gestaltungsvariablen nimmt die Art der Einbindung des Risikomanagements in die Unternehmensorganisation eine entscheidende Stellung ein. Es bestehen Zusammenhänge zu zwei weiteren Gestaltungsvariablen (Formalisierung des Risikomanagements und hierarchischer Zentralisationsgrad des Risikomanagements) sowie zu fünf Effizienzvariablen (Ausmaß integrativer Abstimmungsmaßnahmen, Effizienz der Risikoüberwachung, Effizienz der internen Überprüfung des Risikomanagementsystems, Effizienz der Abstimmung des Risikomanagements auf die Risikopolitik und Ausmaß der Initiierung von Anpassungsprozessen durch das Risikomanagement).

Neben der Kontexttaxonomie soll in der multivariaten Analyse eine Gestaltungstaxonomie hinsichtlich der Organisation des Risikomanagements erstellt werden. Dabei sollte aufgrund ihrer zentralen Bedeutung die Variable Art der Einbindung des Risikomanagements in die Unternehmensorganisation dann eine entsprechende Rolle spielen. Daneben ist auch die Formalisierung des Risikomanagements eine wichtige Gestaltungsvariable, da sie direkten Einfluss auf drei Effizienzvariablen ausübt: Auf die Effizienz der Risikobewertung und -analyse, die Effizienz der Risikobewältigung und auf die Effizienz der internen Überprüfung des Risikomanagementsystems.

Gemessen an der Art und Anzahl der Zusammenhänge zu andern Variablen scheinen auch der Anteil der Mitarbeiter mit Risikomanagement-Aufgaben an der Gesamtzahl der Mitarbeiter, die Anzahl der im Risikomanagement eingesetzten Instrumente und der hierarchische Zentralisationsgrad eine gewisse Bedeutung zu besitzen.

Bemerkenswert ist, dass die Durchführung einer Risikoaggregation als einzige Variable einen direkten Einfluss auf die Ergebniseffizienz des gesamten Risikomanagementprozesses auszuüben vermag. Die Risikoaggregation sollte generell Bestandteil eines jeden Risikomanagementsystems sein. Da es nicht von der Unternehmenssituation, also den Kontextvariablen, oder anderen Gestaltungsvariablen abhängt, ob eine Risikoaggregation durchgeführt wird oder nicht, wird dieser Parameter keinen Eingang in die Gestaltungstaxonomie finden.

Die Effizienzvariablen sind allesamt als wichtig zu erachten und dienen im Rahmen der multivariaten Analyse der Beurteilung der Effizienz von möglichen Kombinationen aus Kontext- und Gestaltungstaxonomien. Besonders hervorzuheben ist allerdings das Ausmaß integrativer Abstimmungsmaßnahmen. Diese Variable stellt einen Indikator für den Abstimmungsbedarf einer organisatorischen Lösung dar und korreliert positiv mit den Kontextvariablen der Unternehmensgröße, der vertikalen Spanne sowie dem Risikoexpositionsgrad. Des Weiteren besteht ein Zusammenhang zu den Gestaltungsvariablen Art der Einbindung des Risikomanagements in die Unternehmensorganisation (vgl. hierzu die Ausführungen in Kapitel 4.3.5), Anzahl der im Risikomanagement eingesetzten Instrumente und zur vertikalen Spanne des Risikomanagements. Zudem scheint die Durchführung integrativer Abstimmungsaktivitäten im Rahmen des Risikomanagements die Flexibilität zu Erhöhen, da ein positiver Zusammenhang zum Ausmaß der Initiierung von Anpassungsprozessen durch das Risikomanagement besteht.

4.4 Multivariate Analyse

Die Kerngedanken der für diese Untersuchung forschungsleitenden Ansätze - Situationstheorie und Gestaltansatz - münden an dieser Stelle in die multivariate Analyse. Nachdem in der bivariaten Analyse schwerpunktmäßig Zusammenhänge zwischen Kontext- und Gestaltungsfaktoren sowie die Auswirkung unterschiedlicher Gestaltungsformen auf die Effizienz des Risikomanagements untersucht worden sind, geht es nun darum zu untersuchen, inwieweit sich unterschiedliche Situations-Gestaltungs-Konstellationen hinsichtlich ihres Erfolges unterscheiden. Dabei wird dem Gestaltdenken des Gestaltansatzes gefolgt: Anstelle einzelner Variablen wird eine Vielzahl von Variablen in die Untersuchung einbezogen, die gemeinsam im strukturellen Gefüge ihrer Ausprägungen die Gestaltung des Risikomanagements und ihre Kontextsituation beschreiben.

4.4.1 Kontext- und Gestaltungstaxonomie

4.4.1.1 Typologien und Taxonomien als alternative Herleitungsformen von Konfigurationen

Im bisweilen auch als Konfigurationsansatz sowie als „second-order contingency theory" bezeichneten Gestaltansatz beschreibt der Begriff „Konfiguration" die „spezifische Ausprägung einer Organisation entlang einer Menge an Merkmalen bzw. Variablen, unabhängig davon, ob diese Ausprägung stimmig ist und unabhängig davon, ob die Organisation erfolgreich ist oder nicht."[452] Der Begriff „Gestalt" charakterisiert hingegen jene Teilmenge der Konfigurationen, welche inhaltlich stimmig sind.[453]

---

[452] Wolf (2003), S. 341.
[453] Vgl. Wolf (2003), S. 341.

Im Gestaltansatz existieren zwei Hauptströmungen, welche sich in der Art und Weise der Bestimmung von Konfigurationen bzw. Gestalten unterscheiden: Der typologische und der taxonomische Strang des Gestaltansatzes. Bei Typologien handelt es sich um theoretisch hergeleitete Konfigurationen, während der Taxonomiebegriff empirisch gewonnene Konfigurationen umfasst. Typologien beruhen auf konzeptionell-vernunftgeleiteten Überlegungen und folgen der Logik des Idealtypus. Taxonomien sind hingegen empirisch ermittelte Zusammenstellungen von natürlich auftretenden Variablenanordnungen. Die Ermittlung strukturähnlicher Konfigurationen erfolgt dabei in der Regel über Verfahren der Cluster- oder Faktorenanalyse.[454]

In dieser Untersuchung wurden mittels des Verfahrens der Clusteranalyse situationsbezogene Kontexttaxonomien und gestaltungsbezogene Gestaltungstaxonomien gebildet. Bei der Auswahl der in die Analyse einbezogenen Variablen spielen auch theoretische Überlegungen sowie aus der uni- und der bivariaten Analyse gewonnene Erkenntnisse eine Rolle, so dass eine strikte Trennung von Taxonomie und Typologie zumindest hinsichtlich dieser Untersuchung als wenig sinnvoll erachtet wird.

So werden dann auch für die empirisch ermittelten Konfigurationen die Begriffe „Kontexttypen" und „Gestaltungstypen" verwendet, da dies als wesentlich treffender und bezeichnender empfunden wird als der aus der Biologie entstammende Begriff der „Taxonomie."

4.4.1.2 Kontexttaxonomie

Zur Bildung einer risikomanagementbezogenen Kontexttaxonomie wurde die Two-Step-Clusteranalyse[455] angewendet. Dabei werden für die Cluster unabhängige multivariate Verteilungen der Variablen angenommen. Daher sollte insbesondere bei hohen Korrelation überdacht werden, Variablen aus der Analyse auszuschließen.[456] Da gerade viele der Kontextvariablen nicht voneinander unabhängig sind, mussten die in die Analyse einzubeziehenden Variablen mit Bedacht gewählt werden.

Als erste Kontextvariable für die Clusteranalyse wurde die Anzahl der Mitarbeiter ausgewählt. Die Wichtigkeit der Einbeziehung der Anzahl der Mitarbeiter wurde in Kapitel 4.3.7 bereits erörtert. Durch diese Entscheidung mussten die mit der Anzahl der Mitarbeiter korrelierenden Kontextvariablen ausscheiden: Spezialisierungsgrad,

---

[454] Vgl. Wolf (2003), S. 345-347.
[455] Vgl. Janssen; Laatz (2007), S. 491-496.
[456] Vgl. Backhaus u. a. (1990), S. 155.

Formalisierungsgrad, Zentralisierungsgrad, Konkurrenzintensität, vertikale Spanne, Wettbewerbsstrategie und das zahlenmäßige Verhältnis von leitenden zu ausführenden Mitarbeitern konnten nicht mehr in der Clusteranalyse berücksichtigt werden.

Zwischen Organisationsform und Berry-Index wurde ebenfalls ein Zusammenhang festgestellt. Für den Berry-Index als Diversifikationsmaß wurde eine größere Relevanz hinsichtlich des Kontext-Gestaltungs-Erfolgs-Zusammenhangs vermutet als für die Organisationsform, weshalb letztere nicht in die Analyse einbezogen wurde. Für den Diversifikationsgrad wurden zwar keine direkten signifikanten Korrelationen zu Ge- staltungs- oder Effizienzvariablen festgestellt. Es ist jedoch gut vorstellbar, dass sich je nach vorliegendem Diversifikationsgrad eines Unternehmens einzelne organisatorische Gestaltungsweisen, insbesondere bzgl. der Zentralisierung des Risikomanagements, hinsichtlich ihrer Effizienz unterscheiden. So ist es beispielsweise bei einem hohen Grad an Diversifikation wichtig, dass die Informationen über die Risiken an zentraler Stelle zusammenlaufen, um Korrelationen zwischen den Risiken erkennen zu können.

Zwischen Risikoexpositionsgrad und den verbleibenden Variablen bestehen keine Korrelationen, so dass auch der Risikoexpositionsgrad in die Clusteranalyse einbezo- gen werden konnte. Eine Korrelation besteht einzig zur Branche - diese wird aber wie bereits in Kapitel 4.3.7 erläutert ebenfalls nicht in die Clusteranalyse einbezogen.

In die Clusteranalyse konnten 75 der 76 Unternehmen einbezogen werden. Im Ergeb- nis der Clusteranalyse wurden 3 Kontexttypen unterschieden. Mittels eines univariaten Gleichheitstests der Gruppenmittelwerte wurde zunächst überprüft, wie gut die einzel- nen Variablen isoliert voneinander die Gruppen trennen. Das Verfahren entspricht da- bei einer einfachen Varianzanalyse zwischen Gruppierungs- und Merkmalsvariable. Als Prüfgröße wird dabei Wilks Lambda verwendet. Je niedriger der Wert von Lamb- da, desto höher ist die Trennkraft der Variablen.

Die Ergebnisse des univariaten Gleichheitstests finden sich in Tabelle 89. Auf einem Prüfniveau von $\alpha = 0,05$ ergeben sich signifikante Mittelwertunterschiede für die An- zahl der Mitarbeiter und den Berry-Index. Mit einem Lambda von 0,582 besitzt der Berry-Index die größere Trennkraft als die Anzahl der Mitarbeiter mit einem Wert von 0,870. Für den Risikoexpositionsgrad bestehen keine signifikanten Mittelwertunter- schiede zwischen den Clustern, weshalb dieser zur Charakterisierung der Kontexttypen nicht herangezogen wurde.

	Wilks-Lambda	F	df1	df2	Signifikanz
Berry-Index	0,582	25,807	2	72	0,000
Anzahl Mitarbeiter	0,870	5,388	2	72	0,007
Risikoexpositionsgrad	0,965	1,311	2	72	0,276

Tabelle 89: Gleichheitstest der Gruppenmittelwerte der Kontexttypen

Im Ergebnis konnten schließlich 3 Kontexttypen anhand Mitarbeiterzahl und Diversifikationsgrad unterschieden werden. Abbildung 37 stellt die identifizierten Kontexttypen dar.

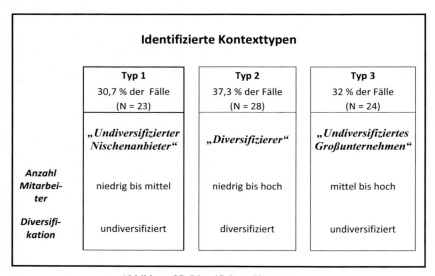

Abbildung 37: Identifizierte Kontexttypen

23 Unternehmen (30,7 %) entsprechen dem *Kontexttyp 1*. Dabei handelt es sich zu 60,9 % (14 Unternehmen) um kleine Unternehmen aus der Größenklasse 1 aus Tabelle 6 (<750 Mitarbeiter) und zu 39,1 % (neun Unternehmen) um Unternehmen aus Größenklasse 2 (750 - 7899 Mitarbeiter). Alle Unternehmen bis auf eines besitzen einen Berry-Index i. H. v. null. Die Unternehmen des Kontexttyp 1 sind damit als undiversifiziert einzustufen. Obwohl die Variable der Wettbewerbsstrategie nicht in die Clusteranalyse einbezogen wurde, konnte ex post festgestellt werden, dass es sich beim überwiegenden Teil der Unternehmen (15 Unternehmen bzw. 65,2 %) um Unternehmen mit der Strategie der Fokussierung handelt. Auf den Gesamtmarkt zielende Unternehmen mit der Strategie der Kostenführerschaft oder Differenzierung waren hingegen nicht im Cluster enthalten; vier Unternehmen bzw. 17,4 % der Unternehmen

konnte keine eindeutige Strategie zugeordnet werden und ebenso viele Unternehmen des Clusters verfolgen unterschiedliche Strategien auf mehreren Märkten. Eine solche ex-post-Zuordnung der Wettbewerbsstrategie konnte für die anderen Cluster nicht erfolgen, da diese eine relativ gleichmäßige Durchmischung unterschiedlicher Strategien aufweisen.

Kontexttyp 1 könnte man am treffendsten als den *„undiversifizierten Nischenanbieter"* bezeichnen.

Dem *Kontexttyp 2* entsprechen 28 Unternehmen (37,3 %). Dabei handelt es sich um eine Mischung aus Unternehmen aller Größenklassen. So stammen jeweils 39,3 % (elf Unternehmen) aus Größenklasse 1 (<750 Mitarbeiter) und Größenklasse 3 (> 7.900 Mitarbeiter); 21,4 % (sechs Unternehmen) stammen aus Größenklasse 2 (750 – 7.899 Mitarbeiter). Alle Unternehmen besitzen einen Berry Index von über null; das Cluster umfasst somit 84,9 % der diversifizierten Unternehmen mit einem Berry-Index von über Null. Bei zehn Unternehmen (35,7 %) liegt der Berry-Index im eher geringen Bereich von unter 0,25; der Großteil des Clusters (18 Unternehmen bzw. 64,3 %) sind mittel bis stark diversifizierte Unternehmen mit einem Berry-Index über 0,25.

Kontexttyp 2 könnte man als *„Diversifizierer"* bezeichnen. Er umfasst Unternehmen aller Größenklassen.

Kontexttyp 3 entsprechen 24 Unternehmen (32 %). Es handelt sich um mittlere bis große Unternehmen: Zehn Unternehmen (41,7 %) stammen aus Größenklasse 2 (750 – 7.899 Mitarbeiter) und 14 Unternehmen (58,3 %) aus Größenklasse 3 (> 7.900 Mitarbeiter). 20 Unternehmen (83,3 %) besitzen einen Berry-Index von null; bei vier Unternehmen (16,7 %) liegt dieser über null. Die Unternehmen des Clusters können damit als größtenteils undiversifiziert eingestuft werden.

Kontexttyp 3 könnte man als *„undiversifiziertes Großunternehmen"* bezeichnen.

4.4.1.3   Gestaltungstaxonomie

Zur Bildung einer Risikomanagement-Gestaltungstaxonomie wurde ebenfalls die Two-Step-Clusteranalyse angewendet. Wie in Kapitel 4.3.7 bereits erörtert, wurde die Art der Einbindung des Risikomanagements in die Unternehmensorganisation als besonders wichtige Gestaltungsvariable erachtet und als kategoriale Variable in die Analyse einbezogen. Da eine Unabhängigkeit dieser Variable vom hierarchischen Zentralisationsgrad des Risikomanagements nicht gewährleistet ist (vgl. Kapitel 4.3.1), wurde letzterer von der Analyse ausgeschlossen.

Die Zentralisation des Risikomanagements *im Sinne der Zusammenfassung gleichartiger Aufgaben* wurde berücksichtigt, indem die entsprechenden Zentralisationsgrade für die Variablen des Risikomanagement-Prozesses i. e. S.[457] (Risikoidentifikation, Risikoanalyse und -bewertung, Risikobewältigung und Risikoüberwachung) Eingang in die Analyse fanden. Die Zentralisationsgrade für die weiteren Aufgabenkomplexe des Risikomanagements wurden nicht mit einbezogen, da diese (wie auch in der univariaten Analyse festgestellt) durch die Natur der Aufgaben eher an zentraler Stelle erfolgen, wohingegen beim Risikomanagement-Prozess i. e. S. diesbezüglich eher Gestaltungspotential besteht.

Der Spezialisierungsgrad, die vertikale Spanne des Risikomanagements sowie das zahlenmäßige Verhältnis von leitenden zu ausführenden Angestellten im Risikomanagement mussten von der Analyse ausgenommen werden, da eine zu große Anzahl fehlender Angaben das Zustandekommen sinnvoller Ergebnisse verhindert hätte. Der Anteil der Risikomanagement-Mitarbeiter an der Gesamtzahl der Mitarbeiter wurde ebenfalls ausgeschlossen, da diese Variable weniger im Rahmen der organisatorischen Gestaltung festgelegt wird, sondern wie in Kapitel 4.3.3.2 festgestellt wurde stark von der Unternehmensgröße abhängt, wobei Größenvorteile und Lernkurveneffekte eine Rolle spielen. In die Analyse einbezogen wurde hingegen die Anzahl der im Risikomanagement eingesetzten Instrumente als Indikator für Komplexität und Professionalität des Risikomanagements.

Obwohl gewisse Zusammenhänge zur Art der Einbindung des Risikomanagements in die Unternehmensorganisation sowie zur Anzahl der im Risikomanagement eingesetzten Instrumente bestehen, wurde aufgrund der in Kapitel 4.3.7 erörterten Wichtigkeit der Variable der Formalisierungsgrad des Risikomanagements mit in die Analyse einbezogen. In Untersuchungen wurde festgestellt, dass die Two-Step-Clusteranalyse ein sehr robustes Verfahren ist, welches nicht sehr empfindlich auf kleinere Verletzungen der Annahmen reagiert und i. d. R. dennoch brauchbare Cluster-Ergebnisse ermöglicht.[458]

In die Clusteranalyse konnten 74 der 76 Unternehmen einbezogen werden. Im Ergebnis der Clusteranalyse konnten drei Gestaltungstypen unterschieden werden. Mittels

---

[457] Vgl. zur Unterscheidung hinsichtlich des Risikomanagement-Prozesses i. e. und i. w. S. Kapitel 4.2.2.1.2.2.
[458] Vgl. Janssen; Laatz (2007), S. 494.

eines univariaten Gleichheitstests der Gruppenmittelwerte wurde wie bereits für die Kontexttypen überprüft, wie gut die einzelnen Variablen isoliert voneinander die Gruppen trennen. Die Ergebnisse des Tests werden in Tabelle 90 dargestellt.

	Wilks-Lambda	F	df1	df2	Signifikanz
Art der Einbindung des RM in die Unternehmensorganisation	(a)				
Zentralisierungsgrad Risiko-analyse und -bewertung	0,492	36,666	2	71	0,000
Zentralisierungsgrad Risiko-identifikation	0,701	15,173	2	71	0,000
Anzahl eingesetzter Instrumente im RM	0,877	4,980	2	71	0,009
Zentralisierungsgrad Risiko-überwachung	0,886	4,563	2	71	0,014
Zentralisierungsgrad Risikobe-wältigung	0,895	4,158	2	71	0,020
Formalisierungsgrad des RM	0,937	2,407	2	71	0,097

(a) Kann nicht berechnet werden, da diese Variable in jeder Gruppe konstant ist.

Tabelle 90: Gleichheitstest der Gruppenmittelwerte der Gestaltungstypen

Auf einem Prüfniveau von $\alpha = 0,05$ ergeben sich signifikante Mittelwertunterschiede für alle Variablen mit Ausnahme des Formalisierungsgrades des Risikomanagements, weshalb dieser nicht zu Charakterisierung der Gestaltungstypen herangezogen wurde. Für die Art der Einbindung des RM in die Unternehmensorganisation konnte Lambda nicht berechnet werden, da die Variable in jeder Gruppe konstant ist (höchste Trenn-kraft). Ansonsten besitzt der Zentralisierungsgrad der Risikoanalyse und -bewertung die höchste Trennkraft (Lambda = 0,492), gefolgt vom Zentralisierungsgrad der Risi-koidentifikation (Lambda = 0,701), der Anzahl der im Risikomanagement eingesetzten Instrumente (Lambda = 0,877), dem Zentralisierungsgrad der Risikobewältigung (Lambda = 0,895) und dem Zentralisierungsgrad der Risikoüberwachung (Lamb-da = 0,895).

Im Ergebnis konnten schließlich 3 Kontexttypen unterschieden werden. Abbildung 38 stellt die identifizierten Kontexttypen dar.

Mit 39 Unternehmen (52,7 %) entsprechen mehr als die Hälfte der Unternehmen *Ge-staltungstyp 1*. Alle Unternehmen dieses Gestaltungstyp betreiben ein institutionales Risikomanagement, d. h., es wurde entweder eine eigene Abteilung oder Stelle für das

Risikomanagement geschaffen oder das Risikomanagement wurde als Teilbereich einer anderen Abteilung in die Unternehmensorganisation integriert.

	Identifizierte Gestaltungstypen		
	Typ 1 52,7 % der Fälle (N = 39)	**Typ 2** 31,1 % der Fälle (N = 23)	**Typ 3** 16,2 % der Fälle (N = 12)
	"Zentral-institutionaler Typ"	*"Dezentral-institutionaler Typ"*	*"Zentral-funktionaler Typ"*
Art der Einbindung des RM in die Unternehmensorganisation	institutionales Risikomanagement	institutionales Risikomanagement	funktionales Risikomanagement
Zentralisierungsgrad Risikoidentifikation	mittelhoch	gering	mittelhoch
Zentralisierungsgrad Risikoanalyse und -bewertung	hoch	gering	mittelhoch
Zentralisierungsgrad Risikobewältigung	hoch	mittelhoch	hoch
Zentralisierungsgrad Risikoüberwachung	hoch	mittelhoch	hoch
Anzahl im RM eingesetzter Instrumente	mittel bis hoch	gering bis mittel	mittel

Abbildung 38: Identifizierte Gestaltungstypen

Die in der Clusteranalyse verwendeten Zentralisierungsgrade wurden bei einem Wert von unter 0,4 als „niedrig", bei einem Wert von mindestens 0,4 und höchstens 0,6 als „mittelhoch" und bei einem Wert von über 0,6 als „hoch" bewertet. Der Zentralisierungsgrad des Teilprozesses der Risikoidentifikation kann für *Gestaltungstyp 1* mit einem Mittelwert i. H. v. 0,523 als „mittelhoch" bezeichnet werden. Der Mittelwert des Zentralisierungsgrades der Risikoanalyse und -bewertung beträgt 0,690, was als „hoch" eingestuft werden kann. Der Mittelwert beträgt für den Zentralisierungsgrad der Risikobewältigung 0,661 („hoch") und für den Zentralisierungsgrad der Risiko-überwachung 0,777 („hoch"). Der Mittelwert der Anzahl der im Risikomanagement eingesetzten Instrumente beträgt für *Gestaltungstyp 1* 6,79 und liegt damit über dem Mittelwert aller Stichprobenunternehmen i. H. v. 5,68. Dies kann als „mittel bis hoch" eingestuft werden.

Der *Gestaltungstyp 1* kann am treffendsten als *„zentral-institutionaler Typ"* bezeichnet werden.

23 Unternehmen (31,1 %) entsprechen *Gestaltungstyp 2*. Alle Unternehmen dieses Gestaltungstyps betreiben wie *Gestaltungstyp 1* ein institutionales Risikomanagement. Im Gegensatz zu *Gestaltungstyp 1* ist der Risikomanagement-Prozess bei *Gestaltungstyp 2* deutlich dezentraler organisiert: Der Zentralisierungsgrad des Teilprozesses der Risikoidentifikation kann für *Gestaltungstyp 2* mit einem Mittelwert i. H. v. 0,087 als „niedrig" bezeichnet werden. Der Mittelwert des Zentralisierungsgrades der Risiko-analyse und -bewertung beträgt 0,058, was ebenfalls als „niedrig" eingestuft werden kann. Der Mittelwert beträgt für den Zentralisierungsgrad der Risikobewältigung 0,435 und für den Zentralisierungsgrad der Risikoüberwachung 0,529, was in beiden Fällen als „mittelhoch" betrachtet wird. Der Mittelwert der Anzahl der im Risikoma-nagement eingesetzten Instrumente beträgt 4,30 für den *Gestaltungstyp 2* und liegt damit unterhalb des Mittelwerts aller Stichprobenunternehmen (5,68). Dies kann als „gering bis mittel" bezeichnet werden.

Der *Gestaltungstyp 2* kann am treffendsten als *„dezentral-institutionaler Typ"* be-zeichnet werden.

12 Unternehmen (16,2 %) zählen zum *Gestaltungstyp 3*. Alle Unternehmen dieses Ge-staltungstyps betreiben ein funktionales Risikomanagement, d. h., die Risikomanage-ment-Aufgaben wurden auf bereits bestehende Stellen der Organisation verteilt und es wurde keine eigene Risikomanagement-Stelle oder Abteilung installiert. Wie bei *Ge-staltungstyp 1* ist der Risikomanagement-Prozess eher zentral organisiert. So beträgt der Mittelwert des Zentralisierungsgrades des Teilprozesses der Risikoidentifikation 0,528, was als „mittelhoch" bezeichnet werden kann. Der Mittelwert des Zentralisie-rungsgrades der Risikoanalyse und -bewertung beträgt 0,513, was ebenfalls als „mit-telhoch" eingestuft werden kann. Der Mittelwert beträgt für den Zentralisierungsgrad

der Risikobewältigung 0,717 und für den Zentralisierungsgrad der Risikoüberwachung 0,678. Dies wird in beiden Fällen als „hoch" klassifiziert. Die Anzahl der im Risikomanagement eingesetzten Instrumente beträgt 5,08 beim *Gestaltungstyp 3* und liegt damit knapp über dem Mittelwert aller Stichprobenunternehmen i. H. v. 5,68. Dies kann als „mittel" eingestuft werden.

Der *Gestaltungstyp 3* kann am treffendsten als *„zentral-funktionaler Typ"* bezeichnet werden.

4.4.2 Kontext-Gestaltungs-Erfolgs-Zusammenhang

4.4.2.1 Das Fit-Konzept

Der Zusammenhang zwischen Kontextsituation, Organisationsgestaltung und Organisationserfolg wird im Rahmen des Gestaltansatzes[459] häufig im Rahmen von Fit-Überlegungen interpretiert. Der Begriff „Fit" stammt aus der englischsprachigen Literatur und bezeichnet die Kompatibilität von Situations- und Strukturvariablen einer Organisation.[460] Das Fit-Konzept postuliert, dass organisationaler Erfolg als Konsequenz einer Passung von Variablen(-ausprägungen) eintritt.[461] Abbildung 39 veranschaulicht das Fit-Konzept.

In den auf *Schendel und Hofer (1979)*[462] zurückgehenden Business-Policy-Veröffentlichungen wird ein „matching" der organisationalen Ressourcen zu den Bedingungen der Unternehmensumwelt als zentraler Bestandteil des Strategieentwurfs bezeichnet. In den achtziger Jahren ist dann eine Vielzahl empirischer Studien vorgelegt worden, welche das Fit-Konzept zum Inhalt haben. Dennoch wurde das Fit-Konzept bislang noch nicht hinreichend in einer allgemeinen Form spezifiziert. Weder hinsichtlich der begrifflich-verbalen Fassung noch hinsichtlich der statistisch-methodischen Umsetzung des Fit-Konzeptes herrscht unter den Forschern Einigkeit.[463] *Venkatraman* hat unterschiedliche Fit-Konzepte dahingehend unterschieden, ob sie ein Stimmigkeitskriterium zur Beurteilung des Zueinanderpassens der Variablenausprägungen (Fit-Kriterium) verwenden oder nicht.[464] Kriterienbasierte Konzepte verwen-

---

[459] Vgl. zum Gestaltansatz Wolf (2003), S. 338-359.
[460] Vgl. Scherm; Pietsch (2007), S. 40.
[461] Vgl. Wolf (2003), S. 350.
[462] Vgl. Schendel ; Hofer (1979)
[463] Vgl. Wolf (2003), S. 350.
[464] Vgl. Venkatraman (1989), S. 424.

den zur Beurteilung des Zueinanderpassens häufig den Organisationserfolg. Dabei passen diejenigen Ausprägungen von Kontextsituation (in dieser Untersuchung die *Kontexttypen*) und Organisationsstruktur (in dieser Untersuchung die *Gestaltungstypen*) zusammen, die in ihrer Kombination einen mittel- oder unmittelbar positiven Beitrag zum Organisationserfolg leisten.[465]

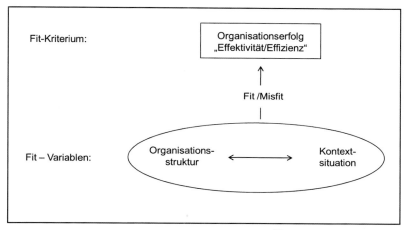

Abbildung 39: Das Fit-Konzept[466]

4.4.2.2 Identifikation erfolgsstiftender Kontext-Gestaltungs-Kombinationen

Als Fit-Kriterien für die eigene Untersuchung wurden zwei Variablen ausgewählt: Die Ergebniseffizienz des gesamten Risikomanagementprozesses (vgl. Kapitel 4.2.3.1.1) und die Wirtschaftlichkeit des Risikomanagementprozesses (vgl. Kapitel 4.2.3.2). Sodann wurden die Mittelwerte dieser Erfolgsvariablen für die drei Gestaltungstypen jeweils innerhalb eines Kontextclusters miteinander verglichen. Von den 76 Unternehmen der Stichprobe konnten wegen teilweise fehlender Angaben nur 73 Unternehmen Eingang in die Untersuchung finden. Die Ergebnisse werden in Tabelle 91 dargestellt.

---

[465] Vgl. Scherm; Pietsch (2007), S. 40.
[466] Vgl. Scherm; Pietsch (2007), S. 40.

Kontexttyp	Gestaltungstyp		Effizienz des gesam-ten RM-Prozesses	Wirtschaft-lichkeit des RM
Undiversifizierter Nischenanbieter	*Zentral-institutionaler Typ*	Mittelwert	**4,21**	**4,21**
		N	14	14
		Standardabweichung	0,579	0,699
	Dezentral-institutionaler Typ	Mittelwert	3,40	3,40
		N	5	5
		Standardabweichung	1,140	0,548
	Zentral-funktionaler Typ	Mittelwert	3,33	2,67
		N	3	3
		Standardabweichung	1,528	1,528
	Insgesamt	Mittelwert	3,91	3,82
		N	22	22
		Standardabweichung	0,921	0,958
Diversifizierer	*Zentral-institutionaler Typ*	Mittelwert	**3,93**	**4,29**
		N	14	14
		Standardabweichung	0,616	0,726
	Dezentral-institutionaler Typ	Mittelwert	**4,33**	**4,33**
		N	9	9
		Standardabweichung	0,866	0,707
	Zentral-funktionaler Typ	Mittelwert	3,00	3,50
		N	4	4
		Standardabweichung	0,816	1,291
	Insgesamt	Mittelwert	3,93	4,19
		N	27	27
		Standardabweichung	0,829	0,834
Undiversifiziertes Großunterneh-men	*Zentral-institutionaler Typ*	Mittelwert	3,82	4,18
		N	11	11
		Standardabweichung	1,250	0,603
	Dezentral-institutionaler Typ	Mittelwert	4,13	4,00
		N	8	8
		Standardabweichung	0,991	0,756
	Zentral-funktionaler Typ	Mittelwert	4,40	4,20
		N	5	5
		Standardabweichung	0,548	0,837
	Insgesamt	Mittelwert	4,04	4,13
		N	24	24
		Standardabweichung	1,042	0,680

Tabelle 91: Erfolgsanalyse der Kombinationen von Kontext- und Gestaltungstypen

Ergänzend wurde eine einfache Varianzanalyse durchgeführt, um zu überprüfen, ob innerhalb der einzelnen Kontextcluster für die jeweiligen Gestaltungstypen signifikante Mittelwertunterschiede der Erfolgsvariablen existieren. Die Ergebnisse finden sich in Tabelle 92.

Kontexttyp			Quadrat-summe	df	Mittel der Qua-drate	F	Signi-fikanz
Undiversi-fizierter Nischen-anbieter	Ergebniseffi-zienz des RM-Prozesses	Zwischen den Grup-pen	3,594	2	1,797	2,401	0,118
		Innerhalb der Gruppen	14,224	19	0,749		
		Gesamt	17,818	21			
	Wirtschaft-lichkeit des RM	Zwischen den Grup-pen	7,049	2	3,524	5,478	**0,013**
		Innerhalb der Gruppen	12,224	19	0,643		
		Gesamt	19,273	21			
Diversifi-zierer	Ergebniseffi-zienz des RM-Prozesses	Zwischen den Grup-pen	4,923	2	2,462	4,570	**0,021**
		Innerhalb der Gruppen	12,929	24	0,539		
		Gesamt	17,852	26			
	Wirtschaft-lichkeit des RM	Zwischen den Grup-pen	2,217	2	1,108	1,678	0,208
		Innerhalb der Gruppen	15,857	24	0,661		
		Gesamt	18,074	26			
Undiversi-fiziertes Großun-ternehmen	Ergebniseffi-zienz des RM-Prozesses	Zwischen den Grup-pen	1,247	2	0,623	0,552	0,584
		Innerhalb der Gruppen	23,711	21	1,129		
		Gesamt	24,958	23			
	Wirtschaft-lichkeit des RM	Zwischen den Grup-pen	0,189	2	0,094	0,190	0,829
		Innerhalb der Gruppen	10,436	21	0,497		
		Gesamt	10,625	23			

Tabelle 92: Test auf Mittelwertgleichheit durch einfaktorielle Varianzanalyse

Die Varianzanalyse zeigt, dass bei einem Prüfniveau von $\alpha = 0,05$ signifikante Mittel-wertunterschiede nur für die Wirtschaftlichkeit des Risikomanagements innerhalb des Kontextclusters des undiversifizierten Nischenanbieters sowie für die Ergebniseffizi-enz des Risikomanagementprozesses innerhalb des Kontextclusters des Diversifizie-rers vorliegen. Trotz teilweiser recht hoher Mittelwertunterschiede konnte in den ande-ren Fällen keine Signifikanz festgestellt werden, was sicherlich durch den für eine sol-che Form der Analyse geringen Stichprobenumfang und entsprechend kleine Gruppen-stärken bedingt ist.

Innerhalb des Kontextclusters des *undiversifizierten Nischenanbieters* liegt der Mit-telwert der Variable Wirtschaftlichkeit des zentral-institutionalen Gestaltungstyps mit einem Wert i. H. v 4,21 deutlich über den Mittelwerten der anderen Gestaltungstypen. Mit einem Mittelwert i. H. v. 3,40 schneidet der dezentral-institutionale Typ am zweit-besten ab, gefolgt vom zentral-funktionalen Typ (Mittelwert: 2,67). Die Unterschiede der Mittelwerte sind auch auf einem Prüfniveau von $\alpha = 0,05$ signifikant.

Die Ergebnisse hinsichtlich der Variable der Ergebniseffizienz des Risikomanage-mentprozesses fallen ähnlich aus: Auch hier besitzt der zentral-institutionale Gestaltungstyp den mit Abstand höchsten Mittelwert i. H. v. 4,21. Der dezentral-institutionale Typ (Mittelwert: 3,40) und der zentral-funktionale Typ liegen hier jedoch nahezu gleichauf. Die Ergebnisse sind jedoch nicht statistisch signifikant.

Innerhalb des Kontextclusters des *Diversifizierers* liegen die Mittelwerte der Wirtschaftlichkeit des dezentral-institutionalen Typs (4,33) und des zentral-institutionalen Typs (4,29) sehr nahe beieinander. Mit deutlichem Abstand dahinter liegt der zentral-funktionale Typ mit einem Mittelwert i. H. v. 3,5. Für diese Mittelwertunterschiede konnte jedoch keine statistische Signifikanz festgestellt werden.

Signifikante Unterschiede bestehen jedoch zwischen den Mittelwerten der Ergebniseffizienz des Risikomanagementprozesses. Die Rangfolge der Gestaltungstypen stellt sich hierbei wie bei der Wirtschaftlichkeit dar: Der effizienteste Gestaltungstyp ist in diesem Kontextcluster der dezentral-institutionale Typ (Mittelwert: 4,33), der Mittelwert des zentral-institutionalen Typs liegt bei 3,93 und der des zentral-funktionalen Typs bei 3,0.

Für das Kontextcluster des *undiversifizierten Großunternehmens* wurden keinerlei signifikante Mittelwertunterschiede hinsichtlich Wirtschaftlichkeit und Ergebniseffizienz des Risikomanagementprozesses festgestellt. Die Mittelwerte liegen allesamt zwischen 3,82 und 4,4 und damit nahe an den Gesamtmittelwerten des Clusters i. H. v. 4,13 (Ergebniseffizienz des Risikomanagementprozesses) bzw. 4,04 (Wirtschaftlichkeit).

4.4.2.3 Interpretation der Ergebnisse

Für den Kontexttyp des *undiversifizierten Nischenanbieters* hat sich in der Untersuchung der zentral-institutionale Gestaltungstyp deutlich als der Wirtschaftlichste herausgestellt. Auch wenn für die Ergebnisse hinsichtlich der Ergebniseffizienz des Risikomanagementprozesses keine statistische Signifikanz vorliegt - vermutlich aufgrund zu geringer Clustergrößen - so deuten die Ergebnisse darauf hin, dass der zentral-institutionale Gestaltungstyp auch die Lösung mit der höchsten Ergebniseffizienz für diesen Kontexttyp darstellt.

Bei den Unternehmen des Kontexttyps des undiversifizierten Nischenanbieters, welche den zentral-institutionalen Gestaltungstyp gewählt haben, liegt der Mittelwert der Anzahl der Risikomanagement-Mitarbeiter in der zentralen Risikomanagement-Abteilung bei 1,2 und der Mittelwert der Anzahl der Risikomanagement-Mitarbeiter in sonstigen zentralen Abteilungen bei 0,5. In dezentralen Bereichen arbeiten im Mittel nochmals 1,6 Mitarbeiter mit Risikomanagement-Aufgaben. Diese Unternehmen haben also meist eine zentrale Risikomanagement-Stelle oder eine kleine zentrale Risikomanagement-Abteilung eingerichtet, welche allenfalls mit einigen wenigen Risikomanagement-Verantwortlichen aus eher höheren Hierarchieebenen dezentraler Bereiche zusammenarbeitet. Dies scheint für diesen Kontexttyp die geeignetste Lösung darzustellen.

Für den Kontexttyp des *Diversifizierers* ist der dezentral-institutionale Typ derjenige mit der höchsten Ergebniseffizienz. Bei dieser Kombination von Kontext- und Gestaltungstyp gibt es ebenfalls meist eine zentrale Risikomanagement-Stelle bzw. -Abteilung (Mittelwert der Risikomanagement-Mitarbeiter in der Zentralabteilung Risikomanagement: 0,875; Mittelwert der Risikomanagement-Mitarbeiter in sonstigen zentralen Abteilungen: 1,0). Daneben arbeiten allerdings im Mittel 7,88 Risikomanagement-Mitarbeiter in dezentralen Bereichen. Die Kombination aus einer kleinen zentralen Einheit mit mehreren dezentralen Einheiten scheint für den Diversifizierer besonders effizient zu sein. Auch auf Basis theoretischer Überlegungen erscheint der dezentral-institutionale Typ als besonders geeignet für den Diversifizierer: Die dezentralen Einheiten können sich auf die Risiken der einzelnen Unternehmensbereiche spezialisieren und leiten die Informationen darüber an die zentrale Stelle weiter, wo die Risikoaggregation stattfindet und der Risikomanagement-Prozess gesteuert wird. So können einerseits Spezialisierungsvorteile bei Identifikation und -bewertung bereichsspezifischer Risiken und andererseits Verbundeffekte durch Zentralisation der übrigen Aufgabenkomplexe des Risikomanagements erzielt werden.

Allerdings erreicht auch der zentral-institutionale Gestaltungstyp hohe Effizienzwerte im Kontextcluster des Diversifizierers. Die Existenz einer zentralen Risikomanagement-Organisationseinheit scheint für die Effizienz des Diversifizierers ein entscheidender Faktor zu sein. Die Kombination einer zentralen Einheit mit weiteren dezentralen Risikomanagement-Stellen ergab in der Stichprobe für den Diversifizierer jedoch noch höhere Effizienzwerte.

Hinsichtlich der Wirtschaftlichkeit der verschiedenen Gestaltungstypen sind die Ergebnisse im Kontextcluster des Diversifizierers zwar nicht statistisch signifikant, jedoch deuten die Ergebnisse darauf hin, dass sowohl der dezentral-institutionale Gestaltungstyp als auch der zentral-institutionale Typ eine ähnlich hohe Wirtschaftlichkeit aufweisen, welche über der Wirtschaftlichkeit des funktional-zentralen Typs liegt.

Für das *undiversifizierte Großunternehmen* scheinen viele Wege zum Erfolg zu führen. Kein Gestaltungstyp besitzt hier einen signifikant höheren Mittelwert einer Erfolgsvariable. Das undiversifizierte Großunternehmen ist der einzige Kontexttyp, bei dem die Mittelwerte der Erfolgsvariablen des zentral-funktionalen Gestaltungstyps in etwa ebenso hoch sind wie die der institutionalen Gestaltungstypen. Für den Organisationserfolg scheint es irrelevant zu sein, welcher Gestaltungstyp für das *undiversifizierte Großunternehmen* gewählt wird.

Nachdem nun Datenauswertung und Darstellung der Ergebnisse der Untersuchung abgeschlossen sind, folgen im nächsten Kapitel eine Zusammenfassung sowie eine kritische Reflexion und Diskussion der Ergebnisse im Hinblick auf weiteren Forschungsbedarf.

5 Zusammenfassung, kritische Reflexion und weiterer Forschungsbedarf

5.1 Zusammenfassung der Untersuchungsergebnisse

Mit der vorliegenden Studie konnten neue Erkenntnisse einerseits über die Ausgestaltung und den Entwicklungsstand des Risikomanagements deutscher Nicht-Finanzunternehmen und andererseits hinsichtlich der Zusammenhänge zwischen Kontext, Gestaltung und Effizienz gewonnen werden. Die folgenden Ausführungen beinhalten eine jeweils separate Zusammenfassung der Untersuchungsergebnisse hinsichtlich dieser beiden Aspekte.

5.1.1 Gestaltung und Bewertung des Risikomanagements der untersuchten Unternehmen

Neue Erkenntnisse hinsichtlich der Gestaltung des Risikomanagements in der Unternehmenspraxis konnten dahingehend gewonnen werden, dass bei der Untersuchung der Gestaltung des Risikomanagements eine Vielzahl von Aspekten berücksichtigt und auf diese Weise ein wesentlich detaillierteres Bild von der Gestaltung des Risikomanagements gezeichnet wurde als dies in den meisten bisherigen Untersuchungen geschah, welche oftmals nur wenige Teilaspekte der Gestaltung betrachten (vgl. Kapitel 1.6). Das entwickelte Effizienzkonstrukt für das Risikomanagement komplettiert durch die auf dessen Basis erfolgte Effizienzbewertung dieses Gesamtbild, welches in den nun folgenden Ausführungen skizziert wird.

Hinsichtlich der organisatorischen Anbindung des Risikomanagements bei den Unternehmen des Prime Standards der Deutschen Börse konnte festgestellt werden, dass die große Mehrheit von mehr als drei Viertel der untersuchten Unternehmen ein institutionales Risikomanagement betreibt. Ein rein funktionales, in die Primärorganisation integriertes Risikomanagement betreibt nur der weitaus geringere Teil. Fast die Hälfte aller untersuchten Unternehmen, und damit die Mehrheit der Unternehmen, welche ein institutionales Risikomanagement betreiben, führen das Risikomanagement als Teilbereich des Controllings. Eine(n) eigene(n) Fachbereich / Abteilung / Stelle für das Risikomanagement hat rund ein Fünftel der untersuchten Unternehmen eingerichtet.

Bezüglich der Zentralisierung des Risikomanagements im Sinne einer Zusammenfassung gleichartiger Aufgaben in zentralen Organisationseinheiten konnte bei den Unternehmen der Stichprobe eine Polarisierung in der Form festgestellt werden, dass die Unternehmen entweder stark zur Zentralisierung oder aber zur Dezentralisierung des Risikomanagements neigen. Die Aufgabenkomplexe Risikoidentifikation sowie Risikoanalyse und -bewertung finden dabei tendenziell eher dezentral statt, wohingegen bei Risikobewältigung und Risikoüberwachung eine leichte Tendenz zur Aufgabenverrichtung an zentraler Stelle besteht.

Das Risikomanagement scheint bei den untersuchten Nicht-Finanzunternehmen vorrangig eine Aufgabe der Führungskräfte zu sein. Bei mehr als drei Viertel der Unternehmen sind keine Mitarbeiter der untersten Hierarchieebene an der Durchführung der neun identifizierten Aufgabenkomplexe des Risikomanagements beteiligt. Dabei werden die Aufgabenkomplexe Risikoidentifikation sowie Risikoanalyse und -bewertung relativ gesehen eher auf niedrigeren Ebenen verrichtet, während die Entwicklung und Steuerung der Risikopolitik generell auf einem deutlich höheren Hierarchielevel als die anderen Aufgabenkomplexe stattfindet.

Der Grad der Spezialisierung des Risikomanagements in den untersuchten Unternehmen kann als eher gering eingestuft werden. 85 % der Unternehmen haben höchstens vier verschiedenartige Risikomanagement-Stellen.

Die Formalisierung des Risikomanagements der untersuchten Unternehmen kann insgesamt als mittel bis hoch eingestuft werden. Immerhin rund 80 % der Unternehmen haben zumindest den überwiegenden Teil der Arbeitsabläufe und Prozesse des Risikomanagements in einem Handbuch dokumentiert und ebenso viele Unternehmen haben eine Risikopolitik schriftlich formuliert. Bei rund einem Fünftel der Unternehmen ist also das Risikohandbuch unvollständig oder fehlt ganz, bei ebenso vielen Unternehmen existiert keine schriftlich formulierte Risikopolitik. Die Formulierung von Risikozielen und Risikostrategien im Rahmen der Risikopolitik ist dabei nicht immer die Regel: Weniger als zwei Drittel der Unternehmen haben konkrete Risikoziele und nur die Hälfte hat auch Risikostrategien zur Erreichung der Risikoziele schriftlich oder verbal formuliert.

Der Median der Anzahl der von den untersuchten Unternehmen im Rahmen des Risikomanagements eingesetzten Instrumente kann mit einem Wert von fünf als eher gering eingestuft werden. Einfach anzuwendende, praktikable Instrumente werden wesentlich häufiger eingesetzt als methodisch anspruchsvollere. So sind die drei beliebtesten im Rahmen des Risikomanagements eingesetzten Instrumente Soll/Ist-Vergleich, Budgetierung und die Risk-Map. Der Value-at-Risk, in der Finanzwelt gängiges Risikomaß potentieller Verluste, zählt mit einem Anteil von etwa 17 % bei den Nicht-Finanzunternehmen noch nicht zu den allgemein üblichen Risikomanagement-Instrumenten. Simulationsmodelle, u. a. die Basis einer fachgerechten Risikoaggregation, nutzen mit rund 16 % noch weniger Unternehmen.

Ein Schwachpunkt des Risikomanagements vieler der untersuchten Unternehmen ist die Ermangelung konkreter Regeln, ab wann ein Risiko als bestandsgefährdend einzustufen ist. Mehr als ein Drittel der Unternehmen gab an, keine konkrete Regel bzw. Maßgröße zur Einstufung eines Risikos als bestandgefährdend bestimmt zu haben. Wurde eine Maßgröße festgelegt, so ist dies in der Mehrheit der Fälle der Wert des maximal aus dem Risiko entstehenden Schadens und am zweithäufigsten wurde der Erwartungswert des Schadens genannt. Bezugsgröße der verwendeten Maßgröße war in der Mehrheit der Fälle die Relation zum Jahresergebnis oder einer anderen Gewinngröße und am zweithäufigsten die Relation zur Eigenkapitalhöhe.

Über die Hälfte der Unternehmen führen regelmäßig eine Risikoaggregation zur Ermittlung der Gesamtrisikoposition durch. Nur zehn Prozent der Unternehmen, die Angaben zur verwendeten Maßgröße bzw. Methode der Risikoaggregation machten, nutzen den Value-at-Risk dazu. Oftmals scheinen ungeeignete Methoden bzw. Maßgrößen zur Risikoaggregation verwendet zu werden, so wird beispielsweise in etwa 60 % der Fälle ein „Gesamtschadenerwartungswert" gebildet.

Eine Nutzung des Risikomanagementsystems zur Chancenerkennung findet nicht bei allen Unternehmen und in unterschiedlichem Ausmaß statt: Rund 13 % der Unternehmen gaben an, das Risikomanagement überhaupt nicht zur Chancenerkennung zu nutzen, und nur etwa 22 % der Unternehmen nutzen das Risikomanagementsystem hierzu in vollem Ausmaß. Die restlichen Unternehmen nutzen das Risikomanagementsystem nur teilweise zur Chancenerkennung.

Die Ergebniseffizienz des gesamten Risikomanagementprozesses beurteilten die befragten Unternehmen meistens als relativ hoch. Die Effizienzniveaus der Festlegung der Risikofelder und der Risikoidentifikation wurden dabei als vergleichsweise hoch beurteilt, während ein vergleichsweise niedriges Effizienzniveau vor allem bei der Risikobewertung, aber auch bei der Risikobewältigung festgestellt werden konnte. Dies liegt vermutlich u. a. an der geringen Verbreitung anspruchsvollerer Bewertungsmethoden. Das Niveau der Effizienz im Sinne von Wirtschaftlichkeit wurde im Durchschnitt relativ hoch bewertet, ebenso wie der Beitrag des Risikomanagements zur Erhöhung der organisatorischen Flexibilität durch die Initiierung von Anpassungsprozessen.

Abschließend lässt sich konstatieren, dass der in vielen Vorgängerstudien festgestellte generelle Nachhol- bzw. Entwicklungsbedarf bezüglich des Risikomanagements der deutschen Nicht-Finanzunternehmen (vgl. Kapitel 1.6) auch in dieser Untersuchung evident wurde. Der Prozess des Risikomanagements scheint größtenteils etabliert zu sein - nun geht es in erster Linie darum, Methoden und Instrumente zu verbessern.

5.1.2 Erkenntnisse über Zusammenhänge zwischen Kontext, Gestaltung und Effizienz des Risikomanagements

Hinsichtlich der Zusammenhänge zwischen Kontext, Gestaltung und Effizienz konnte eine Fülle neuer Erkenntnisse gewonnen werden, da die Beziehungen zwischen diesen Konstrukten bislang kaum untersucht worden sind (vgl. Kapitel 1.6). So gelang zunächst eine empirisch validierte Identifizierung für die Gestaltung des Risikomanagements relevanter Kontextfaktoren. Wesentliche Gestaltungsfaktoren des Risikomanagements wurden herausgearbeitet und ein Effizienzkonstrukt für das Risikomanagement entwickelt. Auf dieser Basis konnten weitreichende Erkenntnisse über den Einfluss einzelner Kontextfaktoren auf die Gestaltung des Risikomanagements und über die Wirkungen unterschiedlicher Gestaltungsweisen auf die Effizienz des Risikomanagements gewonnen werden. Darüber hinaus konnten eine Situations- und eine Gestaltungstypologie für das Risikomanagement gebildet werden, mit deren Hilfe unterschiedliche Situations-Gestaltungs-Konstellationen hinsichtlich ihrer Effizienz bewertet werden konnten. Schließlich mündeten einige der gewonnenen Erkenntnisse in konkrete Handlungsempfehlungen. Die folgenden Ausführungen stellen die Erkenntnisse über Zusammenhänge zwischen Kontext, Gestaltung und Effizienz zusammengefasst dar.

Sämtliche untersuchten Kontextfaktoren wurden als mehr oder weniger relevant für die Gestaltung und/oder die Effizienz des Risikomanagements bestätigt. Direkte Wirkungen auf Gestaltungsfaktoren und Effizienzkriterien wurden in der bivariaten Analyse insbesondere für die Kontextfaktoren Unternehmensgröße, Branche und Organisationsstruktur (gemessen anhand Formalisierung, Zentralisierung, Spezialisierung, Komplexität sowie Organisationsform) festgestellt. Im Rahmen der Betrachtung des Kontext-Gestaltungs-Erfolgs-Zusammenhangs in der multivariaten Analyse waren der Diversifikationsgrad und die Unternehmensgröße die relevantesten Kontextfaktoren.

Hinsichtlich der Unternehmensgröße konnten für das Risikomanagement Größenvorteile in der Form festgestellt werden, dass mit zunehmender Mitarbeiterzahl relativ gesehen weniger Mitarbeiter für das Risikomanagement benötigt werden: Der notwendige Anteil an Mitarbeitern im Risikomanagement an der Gesamtzahl der Mitarbeiter halbiert sich in etwa bei einer Verzehnfachung der Mitarbeiterzahl. Bei kleineren Unternehmen mit unter 1.000 Mitarbeitern gilt dies jedoch nur bedingt - hier scheint die Anzahl der Risikomanagement-Mitarbeiter eher durch die Anzahl der Führungskräfte im Unternehmen bestimmt zu werden.

Die größeren Unternehmen der Stichprobe neigen allgemein eher zur Institutionalisierung des Risikomanagements, insbesondere ein eigener Fachbereich bzw. eine eigene Abteilung für das Risikomanagement wurde ausschließlich von großen Unternehmen mit mehr als 750 Mitarbeitern eingerichtet. Bei größeren Unternehmen konnte darüber hinaus eine gewisse Professionalisierung des Risikomanagements in der Form festgestellt werden, dass diese mehr Instrumente für das Risikomanagement einsetzen als kleine Unternehmen. Des Weiteren tendieren größere Unternehmen zu einem stärker formalisierten Risikomanagement. Zudem konnte bei den größeren Unternehmen eine Tendenz zur Dezentralisierung des Risikomanagements in der Form festgestellt werden, dass die Aufgabenkomplexe Risikoidentifikation und Risikobewältigung dort eher in dezentralen Einheiten verrichtet werden als bei kleineren Unternehmen. Der organisatorische Abstimmungsbedarf hinsichtlich des Risikomanagements scheint bei größeren Unternehmen tendenziell höher zu sein als bei kleineren Unternehmen, da die größeren Unternehmen häufiger integrative abteilungsübergreifende Abstimmungsmaßnahmen hinsichtlich des Risikomanagements durchführen als kleinere.

Die Institutionalisierung des Risikomanagements geht oft mit einer Formalisierung und Entscheidungszentralisierung einher. Bei den Unternehmen mit einem eigenen Fachbereich Risikomanagement läuft das Risikomanagement meist stark formalisiert ab, bei den Unternehmen, welche das Risikomanagement als Teilbereich in andere Abteilungen integriert haben, liegt der durchschnittliche Formalisierungsgrades des Risikomanagements im mittleren Bereich und bei den Unternehmen mit integriertem (funktionalem) Risikomanagement ist das Risikomanagement eher wenig formalisiert. Ähnlich verhält es sich mit dem Grad der Entscheidungszentralisation des Risikomanagements: Dieser ist bei Unternehmen mit einem eigenen Fachbereich Risikomanagement meist als hoch einzustufen und bei den Unternehmen, welche das Risikomanagement als Teilbereich in andere Abteilungen integriert haben, liegt dieser im mittleren Bereich. Bei den Unternehmen mit integriertem Risikomanagement wurde eine vergleichsweise niedrige Entscheidungszentralisation festgestellt.

Teilweise konnten direkte positive Wirkungen der Institutionalisierung des Risikomanagements auf einzelne Effizienzkriterien nachgewiesen werden. So wirkt sich die Institutionalisierung des Risikomanagements tendenziell günstig auf die Flexibilität der Organisation aus. Ferner konnten positive Wirkungen auf die Ergebniseffizienz der Risikoüberwachung und der Prüfung des Risikomanagementsystems nachgewiesen werden. Eine geringe positive Korrelation konnte auch für den Institutionalisierungsgrad des Risikomanagements und das Koordinationsergebnis des Risikomanagementprozesses im Sinne der Abstimmung der Risikoeinstellung des Unternehmens auf die Risikopolitik festgestellt werden. Die Institutionalisierung des Risikomanagements scheint also die risikomanagementbezogene Koordination innerhalb der Organisation zu verbessern. Diesbezüglich muss allerdings berücksichtigt werden, dass zunehmende Institutionalisierung des Risikomanagements ebenfalls mit einem höheren Koordinationsaufwand durch ein höheres Ausmaß integrativer organisatorischer Abstimmungsaktivitäten einhergeht. Es konnte allerdings aufgrund der Untersuchungsform der Querschnittsanalyse nicht abschließend geklärt werden konnte, ob eine Institutionalisierung des Risikomanagements den organisatorischen Abstimmungsbedarf tendenziell steigert oder diesen senkt.

Ein erhöhtes Ausmaß integrativer organisatorischer Abstimmungsaktivitäten hinsichtlich des Risikomanagements konnte ebenfalls bei Unternehmen festgestellt werden, die angaben, in höherem Maße Risiken ausgesetzt zu sein. Bei größerem Ausmaß an empfundenem Risiko wurde außerdem die Aufgabe der Risikoidentifikation verstärkt delegiert. Ansonsten wurden für das Ausmaß des empfundenen Risikos in dieser Untersuchung keine weiteren Wirkungen auf Gestaltung und Effizienz des Risikomanagements festgestellt.

Die Gestaltung des Risikomanagements wird u. a. wesentlich von der Organisationsstruktur des Unternehmens beeinflusst. So haben der allgemeine Formalisierungsgrad und der Grad der Entscheidungszentralisation starken Einfluss auf die entsprechenden Eigenschaften der Organisation des Risikomanagements. Des Weiteren wurde festgestellt, dass bei den untersuchten Unternehmen mit funktionaler Organisation tendenziell eher weniger Instrumente im Risikomanagement eingesetzt werden als bei Unternehmen mit Matrix- oder Spartenorganisation. Ferner weisen Unternehmen mit funktionaler Organisation eine starke Tendenz zur Zentralisierung des Risikomanagements auf.

Ein direkter Einfluss der Kontextfaktoren auf die Effizienzkriterien konnte nur für die Kontextfaktoren Branche und Formalisierung festgestellt werden. Die Branche hat vor allem auf Ergebniseffizienz und Wirtschaftlichkeit des Risikomanagementprozesses einen gewissen Einfluss. Ein gewisses Maß an Formalisierung wirkt sich positiv auf einige der Aufgabenkomplexe des Risikomanagements aus. Der allgemeine Formalisierungsgrad der Unternehmensorganisation korreliert schwach positiv mit drei Effizienzvariablen (Effizienz der Risikoüberwachung, Effizienz der internen Überprüfung des Risikomanagementsystems und Koordinationsergebnis). Betrachtet man die Formalisierung des Risikomanagements im Speziellen, so konnten schwache bis mittlere positive Korrelationen für die Aufgabenkomplexe Prüfung der Effektivität/Effizienz des Risikomanagementsystems, Risikobewältigung sowie Risikoanalyse und -bewertung nachgewiesen werden. Eine sich daraus ableitende Gestaltungsempfehlung für die Praxis ist, entsprechende Regeln für die Durchführung der Arbeitsabläufe dieser Aufgabenkomplexe festzulegen.

Neben der Formalisierung des Risikomanagements haben auch einige weitere Gestaltungsfaktoren direkte Auswirkungen auf Effizienzkriterien. Eine zu hohe vertikale Spanne im Sinne einer Beteiligung von Mitarbeitern vieler unterschiedlicher Hierarchieebenen am Risikomanagementprozess erhöht die Abstimmungskosten durch ein entsprechend hohes Ausmaß benötigter organisatorischer Abstimmung - es wurde eine entsprechende Korrelation zwischen vertikaler Spanne und organisatorischen Abstimmungsaktivitäten festgestellt. Es sollte also aus diesem Gesichtspunkt betrachtet bei der Organisation des Risikomanagements auf möglichst flache Hierarchien geachtet werden.

Bemerkenswert ist, dass die Durchführung einer Risikoaggregation als einzige Gestaltungsvariable einen positiven Einfluss auf die Ergebniseffizienz des gesamten Risikomanagementprozesses auszuüben vermag. Dies verdeutlicht die Bedeutung einer methodisch fachgerechten Risikoaggregation als integraler Bestandteil eines Risikomanagementsystems - doch gerade in diesem Punkt besteht bei vielen der untersuchten Unternehmen noch erheblicher Verbesserungsbedarf.

Es konnte festgestellt werden, dass die Aufgabenkomplexe Festlegung der Risikofelder, interne Überprüfung des Risikomanagementsystems, Risikoidentifikation und Risikoüberwachung von einem erhöhten Ausmaß an Koordination profitieren. Ferner ist es wichtig für die Ergebniseffizienz des Risikomanagements, dass in angemessenem Maße Ressourcen in Form von Personal, finanziellen Mitteln und technischer Ausstattung zur Verfügung gestellt werden. Hier konnten statistisch signifikante Zusammenhänge zur Effizienz von vier Aufgabenkomplexen und auch für die Ergebniseffizienz des gesamten Risikomanagementprozesses festgestellt werden. Dies sollte bei der organisatorischen Gestaltung des Risikomanagements entsprechend berücksichtigt werden.

Im Rahmen der situationsabhängigen Effizienzanalyse unterschiedlicher Gestaltungsweisen wurden jeweils drei Kontext- und Gestaltungstypen des Risikomanagements identifiziert. Als Kontexttypen wurden der „undiversifizierte Nischenanbieter", der „Diversifizierer" und das „undiversifizierte Großunternehmen" identifiziert. Als Gestaltungstypen wurden der „zentral-institutionale Typ", der „dezentral-institutionale Typ" und der „zentral-funktionale Typ" erkannt.

Auf Basis der Forschungsergebnisse eignet sich für den undiversifizierten Nischenanbieter der zentral-institutionale Gestaltungstyp am besten. Für den Diversifizierer kann der dezentral-institutionale Gestaltungstyp empfohlen werden, wobei auch der zentral-institutionale Gestaltungstyp gute Ergebnisse lieferte. Für das undiversifizierte Großunternehmen kann keine konkrete Handlungsempfehlung ausgesprochen werden, da alle Gestaltungstypen hier in etwa gleich gute Effizienzwerte erzielten. Abbildung 40 verdeutlicht die situationsabhängigen Gestaltungsempfehlungen für die Unternehmenspraxis.

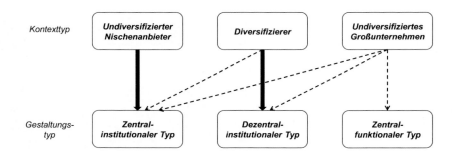

Abbildung 40: Kontextbezogene Gestaltungsempfehlungen

5.2 Kritische Reflexion und weiterer Forschungsbedarf

Im Folgenden werden konzeptionelle und methodologische Begrenzungen der Untersuchung diskutiert sowie weiterer Forschungsbedarf aufgezeigt.

Zunächst muss kritisch betrachtet werden, dass die vorliegenden Ergebnisse auf einer Datenerhebung aus dem ersten Halbjahr 2007 beruhen. Die ungefähr in dieser Zeit beginnende Subprime-Krise hat sicherlich viele Unternehmen dazu bewogen, ihr Risikomanagementsystem zu überdenken und gegebenenfalls zu verbessern, so dass der Status quo wahrscheinlich nicht mehr exakt mit den hier festgestellten Ergebnissen übereinstimmt.

Im Zusammenhang mit schriftlichen Befragungen treten oft systematische Fehler beispielsweise in Form des Non-Response-Bias auf. So ist nicht auszuschließen, dass Unternehmen mit großen Defiziten bezüglich des Risikomanagements öfter nicht an der Befragung teilgenommen haben als Unternehmen mit gut funktionierendem Risikomanagement. Des Weiteren ist die fragebogenbasierte Erhebung von Perzeptionsdaten allgemein und in dieser Untersuchung insbesondere hinsichtlich der Messung des Ausmaßes der Risikoexposition und hinsichtlich der Effizienzbewertung durch die Bearbeiter des Fragebogens kritisch zu sehen. So sind beispielsweise Abweichungen des subjektiv vom Bearbeiter des Fragebogens empfundenen Risikos von einem objektiv nach normierten Kriterien gemessenen Risiko zu vermuten. Im übertragenen Sinne gilt dies auch für die Effizienzbewertung. Die Vorgehensweise der fragebogenbasierten Effizienzmessung anhand von Perzeptionsdaten entspricht allerdings dem in der empirischen Erfolgsfaktorenforschung allgemein üblichen Vorgehen. Für Folgeuntersuchungen wäre zu erwägen, eine Messung der Effizienz außerhalb des Fragebogens, beispielsweise anhand sog. institutioneller Effizienzvariablen (z. B. Gewinn, Rendite) vorzunehmen.

Durch die Untersuchungsform der Querschnittstudie konnten keine Veränderungen im Zeitablauf gemessen werden, wodurch beispielsweise bei der Betrachtung der Auswirkungen einer Institutionalisierung des Risikomanagements auf den organisatorischen Abstimmungsbedarf nicht abschließend geklärt werden konnte, ob eine Institutionalisierung des Risikomanagements den Abstimmungsbedarf tendenziell steigert oder senkt. Dies könnte nur im Rahmen einer Längsschnittstudie untersucht werden. In einer solchen Untersuchung sollte dann auch eine präzise Messung des Abstimmungsbedarfs erfolgen, anstatt diesen wie in dieser Untersuchung über das Ausmaß an Abstimmungsaktivitäten zu erfassen, da möglicherweise Abstimmungsaktivitäten nicht immer in bedarfsdeckendem Maße stattfinden. Auf diese Weise könnte einerseits untersucht werden, wie die Institutionalisierung des Risikomanagements die Abstimmungskosten beeinflusst. Andererseits könnte durch eine präzisere Erfassung und entsprechende Operationalisierung von Abstimmungsbedarf und Koordinationsergebnis und eine anschließende Aggregation dieser beiden Variablen ein Konzept zur Bewertung der Koordinationseffizienz organisatorischer Lösungen für das Risikomanagement entwickelt werden.

Weiteren Forschungsbedarf begründen auch die festgestellten vielfältigen Wirkungen des Kontextfaktors Branche auf Gestaltung und Effizienz des Risikomanagements. So wurde ein deutlicher Einfluss der Branche auf die Ergebniseffizienz des Risikomanagementprozesses festgestellt. Die Ursachen für die Effizienzunterschiede zwischen den einzelnen Branchen konnten in dieser Untersuchung nicht geklärt werden, da der Stichprobenumfang bzw. die sich aus diesem ergebenden Fallzahlen pro Branche für die meisten Branchen zu gering war, um repräsentative Aussagen zur Gestaltung des Risikomanagements innerhalb der einzelnen Branchen zu erlauben und auf diese Weise Rückschlüsse hinsichtlich der Ursachen für die Effizienzunterschiede ziehen zu können. In einer Untersuchung mit ausreichend hohem Stichprobenumfang könnten Effizienztreiber bzw. Erfolgsfaktoren des Risikomanagements innerhalb einzelner Branchen identifiziert und von solchen Faktoren abgegrenzt werden, welche über alle Branchen hinweg die Effizienz des Risikomanagements positiv beeinflussen. Auf dieser Basis könnten dann spezifischere Gestaltungsempfehlungen erfolgen, als dies auf Basis der vorliegenden Untersuchung möglich war.

Bei der Prüfung der Existenz von Größenvorteilen für das Risikomanagement wurde festgestellt, dass solche Größenvorteile zwar generell existieren, bei Unternehmen mit unter 1.000 Mitarbeitern die Anzahl der Risikomanagement-Mitarbeiter jedoch eher durch die Anzahl der Führungskräfte im Unternehmen bestimmt zu werden scheint als durch die Unternehmensgröße. Die genaue Ursache hierfür erschließt sich aufgrund der vorliegenden Untersuchungsergebnisse nicht. Diesbezüglich wäre von Interesse, ob andere Untersuchungen dieses Ergebnis bestätigen können. Falls dies so sein sollte stellt sich ferner die Frage, warum bei Unternehmen mit weniger als 1.000 Mitarbeitern ein im Vergleich zu den größeren Unternehmen erhöhter Zusammenhang zwischen Anzahl der Führungskräfte und Anzahl der Risikomanagement-Mitarbeiter besteht, während letztere bei den größeren Unternehmen eher von der Gesamtzahl der Mitarbeiter abhängt. Diesbezüglich wären neue Hypothesen zu generieren und zu überprüfen.

Schließlich verwundert es, dass in der multivariaten Analyse für das „undiversifizierte Großunternehmen" keine signifikanten Effizienzunterschiede der unterschiedlichen Gestaltungstypen festgestellt werden konnten. Warum erzielt nur beim undiversifizierten Großunternehmen der zentral-funktionale Gestaltungstyp ebenso gute Effizienzwerte wie die institutionalen Gestaltungstypen? Würde eine enger gefasste Kontext- oder Gestaltungstypologie möglicherweise eindeutigere Ergebnisse hervorbringen und somit präzisere Gestaltungsempfehlungen ermöglichen? Diese Fragen könnten nur in einer Untersuchung mit entsprechend größerem Stichprobenumfang beantwortet werden, der die Bildung einer höheren Anzahl an Kontext- und Gestaltungstypen erlauben würde.

Anhang: Fragebogen der empirischen Untersuchung

Teil 1: Fragen zu den Kontextfaktoren des Risikomanagements

1.1 Unternehmensgröße

1.1.1 Geben Sie bitte die Anzahl der Mitarbeiter Ihres Unternehmens an: _____ Mitarbeiter

1.1.2 Bitte geben Sie den Umsatz des letzten Geschäftsjahres sowie die Werte für Eigen- und Fremdkapital aus der letzten Bilanz in Euro an:

Umsatz: _____ Euro   EK: _____ Euro   FK: _____ Euro

1.2 Unternehmensdiversifikation

Bitte geben Sie die aktuellen Umsatzteile aller Unternehmensbereiche in Prozent an:

Bereichsname _____ Umsatzanteil _____ %   Bereichsname _____ Umsatzanteil _____ %

Bereichsname _____ Umsatzanteil _____ %   Bereichsname _____ Umsatzanteil _____ %

Bereichsname _____ Umsatzanteil _____ %   Bereichsname _____ Umsatzanteil _____ %

Bereichsname _____ Umsatzanteil _____ %   Bereichsname _____ Umsatzanteil _____ %

1.3 Organisationsstruktur

1.3.1 Spezialisierung

Für welche der folgenden Funktionen wurde **KEINE** eigene Abteilung oder eigens zuständige Stelle im Unternehmen eingerichtet?

- ☐ Öffentlichkeitsarbeit (PR)
- ☐ Verkauf
- ☐ Einkauf
- ☐ Rechtsangelegenheiten
- ☐ Fortbildung/Personalentwicklung
- ☐ Marktforschung
- ☐ Logistik
- ☐ Instandhaltung
- ☐ Organisation
- ☐ Marketing
- ☐ Controlling
- ☐ Qualitätssicherung
- ☐ Personal
- ☐ Rechnungswesen (sofern nicht in Controlling oder Finanzen integriert)
- ☐ Forschung und Entwicklung
- ☐ Risikomanagement
- ☐ Finanzen
- ☐ Arbeitssicherheit, Gesundheit und/oder Soziales

1.3.2 Dezentralisierungsgrad

Auf welchen Hierarchieebenen werden überwiegend Entscheidungen zu folgenden Sachverhalten getroffen? Tragen Sie bitte die jeweils zutreffendste der folgenden Ebenenkennzahlen in die Tabelle ein:

Eine „0" für die ausführende Ebene (z. B. Sachbearbeiter);
Eine „1" für die Ebene des „lower management" (direkte Kontrolle der ausführenden Arbeitskräfte, z. B. Sachgebiets-, Gruppen bzw. Referatsleiter);
Eine „2" für die Ebene des unteren „middle management"(Leitung einer funktionalen / divisionalen Untereinheit, z. B. Abteilungsleiter, Gebietsleiter);
Eine „3" für die Ebene des oberen „middle management"(Leitung einer funkt. / divisionalen Gesamteinheit, z. B. Breichs- oder Niederlassungsleiter);
Eine „4" für die Ebene des „top management" (Leitung der hier betrachteten rechtl. Einheit, z. B. Geschäftsführer oder Vorstand);
Eine „5" für eine evtl. vorhandene Ebene über der Leitung der betrachteten Unternehmung (z. B. Konzernvorstand).

Tätigkeit	Ebene
Höhe des Gehalts einer Stelle der untersten Hierarchieebene (ausführende Angestellte) bestimmen	
Einführung eines neuen Produktes / einer neuen Dienstleistung	
Kauf einer neuen Telefonanlage für eine Niederlassung	
Wechsel der im Unternehmen eingesetzten Software zur Textverarbeitung	
Gravierende Änderung der Preisgestaltung eines Produktes / einer Dienstl. mit einem Umsatzanteil von mehr als 10 %	
Gewährung eines Preisnachlasses von 10% bei einem kleineren Auftrag / Geschäft	
Entscheidung, ein Seminar zur Fortbildung der Mitarbeiter der ausführenden Ebene anzubieten	
Entscheidung, einen neuen Markt zu bedienen	
Bildung einer neuen Abteilung	
Bildung einer neuen Stelle	
Anmietung / Kauf / Bau eines neuen Bürogebäudes	
Anschaffung eines Dienstwagens für Außendienstmitarbeiter	

1.3.3 Formalisierung

1.3.3.1 Existieren in Ihrer Firma Stellenbeschreibungen in Schriftform?

☐ Nein   ☐ Nur wenige   ☐ Einige   ☐ Überwiegend   ☐ Für nahezu alle Stellen

1.3.3.2 Sind Arbeitsabläufe und Prozesse in Handbüchern beschrieben?

☐ Keine   ☐ Nur wenige   ☐ Einige   ☐ Überwiegend   ☐ Nahezu alle

1.3.3.3 Existiert eine Geschäftspolitik in schriftlicher Form?

☐ Nein   ☐ Ja, aber nur in geringem Umfang   ☐ Ja, in ausführlicher Form

1.3.4 Komplexität

1.3.4.1 Wie viele Hierarchieebenen gibt es einschließlich der operativen Ebene und der Unternehmensleitung? _____ Ebenen

1.3.4.2 Wie viele leitende und ausführende Angestellte gibt es insgesamt? _____ leitende Angestellte und _____ ausführende Mitarbeiter.

1

1.3.4.3 Wie viele Betriebsstätten hat Ihr Unternehmen (Fabriken, Niederlassungen, Vertriebsbüros etc.)? _____ Betriebsstätten

1.3.5 Organisationsform

Welche der Organisationsformen trifft am ehesten auf die Ihres Unternehmens zu?

☐ Funktionale Organisation   ☐ Spartenorganisation   ☐ Matrixorganisation   ☐ Tensororganisation

☐ folgende: _____

1.4 Unternehmensumfeld und –strategie

1.4.1 Risikoexposition

Bitte geben Sie an, in welchem Maße Ihr Unternehmen Risiken aus den folgenden Kategorien ausgesetzt ist. Orientieren Sie sich dabei am zu erwartenden Schaden aller Risiken einer Risikokategorie.

Risikoart	Geringe Exposition Hohe Exposition
Portfoliorisiken (strategische Risiken): Alle Risiken, die durch die Entscheidungen im Laufe des strategischen Planungsprozesses entstehen können. Hierzu zählen alle Entscheidungen über das Produkt-, Markt-, Prozess- und Technologieportfolio und hinsichtlich der Standorte und Produktionsstätten.	☐-☐-☐-☐-☐
Beschaffungsmarktrisiken: Risiken, die bezogen auf Lieferanten, deren Verhandlungsstärke und die Verfügbarkeit und Preise von benötigten Produkten und Dienstleistungen entstehen.	☐-☐-☐-☐-☐
Absatzmarktrisiken: Hierzu zählen Risiken, die daraus resultieren, dass Wettbewerber am Markt aufeinander treffen, Risiken, die bezogen auf Kunden und deren Verhandlungsmacht auftreten, Risiken, die durch Substitute für bisherige Marktleistungen entstehen und Risiken, die durch das Auftreten neuer Wettbewerber entstehen.	☐-☐-☐-☐-☐
Produktionsrisiken: Alle Risiken, die im Zusammenhang mit dem Produktionsprozess entstehen. Hierzu zählen Haftpflichtrisiken, die mit Ersatzverpflichtungen für Schäden aus der Produktionstätigkeit (z. B. Umweltschäden) verbunden sind, aber auch sachbezogene Risiken, die das produktive Anlagevermögen, Vorräte sowie fertige und unfertige Erzeugnisse insbesondere in Form von Schäden betreffen, oder Unterbrechungsrisiken, welche durch Produktionsausfälle bedingt sind.	☐-☐-☐-☐-☐
Produktrisiken: Haftpflichtrisiken, welche aus dem bestimmungsgemäßen Gebrauch fehlerhafter Produkte oder aus fehlerhaft erbrachten Dienstleistungen heraus entstehen.	☐-☐-☐-☐-☐
Logistikrisiken: Alle Risiken, die im Rahmen der Logistikkette des Unternehmens entstehen. Hierzu zählen vor allem Transportrisiken bei Beschaffung, innerbetrieblichem Transport und bei der Distribution von Gütern im Hinblick auf mögliche Untergänge und Schäden und/oder nicht termingerechte Lieferungen sowie das Lagerrisiko (überhöhte Lagerhaltung, Außenwertminderung, Schäden an gelagerten Gütern).	☐-☐-☐-☐-☐
Risiken in Forschung und Entwicklung: Risiken, welche in der Ungewissheit hinsichtlich der künftigen Nutzung und Verwertbarkeit von produkt-, prozess- und projektbezogenen Entwicklungen begründet sind, z. B. das Risiko von Fehlinvestitionen in erfolglose Foschungs- und Entwicklungsaktivitäten, oder das Risiko eines veralteten und dadurch einem hohen Preisdruck unterliegenden Produktangebots aufgrund einer fehlgeleiteten Produkt-/ Verfahrensentwicklung.	☐-☐-☐-☐-☐
Finanzrisiken: Finanzmarktrisiken, Liquiditätsrisiken und Kreditrisiken.	☐-☐-☐-☐-☐
Organisationsrisiko (operationales Risiko): Risiko von Pannen in DV- und anderen Informationssystemen, Risiken aufgrund von Mängeln in der Aufbau- und Ablauforganisation oder Risiken aufgrund von in der Person der tätigen Mitarbeiter liegenden Unzulänglichkeiten.	☐-☐-☐-☐-☐
Risiken beim Einsatz von Informationstechnologie: Z. B. das Risiko der Entscheidung für die falsche Technologie hinsichtlich der zu lösenden Aufgabe, das Risiko der Ablehnung der Technologie durch Mitarbeiter / Kunden oder Sicherheitsrisiken der Informationsverarbeitung.	☐-☐-☐-☐-☐
Rechtliche und politische Risiken: Risiken, welche das rechtliche und politische Umfeld der Unternehmung betreffen – z. B. mit neuen Gesetzesvorhaben und –änderungen verbundene Risiken.	☐-☐-☐-☐-☐
Personalwirtschaftliche Risiken: Risiken, welche die Verfügbarkeit, Eignung und den Preis der Ressource Personal betreffen.	☐-☐-☐-☐-☐
Natürliche und sonstige externe Risiken: Risiken im Zusammenhang mit sog. „höherer Gewalt".	☐-☐-☐-☐-☐
Imagerisiken: Risiken im Zusammenhang mit Ruf- bzw. Marken- oder Firmenimageschädigung.	☐-☐-☐-☐-☐

1.4.2 Welche der folgenden Aussagen treffen zu? Bitte kreuzen Sie an.

☐ Wir streben Kostenführerschaft an, denn der niedrigste Preis ist auf unserem Markt entscheidend

☐ Wir streben nach Differenzierung über ☐ Produkt-/ Marken-/ Firmenimage ☐ Qualität/ Service /Zuverlässigkeit ☐ Innovationen

☐ Wir sind auf mehreren Märkten tätig, für die wir jeweils unterschiedliche der o. g. Strategien verfolgen

1.4.3 Bitte kreuzen Sie den Ihrer Meinung nach zutreffendsten Wert auf folgenden Polaritätskalen an:

Unsere Produkte und Dienstleistungen haben lange am Markt Bestand (z. B. Erdöl)	☐-☐-☐-☐-☐	Unsere Produkte und Dienstleistungen werden schnell obsolet (z. B. Modeartikel)
Auf unserem Markt findet Wettbewerb nicht so sehr über den Preis und/oder die Werbung statt	☐-☐-☐-☐-☐	Auf unserem Markt findet ein harter Konkurrenzkampf über den Preis und/oder die Werbung statt
Wir konzentrieren uns auf ein oder wenige Marktsegmente (Nischenstrategie)	☐-☐-☐-☐-☐	Wir streben nach einem hohen Marktanteil in allen Marktsegmenten

2

Teil 2: Fragen zur Ausgestaltung der Organisation des Risikomanagements

2.1 Einbindung des Risikomanagements in die Unternehmensorganisation

2.1.1 Risikomanagement-Aufgaben können sowohl im Rahmen eines „integrierten" Risikomanagements von operativen Einheiten der Primärorganisation neben anderen Aufgaben, als auch im Rahmen eines „institutionalisierten" Risikomanagements durch separate Risikomanagement-Stellen wahrgenommen werden. Das institutionale Risikomanagement kann dabei sowohl zentral als auch dezentral erfolgen. Gibt es in Ihrem Unternehmen ein „institutionalisiertes" Risikomanagement? Wenn ja, wird es bei Ihnen als eigene(r) Fachbereich/Abteilung geführt oder als Unterabteilung/Teilbereich z. B. des Controllings? Bitte kreuzen Sie an:

☐ eigene(r) Fachbereich/Abteilung/Stelle   ☐ Teilbereich des/der _____   ☐ kein „institutionalisiertes" RM

2.1.2 Bitte tragen Sie die fehlenden Mitarbeiterzahlen ein. Habe Sie gerade „Teilbereich des/der ..." angekreuzt, verstehen Sie bitte in den folgenden beiden Fragen (also auch in Frage 2.2) das (de)zentrale Risikomanagement synonym für den Bereich, zu dem bei Ihnen das Risikomanagement gehört.

a) **Insgesamt** nehmen _____ Mitarbeiter Risikomanagement-Aufgaben wahr,

b) davon _____ Mitarbeiter in einer **zentralen** Risikomanagement- oder Risikocontrolling-Abteilung bzw. Stelle,

c) davon _____ Mitarbeiter in **dezentralen** Risikomanagement- oder Risikocontrolling-Abteilungen bzw. -Stellen,

d) davon _____ Mitarbeiter in sonstigen **zentralen** Stabs- und Fachabteilungen,

e) davon _____ Mitarbeiter in sonstigen **dezentralen** Stabs- und Fachabteilungen und

f) davon _____ Mitarbeiter in operativen Abteilungen der Primärorganisation, welche Risikomanagement-Aufgaben zusätzlich zu ihren operativen Aufgaben übernehmen.

2.2 Dezentralisierungsgrad des Risikomanagements

Kreuzen Sie bitte für die in der Tabelle unten stehenden Aufgaben des Risikomanagements an, welche der genannten Aufgabenträger die Aufgabe **überwiegend** verrichten. Des Weiteren geben Sie bitte an, auf welchen Hierarchieebenen die Aufgaben **überwiegend** ausgeführt werden. **Tragen Sie bitte hierzu die Ebenenkennzahlen aus Aufgabe 1.3.2 („0" bis „5") unter „Hierarchieebene" in die Tabelle ein:**

Aufgabe	Aufgabenträger		Hierarchieebene
1. Risikoidentifikation	☐ Operative Einheiten ☐ zentrale sonst. Stabs-/Fachabt. ☐ Einheiten des dezentralen RM ☐ Zentrales RM	☐ Unternehmensführung ☐ dezentrale sonst. Stabs-/Fachabt. ☐ Interne Revision ☐ Niemand	
2. Festlegung der Risikofelder (Systematische Strukturierung der Risiken)	☐ Operative Einheiten ☐ zentrale sonst. Stabs-/Fachabt. ☐ Einheiten des dezentralen RM ☐ Zentrales RM	☐ Unternehmensführung ☐ dezentrale sonst. Stabs-/Fachabt. ☐ Interne Revision ☐ Niemand	
3. Risikoanalyse und –bewertung hinsichtlich Eintrittswahrscheinlichkeit und voraus. Schadenshöhe	☐ Operative Einheiten ☐ zentrale sonst. Stabs-/Fachabt. ☐ Einheiten des dezentralen RM ☐ Zentrales RM	☐ Unternehmensführung ☐ dezentrale sonst. Stabs-/Fachabt. ☐ Interne Revision ☐ Niemand	
4. Risikoaggregation (Ermittlung der Gesamtrisikoposition des Unternehmens unter Berücksichtigung von Wechselwirkungen z. B. in Form des Value-at-Risk)	☐ Operative Einheiten ☐ zentrale sonst. Stabs-/Fachabt. ☐ Einheiten des dezentralen RM ☐ Zentrales RM	☐ Unternehmensführung ☐ dezentrale sonst. Stabs-/Fachabt. ☐ Interne Revision ☐ Niemand	
5. Risikobewältigung (Entscheidung hinsichtlich der zu ergreifenden Maßnahmen)	☐ Operative Einheiten ☐ zentrale sonst. Stabs-/Fachabt. ☐ Einheiten des dezentralen RM ☐ Zentrales RM	☐ Unternehmensführung ☐ dezentrale sonst. Stabs-/Fachabt. ☐ Interne Revision ☐ Niemand.	
6. Risikoüberwachung (Kontrolle der Erreichung der Risikoziele und des Fortschritts der geplanten Maßnahmen sowie Verfolgung der Entwicklung der Risiken)	☐ Operative Einheiten ☐ zentrale sonst. Stabs-/Fachabt. ☐ Einheiten des dezentralen RM ☐ Zentrales RM	☐ Unternehmensführung ☐ dezentrale sonst. Stabs-/Fachabt. ☐ Interne Revision ☐ Niemand	
7. Prüfung der Effektivität und Effizienz des Risikomanagementsystems	☐ Operative Einheiten ☐ zentrale sonst. Stabs-/Fachabt. ☐ Einheiten des dezentralen RM ☐ Zentrales RM	☐ Unternehmensführung ☐ dezentrale sonst. Stabs-/Fachabt. ☐ Interne Revision ☐ Niemand	
8. Entwicklung und Steuerung der Risikopolitik (Definition der Risikoziele und Festlegung von Risikostrategien)	☐ Operative Einheiten ☐ zentrale sonst. Stabs-/Fachabt. ☐ Einheiten des dezentralen RM ☐ Zentrales RM	☐ Unternehmensführung ☐ dezentrale sonst. Stabs-/Fachabt. ☐ Interne Revision ☐ Niemand	
9. Steuerung des RM-Prozesses und Definition von Verantwortlichkeiten und Aufgaben	☐ Operative Einheiten ☐ zentrale sonst. Stabs-/Fachabt. ☐ Einheiten des dezentralen RM ☐ Zentrales RM	☐ Unternehmensführung ☐ dezentrale sonst. Stabs-/Fachabt. ☐ Interne Revision ☐ Niemand	

2.3 Spezialisierung innerhalb der Risikomanagement-Organisation

2.3.1 Wie viele hinsichtlich ihrer Risikomanagement-Aufgaben **verschiedenartige** Stellen gibt es in Ihrem Unternehmen? Verschiedenartige operative Stellen, welche zusätzlich Risikomanagement-Aufgaben übernehmen, zählen dabei nur als **eine** Stelle, wenn ihre Risikomanagement-Aufgaben – beispielsweise die Identifizierung und Kommunikation von Risiken – identisch sind.

_____ verschiedenartige Stellen

3

2.3.2 Welche Aufgaben aus Frage 2.2 wurden jeweils zu einer Stelle zusammengefasst?

☐ Keine der 9 unter Frage 2.2 genannten Aufgaben kommt gemeinsam mit einer anderen dieser Aufgaben in derselben Stelle vor.

☐ Die folgenden Aufgaben kommen gleichzeitig in einer Stelle vor:

Bitte tragen Sie in die Kästchen jeweils die den Aufgaben in der Tabelle unter Frage 2.2 zugewiesenen Nummern (1-9) ein, wobei ein Kästchen für eine Stelle steht. Gibt es beispielsweise eine Stelle, welche die Aufgaben Risikoidentifikation und -bewertung in sich vereint, tragen sie bitte in eines der Kästchen die Ziffern 1 und 3 ein.

2.4 Verantwortlichkeit für das Risikomanagement innerhalb der Unternehmensleitung

2.4.1 Gibt es ein Mitglied des Vorstands bzw. der Geschäftsführung, welches ausschließlich für das Risikomanagement verantwortlich ist („Chief Risk Officer")?   ☐ Ja   ☐ Nein, aber im Konzernvorstand schon   ☐ Nein

2.4.2 Wie viele der Mitglieder des Vorstands bzw. der Geschäftsführung sind neben anderen Aufgaben für das Risikomanagement verantwortlich?

_____ Vorstandsmitglied(er) ist/sind neben anderen Aufgaben auch für das Risikomanagement verantwortlich. Dabei sind diese Mitglieder

☐ für das Risikomanagement hinsichtlich ihres funktionalen oder divisionalen Verantwortungsbereichs verantwortlich

☐ bereichsübergreifend für das Risikomanagement verantwortlich

2.5 Komplexität der Risikomanagement-Organisation

Wie viele leitende und wie viele ausführende Angestellte nehmen Risikomanagement-Aufgaben wahr? Bitte ergänzen Sie.

_____ leitende Angestellte und _____ ausführende Angestellte nehmen Risikomanagement-Aufgaben wahr.

2.6 Berichtswesen

2.6.1 Ab welcher möglichen Schadenshöhe wird ein Risiko in Ihrem Unternehmen als bestandsgefährdend eingestuft?

☐ Ab _____ EUR   ☐ Es gibt keine generelle Regel hierzu   ☐ Aufgrund qualitativer Kriterien

Falls Sie einen monetären Wert angegeben haben: Um was für einen Wert handelt es sich dabei (Erwartungswert, maximales Schadenausmaß etc.)?

_____

Nach welchen Kriterien wird die Höhe dieses Wertes festgesetzt? Geben Sie alternativ an, welche qualitativen Kriterien erfüllt sein müssen, damit ein Risiko als bestandsgefährdend eingestuft wird. _____

_____

_____

2.6.2 Gibt es ein eigenständiges Risikoberichtswesen mit Berichtsintervallen, welche individuell an die einzelnen Risiken angepasst sind?

☐ Ja   ☐ Nein, die Berichtsintervalle sind für alle Risiken gleich   ☐ Es gibt kein spezielles Risikoberichtswesen

2.6.3 Gibt es eine Sofortberichterstattungsroutine für neu auftretende Risiken von hoher Relevanz?   ☐ Ja   ☐ Nein

2.7 Formalisierung des Risikomanagements

2.7.1 Sind Arbeitsabläufe und Prozesse des Risikomanagements in einem Handbuch beschrieben?

☐ Nein   ☐ Nur wenige   ☐ Einige   ☐ Überwiegend   ☐ Nahezu alle Arbeitsabläufe und Prozesse

2.7.2   Gibt es eine schriftlich formulierte Risikopolitik?   ☐ Ja   ☐ Nein

Sind dort oder an anderer Stelle Risikoziele vereinbart worden?   ☐ Ja, schriftlich   ☐ Ja, verbal   ☐ Nein

Wenn ja: Wurden Risikostrategien zur Erreichung der Risikoziele festgelegt?   ☐ Ja, schriftlich   ☐ Ja, verbal   ☐ Nein

2.8 Instrumenteneinsatz

Welche der aufgeführten Instrumente nutzen Sie im Rahmen des Risikomanagements an irgendeiner Stelle im Unternehmen?

☐ Szenario-Technik   ☐ Value-at-Risk   ☐ Risk Map   ☐ ABC-Analyse

☐ Scoring-Modelle   ☐ Sensitivitätsanalysen   ☐ Monitoring Teams   ☐ Ursachen-Wirkungs-Analyse

☐ Wirtschaftlichkeitsanalysen   ☐ Balanced Scorecard   ☐ Simulationsmodelle   ☐ Planbilanzen

☐ Aktionsplan   ☐ Soll/Ist-Vergleich   ☐ Integration der Risikoüberwachung ins Informationssystem

☐ Signalaufnahme und -verfolgung   ☐ Budgetierung   ☐ Indikator- und kennzahlenorientierte Früherkennung

☐ folgende: _____

2.9 Integrationsmechanismen

Inwieweit nutzen Sie folgende integrative Mechanismen zur abteilungsübergreifenden Zusammenarbeit **hinsichtlich des Risikomanagements**?

	Nie			Sehr häufig
Komitees zum gemeinsamen Entscheiden abteilungsübergreifender Fragestellungen	☐	☐ ☐	☐	☐
Projektgruppen	☐	☐ ☐	☐	☐
Personal, welches speziell für die abteilungsübergreifende Koordination zuständig ist	☐	☐ ☐	☐	☐

4

Teil 3: Fragen zur Effizienz des Risikomanagements

3.1 Wird eine Risikoaggregation für das gesamte Unternehmensrisiko (Gesamtrisikoposition) vorgenommen?

☐ Nein   ☐ Ja, _____ mal je Geschäftsjahr in (☐ regelmäßigen ☐ unregelmäßigen) Abständen

Wenn ja: Mit welcher Maßgröße und unter Zuhilfenahme welcher Verfahren wird die Gesamtrisikoposition gemessen (z. B. Value-at-Risk auf Grundlage Monte-Carlo- Simulation, Gesamtschadenerwartungswert)? Geben Sie beim Value-at-Risk bitte auch das Konfidenzniveau an.

_____

_____

Auf welchen Zeitraum bezieht sich der ermittelte Wert (z. B. Geschäftsjahr)? _____

Wie hoch war der Wert im letzten Geschäftsjahr im Mittel? _____ EUR

3.2 a) Können Sie in etwa beziffern, wie hoch die Kosten der Erschaffung / Implementierung des Risikomanagementsystems gewesen sind?

☐ Nein   ☐ Ja, _____ EUR

b) Können Sie in etwa beziffern, wie hoch die laufenden Kosten des Risikomanagements für das vergangene Geschäftsjahr waren?

☐ Nein   ☐ Ja, _____ EUR

3.3 Nutzen Sie im Rahmen der wertorientierten Unternehmenssteuerung auch risikoadjustierte Ergebniskennzahlen (z. B. Economic Value Added (EVA), Shareholder Value Added (SVA), RORAC, RAROC)?

☐ Nein   ☐ EVA   ☐ SVA   ☐ RORAC   ☐ RAROC   ☐ _____

3.4 Inwieweit kommt Informationstechnologie (i. S. v. EDV) innerhalb des Risikomanagementprozesses zum Einsatz?

Kaum ☐-☐-☐-☐-☐ Intensive Nutzung

3.5 In welchem Ausmaß werden Einzelentscheidungen innerhalb des Risikomanagementprozesses koordiniert und abgestimmt?

Kaum Koordination, große Entscheidungsspielräume ☐-☐-☐-☐-☐ Hohes Ausmaß an Koordination

3.6 Bitte geben Sie an, inwieweit folgende Aussagen zu dem Risikomanagementsystem Ihres Unternehmens zutreffen. Die Aussagen beziehen sich auf Ihr Risikomanagement in seiner derzeitigen Organisationsform, sofern sich die Aussagen auf die Vergangenheit beziehen, gilt dies also nur bis zur letzten größeren organisatorischen Veränderung des Systems.

Aussage	Trifft nicht zu Trifft voll zu
In den letzten Jahren haben wir stets alle relevanten Risiken rechtzeitig identifiziert.	☐-☐-☐-☐-☐
Bei der Risikoidentifikation werden alle relevanten Bereiche des Unternehmensumfelds und des Unternehmens auf mögliche Risiken untersucht und nicht nur einige ausgewählte Bereiche betrachtet.	☐-☐-☐-☐-☐
Wenn ein Schaden einmal eingetreten ist, war rückblickend betrachtet das Ergebnis der Bewertung des Risikos hinsichtlich des potenziellen Schadenausmaßes stets zutreffend.	☐-☐-☐-☐-☐
Die in den letzten Jahren zur Bewältigung korrekt erkannter und bewerteter Risiken ergriffenen Maßnahmen haben sich im nachhinein stets als optimal erwiesen.	☐-☐-☐-☐-☐
Die zur Bewältigung von Risiken ergriffenen Maßnahmen werden bei uns so abgestimmt, dass die sich aus ihrer Gesamtheit ergebende Risikoeinstellung des Unternehmens sich stets völlig im Einklang mit der von der Unternehmensleitung kommunizierten Risikopolitik befindet.	☐-☐-☐-☐-☐
Einmal erkannte Risiken wurden stets optimal hinsichtlich ihrer Entwicklung und des Erfolgs der ergriffenen Maßnahmen überwacht.	☐-☐-☐-☐-☐
Bei der regelmäßigen Überprüfung unseres Risikomanagementsystems wurden stets eventuell vorhandene Schwachstellen rechtzeitig erkannt und eliminiert.	☐-☐-☐-☐-☐
Insgesamt gesehen hat unser Risikomanagementsystem seine Aufgabe in den letzten Jahren optimal erfüllt.	☐-☐-☐-☐-☐
Risikomanagement ist bei uns auch Chancenmanagement – daher nutzen wir das Instrumentarium unseres Risikomanagements auch systematisch zur Erkennung von Chancen.	☐-☐-☐-☐-☐

3.7 Inwieweit trägt das Risikomanagement dazu bei, flexibel auf interne und externe Veränderungen zu reagieren und eine Anpassung an den neuen Zustand zu erreichen?

Anpassungsprozesse werden kaum ☐-☐-☐-☐-☐ Anpassungsprozesse werden sehr häufig
durch das Risikomanagement initiiert   durch das Risikomanagement initiiert

3.8 Sind die für das Risikomanagement zur Verfügung gestellten Ressourcen (Personal, finanzielle Mittel, technische Ausstattung) angemessen?

Unangemessen ☐-☐-☐-☐-☐ Angemessen

3.9 Würden Sie den Risikomanagementprozess in Anbetracht der eingesetzten Ressourcen insgesamt als wirtschaftlich bezeichnen?

Sehr unwirtschaftlich ☐-☐-☐-☐-☐ Sehr wirtschaftlich

3.10 Werden marktbezogene Maßstäbe der Leistungsbeurteilung (z. B. Verrechnungspreise, interne Märkte) für das Risikomanagement genutzt?

☐ Ja, soweit wie möglich   ☐ Nein, jedoch nutzen wir diese für andere Abteilungen / Bereiche   ☐ Nein, im ganzen Unternehmen nicht

VIELEN DANK FÜR IHRE MITARBEIT!

5

Literaturverzeichnis

Aktiengesetz (AktG): vom 6. September 1965 (BGBl. I S. 1089), zuletzt geändert durch Artikel 11 des Gesetzes vom 16. Juli 2007 (BGBl. I S. 1330).

Albrecht, Marcus; Börner, Christoph J. (2009): Schwache Signale im Risikomanagement von Konzernen. Bedeutung und Verarbeitung von externen und internen Signalen in komplexen Unternehmensstrukturen, in: Risiko-Manager, Nr. 13, 2009, S. 1, 6-9.

Al-Laham, Andreas (1997): Strategieprozesse in deutschen Unternehmungen, Wiesbaden 1997.

Amhof, Roger; Schweizer, Markus (2000): Positives Risikomanagement, in: Der Schweizer Treuhänder, 74. Jg., 2000, S. 713-721.

Amshoff, Bernhard (1993): Controlling in deutschen Unternehmungen. Realtypen, Kontext und Effizienz, 2. Aufl., Wiesbaden 1993.

Andrews, Kenneth (1987): The Concept of Corporate Strategy, 3. Aufl., Homewood 1987.

Ansoff, Igor H. (1957): Strategies for Diversification, in: Harvard Business Review, Vol. 35, 1957, S. 113-124.

Ansoff, Igor H. (1965): Corporate Strategy, New York 1965.

Ansoff, Igor H. (1976): Managing Surprise and Discontinuity - Strategic Response to Weak Signals, in: ZfbF, 28. Jg., 1976, S. 129-152.

Arndt, Holger (2006): Supply Chain Management, Wiesbaden 2006.

Atteslander, Peter (1993): Methoden der empirischen Sozialforschung, 7. Aufl., Berlin, New York 1993.

Atteslander, Peter; Kopp, Manfred (1984): Befragung, in: Roth, Erwin; Heidenreich, Klaus (Hrsg.): Sozialwissenschaftliche Methoden, München 1984, S. 144-172.

Backhaus, K.; Erichson, B.; Plinke, W. u. a. (1990): Multivariate Analysemethoden: Eine anwendungsorientierte Einführung, Berlin u. a. 1990.

Bagozzi, Richard P. (1994): Measurement in Marketing Research: Basic Principles of Questionnaire Design, in: Bagozzi, Richard P. (Hrsg.): Principles of Marketing Research, Blackwell, Cambridge, MA 1994, S. 1-49.

Bamberg, Günter; Coenenberg, Adolf (1996): Betriebswirtschaftliche Entscheidungslehre, 9. Aufl., München 1996.

Baum, Heinz-Gerorg; Coenenberg, Adolf G.; Günther, Thomas (1999): Strategisches Controlling, 2. Aufl., Stuttgart 1999.

Baumeister, Alexander; Freisleben, Norbert (2003): Prüfung des Risikomanagementsystems und Risikolageberichts - Ziele und Umsetzung von Prüfkonzepten, in: Richter, Martin (Hrsg.): Entwicklungen der Wirtschaftsprüfung, Berlin 2003.

Bea, Franz X.; Göbel, Elisabeth (2006): Organisation: Theorie und Gestaltung, 3. Aufl., Stuttgart 2006.

Bea, Franz X.; Haas, Jürgen (2001): Strategisches Management, 4. Aufl., Stuttgart 2001.

Becker, Jörg; Köster, Christoph; Ribbert, Michael (2005): Geschäftsprozessorientiertes Risikomanagement, in: Controlling, Nr. 12, 2005, S. 709-718.

Becker, Wolfgang; Staffel, Michaela; Ulrich, Patrick (2008): Unternehmensführung und Controlling im Mittelstand - Einflüsse von Unternehmensgröße und Leitungsstruktur, Bamberger Betriebswirtschaftliche Beiträge - Band 154, Bamberg 2008.

Bellmann, Klaus; Himpel, Frank (2008): Fallstudien zum Produktionsmanagement, Wiesbaden 2008.

Berg, Claus C. (1981): Darstellung und Kritik traditioneller Organisationstechniken, in: Kieser, Alfred (Hrsg.): Organisationstheoretische Ansätze, München 1981, S. 34-50.

Bergmann, Rainer; Garrecht, Martin (2008): Organisation und Projektmanagement, Heidelberg 2008.

Bernstein, Peter L. (1997): Wider die Götter: Die Geschichte von Risiko und Risikomanagement von der Antike bis heute, München 1997.

Berry, Charles (1971): Corporate Growth and Diversification, in: Journal of Law and Economics, 14. Jg. 1971, S. 371-384.

Berry, Charles; Jacquemin, Alexis (1979): Entropy Measure of Diversification and Corporate Growth, in: The Journal of Industrial Economics, 27. Jg. 1979, S. 359-369.

Bitz, Horst (2000): Risikomanagement nach KonTraG, Stuttgart 2000.

Blau, Peter; Schoenherr, Richard (1971): The Structure of Organizations, New York 1971.

Börner, Christoph J. (2000): Strategisches Bankmanagement, München, Wien, Oldenbourg 2000.

Bokranz, Rainer; Kasten, Lars (2003): Organisations-Management in Dienstleistung und Verwaltung, 4. Aufl., Wiesbaden 2003.

Bouncken, Ricarda B.; Jones, Gareth R. (2008): Organisation: Theorie, Design und Wandel, München 2008.

Braun, Herbert (1984): Risikomanagement: Eine spezifische Controllingaufgabe, Darmstadt 1984.

Brehm, Carsten (2003): Organisatorische Flexibilität der Unternehmung, Wiesbaden 2003

Bronner, Rolf (1992): Komplexität, in: Frese, Erich (Hrsg.): Handwörterbuch der Organisation, 3. Aufl., Stuttgart 1992, Sp. 1121-1130.

Brühwiler, Bruno (2001): Unternehmensweites Risk Management als Frühwarnsystem - Methoden und Prozesse für die Bewältigung von Geschäftsrisiken in integrierten Managementsystemen, Bern, Stuttgart, Wien 2001.

Buchner, Holger (2002): Planung im turbulenten Umfeld : Konzeption idealtypischer Planungssysteme für Unternehmenskonfigurationen, München 2002.

Budäus, Dietrich; Dobler, Christian (1977): Theoretische Konzepte und Kriterien zur Beurteilung der Effektivität von Organisationen, in: Management International Review, 17. Jg., Heft 3, S. 61-75.

Buderath, Hubertus; Amling, Thomas (2000): Das Interne Überwachungssystem als Teil des Risikomanagementsystems, in: Dörner, Dietrich; Horváth, Péter; Kagerman, Henning (Hrsg.): Praxis des Risikomanagements, Stuttgart 2000, S. 127-152.

Bühl, Achim; Zöffel, Peter (1998): SPSS für Windows Version 7.5 - Praxisorientierte Einführung in die moderne Datenanalyse, 4. Aufl., Bonn u. a. 1998.

Bühner, Rolf (1992): Management-Holding. Unternehmensstruktur der Zukunft, 2. Aufl., Landsberg / Lech 1992.

Bühner, Rolf (2004): Betriebswirtschaftliche Organisationslehre, 10. Aufl., München 2004.

Bundesverband Deutscher Unternehmensberater (BDU) e. V. (2005): Frühwarnindikatoren für den Mittelstand, Bonn 2005

Bungartz, Oliver (2003): Risk Reporting - Anspruch, Wirklichkeit und Systematik einer umfassenden Risikoberichterstattung deutscher Unternehmen, Sternenfels 2003, zugl.: München, Techn. Univ., Diss., 2003.

Burger, Anton (2002): Risiko-Controlling, München; Wien : Oldenbourg 2002.

Camphausen, Bernd (2007): Strategisches Management: Planung, Entscheidung, Controlling, 2. Aufl., München 2007.

Chandler, Alfred D. (1962): Strategy and Structure, Cambridge, Mass. 1962.

Child, John (1972a): Organizational structure and strategies of control: A replication of the Aston study, in: Administrative Science Quarterly, Nr. 17, 1972, S. 163-177.

Child, John (1972b): Organizational Structure, Environment and Performance: The Role of Strategic Choice, in: Sociology, Volume 6, No. 1, 1972, S. 1-22.

Child, John (1973): Predicting and Understanding Structure, in: Administrative Science Quarterly, Nr. 18, 1973, S. 168-185.

Claassen, Utz (1999): Risikomanagement bei mittelständischen Unternehmen am Beispiel der Sartorius AG: Die Bedeutung formaler und qualitativer Komponenten für das Risikomanagement, in: Horvath, Peter (Hrsg.): Controlling & Finance, Stuttgart 1999, S. 1-18.

Cleff, Thomas (2008): Deskriptive Statistik und moderne Datenanalyse, Wiesbaden 2008.

Czaja, Lothar (2009): Qualitätsfrühwarnsysteme für die Automobilindustrie, Wiesbaden 2009.

Dahms, Simon (2003): Risikoinventar, in: Reichling, Peter (Hrsg.): Risikomanagement und Rating, Wiesbaden 2003, S. 215-230.

Degen, Horst; Lorscheid, Peter (2001): Statistik-Lehrbuch mit Wirtschafts- und Bevölkerungsstatistik, München; Wien; Oldenbourg 2001.

Deutscher Bundestag (1998): Bundestags-Drucksache Nr. 13/9712 vom 28.01.1998.

Deutsches Aktieninstitut; KPMG (Hrsg.) (2000): Einführung und Ausgestaltung von Risikomanagementsystemen. Eine empirische Untersuchung, Frankfurt 2000.

Deutsches Institut für Interne Revision (2009): IIR Revisionsstandard Nr. 2, http://www.diir.de/fileadmin/downloads/allgemein/Revisionsstandard_Nr._2.pdf, Zugriff 31.08.2009.

Deutsches Rechnungslegungs Standard Committee e. V. (2001): Deutscher Rechnungslegungsstandard Nr. 5 (DRS 5) - Risikoberichterstattung, in: Bundesanzeiger, 53. Jg. (2001), 29.05.2001, S. 4-8.

De Wit, Bob (1997): Porter on business strategy, in: Van den Bosch, Frans A. J.; De Man, A. P. (Hrsg.): Perspectives on Strategy. Contributions of Michael E. Porter, Boston, Mass., u. a. 1997, S. 7-18.

Diederichs, Marc; Reichmann, Thomas (2003): Risikomanagement und Risiko-Controlling in der Praxis, in: Controlling, Nr. 5, 2003, S. 229-234.

Diederichs, Marc (2006): Risikoberichterstattung, in: Controlling, Nr. 7, 2006, S. 387-390.

Diederichs, Marc; Form, Stephan; Reichmann, Thomas (2004): Standard zum Risikomanagement, in: Controlling, Heft 4/5, 2004, S. 189-198.

Duller, Christine (2007): Einführung in die Statistik mit Excel und SPSS, Heidelberg 2007.

Duncan, Robert (1972): Characteristics of Organizational Environments and Perceived Environmental Uncertainty, in: Administrative Science Quarterly, Jg. 1972, S. 312-327.

Eisele, Burghard (2004): Value-at-Risk-basiertes Risikomanagement in Banken, Wiesbaden 2004.

Eisl, Christoph; Mayr, Albert (2007): Controlling und Rechnungswesen in österreichischen Klein- und Mittelbetrieben, FH Oberösterreich, Campus Steyr, 2007.

Elben, Helmut; Handschuh, Martin (2004): Handbuch Kostensenkung: Methoden, Fallstudien, Konzepte und Erfolgsfaktoren, Weinheim 2004.

Ernst & Young AG (Hrsg.) (2005): Ernst & Young Best Practise Survey "Risikomanagement 2005", Stuttgart 2005.

Exner, Karin (2003): Controlling in der New Economy, Diss., Wiesbaden 2003.

Falter, Wolfgang; Michel, Uwe (2000): Frühaufklärung und Risikomanagement für Unternehmen der chemischen Industrie, in: Dörner, Dietrich; Horváth, Péter; Kagerman, Henning (Hrsg.): Praxis des Risikomanagements, Stuttgart 2000, S. 471-506.

Fasse, Friedrich-W. (1995): Risk-Management im strategischen internationalen Marketing, Hamburg 1995.

Fessmann, Klaus-Dieter (1979): Effizienz der Organisation, in: Potthoff, Erich (Hrsg.): RKW-Handbuch Führungstechnik und Organisation, 2. Lieferung, Kennzahl 1482, Berlin 1979, S. 1-50.

Fiedler, Rudolf (2007): Organisation kompakt, München 2007.

Fiege, Stefanie (2006): Risikomanagement- und Überwachungssystem nach KonTraG, Wiesbaden 2006.

Flacke, Klaus; Siemes, Andreas (2005): Veränderte Finanzierungsrahmenbedingungen für den Mittelstand und dessen Unternehmenscontrolling; in: Controlling, Nr. 4-5, 2005, S. 251-260.

Ford, Jeffrey D.; Schellenberg, Deborah A. (1982): Conceptual Issues of Linkage in the Assessment of Organizational Performance, in: Academy of Management Review, Vol. 7, No. 1, 1982, S. 49-58.

Franz, Klaus-Peter (2000): Corporate Governance, in: Dörner, Dietrich; Horváth, Péter; Kagerman, Henning (Hrsg.): Praxis des Risikomanagements, Stuttgart 2000, S. 41-72.

Franz, Stefan (1989): Controlling und effiziente Unternehmensführung, Wiesbaden 1989.

Frenkel, Michael; Hommel, Ulrich; Rudolf, Markus (2005): Risk management: challenge and opportunity, 2. Aufl., Berlin, Heidelberg 2005.

Frese, Erich (2000): Grundlagen der Organisation, 8. Aufl., Wiesbaden 2000.

Frese, Erich (2005): Grundlagen der Organisation, 9. Aufl., Wiesbaden 2005.

Friedrichs, Jürgen (1985): Methoden empirischer Sozialforschung, 13. Aufl., Opladen 1985.

Ganz, Matthias (1992): Diversifikationsstrategie. Wertsteigerung durch den Einstieg in neue Geschäftsfelder, Stuttgart und Zürich 1992.

Gebert, Diether (1978): Organisation und Umwelt, Stuttgart 1978.

Glaum, Martin; PwC Deutsche Revision (Hrsg.) (2000): Finanzwirtschaftliches Risikomanagement deutscher Industrie- und Handelsunternehmen, Frankfurt a. M. 2000.

Gleich, Ronald (2001): Das System des Performance Measurement, München 2001.

Gleich, Ronald; Kogler, Sabine (1999): Hat Ihr Controlling die Risiken im Griff, in: is report 3, Nr. 9, 1999, S. 10-15.

Gleißner, Werner (2001a): Strategisches Risiko-Management und Risikopolitik, in: Gleißner, Werner; Meier, Günter (Hrsg.): Wertorientiertes Risiko-Management für Industrie und Handel, Wiesbaden 2001, S. 161-174.

Gleißner, Werner (2001b): Identifikation, Messung und Aggregation von Risiken, in: Gleißner, Werner; Meier, Günter (Hrsg.): Wertorientiertes Risiko-Management für Industrie und Handel ,Wiesbaden 2001, S. 111-138.

Gleißner, Werner (2001c): Wertorientierte strategische Steuerung, in: Gleißner, Werner; Meier, Günter (Hrsg.): Wertorientiertes Risiko-Management für Industrie und Handel ,Wiesbaden 2001, S. 63-100.

Gleißner, Werner (2001d): Mehr Wert durch optimierte Risikobewältigung, in: Gleißner, Werner; Meier, Günter (Hrsg.): Wertorientiertes Risiko-Management für Industrie und Handel ,Wiesbaden 2001, S. 101-107.

Gleißner, Werner (2004a): Auf nach Monte Carlo, in: Risknews, Nr. 1, 2004, S. 31-37.

Gleißner, Werner (2004b): Die Aggregation von Risiken im Kontext der Unternehmensplanung, in: Zeitschrift für Controlling & Management, Nr. 5, 2004, S. 350-359.

Götze, Uwe (1993): Szenario-Technik in der strategischen Unternehmensplanung, 2. Aufl., Wiesbaden 1993.

Götze, Uwe; Mikus, Barbara (2001): Risikomanagement mit Instrumenten der strategischen Unternehmensführung, in: Götze, Uwe; Henselmann, Klaus; Mikus, Barbara (Hrsg.): Risikomanagement, Heidelberg 2001, S. 385-412.

Grabatin, Gunther (1981): Effizienz von Organisationen, Berlin, New York 1981.

Greiling, Dorothea (2009): Performance Measurement in Nonprofit-Organisationen, Wiesbaden 2009.

Greving, Bert (2006): Skalieren von Sachverhalten, in: Albers, Sönke (Hrsg.): Methodik der empirischen Forschung, Wiesbaden 2006, S. 73-88.

Grochla, Erwin (1978): Einführung in die Organisationstheorie, Stuttgart 1978.

Gutenberg, Erich (1951): Grundlagen der Betriebswirtschaftslehre, Bd. I, Die Produktion, Berlin, Göttingen, Heidelberg 1951.

Gzuk, Roland (1975): Messung der Effizienz von Entscheidungen, Tübingen 1975.

Haas, Florian (2004): Effizienztreiber innovativer Prozesse, Münster 2004.

Hafermalz, Otto (1976): Schriftliche Befragung - Möglichkeiten und Grenzen, Wiesbaden 1976.

Hahn, Dietger (1979): Frühwarnsysteme, Krisenmanagement und Unternehmungsplanung, in: ZfB-Ergänzungsheft 2, 1979, S. 25-46.

Hahn, Dietger (1987): Risiko-Management. Stand und Entwicklungstendenzen, in: ZfO, 56. Jg., 1987, S. 137-150.

Hanh, Dietger; Hungenberg, Harald (2001): PuK. Planung und Kontrolle, Planungs- und Kontrollsysteme, Planungs- und Kontrollrechnung. Wertorientierte Controllingkonzepte, 6. Aufl., Wiesbaden 2001.

Hahn, Dietger; Krystek, Ulrich (2000): Früherkennungssysteme und KonTraG, in: Dörner, Dietrich; Horváth, Péter; Kagerman, Henning (Hrsg.): Praxis des Risikomanagements, Stuttgart 2000, S. 73-97.

Hall, Richard H. (1972): Organizations Structure and Process, New Jersey 1972.

Haller, Matthias (1986): Risiko-Management - Eckpunkte eines integrierten Konzepts, in: SzU, Nr. 33, Wiesbaden, 1986, S. 7-43.

Hamel, Winfried (1993): Zielsysteme, in: Grochla, Erwin; Wittmann, Waldemar (Hrsg.): Handwörterbuch der Betriebswirtschaft, 5. Aufl., Stuttgart 1993, Sp. 2634-2652.

Hamelau, Nicole (2004): Strategische Wettbewerbsanalyse, Wiesbaden 2004.

Handelsgesetzbuch (HGB): in der im Bundesgesetzblatt Teil III, Gliederungsnummer 4100-1, veröffentlichten bereinigten Fassung, zuletzt geändert durch Artikel 17 des Gesetzes vom 21. Dezember 2007 (BGBl. I S. 3089)

Hauber, Robert (2002): Performance measurement in der Forschung und Entwicklung, Wiesbaden 2002.

Heinen, Edmund (1992): Einführung in die Betriebswirtschaftslehre, 9. Aufl., Wiesbaden 1992.

Helten, Elmar; Bittl, Andreas; Liebwein, Peter (2000): Versicherung von Risiken, in: Dörner, Dietrich; Horváth, Péter; Kagerman, Henning (Hrsg.): Praxis des Risikomanagements, Stuttgart 2000, S. 153-191.

Helten, Elmar; Hartung, Thomas (2002): Instrumente und Modelle zur Bewertung industrieller Risiken, in: Hölscher, Reinhold; Elfgen, Ralph (Hrsg.): Herausforderung Risikomanagement, Wiesbaden 2002, S. 255-272.

Hentze, Joachim; Heinecke, Albert; Kammel, Andreas (2001): Allgemeine Betriebswirtschaftslehre aus Sicht des Managements, Bern, Stuttgart, Wien 2001.

Henschel, Thomas (2003): Empirische Untersuchung zum Risikomanagement im Mittelstand, in: controller magazin, Nr. 6, 2003, S. 523-527.

Henschel, Thomas (2008): Risikomanagement-Praktiken bei deutschen KMU. Eine empirische Untersuchung und Typologie, in: Controller Magazin, Heft 11/12, 2008, S. 82-93.

Hipp, Christiane (2000): Innovationsprozesse im Dienstleistungssektor, Heidelberg 2000.

Hölscher, Reinhold (2000a): Gestaltungsformen und Instrumente des industriellen Risikomanagements, in: Schierenbeck, Henner (Hrsg.): Risk Controlling in der Praxis, Stuttgart 2000, S. 297-363.

Hölscher, Reinhold (2000b): Die Praxis des Risiko- und Versicherungsmanagements in der deutschen Industrie, in: Schierenbeck, Henner (Hrsg.): Risk Controlling in der Praxis, Stuttgart 2000, S. 413-456.

Hölscher, Reinhold; Giebel, Stefan; Karrenbauer, Ulrike (2006): Stand und Entwicklungstendenzen des industriellen Risikomanagements (Teil 1): Ergebnis einer aktuellen Untersuchung an der Universität Kaiserslautern, in: ZRFG, Nr. 4, 2006, S. 150-158.

Hölscher, Reinhold; Giebel, Stefan; Karrenbauer, Ulrike (2007): Stand und Entwicklungstendenzen des industriellen Risikomanagements (Teil 2): Ergebnis einer aktuellen Untersuchung an der Universität Kaiserslautern, in: ZRFG, Nr. 1, 2007, S. 5-13.

Hoffmann, Friedrich (1980): Führungsorganisation. Band I: Stand der Forschung und Konzeption, Tübingen 1980.

Hoffmann, Friedrich; Kreder, Martina (1985): Situationsabgestimmte Strukturform - Ein Erfolgspotential der Unternehmung, in: ZfB, Nr. 6, 1985, S. 445-485.

Hoffmann, Klaus (1985): Risk Management: Neue Wege der betrieblichen Risikopolitik, Karlsruhe 1985.

Hoitsch, Hans-Jörg; Winter, Peter; Baumann, Nik (2006): Risikocontrolling bei deutschen Kapitalgesellschaften, in: Controlling, Nr. 2, 2006, S. 69-78.

Holst, Jonny; Holtkamp, Willy (2000): Risikoquantifizierung und Frühwarnsystem auf Basis der Value at Risk-Konzeption, in: Betriebs-Berater, 55. Jg., 2000, S. 815-820.

Hommelhoff, Peter; Mattheus, Daniela (2000): Gesetzliche Grundlagen: Deutschland und international, in: Dörner, Dietrich; Horváth, Péter; Kagerman, Henning (Hrsg.): Praxis des Risikomanagements, Stuttgart 2000, S. 4-40.

Horngren, Charles; Foster, George; Datar, Srikant (2001): Kostenrechnung, München 2001.

Hornung, Karlheinz; Reichmann, Thomas; Diederichs, Marc (1999): Risikomanagement, Teil I: Konzeptionelle Ansätze zur pragmatischen Realisierung gesetzlicher Anforderungen, in: Controlling, Nr. 7, 1999, S. 317-325.

Horváth, Péter; Gleich, Ronald (2000): Controlling als Teil des Risikomanagements, in: Dörner, Dietrich; Horváth, Péter; Kagerman, Henning (Hrsg.): Praxis des Risikomanagements, Stuttgart 2000, S. 99-126.

Huber, Oswald (1984): Beobachtung, in: Roth, Erwin; Heidenreich, Klaus (Hrsg.): Sozialwissenschaftliche Methoden, München 1984, S. 124-145.

Hungenberg, Harald (2008): Strategisches Management in Unternehmen, 5. Aufl., Wiesbaden 2008.

Hungenberg, Harald; Wulf, Torsten (2006): Grundlagen der Unternehmensführung, Heidelberg 2006.

IDW PS 340: IDW Prüfungsstandard: Die Prüfung des Risikofrüherkennungssystems nach § 317 Abs. 4 HGB (IDW PS 340), Stand 11.09.2000.

Inckson, J.H.K.; Pugh, Derek; Hickson, David (1970): Organization, context and structure: An abbreviated replication, in: Administrative Science Quarterly, Nr. 15, 1970, S. 318-329.

Institut der Niedersächsischen Wirtschaft; PwC Deutsche Revision (Hrsg.) (2000): Entwicklungstrends des Risikomanagements von Aktiengesellschaften in Deutschland, Hannover 2000.

Jansen, Axel (2006): 3D-Diversifikation und Unternehmenserfolg, Wiesbaden 2006.

Janssen, Jürgen; Laatz, Wilfried (2007): Statistische Datenanalyse mit SPSS für Windows, 6. Aufl., Berlin; Heidelberg; New York 2007.

Jost, Peter-Jürgen (2000): Organisation und Koordination, Wiesbaden 2000.

Kagelmann, Uwe (2001): Shared Services als alternative Organisationsform, Wiesbaden 2001.

Kajüter, Peter; Winkler, Carsten (2003): Die Risikoberichterstattung der DAX100-Unternehmen im Zeitvergleich, in: Kapitalmarktorientierte Rechnungslegung, Nr. 5, 2003, S. 217-228.

Kaplan, Robert S.; Norton, David P. (1996): Using the balanced scorecard as a strategic management system, in: Harvard Business Review, Jg. 1996, S. 75-85.

Kaplan, Robert S.; Norton, David P. (1997): Balanced Scorecard - Strategien erfolgreich umsetzen, Stuttgart 1997.

Karten, Walter (1993): Risk Management, in: Grochla, Erwin; Wittmann, Waldemar (Hrsg.): Handwörterbuch der Betriebswirtschaft, 5. Aufl., Stuttgart 1993, Sp. 3825 - 3836.

Keitel, Tobias (2008): Factoring als Instrument des Risikomanagements im Projektgeschäft, Wiesbaden 2008.

Khandwalla, Pradip N. (1975): Unsicherheit und die "optimale" Gestaltung von Organisationen, in: Grochla, E. (Hrsg.): Organisationstheorie. Band 1, Stuttgart 1975, S. 140-156.

Kless, Thomas (1998): Beherrschung der Unternehmensrisiken, in: Deutsches Steuerrecht, Jg. 1998, S. 93-96.

Kienbaum, Gerhard (1989): Umfeldanalyse, in: Szypersky, Norbert (Hrsg.): Handwörterbuch der Planung, Stuttgart 1989, Sp. 2033-2044.

Kieser, Alfred (1974): Der Einfluß der Umwelt auf die Organisationsstruktur der Unternehmung, in: Zeitschrift für Organisation, Jahrgang 1974, Nr. 43, S. 302-314.

Kieser, Alfred (1993): Der Situative Ansatz, in: Kieser, Alfred (Hrsg.): Organisationstheorien, Stuttgart; Berlin; Köln 1993, S.161-191.

Kieser, Alfred; Kubicek, Herbert (1992): Organisation, 3. Aufl., Berlin 1992.

Kommission der Europäischen Gemeinschaften (2003): Empfehlung der Kommission vom 6. Mai 2003 betreffend die Definition der Kleinstunternehmen sowie der kleinen und mittleren Unternehmen, Amtsblatt der Europäischen Union L 124 vom 20.0.5.2003, S. 36-41, 2003.

KPMG (1998): Integriertes Risikomanagement, Berlin, 1998.

Kromrey, Helmut (1994): Empirische Sozialforschung, 6. Aufl., Opladen 1994.

Kromschröder, Bernhard; Lück, Wolfgang (1998): Grundsätze risikoorientierter Unternehmensüberwachung, in: Der Betrieb, 51. Jg., 1998, S. 1573-1576.

Krystek, Ulrich (1987): Unternehmungskrisen. Beschreibung, Vermeidung und Bewältigung überlebenskritischer Prozesse in Unternehmungen, Wiesbaden 1987.

Krystek, Ulrich (2003): Bedeutung der Früherkennung für Unternehmensplanung und Kontrolle, in: Horváth, Peter; Gleich, Ronald (Hrsg.): Neugestaltung der Unternehmensplanung - Innovative Konzepte und erfolgreiche Praxislösungen, Stuttgart 2003, S. 121-148.

Kubicek, Herbert (1975): Empirische Organisationsforschung, Stuttgart 1975.

Kubicek, Herbert (1977): Heuristische Bezugsrahmen und heuristisch angelegte Forschungsdesigns als Elemente einer Konstruktionsstrategie empirischer Forschung, in: Köhler, R. (Hrsg.): Empirische und handlungstheoretische Forschungskonzeptionen in der Betriebswirtschaftslehre, Stuttgart 1977, S. 3-36.

Kubicek, Herbert; Thom, Norbert (1976): Umsystem, betriebliches in: Grochla, Erwin; Wittmann, Waldemar (Hrsg.): Handwörterbuch der Betriebswirtschaft, Stuttgart 1976, Sp. 3977-4017.

Kupsch, Peter (1995): Risikomanagement, in: Corsten, Hans; Reiß, Michael (Hrsg.): Unternehmensführung: Konzepte - Instrumente - Schnittstellen, Wiesbaden 1995, S. 529-542.

Lammers, Frauke (2005): Management operationeller Risiken in Banken, Wiesbaden 2005.

Liekweg, Arnim (2003): Risikomanagement und Rationalität, Wiesbaden 2003.

Lischke, Torsten; Kirner, Hanno (2000): Einführung und Organisation eines Risikomanagementsystems, in: controller magazin, 25. Jg. (2000), Nr. 1, S. 44-49.

Lorenz, Manuel (2006): Rechtliche Grundlagen des Risikomanagements, in: ZRFG, 1. Jg. (2006), Nr. 1, S. 5-10.

Lück, Wolfgang (1998): Der Umgang mit unternehmerischen Risiken durch ein Risikomanagementsystem und ein Überwachungssystem - Anforderungen durch das KonTraG und Umsetzung in der betrieblichen Praxis, in: Der Betrieb, Jg. 1998, S. 1925-1930.

Lück, Wolfgang (2000): Managementrisiken, in: Dörner, Dietrich; Horváth, Péter; Kagerman, Henning (Hrsg.): Praxis des Risikomanagements, Stuttgart 2000, S. 311-343.

Lück, Wolfgang; Henke, Michael; Gaenslen, Philipp (2002): Die Interne Revision und das Interne Überwachungssystem vor dem Hintergrund eines integrierten Risikomanagements, in: Hölscher, Reinhold; Elfgen, Ralph (Hrsg.): Herausforderung Risikomanagement, Wiesbaden 2002, S. 225-238.

Macharzina, Klaus; Wolf, Joachim (2008): Unternehmensführung, Wiesbaden 2008.

Markowitz, Harry M. (1952): Portfolio Selection, in: Journal of Finance, Nr. 7, 1952, S. 77-91.

Marsh (Hrsg.) (2002a): Risikomanagement in Europa 2002. Eine Untersuchung mittelständischer Unternehmen, o. O. 2002.

Marsh (Hrsg.) (2002b): Risikomanagement mittelständischer Unternehmen in Deutschland, o. O. 2002.

Marsh (Hrsg.) (2004): Risikostudie 2004 - Der Wert des strategischen Risikomanagements, o. O. 2004.

Martin, Edgar (2000): Risikomanagement in Versicherungen, in: Dörner, Dietrich; Horváth, Péter; Kagerman, Henning (Hrsg.): Praxis des Risikomanagements, Stuttgart 2000, S. 669-680.

Martin, Thomas; Bär, Thomas (2002): Grundzüge des Risikomanagements nach KonTraG, München ; Wien 2002.

Miles, Raymond E.; Snow, Charles C. (1978): Organizational strategy, structure, and process, New York 1978.

Miller, Danny (1983): The correlates of entrepreneurship in three types of firms, in: Management Science, Nr. 29, 1983, S. 770-791.

Miller, Danny; Dröge, Cornelia (1986): Psychological and Traditional Determinants of Structure, in: Administrative Science Quarterly, Nr. 31, 1986, S. 539-560.

Miller, Danny; Friesen, Peter H. (1984): Organizations: A Quantum View, Englewood Cliffs 1984.

Mintzberg, Henry (1979): The structuring of organizations - A synthesis of the research, Englewood Cliffs 1979.

Mintzberg, Henry (1992): Organisationen effektiver gestalten, Landsberg/Lech 1992.

Montgomery, C. A. (1982): The Measurement of Firm Diversification: Some New Empirical Evidence, in: Academy of Management Journal, Jahrgang 1982, Nr. 25, S. 299-307.

Moser, Hubertus; Quast, Wolfgang (1994): Organisation des Risikomanagements in einem Bankkonzern, in: Schierenbeck, Henner; Moser, Hubertus (Hrsg.): Handbuch Bankcontrolling, Wiesbaden 1994, S.663-686.

Mott, Bernd P. (2001): Organisatorische Gestaltung von Risiko-Managementsystemen, in: Gleißner, Werner; Meier, Günter (Hrsg.): Wertorientiertes Risiko-Management für Industrie und Handel ,Wiesbaden 2001, S. 199-232.

Müller-Benedict, Volker (2007): Grundkurs Statistik in den Sozialwissenschaften, Wiesbaden 2007.

Naegeli, Peter (1978): Organisationstheoretische Grundlagen des Risiko Managements von Unternehmungen, Zürich, 1978.

Nevries, Pascal; Strauß, Erik (2008): Aufgaben des Controllings im Rahmen des Risikomanagementprozesses, in: Zeitschrift für Controlling & Management, Nr. 2, 2008, S. 106-111.

Ott, Alfred E. (1975): Preistheorie, in: Ehrlicher, Werner (Hrsg.): Kompendium der Volkswirtschaftslehre, Göttingen 1975, S. 114-181.

Ott, Peter (2005): Anforderungen an stochastische interne Modelle von Schaden-Unfall-Versicherungsunternehmen, Wiesbaden 2005.

Palepu, K. (1985): Diversification Strategy, Profit Performance and the Entropy Measure, in: Strategic Management Journal, Jahrgang 1985, Nr. 6, S. 239-255.

Pettigrew, Andrew M. (1987): Context and Action in the Transformation of the Firm, in: Journal of Management Studies, Jahrgang 1987, Nr. 24, S. 649-670.

Pfaff, Dietmar (2004): Praxishandbuch Marketing, Frankfurt, New York 2004.

Picot, Arnold; Reichwald, Ralf; Wigand, Rolf T. (2003): Die grenzenlose Unternehmung, 5. Aufl., Wiesbaden 2003.

Popper, Karl R. (1994): Logik der Forschung, 10. Aufl., Tübingen 1994.

Porter, Michael E. (1985): Competitive Advantage, New York 1985.

Porter, Michael E. (2000): Wettbewerbsvorteile, 6. Aufl., Frankfurt am Main 2000.

Prockl, Günter (2007): Logistik-Management im Spannungsfeld zwischen wissenschaftlicher Erklärung und praktischer Handhabung, Wiesbaden 2007.

Pugh; Hickson; Hinings; Turner (1968): Dimensions of Organization Structure, in: Administrative Science Quarterly, Nr. 13, 1968, S. 65-105.

Pugh; Hickson; Hinings; Turner (1969): The context of organization structures, in: Administrative Science Quarterly, Nr. 14, 1969, S. 91-114.

Rabl, Klaus (1990): Strukturierung strategischer Planungsprozesse, Wiesbaden 1990.

Rappaport, Alfred (1999): Shareholder value: Ein Handbuch für Manager und Investoren. 2. Aufl., Stuttgart 1999.

Rautenstrauch, Thomas; Wurm, Christian (2008): Stand des Risikomanagements in deutschen KMU, in: Krisen-, Sanierungs- und Insolvenzberatung, Nr. 3, 2008, S. 106-111.

Reichling, Peter; Bietke, Daniela; Henne, Antje (2007): Praxishandbuch Risikomanagement und Rating, 2. Aufl., Wiesbaden 2007.

Reichmann, Thomas; Form, Stephan (2000): Balanced Chance- and Risk-Management, in: Controlling, 12. Jg., 2000, S. 189-198.

Rogler, Silvia (2002): Risikomanagement im Industriebetrieb, Wiesbaden 2002.

Rolfes, Bernd; Kirmße, Stefan (2000): Risikomanagement in Banken, in: Dörner, Dietrich; Horváth, Péter; Kagerman, Henning (Hrsg.): Praxis des Risikomanagements, Stuttgart 2000, S. 623-668.

Romeike, Frank (2003): Erfolgsfaktor Risiko-Management, Wiesbaden 2003.

Romeike, Frank (2005): Frühaufklärungssysteme, in: Controlling, Nr. 4/5, 2005, S. 271-279.

Roters, Monica (1989): Komplexität und Dynamik als Einflussgrössen der Effizienz von Organisationen, Frankfurt/M., Bern, New York, Paris 1989.

Rumelt, Richard P. (1986): Strategy, Structure, and Economic Performance, 2. Aufl., Boston 1986.

Sachs, Lothar (1990): Statistische Methoden 2: Planung u. Auswertung, Berlin, Heidelberg, New York 1990.

Saliger, Edgar (2003): Betriebswirtschaftliche Entscheidungstheorie, München 2003.

Schendel, Dan E.; Hofer, Charles W. (1979): Strategic Management - A New View of Business Policy and Planning, Boston 1979.

Scherm, Ewald; Pietsch, Gotthard (2007): Organisation, München 2007.

Scherpereel, Peter (2006): Risikokapitalallokation in dezentral organisierten Unternehmen, Wiesbaden 2006.

Schierenbeck, Henner (1999): Grundzüge der Betriebswirtschaftslehre, 14. Aufl., München 1999.

Schierenbeck, Henner; Lister, Michael (2002): Value Controlling: Grundlagen wertorientierter Unternehmensführung, München 2002.

Schnell, Rainer; Hill, Paul B.; Esser, Elke (2008): Methoden der empirischen Sozialforschung, München 2008.

Scholz, Christian (1992): Effektivität und Effizienz, organisatorische, in: Frese, Erich (Hrsg.): Handwörterbuch der Organisation, 3. Aufl., Stuttgart 1992, Sp. 533-552.

Schüle, Fritz M. (1992): Diversifikation und Unternehmenserfolg, Wiesbaden 1992.

Seibold, Holger (2006): IT-Risikomanagement, München 2006.

Seiwert, Lothar (1981): Das Substitutionsgesetz der Organisation, in: Kieser, Alfred (Hrsg.): Organisationstheoretische Ansätze, München 1981, S. 69-75.

Shao, Benjamin B. M.; Lin, Winston T. (2002): Technical efficiency analysis of information technology, investments: a two-stage empirical investigation, Information & Management, Vol. 39 (5), S. 391-401.

Simon, Herbert (1981): Entscheidungsverhalten in Organisationen, Landsberg am Lech 1981.

Sinha, Deepak K. (1990): The contribution of formal planning to decisions, in: Strategic Management Journal, Nr. 11, 1990, S. 479-492.

Staehle, Wolfgang H. (1990): Management, 5. Aufl., München 1990.

Staehle, Wolfgang H. (1990): Krisenmanagement, in: Wittmann, Waldemar (Hrsg.), Handwörterbuch der Betriebswirtschaft, 5. Aufl., Stuttgart 1993, Spalte 2452-2466.

Staehle, Wolfgang H.; Grabatin, Günther (1979): Effizienz von Organisationen, in: Die Betriebswirtschaft, 39. Jg., 1979, S. 89-102.

Standop, Dirk (2002): Qualitative Prognosemethoden, in: Küpper, Hans-Ulrich; Wagenhofer, Alfred: Handwörterbuch Unternehmensrechnung und Controlling, 4. Aufl., Stuttgart 2002, Sp. 1551-1562.

Starbuck, William H. (1976): Organizations and their Environment, in: Dunnette, M. D. (Hrsg.): Handbook of Industrial and Organizational Psychology, Chicago 1976, S. 1069-1124.

Statistisches Bundesamt (2003): Klassifikation der Wirtschaftszweige mit Erläuterungen, Wiesbaden 2003.

Steinle, Claus (1999): Systeme, Objekte und Bestandteile des Controlling, in: . Steinle, Claus; Bruch, Heike (Hrsg.): Controlling: Kompendium für Controller-innen und ihre Ausbildung, 2. Aufl., Stuttgart 1999, S. 279-340.

Stephan, Jörg (2006): Finanzielle Kennzahlen für Industrie- und Handelsunternehmen, Wiesbaden 2006.

Stewart, Bennett (1991): The quest for value: The EVA management guide, New York 1991.

Strohmeier, Georg (2007): Ganzheitliches Risikomanagement in Industriebetrieben, Wiesbaden 2007.

Tritschler, Nicole (2001): Risikomanagementsysteme. Eine empirische Studie zum aktuellen Stand der Integration in deutschen und internationalen Unternehmen, FH Pforzheim, Kornwestheim 2001.

Ulmer, Robert R. (2001): Effective crisis management through established stakeholder relationships: Malden Mills as a case study, Management Communication Quarterly, Vol. 14, S. 590-615.

Vanini, Ute; Weinstock, Marc (2006): Ansätze und Probleme der Risikoinventur bei der HSH N Real Estate AG, in: Controlling, Nr. 7, 2006, S. 379-385.

Venkatraman, N. (1989): The Concept of Fit in Strategy Research - Toward a Verbal and Statistical Correspondence, in: Academy of Management Journal, 14. Jg., 1989, Heft 3, S. 423-444.

Vogler, Matthias; Gundert, Martin (1998): Einführung von Risikomanagementsysteme, in: Der Betrieb, Heft 48, 51. Jg., 1998, S. 2377-2383.

Wall, Friederike (2002): Unterschiede und Gemeinsamkeiten von Risikomanagement im Rahmen der Unternehmensplanung versus Risikomanagement nach KonTraG - Eine Gedankensammlung, Wittener Diskussionspapiere, Heft Nr. 95, Witten/Herdecke 2002.

Weber, Jürgen; Bramsemann, Urs; Heineke, Carsten; Hirsch, Bernhard (2004): Wertorientierte Unternehmenssteuerung, Wiesbaden 2004.

Weber, Jürgen; Schäffer, Utz (1999): Balanced scorecard & controlling, Wiesbaden 1999.

Weber, Jürgen; Weißenberger, Barbara E.; Liekweg, Arnim (1999): Risk Tracking and Reporting: Unternehmerisches Chancen- und Risikomanagement nach dem KonTraG, Vallendar 1999.

Welge, Martin K.; Fessmann, Klaus-Dieter (1980): Organisatorische Effizienz, in: Grochla, Erwin (Hrsg.): Handwörterbuch der Organisation, 2. Aufl., Stuttgart 1980, Sp. 577-592.

Welge, Martin K.; Al-Laham, Andreas (1992): Planung: Prozesse - Strategien - Maßnahmen, Wiesbaden 1992.

Welge, Martin K.; Al-Laham, Andreas (1999): Strategisches Management: Grundlagen - Prozess - Implementierung, 2. Aufl., Wiesbaden 1999.

Werder, Axel von (2005): Führungsorganisation, Wiesbaden 2005.

Wilkens, Marco; Völker, Jörg (2001): Value-at-Risk - Eine anwendungsorientierte Darstellung zentraler Methoden und Techniken des modernen Risikomanagements, in: Götze, Uwe; Henselmann, Klaus; Mikus, Barbara (Hrsg.): Risikomanagement, Heidelberg 2001, S. 413-442.

Witte, Hermann (2007): Allgemeine Betriebswirtschaftslehre, München 2007.

Wiemann; Volker; Mellewigt, Thomas (1998): Das Risko-Rendite-Paradoxon, ZfbF 1998, S. 551-573.

Wildemann, Horst (2005): Handlungsempfehlungen zur Verbesserung der Risikoposition von KMUs beim Rating unter besonderer Berücksichtigung leistungswirtschaftlicher Risiken, in: Controlling, Nr. 4/5, 2005, S. 233-241.

Winkeljohann, Norbert; Hölscher, Frank (2001): Rating im Mittelstand, in: Controlling, 2001, S. 553-560.

Wolf, Joachim (2003): Organisation, Management, Unternehmensführung. Theorien und Kritik, Wiesbaden 2003.

Wolf, Klaus (2003): Risikomanagement im Kontext der wertorientierten Unternehmensführung, Wiesbaden 2003.

Wolf, Klaus; Runzheimer, Bodo (2009): Risikomanagement und KonTraG: Konzeption und Implementierung, 5. Aufl., Wiesbaden 2009.

Wolke, Thomas (2008): Risikomanagement, München 2008.

Wollnik, Michael (1977): Die explorative Verwendung systematischen Erfahrungswissens, in: Köhler, R. (Hrsg.): Empirische und handlungstheoretische Forschungskonzeptionen in der Betriebswirtschaftslehre, Stuttgart 1977, S. 37-64.

Wollnik, Michael (1980): Einflußgrößen der Organisation, in: Grochla, Erwin (Hrsg.): Handwörterbuch der Organisation, 2. Aflg., Suttgart 1980, Sp. 592-613.

Wolz, Matthias (2001): Zum Stand der Umsetzung von Risikomanagementsystemen aus Sicht börsennotierter Aktiengesellschaften und ihrer Prüfer. Eine empirische Studie, in: Die Wirtschaftsprüfung, 54. Jg. (2001), S. 789-801.

Wrigley, Leonard (1970): Divisional Autonomy and Diversification, Cambridge 1970.

Wygoda, Stephan (2005): Risiko als Chance: Risikomanagement als Ansatz innovativer Unternehmensentwicklung - eine managementtheoretische Analyse, Berlin 2005.